가치투자,

주 식 황 제

존 네프

처 럼 하 라

가치투자, 주식황제 존 네프처럼 하라

3판 1쇄 2016년 11월 15일 발행
3판 9쇄 2022년 3월 10일 발행

지은이 존 네프·S. L. 민츠
옮긴이 김광수
펴낸이 김성실
제작 한영문화사

펴낸곳 시대의창　　**등록** 제10 - 1756호(1999. 5. 11)
주소 03985 서울시 마포구 연희로 19 - 1
전화 02) 335 - 6121　　**팩스** 02) 325 - 5607
전자우편 sidaebooks@hanmail.net
페이스북 www.facebook.com/sidaebooks
트위터 @sidaebooks

ISBN 978 - 89 - 5940 - 626 - 5 (13320)

잘못된 책은 구입하신 곳에서 바꾸어드립니다.

JOHN NEFF
ON INVESTING
: TO INVEST SMARTER, LISTEN TO JOHN NEFF

가치투자,
주 식 황 제
존 네프
처 럼 하 라

존 네프 · S. L. 민츠 지음 | 김광수 옮김

시대의창

감사의 글
JOHN NEFF

그동안 가족들 에게 많은 빚을 졌

다. 아내 릴리, 사랑스러운 리사와 스티븐. 우리 가족 모두는 이 책이 출간되기까지 짧지 않은 기간 동안 적극적인 후원과 관심, 이해를 아끼지 않았다. 그뿐 아니라 이들은 저술 과정에서도 도움을 아끼지 않은 열정적인 참여자들이기도 하다.

공동 편찬인으로 참여해준 스티븐 민츠는 내 생각을 정리하는 데 큰 힘을 보태주었고, 각 장별 내용을 완성하고 마무리하는 과정에서도 많은 도움과 확신을 심어주었다. 그동안 스티븐이 보여준 인내와 근면 성실, 우호적인 태도에 대해서는 어떤 감사의 표현을 사용하더라도 부족할 따름이다.

윈저 펀드의 운용과 더불어, 최근 16년간 나는 밥 도란과 던컨 맥팔랜드, 닉 손다크 등과 함께 웰링턴 매니지먼트 컴퍼니(2000억 달러의 일임자산을 운용하고 있는 투자자문업체)에서 경영 파트너로 일했다. 이들의 성실한 노력과 현명한 판단, 헌신, 유머감각, 탁월한 실적은 웰링턴을 일류 투자기관으로 발전시키는 버팀목으로 작용했다.

특히 이 기간 동안 잭 보글과 잭 브레넌을 비롯한 뱅가드의 여러 이사들로부터 변함 없는 격려와 후원을 받았다. 물론 일시적인 불협화

음도 없진 않았지만 유능한 사람들과 함께 한다는 확신에는 조금의 흔들림도 없었다.

윈저 펀드의 성공 뒤에도 내 임기 동안 적극적인 헌신을 아끼지 않은 팀이 있었다. 내 후임자인 척 프리먼은 지난 26년간 윈저 펀드의 성공을 위해 절대적인 기여를 한 인물이다. 프리먼은 탁월한 혜안과 식견을 우리와 나누었고, 그 결과 탠디와 시티콥, 크라이슬러를 비롯하여 다양한 성공투자의 길을 열어주었다. 아울러 짐 에이브릴과 짐 모디 역시 10여 년 넘게 윈저의 운용 과정에 큰 도움을 주었다.

투자 매니저로서의 길을 걷기까지 내게 지대한 영향을 미친 세 분의 선생님께도 감사를 드린다. 내가 투자 비즈니스에 눈을 뜰 수 있었던 것은 과거 톨레도 대학 회계학과 학장이셨던 시드니 로빈스 박사님 덕분이다. 박사님은 내가 이 분야에 무언가 기여할 수 있다는 확신을 심어주셨다. 영국 출신으로 제2차 세계대전 이후 미국으로 건너온 아서 T. 보나스 교수님은 졸업 후 첫 직장을 얻는 데 많은 애를 써주셨을 뿐 아니라, 주식투자업계에서 성공을 거둘 수 있도록 관심 어린 조언과 격려를 아끼지 않으셨다. 또한 모건 스탠리 딘 위터 소유의 투자자문업체인 '밀러, 앤더슨 & 셔레드'의 공동 창업자이자 8년간 펜실베이니아 대학의 이사회 의장을 역임하신 폴 M. 밀러 교수님 역시 아낌없는 조언으로 내 인생 여정이 한층 성장할 수 있도록 길을 열어주셨다.

그 밖에도 그동안 내가 걸어온 길을 밝혀준 후원자들은 더 있다. 자넷 라구사는 뱅가드 이사들에게 날아든 헤아릴 수 없을 만큼 많은 편지를 일일이 정리하여 일지로 작성했으며, 이 책에서도 상당한 지면을 할애하여 이 일지의 내용을 소개하고 있다. 지난 20여 년간 보좌역을 성실히 수행해준 달라 노울 덕분에 나는 체계적인 사고와 투자관리의 효율을 높일 수 있었고, 결과적으로 기대 이상의 실적을 낳을 수 있었다. 그리고 프랜 켈리는 내가 비상근직으로 일할 때 따뜻한 배려로 나를 보살펴준 사람이다.

지난 몇 년간 이 책을 저술하는 과정에서 우정어린 격려와 충고를 아끼지 않은 세 사람도 빼놓을 수 없다. 훌륭한 찬사로 이 책의 서문을 장식해준 찰스 엘리스, 윈저 펀드의 성공 토대를 만들어준 빌 힉스, 이 책과 관련하여 많은 의견을 제공해준 진 아놀드가 바로 그들이다. 지금까지 소개한 모든 사람들 그리고 지난 시간동안 지혜와 우정을 나누어준 모든 이들에게 진심으로 감사드린다.

가치투자의 승리,
여전히 살아 있는 신화

존 네프는 투자업계의 가치투자 전문가다. 일찍이 존 네프처럼 대규모 뮤추얼펀드를 장기간 성공적으로 운용해온 투자자는 아무도 없었다. 그리고 앞으로도 찾아보기 어려울 것이다.

30년간 윈저 펀드를 운용하며 이룩한 업적은 가히 놀라울 정도다. 전문 투자 매니저들의 수익률이 저조하여 시장평균을 갉아먹던 시절에도 네프의 연평균 수익률은 '시장 평균'보다 적어도 3퍼센트 이상을 기록했다(시장평균보다 정확히 3.5퍼센트 높았다. 그리고 30년간 비용을 제외한 평균 순수익률은 시장평균보다 3.15퍼센트 높은 것으로 조사되었다).

복리 개념(알버트 아인슈타인은 복리법이야말로 인류가 창안한 가장 빛나는 아이디어라고 했다)을 아는 사람이라면 네프가 이룬 업적이 어떤 의미인지 이해할 수 있을 것이다. 매년 3퍼센트씩만 복리로 계산하더라도 24년이면 투자원금의 '두 배'를 달성하게 된다. 그런데 네프의 수익률은 시장 평균보다 적어도 3퍼센트 이상 높았고 운용 기간도 24년보다 훨씬 길었다.

존 네프의 화려한 업적이 수많은 투자자들에게도 지대한 영향을 미쳤다는 사실을 아는 사람은 많지 않다. 높은 수익률을 달성하기 위해 투자자는 더 많은 리스크를 수용해야 한다는 것이 통념인데 반해, 그가 허용하는 리스크는 주식시장의 평균 수준보다도 오히려 낮았다. '시류를 거스르는 투자자가 되어야 하는 필요성이 여기에 있다!'

물론 역행투자가 전적으로 '옳다'고 할 수는 없다. 겸손의 미덕이 몸에 배인 탓에 애써 입으로 떠벌리지는 않지만, 그의 '역행적 사고' 또는 독립적 사고의 이면에는 분명한 '원칙'이 존재한다. 네프는 시류와는 반대 방향을 지향할 때가 많았다. 자신이 투자할 기업에 대해 누구보다 잘 알고 있었기 때문이다. 또한 독창적이고 독립적이며 '지극히' 합리적인 평가가 가능했던 비결도 남보다 많은 시간과 많은 노력을 들여 더 많은 정보를 보유하고 있었기 때문이다.

투자 전문가들에게 수여하는 세계 최고 권위의 상을 수상하는 자리에서 네프의 '비결' 가운데 하나가 밝혀졌다. 매주 토요일 오후 1시, 그는 일을 정리하고 집에(또는 다른 곳을 방문하더라도) 조용한 공간을 마련한 후 『월스트리트 저널』을 한 단어도 빠트리지 않고 정독하며 다음 한 주의 비즈니스를 준비한다. 그러나 이 방법은 존 네프라는 뛰어난 투자자가 엄격한 자기훈련을 통해 투자운용이라는 전문 직종에서 경쟁력을 쌓아온 한 가지 수단에 지나지 않는다.

존 네프는 유능한 증권분석가들(개인 사업체를 운영하는 사람이든 아니면 일류 증권회사에 근무하는 사람이든)과의 만남을 적극적으로 모색한다. 대화를 통해 이들의 가정과 분석기법, 계획 등을 파악하고 나면 독자적인 주가판단이 훨씬 수월하기 때문이다. 반면에 준비가 덜된 분석가가 네프를 무작정 따라하다가는 큰 '낭패'를 당하기 십상이다. 그가 추구하는 기준은 다른 사람들이 쉽게 흉내낼 수 있는 수준이 아니기 때문이다. 하지만 그가 제시하는 정보와 통찰만큼은 귀담아들을 필요가 있다. '치밀한 사전준비'를 지향하는 네프의 엄격한 원칙은 중대한 결과를 낳았다. 그의 포트폴리오 회전율과 거래비용이 예상외로 낮았다는 점이 그것이다. 투자자는 문제를 유발하는 것 못지않게 이 문제를 해결하는 데에도 비용을 감수해야 한다. 또한 세금이 단기이윤에 미치는 영향도 무시할 수 없다. 하지만 그는 이 두 가지 모두를 효과적으로 최소화하는 능력을 가지고 있다*.

존 네프는 전문 투자자일 뿐 아니라 '헌신적 수탁인'의 모범이기도 하다. 그는 얼마 안 되는 돈을 아껴 자신이 운용하는 뮤추얼펀드에 투자한 개인과 가정에 대한 책임의식을 늘 염두에 두고 살아왔다.

내 경우에는 25년 전에 일명 '캐피탈주Capital share'로 불리던 제미니 듀오펀드duo-fund를 매수한 것이 생애 최고의 투자결정**이었다. 듀오펀드(지금은 법으로 금지한다)란 뮤추얼펀드의 한 가지 형태로, 최초 공모 당시에 자본의 절반만을 투자해도 배당금을 비롯한 모든 권리를 취득할 수 있는 제도였다. 당시처럼 약세시장에서는 대부분의 주식이

---

* 존 네프는 펜실베이니아 대학의 이사회 일원이다(이 학교 출신은 아니지만 와튼 경영대학원 교수로 활동한 바 있다.). 학교 측의 요청으로 자산운용을 맡은 그는 1억 7000만 달러의 초기자본을 16년 만에 18억 달러로 늘리는 등 뛰어난 운용실적을 올렸다. 또한 웰링턴 매니지먼트 컴퍼니의 경영 파트너 세 명 가운데 한 명으로 수년간 재직하며 투자 역량을 발휘하여 비즈니스 실적 향상에 기여하기도 했다.

** 내 생애에서 '수익성'이 가장 높았던 투자는 이와 별개였다. 20여 년 전, 몇몇 파트너와 나는 벅크서 해스어웨이Berkshire Hathaway에 투자하여 최고의 수익을 올린 적이 있다. 하지만 이때는 지식에 의존하기보다 워렌 버핏의 조언에 따라 투자했다.

실제보다 저평가되어 있었으며 대다수 투자자들도 투자에 상당히 회의적이었다. 이런 환경은 특히 네프와 같이 '가치투자'를 추구하는 역행투자자들에게 큰 기회를 열어주었고 실제로도 막대한 성과를 창출했다. 제미니의 캐피탈주 역시 당시의 시장상황과 맞물려 할인가로 거래되었다. 따라서 시장이 회복기로 접어들 무렵에는 캐피탈주의 듀오펀드 구조 덕분에 주가가 엄청난 속도로 상승할 것이며, 주식시장이 침체기를 벗어나기 어려울 것이라는 일반적 예상에 따라 '가치주value stock'도 저평가된 만큼 네프가 운용하던 포트폴리오가 앞으로는 큰 이득을 가져올 것이라는 게 당시의 판단이었다. 그리고 이런 뛰어난 실적은 당시 시장의 할인현상을 제거할 것으로 예측되었다.

당시 네프는 최고의 투자 매니저란 평판을 가지고 있었으며, 이런 명성을 입증이라도 하듯 여러 차례 뛰어난 투자실적을 거두었다. 따라서 나는 제미니 펀드에 투자하면서 존 네프, '가치주', 현재의 시장할인, 미미한 수준의 침체, 시장의 활황 가능성 등 다섯 가지를 염두에 두었다. 하지만 이 중에서 투자결정에 결정적인 영향을 미친 요소는 무엇보다도 존 네프라는 사람이었다. 고객에 대한 세심한 배려와 치밀한 리스크 분석을 통해 포트폴리오를 구성하고 자산을 운용한다는 믿음 때문이었다.

미국의 투자자들이 '단기투자'에 열을 올린다는 사실을 감안하면, 당시 나는 시장의 하락 가능성을 무시한 '최악의 결정'을 내렸다고 보아야 한다. 이때 나는 최대 수익률을 20퍼센트로 점쳤다. 이 예측이 옳다면 중개인으로부터 증거금의 최대 30퍼센트를 빌려 몽땅 제미니 캐피탈주에 투자하는 게 현명한 행동이었고 나는 그대로 실행했다*. 예상은 적중했다. 머잖아 주식시장은 반등으로 돌아섰고 캐피탈주는 할인주에서 우량주로 변모했다. 또한 가치주가 시장의 총아로 자리매김했고, 회의론자들도 듀오펀드의 위력을 실감했으며, 네프는 계속해서 뛰어난 실적으로 다른 투자자들의 탄성을 자아냈다. 앞의 다섯 가지 요소가 마치 긍정적인 조화를 이루어 결과를 이끌어내는 듯했다. 게다가 증거금을 이용한 투자도 성공을 거두면서 내 아이들의 교육비를 넉넉하게 마련할 수 있었다.

사실 네프와 나의 인연은 이때가 처음이 아니었다. 35년 전 필라델피아에서 처음으로 만났을 때, 나는 그가 대단히 현명하고 박식할 뿐 아니라 지식을 향한 남다른 열정을 가지고 있음을 발견했다. 그리고 그의 스타일이나 옷매무새도 마음에 들었다. 그로부터 몇 개월 뒤, DLJ(Donaldson, Lufkin & Jenrette)의 투자전략가 존 코코란John Corcoran이 다양한 시장 부문에 대한 투자를 주제로 강연을 할 때였다. 이 자리에 참석한 투자 매니저들은 코코란의 강연에 감화되어 어떤 종목이 반등 가능성이 높은지에 귀를 기울이고 있었다. 그러나 이런 열띤 분위기는 네프의 한마디에 일순간 정적으로 빠져들었다. "코코란 씨, '리스크'는 어떻게 하구요?"

이때의 장면은 지금도 내 기억에 생생히 남아 있다. 존 네프야말로

---

* 25년 전, 적은 비용으로 고수익 투자를 원한다면 존 네프를 찾으라며 처음으로 내게 권고해준 제이 서레드에게 깊이 감사드린다.

독립적 사고의 진정한 모범이었다. 그 이후로 나는 네프의 생각을 들을 수 있는 기회를 빠트리지 않고 찾아다녔다. 나 역시 그가 운용하는 뮤추얼펀드의 주주였으므로 AIMR(미국 투자관리연구협회)에서 주최한 회의나 DLJ의 포트폴리오 매니저 세미나 등에도 참여했고, 최근에는 그리니치 협회 회원으로서 이 협회 회장을 맡은 네프와 자주 접촉하고 있다.

솔직히 말해 존 네프가 이 책을 저술하도록 처음부터 강력히 권고한 사람은 바로 나였다. 그래야 나와 내 아이들, 친구들, 나아가 투자를 공부하는 많은 학생들이 이 위대한 투자자의 사고방식으로부터 배움을 얻을 수 있기 때문이었다.

코네티컷 주 그리니치에서
— 찰스 D. 엘리스Charles D. Ellis

그럴듯한 이론이 아니라
실질적인 수익을 위하여

1998년 봄, 나는 필라델피아의 와튼 경영대학원에서 대학원생들의 세미나를 지도하고 있었다. 학생들과의 열띤 토론은 그동안 내가 걸어온 길을 되돌아보는 계기가 되었다. 학생들은 내가 지향했던 투자 프로세스의 본질과 왜 내가 이 길을 선택했는지에 대해 많은 의문을 제기했다. 이 책에는 당시 학생들과 나눈 대화 내용도 고스란히 담겨 있다.

책이란 분명 일방적인 대화 매체다. 그러나 책도 차트나 그래프 등을 활용하여 저자의 관점을 있는 그대로 전달할 수 있다는 점에서는 유익한 대화와 다를 게 없다. 지금부터 독자 여러분과 함께 이 책을 여행하며 내가 하려는 이야기는 바로 투자에 관한 것들이다. 특히 이 책에서는 투자와 관련된 화제를 일목요연하게 정리한 게 아니라, 지난 30년간 윈저 펀드를 운용하며 내가 직접 경험했고 중요하다고 판단되는 아이디어에 주안점을 두었다. 일반적인 투자지식이라면 다른 책을 통해서도 얼마든지 습득할 수 있을 것이다.

나는 미국 해군에서 복무하며 항공 엔지니어링을 공부했다. 이후 주식거래에 몸담게 되었고, 1985년에 새 주인을 만나 문을 닫기 전까지 미국에서 최대 규모의 뮤추얼펀드로 군림했던 윈저 펀드를 31년간 운용했다. 투자 부문에서의 경력은 어쩌면 내가 숫자를 헤아리기도 전부터 시작되었는지도 모른다. 어릴 때 나는 대단히 고집이 센 아이였다. 오죽하면 어머니가 나를 '존 브라운'John Brown(미국의 노예제도 폐지론자-옮긴이)에 비유하며 "가만히 서 있는 표지판과도 싸울 아이"라고 했을까! 어머니의 판단은 옳았다. 아니 선견지명이 있었다고 해야 맞다. 나는 직업 인생 전부를 주식시장과 싸우며 보냈다. 하지만 다행스럽게도, 윈저 펀드의 운용 실적이 보여주듯 나는 주식시장과의 싸움에서 잃은 것보다는 얻은 게 더 많았다.

투자 비즈니스와 같이 늘 역동적으로 움직이는 분야에서는 사실상 학습곡선의 끝이 존재하지 않는다. 이것이 바로 주식시장의 희망적 요소이자 절망적인 부분이기도 하다. 많은 전문가를 동원하는 일은 얼마든지 가능하다. 그러나 투자자로서 정말로 알고 싶은 것, 즉 '내일, 내주, 내년의 시장상황'을 정확하게 예측할 수 있는 사람은 아무도 없다. 새로운 정보의 끊임없는 유입은 과거에 누구도 본적이 없는 새로운 환경을 창조한다. 고대 그리스의 철학자 헤라클리투스는 "같은 강물을 두 번 밟을 수는 없다"고 했다. 강물은 끊임없이 흘러가기 때문이다. 마찬가지로 투자자도 같은 시장에서 같은 걸음을 두 번 내딛기는 불가능하다. 시장도 끊임없이 변하기 때문이다.

그러나 오랫동안 관심 있게 살펴보면 시장의 특성을 어느 정도 파악할 수도 있다. 시장은 때로는 비합리적이고 적대적이면서도 또 때로는 우호적이고 조화롭다. 그리고 시장에는 좋은 날도 궂은 날도 있으며 좋은 해와 궂은 해도 있다. 이 모두를 예측하기는 불가능하다. 시장은 빠른 속도로 방향을 바꾸기 때문이다. 그러나 변화하는 상황에 효과적으로 대처함으로써 더 나은 결과를 얻는 방법을 배울 수는 있다. 이 방법을 터득한 사람이야말로 '넉넉한 수입'이라는 덤의 주인공이 될 자격이 있다.

역행투자자의 한 사람인 나는 이 책을 구성하면서 의도적으로 일반 투자지침서와는 다른 접근법을 택했다. 이 책을 쓴 목적은 그럴듯한 이론을 소개하기 위해서가 아니다. 분기별 그리고 연도별로 실질적인 수익을 일구어내자는 것이 바로 이 책의 목적이다. 이 책은 크게 세 부분으로 나뉜다. 먼저 1부(원저를 향한 여정)에서는 내가 지닌 투자성향에 대해 설명한다. 그리고 2부(변함 없는 원칙)에서는 투자의 목표와 기법을 설명하며, 3부(시장 일지)에서는 원저 펀드를 운용해온 지난 4반세기 동안 발생한 다양한 사건들을 소개한다. 일 년에 한 주를 거래하든 아니면 하루에 한 주를 거래하든(후자는 그다지 권하고 싶은 방법은 아니다) 이 책에 수록된 모든 내용은 독자 여러분의 현명한 투자를 돕는 데 초점을 맞추었다.

이쯤에서 최근의 가치투자 경향이 실제로 어떤 성과를 낳았는지 살펴볼 필요가 있을 것 같다. 이른바 가치펀드value fund로 불리는 뮤추얼펀드의 상당수는 그동안 험난한 길을 걸어왔다. 역행투자자의 한 사람인 나는 이런 결과를 예정된 수순이라고 말하고 싶다. 그렇다면 가치투자가 별다른 인기를 끌지 못한 상황에서 굳이 가치투자에 대한 책을 출간한 이유는 무엇일까? 한쪽에서 한물갔다고 주장하는 것이 다른 한쪽에는 커다란 기회로 작용할 수도 있다. 내 경우를 보더라도, 그동안 운용해온 윈저 펀드는 여러 차례 시험대를 통과했을 뿐 아니라 당시에도 여전히 높은 수익률을 자랑하고 있었다.

개인 투자자는 전문 투자자에 비해 한 가지 중요한 이점을 누린다. 오늘날처럼 치열한 시장환경에서 전문 투자자는 분기별 실적을 올리기 위해 동분서주해야 하는 반면에, 개인 투자자는 원하는 종목을 골라 시간에 구애받지 않고 느긋하게 투자할 수 있다. 가치투자(저PER 종목)를 위해서는 치밀한 분석이 필요하다. 하지만 치밀한 분석이 말처럼 쉬운 건 아니다. 더욱이 시장이 강세로 돌아선 상황에서는 더더욱 어렵다.

확실한 수익과 저PER을 보이는 우량기업의 우량주에 투자자들의 관심이 쏠리는 것은 당연하다. 시간을 두고 냉정히 판단하며 여기에 행운까지 따라주는 투자자라면 장기간 성공적인 투자가 가능하다. 그러나 지금의 행운이 한순간에 재앙으로 돌변할 수도 있다. 이것이 바로 투자게임의 본질이다. 나는 많은 투자자들이 장기적으로 유익한 결과를 얻도록 돕기 위해 이 책을 썼다. 그러나 이 책의 핵심을 꿰뚫지 못하거나 너무 성급하게 덤비는 투자자는 차라리 그 돈을 다른 데 쓰는 편이 백 배 나을 것이다.

1999년 6월
펜실베이니아 주 밸리포지에서

— 존 네프

CONTENTS

John Neff on Investing · To invest smarter, listen to John Neff

PART 03 가치에 집중한 투자일지

나의 성공에는
특별한 이유가 있다

― 시티뱅크 투자 무용담

1991년 5월, 많은 투자자들이
시티뱅크Citibank를 걱정하고 있었다. 개발도상국에 지원한 자금의 회
수가 어려워진 데다 부동산 담보대출에서도 막대한 손실을 입어 시티
뱅크의 앞날이 불투명해졌기 때문이다. 은행 경영진은 부동산 담보대
출을 비롯한 일련의 문제들을 해결하기 위해 수십 억 달러의 자금을
투여했지만 문제는 여기서 그치지 않았다. 비슷한 문제에 직면한 다른
은행들이 대부분 해결단계에 있었던 반면에, 시티뱅크는 여전히 각종
언론의 헤드라인을 장식했고 금융규제기관에서는 이 은행의 회계장부
를 두고 이러쿵저러쿵 말들이 많았다. 게다가 컨티넨털 뱅크Continental
Bank의 망령을 떨쳐버리지 못한 투자자들은 유서 깊은 시티뱅크가 내
일 당장 무너지지는 않을까 우려했다. 주가도 연일 폭락을 거듭했고

언론에서는 직업인생의 심각한 위기에 직면한 시티뱅크의 회장 존 리드John Reed를 향해 맹공을 퍼부었다.

하지만 윈저 펀드를 운용하며 시티뱅크의 상황을 면밀히 저울질한 우리는 이때야말로 시티뱅크 주식을 매수할 적기라고 판단했다.

당시 윈저에서는 이미 시티뱅크 주식을 상당량 보유하고 있었다. 우리가 이 은행에 남다른 관심을 가지게 된 때는 1987년으로, J.P. 모건에 투자하여 상당한 성공을 거둔 후 투자 대상을 전환하려던 무렵이었다. 이때 시티뱅크 주식은, 전직 회장인 월터 리스턴Walter Wriston이 취임하여 시티뱅크의 전성기를 연 이후 수익률이 무려 7~8배에 이르렀다. 실제로 리스턴은 시티뱅크를 매년 15퍼센트 이상 성장시켰다. 그뿐 아니라 1970년대 초에는 주식시장의 평균수익률을 상회하는 50가지 종목을 의미하는 '니프티 피프티Nifty Fifty'에 포함되기도 했다. 이처럼 거듭되던 시티뱅크의 성장이 정체되어 투자자들의 기호를 충족시키지 못할 무렵 윈저의 공략이 시작되었다. 하지만 모든 것이 기대했던 것만큼 순탄하지만은 않았다.

사실 시티콥Citicorp에서도 애초부터 윈저와 같은 역행적 사고를 고수했다. 1987년, 시티뱅크는 주가수익비율PER을 감안하여 주가를 상당 수준 할인했다. 이 할인정책은 라틴아메리카 국가들에 지원한 차관에 좋지 않은 영향을 미쳤고, 특히 멕시코에서는 유가 하락과 맞물려 심각한 문제를 유발했다. 그러나 주식시장에서는 중대한 사실 한 가지를 간과했다. 1985년과 1986년 사이 시티뱅크의 수익성이 더욱 악화된 가장 큰 이유는 차관을 회수하지 못할 경우를 대비하여 준비금을 확보해야 한다는 규정 때문이었다. 이런 사실을 간과한 많은 투자자들이 시티뱅크로부터 등을 돌렸다. 하지만 우리가 내린 결론은 달랐다. 당시 공개된 시티뱅크의 수익성은 지극히 보수적인 계산방식에 의한 것이었고 실제로는 그보다 높으리라는 게 우리의 판단이었다.

이런 우리의 믿음이 드디어 보답을 받는 듯했다. 적자를 기록한 이 듬해인 1988년, 시티뱅크의 실적은 점차 호전되었다. 하지만 그것도 잠시뿐, 불경기가 극에 달하면서 그 여파는 과잉상태에 이르렀던 상업용 부동산 개발시장에 치명타를 안겼다. 부동산 개발업자들이 줄줄이 파산에 이르렀고 부동산 대출에 나섰던 은행들도 실적 악화로 덩달아 위기에 직면했다. 실제로 자본금 충당의 압력에 시달렸던 은행들은 대출금액의 50퍼센트 이상을 탕감해주면서 적극적으로 회수에 나섰다. 하지만 이런 상황에서도 시티뱅크는 부동산 대출에 대한 집착을 버리지 못했다.

이처럼 어려운 여건에도 불구하고 윈저는 이 절망적인 금융서비스 분야에 대한 투자를 조금씩 늘려나갔다. 그러나 상황은 더 악화되었고 특히 시티뱅크는 더더욱 어려운 지경에 처했다. 이때부터 나는 윈저의 투자 문제로 존 리드와 자주 접촉하며 그의 단호함과 성실함에 깊은 인상을 받았고, 그 외에도 개인적으로 여러 가지 호감을 가지게 되었다. 그래서 상황은 어렵지만 골프를 그만두지는 말라는 조언을 하기도 했다. 언젠가는 투자설명회 자리에서 존 리드를 소개하다가 그의 이름을 잘못 말한 적도 있다. 언론에서 하도 그를 "궁지에 몰린 존 리드beleaguered John Reed"라고 떠들어댄 탓에 'beleaguered'를 그의 이름으로 착각했던 것이다.

아무튼 1990년대 초에 접어들면서 우리는 시티뱅크 주식을 더 많

이 사들였다. 부동산 문제는 여전히 심각했지만 시티콥의 소비자 인지
도를 감안할 때 머잖아 시장에서 인정받는 날이 오리라는 확신이 있었
기 때문이다. 당시 우리는 시티뱅크의 문제가 기본적으로 상업용 부동
산 비즈니스에서 비롯되었다고 판단했다. 실제로 이 은행의 소비자금
융 부문은 적지 않은 수익을 올리고 있었을 뿐 아니라 주력 부문인 신
용카드 비즈니스 역시 뛰어난 실적을 창출했다. 게다가 리스턴 회장의
유산인 개발도상국에 대한 대출 부문도 서서히 수익성에 보탬이 되기
시작한 상황이었다. 따라서 통상적인 주기대로 부동산 부문이 다시 뜨
기 시작하면 시티뱅크의 주주들은 막대한 수익을 손에 넣을 수 있다고
보았다. 1990년대에 시티뱅크에서 수익을 기록하지 못한 주된 이유는
부동산 대출과 관련된 준비금 탓이었다. 하지만 어려운 시장환경에도
불구하고 그 밖의 분야에서는 부동산 대출 부문에서 입은 손실을 만회
할 만큼의 수익을 거두었다.

그럼에도 불구하고 시티뱅크는 우리의 기대를 또 다시 저버렸다.
1991년 한 해 동안 윈저에서 투자한 은행 가운데 수익을 내지 못한 곳
은 시티뱅크 단 한 곳뿐이었다. 하지만 우리는 논리적으로 움직였다.
시티뱅크 한 주에 쏟아 부은 비용이 평균 33달러에 달했고 당시 주가
가 14달러에 불과했지만 우리는 매수를 계속했다.

1991년이 끝나갈 무렵 주가는 더 떨어졌고 시티뱅크를 향한 각 언
론사들의 비난은 이제 일상화되었다. "시티뱅크의 악몽이 점점 심화
되고 있다!"—『비즈니스 위크』 1991년 11월호 헤드라인을 장식한 문
구다. 게다가 12월에는 『인스티튜셔널 인베스터 *Institutional Investor*』에
서 썩은 생선 사진을 전면에 실어 시티뱅크를 향한 월스트리트의 불신

을 노골적으로 표현하기도 했다. 많은 사람들이 시티뱅크의 파산을 점 쳤고, 로스 페로Ross Perot와 같은 유명인이 이 은행의 주식을 공매 처분 했다는 소문도 들렸다. 게다가 시티콥이 발표한 재무제표의 수치보다 상황이 더 어렵다는 소문이 퍼지면서 투자자들의 극단적인 행동은 도 를 더해갔다. 소문을 잠재우기 위해 시티뱅크 경영자들은 금융규제기 관의 시험대를 무사히 통과했다고 공개적으로 선언했다. 하지만 이미 무성해진 소문은 쉽사리 잦아들지 않았다.

그 무렵 윈저는 시티뱅크 주식을 2300만 주나 보유하고 있었고 약 5억 달러의 자산이 위기에 처한 상황이었다. 설상가상으로 주택금융 위원회 의장이자 하원 의원인 존 딩글John Dingle은 시티뱅크 문제가 기술적으로 해결 불가능하다는 의사를 비쳤고, 그 여파는 이 은행의 아시아 지점들에까지 확산되었다. 그 결과 주가는 곤두박질을 거듭하 여 1991년 말에는 8달러까지 떨어졌다.

낙관적인 시기는 분명 아니었지만 그래도 우리는 믿음을 저버리 지 않았다. 나는 이 은행의 주식이 기대한 만큼의 결과를 가져다주리 라 믿었다. 숱한 어려움에도 불구하고 시티뱅크의 수많은 지점들이 여전히 건재하다는 사실이 우리의 이런 믿음을 뒷받침해주었다. 더욱 이 비용을 최대한 절감하기 위한 노력이 뒤따르면서 수익을 향한 우 리의 기대는 점점 더 무르익었고, 1991년 이후 부동산 문제가 해결되 고 나면 수익성이 급격히 높아지리라 예측했다. 우리에게 시티뱅크는 1987년의 뱅크 아메리카Bank America와 같은 존재였다. 1987년 당시 바닥권을 맴돌던 뱅크 아메리카의 주가는 이후 8배 이상이나 치솟은 바 있었다.

오랫동안 주위의 우려와 비난을 무릅쓴 끝에 드디어 결과가 눈에 보이기 시작했다. 1992년 초부터 시티뱅크 주가가 치솟기 시작한 것이다. 그리고 해가 바뀌기도 전에 오랜 기다림의 대가를 충분히 만끽할 수 있었다.

시티뱅크와의 경험은 우리에게 많은 교훈을 남겼다. 특히 투자의 성공은 반드시 우량주나 강세시장과 직결되는 게 아니라는 사실을 다시금 확인했다. 우리의 성공 이면에는 현명한 판단과 꺾이지 않는 의지가 가장 큰 역할을 했다. 현명한 판단 덕분에 기회를 포착할 수 있었고, 꿋꿋한 의지 덕분에 남들은 모두 다른 방향을 향하는 상황에서도 끝까지 방향감각을 상실하지 않았다. 시티뱅크 사례는 투자가 무엇인지를 다시 한 번 일깨워주었다. 아무리 열등한 주식도 때로는 화려하게 거듭날 수 있다. 겉보기에 멋들어진 포트폴리오만을 추구했더라면 아마 윈저 펀드의 성공은 어려웠을 것이다. 그리고 윈저에서 시티뱅크와 같은 주식에 투자한 것이 처음은 아니었으며 앞으로도 그럴 것이다.

JOHN NEFF

PART

01

윈저를 향한 여정
그리고 열정

"근면, 인내, 절약이 행운을 낳는다."
— 벤자민 프랭클린

1 JOHN NEFF

전 재산 20달러의
가난한 청년, 기회의 땅을 찾다

1955년 1월초, 매서운 추위가
기승을 부리던 겨울 아침, 투자 매니저를 향한 내 여정은 시작되었다.
그 날 아침, 해군 출신으로 대학을 갓 졸업한 23세의 청년이던 나는 톨
레도 진입로에서 서성거리며, 오하이오 톨게이트를 통과하여 뉴욕을
향해 출발하는 자동차들을 향해 손짓을 하고 서 있었다.

대학을 졸업하자마자 좋은 조건에 특혜까지 누리며 남부럽지 않
은 직장에 취직하는 오늘날의 일부 계층에게는 이처럼 축복받지 못한
시작이 의아하게 생각될는지도 모른다. 하지만 내게는 비행기나 멋진
호텔은 고사하고 버스 승차권 하나 마련해준 사람도 없었다. 손에 들
린 가방 하나와 그 속에 담긴 간식거리, 주머니에 있는 20달러가 직업
인생을 시작하는 내가 가진 것의 전부였다. 그래서 다음 날 뉴욕에서

열리는 취업 인터뷰에 참가하기 위해 당장 내가 할 수 있는 유일한 일은 차를 빌려 타는 것이었다.

1950년대 주州를 넘나드는 고속도로에는 자동차가 지금처럼 많지 않았고 범죄는 더더욱 적었다. 더군다나 내 옷차림이 소박해 보여서인지 차를 빌려 타는 데는 그리 많은 시간이 걸리지 않았다. 차를 타고 뉴욕까지 가면서 운전사와 나눈 대화를 전부 기억할 수는 없지만, 오하이오 주에서 뉴욕까지 가다보니 한 해 전인 1954년에 열렸던 월드시리즈에 대해 자연스럽게 몇 마디를 나눴다. 그 해 월드시리즈에서는 당시 뉴욕 자이언츠 팀이 클리블랜드 인디언즈(오하이오 연고팀—옮긴이)를 단 4게임만에 쓰러뜨리고 정상을 차지했다. 하지만 나는 어릴 적부터 디트로이트 타이거즈 팀의 팬이었기 때문에 오하이오 출신의 운전사와는 달리 비교적 담담하게 얘기했던 기억이 난다.

그 당시에 내가 투자에 대해 아는 것이라고는 야구에 대한 지식보다도 적었다. 시장에 대한 지식이라고 해봐야 학교시절 강의 시간에 몇 번 들은 게 전부였다. 게다가 나는 투자업계의 가치에 대해 설교할 준비도 하지 않았고 그럴 생각도 없었다. 1950년대만 하더라도 대공황(1929년)의 여파는 주식시장에 여전히 영향을 미치고 있었다. 다우존스 산업평균지수가 1929년의 최고점을 회복하기까지 무려 26년이나 걸렸을 정도니 말이다. 그래서 동승한 운전사가 왜 뉴욕에 가느냐고 물었을 때 나는 그저 직업을 구하기 위해서라고 말했을 뿐이었다.

목적지가 달라 펜실베이니아 주에서 내린 나는 다시 지나가던 트럭을 얻어 탔다. 트럭 운전사는 언론인 출신으로 내가 고등학교를 다녔던 텍사스 주 남부의 코퍼스 크리스티에서 주로 활동한 사람이었다.

따지고 보면 우리 두 사람은 모두 유랑자였던 것 같다. 다만 차이가 있다면 나는 자발적인 유랑자였다는 점에서 달랐다면 달랐을까…. 운전사는 조지 파George Parr라는 사람을 맹렬히 비난했다. 1948년 상원의원 선거에서 조지 파가 선거운동을 잘못하는 바람에 린든 존슨Lyndon Johnson이 경쟁자인 코크 스티븐슨Coke Stevenson을 94표 차이로 누르고 과반수를 얻어 당선되었다는 이유였다. 당시의 선거전은 워낙 치열했기 때문에 단 몇 백 표 차이로 당락이 뒤바뀔 수도 있었고, 만약 그랬다면 미국의 대통령 역사도 달라졌을 것이라며 그는 열변을 토했다.

자동차를 다섯 번이나 갈아타며 16시간 동안 거의 1000킬로미터를 달려온 나는 자정이 가까워서야 저지 시티에 인접한 어느 트럭 터미널에 도착했다. 뉴욕에 입성하려면 아직도 적지 않은 거리가 남아있었지만 그 날 저녁은 34번가에 위치한 YMCA에서 쉬기로 했다. 이곳의 숙박시설은 내가 고등학교를 졸업한 후 두 가지 일을 하며 묵던 미시간 주 그랜드 래피즈의 YMCA보다 훨씬 못했다. 하지만 다음 날 계획된 네 번의 인터뷰를 무사히 치르려면 잠을 충분히 자야 했으므로 이것저것 따질 겨를도 없이 바로 잠자리에 들었다.

포탄의 흔적과 티커 테이프

세계 금융의 중심지인 이곳 뉴욕에는 내가 구직활동에 나섰던 1955년 초 이후로 새로운 고층건물이 수도 없이 들어섰고, 특히 정보화 시대는 뉴욕증권거래소의 위상을 완전히 바꿔놓았다. 그러나 월스트리트와 브로드스트리트가 만나는 지점만큼은 예나 지금이나 큰 변화가 없는 듯하다. 증권거래소가 여전히 한쪽 모퉁이를 차지하고 있고, 그 맞은편에는 초대 대통령 조지 워싱턴이 미국 역사상 처음으로 취임선서를 했던 페더럴 홀Federal Hall이 자리하고 있다. 이곳에서 세 번째로 인상적인 건물은 존 피어폰트 모건John Pierpont Morgan이 세운 은행이다. 이 은행의 외벽에는 1920년 9월의 어느 혼잡한 목요일에 무정부주의자들이 월스트리트를 공격하면서 남긴 포탄의 흔적이 지금도 선명하게 남아 있다.

그러나 내가 투자업계에 몸담은 이후 겉으로 드러나지는 않지만 이보다 훨씬 큰 위력의 폭발이 월스트리트를 강타한 적이 있다. 2차 세계대전 이후 거의 10년간 월스트리트는 무기력한 상태에서 벗어나지 못했다. 지금이야 전자거래 덕분에 개인 투자자들이 주식을 실시간으로 거래할 수 있으므로 중개인들의 수수료가 적은 게 당연하지만, 당시에는 아예 거래 자체가 드물었기 때문에 합당한 수수료는 애당초 기대할 수 없었다. 그리고 주식거래는 주로 남성 중개인들이 부유한 개인이나 가정 또는 몇몇 신탁기관의 주문을 받아 이루어졌기 때문에 이들 부유층의 이익을 대변한 게 사실이다. 게다가 중개인들의 상당수가 부유층 출신이거나 어떤 식으로든 이들과 관련이 있었다. 설상가상으로 1929년의 대공황 이후 제정된 법률은 보통주의 소유를 엄격히 금지했기 때문에 대부분의 연금기금이나 기타 기관 투자가들은 주로 채권이나 가장 안전한 주식에만 투자했다. 그 결과 뮤추얼펀드라고 부를 만한 투자 형태는 아예 존재하지도 않았다.

텔레비전 수상기를 보유한 가정도 얼마 되지 않았고 컴퓨터는 더

더욱 드물었던 1950년대 환경에서는 실시간 투자정보를 얻기가 사실상 불가능했다. 이런 환경에서 주식시장의 동향을 파악하기 위해 투자자들이 주로 의지한 것이 바로 티커 테이프ticker tape(증권시세 표시기에서 출력되는 테이프—옮긴이)였다. 하지만 과거에는 시세 표시기의 성능이 그리 뛰어나지 못해 10개 종목을 인쇄하고 잠시 기다렸다가 다시 10개를 인쇄하곤 했다. 따라서 하루 거래량이 500만 주를 넘는 경우가 극히 드문 시대였음에도(오늘날에는 한 번에 500만 주 이상을 거래하는 경우도 많다) 시세 표시기의 인쇄 속도가 실제 거래 속도를 따라잡지 못할 때가 많았다. 게다가 당시에는 매수 또는 매도 주문을 일일이 손으로 용지에 기록했다. 이렇게 기록된 용지는 압축 튜브를 통해 자동으로 거래 처리실로 옮겨져 주문이 처리되었다. 또한 증권거래소 관계자들은 시세 변동 상황을 객장에 표시하기 위해 기둥에 톱니 장치가 부착된 다이얼을 설치하여 수작업으로 조정했다. 하지만 주문이 폭주할 때는 별다른 해결책이 없었다. 그래서 중개업체 대부분은 기록요원을 따로 두어, 처리한 주문을 삭제하고 새로운 주문을 기록하는 식으로 업무를 처리했다.

오늘날의 유력 투자은행 가운데 1950년대 뉴욕의 금융 중심지를 거치지 않은 은행은 거의 없다. 당시에는 일명 '와이어 하우스'(wire house, 처리할 고객 주문을 전달하기 위해 통신기술을 사용하던 비교적 큰 규모의 증권회사를 말한다—옮긴이)가 월스트리트를 지배했다. 와이어 하우스에 포함되는 증권회사들은 뉴욕 이외의 다른 도시에도 사무소를 개설하여 매도·매수 주문을 전송 방식으로 처리했다. 가장 큰 규모의 와이어 하우스로는 메릴린치Merrill Lynch가 대표적이었으며, 이

회사의 추천 종목은 시장에 상당한 파급효과를 미쳤다. 예를 들어 메릴린치에서 특정 업체의 주식을 추천하면 곧 수십 만 주의 매수 주문이 이어져 처리가 불가능할 정도였다. 반면에 톨레도나 클리블랜드와 같은 시골 지역은 독립적으로 운영되는 중개업체들의 주된 활동무대였다.

돌이켜보면 월스트리트에 가기로 했던 결정은 내 직업 인생 내내 고수해온 투자철학의 시발점이었던 것 같다. 1955년에는 투자 비즈니스를 높게 평가하는 사람들이 드물었다. 똑똑하고 재능이 뛰어난 사람들은 해당 업종에서 최고가 되겠다는 꿈을 안고 포드나 제너럴 일렉트릭과 같은 대기업에 지원서를 내는 게 일반적이었다.

하지만 나는 생각이 달랐다. 대기업 대신에 나는 『배런스』Barron's(미국의 투자전문지-옮긴이)의 기사에서 소개한 대로 전국 규모의 4대 주식중개업체(메릴린치, 블라이스, 스미스 바니, 바체)에서 실시하는 훈련 프로그램에 참여했다. 그리고 주식 중개인으로 성공하겠다는 개인적인 자신감도 없지 않았지만, 대학시절 투자업계에서 일해보라며 소개해주신 교수님의 권유도 내가 이 길을 선택하는 과정에 적잖은 역할을 했다. 시드리 로빈스 교수님의 조언이 아니었다면, 나는 투자 비즈니스가 운 좋은 사람이나 일류대학을 나온 사람에게나 해당되는 분야라며 그냥 지나쳐버렸을지도 모른다.

운 좋은 출발

내가 투자업계에 몸담은 시기는 의외로 적절했다. 이 분야에 대한 세간의 평판이야 별로 나아진 게 없었지만 주식시장은 서서히 회복세를 타고 있었다. 성장에 대한 기대 속에 유니언 카바이드와 다우 케미컬, 미네소타 마이닝 & 매뉴팩처링, 이스트먼 코닥 등이 상한가를 기록하며 지수를 견인했다. 또한 보통주에 대한 믿음이 다시 확산되면서 일반 투자자들은 자본소득을 얻기 위해 상여금은 말할 것도 없고 매월 급여까지 쏟아 부었다.

전쟁이 끝나고 세상이 점차 안정되면서 경제는 다시 살아났고 주가도 안정세를 되찾았다. 1954년 말의 미국 국민총생산GNP은 4000억 달러에 육박하여 전후 최고를 기록했고, 이런 번영의 증거는 골프 인구에서도 극명하게 드러났다. 통계에 따르면, 1954년에는 380만 명의 골프 인구가 약 5000개의 골프 코스와 150만 에이커에 달하는 면적을 사용한 것으로 나타났다. 또한 1954년은 20세기 중에서도 여섯 번째로 물가상승률이 낮았던 한 해로 기록되었으며, 경제 전문가들에 따르면 그 해의 물가 수준은 1차 세계대전 직후보다 44퍼센트나 낮았다고 한다. 모든 징후는 긍정적이었다. 각 부문의 상품 선적이 활기차게 이루어졌고, 『월스트리트 저널』은 1955년 1월 3일자 기사를 통해 기업 경영자들이 낙관적 전망을 토대로 생산시설 확충에 돌입했다고 보도했다.

이런 분위기를 반영하듯 1955년의 거래 첫날인 1월 3일, 다우존스 산업평균지수는 408.89포인트로 사상 최고치를 경신했다. 베들레헴

스틸, 크라이슬러, 제너럴 모터스, 이스트먼 코닥, 뉴저지 스탠더드 오일 등이 상한가를 기록하며 주가를 이끌었고, 특히 듀퐁은 4포인트나 뛰어올라 171.5포인트를 기록했다. 이날 하루만 약 500만 주의 주인이 바뀌었다(오늘날의 상황에서는 결코 높은 수치가 아니지만, 당시에는 5년 내 최고 거래량이었다). 내가 뉴욕에 도착한 시점은 이처럼 열광적인 분위기가 확산되고 있을 무렵이었다.

네 번의 취업 인터뷰는 별다른 어려움 없이 끝났다. 해군에서 2년을 복무했고, 대학시절에는 금융 관련 강의를 여러 과목 수강했으며, 오하이오 주 톨레도의 어느 유명한 남성복 판매점에서 구두 판매원으로 일했던 경험 등 다양한 이력 덕분에 인터뷰에서도 좋은 점수를 받으리라 예상했다. 그리고 매번 인터뷰를 할 때마다 다른 사람들보다 긴 테스트와 인터뷰를 받은 것도 내가 그만한 자질을 갖추고 있는지를 평가받기 위한 것으로 생각했다. 아무튼 인터뷰는 무난하게 끝났고 나는 꽤 괜찮은 결과를 예상했다. 그러나 좋은 결과가 나오기까지 마냥 기다리고 있을 수만은 없었다. 클리블랜드에 위치한 시중은행인 내셔널 시티뱅크National City Bank에서 또 다른 인터뷰가 있었기 때문이다. 인터뷰까지 시간이 부족한 탓도 있었지만 이번에는 조금 여유로운 여행을 위해 그레이하운드 버스에 올랐다. 뒷자리에 앉은 여러 명의 트럭 운전사들이 흥에 겨워 밤새 노래를 부르는 사이 버스는 클리블랜드에 다다르고 있었다.

뉴욕에서의 성과는 기대 이하였다. 직장을 얻으리라는 기대와 달리 메릴린치와 블라이스에서는 나를 고용 후보자로 고려조차 하지 않았다. 스미스 바니에서는 다시 한 번 테스트와 인터뷰를 받으라는 연락이 왔고, 바체에서 제의한 내용은 처음에 내가 생각했던 자리와는 거리가 있었다. 바체에서는 내가 원했던 주식 중개인이 아니라 증권 분석가(애널리스트)를 제의했다. 나중에야 내린 결론이지만, 당시의 상황에서는 주식 중개인보다 증권 분석가나 포트폴리오 매니저가 차라리 나았다. 주식 중개인은 뛰어난 실적을 올렸을 때만 풍요로운 생활을 보장받을 수 있으며 시간의 대부분을 보유 주식을 거래하는 데 쏟아 부어도 결과를 장담할 수는 없는 직종이다. 따라서 주식 중개인보다는 증권 분석가가 낫다는 결론에 도달했고, 이왕 이 직업을 택할 바에는 클리블랜드에서 일하는 편이 낫다고 생각했다. 4개월 전에 결혼한 아내 릴리가 바로 이곳 톨레도 출신이기 때문이었다. 이렇게 해서 나는 내셔널 시티뱅크에 증권 분석가로 입사하게 되었다.

나를 냉담하게 대한 대가인지 아닌지는 모르지만, 뉴욕을 떠나 클리블랜드로 돌아온 이후 월스트리트는 극심한 시련 속으로 빠져들었다. 1955년 1월 6일 목요일, 주식 매수에 따른 증거금 규정액을 매수 가격의 50퍼센트에서 60퍼센트로 상향조정한다는 연방준비제도이사회의 발표가 있은 후 다우지수는 2.2퍼센트나 급락했다. 다음 날 『월스트리트 저널』에서는 이 정도의 낙폭은 한국전쟁 발발 이후 최대 규모라고 보도했다. 게다가 주가지수는 1월 14일까지 계속해서 떨어졌다.

내가 전문 투자자의 길로 들어서던 바로 그 시기에 이처럼 많은 일들이 벌어졌지만, 사실 당시의 나는 이런 사건들을 일일이 파악하지 못했다. 내가 수립한 계획에 대한 자신감이 너무 앞서 현실을 제대로 바라보지 못한 탓이었다.

2 JOHN NEFF

악착 같은 노력,
그것밖엔 달리 길이 없었다

한물간 주식에 주로 투자하는
성향은 누가 가르쳐 주어서가 아니라 자연스럽게 체득한 것이다. 그러
나 이것만으로는 실적을 장담할 수 없다. 투자의 성공을 위해서는 무
엇보다 굽히지 않는 인내가 필요하다. 주변의 대다수가 아니라고 하더
라도 끝까지 고집할 수 있는 의지력 말이다. 그리고 이 의지는 직관과
는 지향하는 방향이 다르다.

인내가 무엇인지를 처음 배운 곳은 미시간 주 그랜드 필즈에 있던
우리 집 지하실에서였다. 다섯 살 정도였을 때 나는 외할아버지가 지
하실 아궁이에 불을 때는 모습을 지켜보곤 했다. 할아버지는 석탄을
퍼 아궁이에 집어넣고 열심히 불을 땠다. 뜨거운 열기는 말할 것도 없
고 석탄 때문에 온몸이 시커멓게 될 정도로 힘든 일이었지만 할아버지

는 그 일을 마칠 때까지 묵묵히 참아내었다. 이때 이후로 나는 미시간의 혹한에 맞서 늘 우리 집을 따뜻하게 데워준 할아버지에게 감사한 마음을 가지고 살았다.

이처럼 유년시절에 겪었던 많은 경험들은 내가 성장하여 투자업계에 몸담은 이후에도 소중한 교훈으로 작용했다. 인내, 어려움에 처한 사람들에 대한 동정, 절약, 의지, 성실, 치밀한 분석 등 이 모든 것들이 성공적 투자 전략의 디딤돌이 되었다.

손쉬운 방법만을 찾다가 오히려 상황을 악화시키는 경우가 적지 않다. 실제로 많은 투자자들은 1950년대의 인공위성 열풍에서 1990년대의 첨단기술 붐에 이르기까지 당장 유행하는 종목에 투자하는 것이 성공의 지름길이라고 생각한다. 하지만 이런 식으로 성공을 거둔 투자자는 극히 소수일 뿐 나머지 대다수는 낭패를 당하고 만다. 쉽게 오는 것은 그만큼 쉽게 떠나버리는 법이다.

성장하면서 나는 성공이 거저 얻어지는 게 아니라는 사실을 깨달았다. 우리 부모님의 결혼도 비슷한 경우였다. 부모님은 내가 네 살 때 이혼했다. 미시간 주 마운트 플레전트의 작은 마을인 바바라 브라운 출신인 어머니는 고등학교도 채 마치기 전에 아버지와 결혼했다. 뒷날 어머니는 내게, 당신의 부모로부터 벗어나기 위해 서둘러 아버지와 결혼했다고 고백했다. 그리고 결혼 2년 후인 1931년 9월 19일에 첫 아들인 나를 낳았다.

결혼이 파탄에 이르기 전 우리는 여러 차례 이사를 다녔다. 디트로이트에 거주할 때는 아버지가 주유소와 정비소를 상대로 자동차 윤활유를 팔아 생계를 유지했다. 아버지는 이사까지 하며 새로운 시작을 모색했지만 모든 노력은 허사로 돌아갔다. 결국 우리 가족은 찢어졌다. 나는 어머니와 함께 생활하게 되었고, 그로부터 약 14년이나 지나서야 아버지를 다시 볼 수 있었다. 그런데 부모님이 이혼하면서 기구한 현실이 눈앞에 드러났다. 거처할 곳이 마땅치 않았던 어머니는 그토록 싫어했던 그랜드 필즈의 부모님 집으로, 그것도 이제 막 걷기 시작한 아이까지 안고 되돌아갈 수밖에 없었던 것이다.

지하실에 난방용 아궁이가 있던 그 집은 그랜드 필즈 메디슨 애비뉴에 위치하고 있었다. 당시 외할아버지는 보험상품을 판매하여 번 돈으로 우리 모두의 생계를 유지했다. 그리고 1920년대부터 1930년대 초까지 미시간 주 마운트 플레전트와 오하이오 주 브라이언에서 도시가스 사업을 한 적도 있었다. 대공황이 엄습한 상황에서도 난방과 조리를 위한 가스 수요는 크게 줄어들지 않았지만, 다른 업체들과 마찬가지로 할아버지의 사업체도 심각한 어려움을 피할 수 없었다. 1920년대 말의 대공황기에는 과다한 부채로 인해 기업들이 연이어 쓰러지면서 뮤추얼펀드도 덩달아 존폐의 위기에 직면했던 게 사실이었다. 그럼에도 불구하고 대공황이 내게는 특별한 인상을 심어주지 못했다. 모두가 할아버지의 부단한 노력 덕분이었다. 그랜드 필즈에서 살던 내내 우리는 별 어려움 없이 생활했다. 하지만 네덜란드 인들과 폴란드 인들이 주로 거주하던 지역인 탓인지 내게는 그리 좋은 환경이 아니었다. 네프Neff가 독일계 성이었기 때문이다.

결국 우리는 그랜드 필즈의 인근 지역이면서 생활 수준이 비교적 높은 주택지구인 이스트 그랜드 필즈로 이사했다. 이곳에서 나는 집에서 3킬로미터 정도 떨어진 초등학교에 다니며 2년을 보냈다. 그랜드 필즈와 이스트 그랜드 필즈는 도로를 따라 설치된 여섯 개의 소화전을 기준으로 나뉘어 있었다. 이 행정적 경계 때문에 나는 집에서 가까운 곳에 좋은 학교가 있는데도 멀리까지 다녀야 했다. 이런 상황에서 나는 종종 두 학교의 장단점을 분석하여 비교하곤 했다.

초등학교 1학년 때의 담임 선생님은 프리츠라는 이름의 여선생님이었다. 언젠가 프리츠 선생님은 내 성적표 평가란에서 'pugnacious'('논쟁 또는 싸움을 즐기는'이란 뜻의 형용사 — 옮긴이)란 단어를 사용한 적이 있었다. 어린 나이였지만 나는 이 단어가 어떤 의미인지를 금방 알 수 있었다. 사실 나는 논쟁에서 지는 걸 무척이나 싫어했다. 상대방이 누구인지는 전혀 문제가 되지 않았다. 오죽했으면 가만히 서 있는 도로표지판과도 말싸움을 벌일 아이라며 커서 틀림없이 변호사가 될 거라고 어머니가 입버릇처럼 말했을까! 어머니의 생각은 옳았던 것 같다. 먼 훗날 나는 주식시장을 상대로 싸우는 사람이 되었으니까 말이다.

1939년, 병으로 몸져눕기 전까지 외할아버지는 아버지의 빈자리를 채워주었다. 그러나 내가 초등학교 2학년이 되던 해 할아버지는 돌아가시고 말았다. 이후 나는 어머니와 외할머니와 함께 미시간 주의 중심지역인 마운트 플레전트로 이사했다. 할아버지가 마련해준 재산과 보험금으로 받은 돈이 있었기 때문에 생활은 그리 어렵지 않았다. 그런데 할머니가 재산을 잘못 투자한 바람에 문제가 발생했다. 할아버지가 힘들여 모은 재산의 거의 전부를 도즈 외삼촌의 슈퍼마켓에 몽땅 쏟아부었던 것이다.

사업가의 피를 물려받다

나는 사업가 집안에서 성장했다. 방식이야 어떻든 우리 집안에서 창업을 한 사람은 도즈 삼촌이 처음은 아니었다. 고조부인 존 조지 네프John George Neff는 1834년에 펜실베이니아 가문에서 태어나 한동안 교사로 활동한 뒤 어느 벽돌 공장에 취직했다. 그리고 얼마 지나지 않아 이 공장을 인수했다(융자로 인수 비용을 마련했더라면 더 빨리 공장을 인수했을 것이다). 1873년, 벽돌 공장을 운영하며 벌어들인 돈으로 여러 필의 말과 농장을 구입한 고조부는 그 공장을 세 아들에게 팔았다. 세 아들 중에는 내 증조부인 벤자민 프랭클린 네프Benjamin Franklin Neff도 포함되어 있었고, 이들 형제는 오하이오 주 브라이언 인근에서 벽돌 공장을 운영했다.

내 어머니의 삼촌과 숙모도 성공한 사업가였다. 두 사람은 1930년대에 그랜드 필즈와 그 인근 지역을 무대로 슈퍼마켓 체인을 만들었다. 이때만 하더라도 슈퍼마켓 체인이라는 소매 방식은 초창기에 해당했다. 푸드 시티Food City라는 이름의 이 체인점들을 나는 지금도 여러 곳 기억하고 있다. 하지만 체인점들의 규모는 오늘날 대형 슈퍼마켓에 딸린 정육점 정도의 면적에 불과했다. 가격이나 판촉 프로그램을 바꿀 때는 페인트공을 불러 유리창에 바뀐 내용을 직접 그려 넣도록 했다. 특히 셀러리의 가격할인을 광고하기 위해 페인트공이 그렸던 화려한 그림은 지금도 내 머릿속에 생생히 남아 있다. 슈퍼마켓 체인은 페인트공의 작업 과정을 구경할 수 있는 기회와 더불어 많은 이웃들을 가까이 접할 수 있는 계기가 되었다. 하지만 무엇보다 강렬한 인상을 남긴 건 바로 저렴한 가격에 상품을 구매할 수 있다는 장점이었다. 그래서인지 나는 투자업계에 몸담은 이후로 저렴하다고 생각되지 않는 주식은 단 한 주도 구매한 적이 없다.

어머니는 푸드 시티에서 고용한 도매업자의 비서로 일했고, 도즈 삼촌은 슈퍼마켓 속의 식품점을 운영하며 이 분야의 일을 배웠다. 그러나 어머니의 삼촌과 숙모는 아들(도즈 삼촌)이 슈퍼마켓을 운영해보기도 전에 푸드 시티 체인을 절반으로 쪼개어 그랜드 필즈에 있는 것들만 동업자들에게 넘기고 나머지를 서부 미시간으로 이전시켰다. 상황이 이렇게 되자 도즈 삼촌은 자신이 보유한 지분을 다른 슈퍼마켓 체인인 얼라이드 슈퍼마켓Allied Supermarkets에 팔아 현금을 챙겼다. 이때가 1960년대 초였다. 삼촌의 판단은 현명했다. 머잖아 얼라이드 체인이 파산에 이르렀기 때문이다.

이 무렵 도즈 삼촌은 외할머니를 찾아와 자신의 슈퍼마켓을 열 자금을 지원해달라고 요구했고 할머니는 마지못해 승낙했다. 성공은 그리 오래 가지 않는 법이다. 가게 사정이 어려워진 탓인지 삼촌은 연일 술을 마시며 행패를 부리기 시작했다. 결국 삼촌은 알코올 중독자로 전락했고 가게도 문을 닫고 말았다. 이 과정을 모두 지켜본 나는 어린 나이였음에도 세 가지 교훈을 얻었다. 첫째, 돈과 관련된 문제에서는 감정적 애착을 경계해야 한다. 둘째, 저평가된 기업에 대한 투자가 항상 현명한 것은 아니다. 셋째, 지나친 음주는 비즈니스도 아니요 삶의 미덕도 아니다.

나는 결손가정에서 자라면서도 미처 그런 사실을 실감하지 못했다. 어머니와 할머니의 헌신적인 노력 덕분에 늘 화목한 가정을 유지할 수 있었던 덕분이다. 두 분의 격려 속에서 성장한 나는 누구보다도 강한 자신감을 형성한 반면에 초등학교 5학년 치곤 자제력이 부족한 편이었다. 훗날 내가 관습을 배격하는 성향을 갖게 된 것도 아버지가 없는 가정에서 할머니와 어머니의 지극한 관심 속에서 성장한 결과인 듯하다. 아버지와 함께 한 시간이 없지 않았음에도 아버지의 존재 자체를 거의 의식하지 못하고 살았으니 말이다.

우리 가정에서는 도즈 삼촌이 아버지의 빈자리를 어느 정도 메워주었다. 삼촌은 조카를 위해 여러 가지 경험을 시켜주었다. 가끔씩 우리는 지도를 보고 그랜드 필즈보다 큰 외국의 유명 도시를 찾아다니며 즐거운 시간을 보냈다. 그리고 토요일이면 11센트를 들고 영화관으로 향했다. 당시에 11센트면 단막 코미디 한두 편과 진 오트리나 로이 로저스가 등장하는 서부영화를 몇 편 정도 볼 수 있었다. 특히 서부영화의 주인공들이 곤경에 처했다가도 기적적으로 살아나곤 했던 장면은 지금도 기억 속에 선명하게 남아 있다.

그래머 스쿨grammar school(미국의 8년제 초급 중학교-옮긴이)에 다닐 때 나는 주식시장을 접할 기회가 있었다. 어떤 이유에서인지는 모르겠지만, 미시간 주 맥킨리 초등학교 6학년 시절에 우리는 주식시장에 대해 공부했다. (여태껏 한 번도 가본 적이 없는 알래스카는 또 왜 그토록 열심히 공부했는지도 지금도 이해가 가지 않는다.) 하지만 내가 거래에 처음 눈을 뜬 시기는 그랜드 필즈에서 생활하던 5학년 무렵이었다. 방학이면 나도 여느 아이들처럼 술래잡기나 야구 같은 놀이를 했다. 그리고 가끔씩은 야구 카드를 교환하기도 했다. 야구 카드는 매우 귀한 놀이 도구였다. 인기가 많은 카드일수록 구하기도 어려워서 평범한 카드를 세 장, 네 장, 때로는 다섯 장을 줘야 겨우 한 장을 바꿀 수 있을 정도였다. 야구 카드는 이상할 정도로 아이들의 인기를 끌었다. 카드가 마치 화폐와 같은 역할을 하면서 아이들은 조금이라도 비싼 가격에 카드를 팔려고 했다. 당시 5학년이던 내 생각에도 이런 유혹은 너무도 자연스러웠다. 그리고 아무리 높은 인기를 끌던 카드도 결국에는 싸구려로 전락한다는 사실도 배웠다. 물론 다 그런 건 아니었지만….

몇몇 사건을 통해 시장의 원리에 대해 대강이나마 눈을 뜨면서 나는 실질적인 노동 없이도 돈을 벌 수 있다는 사실을 깨달았다. 최고의 인기를 끌 만한 카드를 미리 발굴하여 사전에 사들이는 방법이었다. 이 기법은 지금도 투자업계에서 널리 활용하고 있다. 실제로 아무도 관심을 두지 않던 종목이 어느 순간부터 인기를 끌며 주가가 급상승하는 경우가 심심찮게 있다. 나 역시 이 방법을 통해 열한 살 이후로는 용돈을 직접 마련했다.

초등학교 5학년을 마친 1941년 무렵, 어머니가 텍사스 출신의 사업가인 짐 휴턴Jim Hutton이란 사람을 만났다. 2주간 교제한 두 사람은 결혼에 이르렀고, 우리 가족은 타와스 시티에서 베이 시티로, 다시 디트로이트로 이사했다. 새아버지는 미시간 주의 유전을 찾아다니면서 입찰을 통해 미래의 유정에 대한 사용권을 취득하는 직업을 가지고 있다고 했다. 당시의 내 눈에는 새아버지의 직업이 신기했을 뿐 아니라 무척 매혹적으로 보였다. 미시간 주 전역을 돌아다니며 농부나 지주들과 흥정해서 해당 지역에 대한 탐사권을 얻은 후, 그 권리를 보유하고 있다가 다른 사람에게 팔거나 아니면 직접 천공 작업을 거쳐 유정을 개발하는 직업, 적어도 이론적으로는 그랬다. 하지만 새아버지가 큰돈을 벌어온 적은 단 한 번도 없었다. 오히려 새아버지가 주로 했던 일은 당시에는 흔하고 흔했던 경비 일이었다. 게다가 그때는 2차대전이 한창인 시점이어서 임금도 형편없었다.

1944년 여름, 나는 낮에는 캐디로 일하고 밤에는 신문을 돌렸다. 이렇게 해서 매주 40달러씩 어머니께 갖다 드렸는데, 일주일에 40달러면 열두 살짜리 아이 치고는 적지 않은 주급이었으며 공장에서 제품을 조립하는 정규직 성인들과 비슷한 수준이었다. 고급 골프장인 디트로이트 골프 클럽에서 내가 주로 맡은 일은 디트로이트의 제프리 시장을 비롯한 유명인사들의 클럽과 골프 코치를 카트에 태우고 이동시키는 것이었다. 그리고 가끔은 유명 시인인 에드가 게스트Edgar Guest의 캐디로 일하기도 했다. 시인이 무슨 돈이 있어서 유명 골프장의 회원권을 구했는지 이해가 가지는 않았지만 어쨌든 그는 수시로 골프를 치러 왔다. 그리고 유쾌하게 '한 바퀴'(18홀)를 같이 돌 수 있는 사람이었지만 유독 팁만큼은 인색했다. 하루종일 따라다녀도 그 사람이 주는 팁은 기껏해야 25센트 정도였고 후하게 준다고 해도 50센트를 넘지 않았다. 아주 가끔씩 75센트나 1달러를 팁으로 받는 일도 있었지만 에드가 게스트와는 거리가 먼 이야기였다. *

얼마 후 굉장히 흥분된 순간이 다가왔다. 유명 골퍼인 진 사라젠 Gene Sarazen이 우리 클럽에서 경기를 펼치게 되었고 그의 파트너인 아

---

* 1998년 여름, 크라이슬러 이사회에서 이사인 밥 루츠와 톰 덴네임의 퇴직을 환송하며 블룸필드 힐즈 컨트리 클럽에서 개최한 저녁 만찬에 초대받은 적이 있다. 그때 누군가가 내게 골프를 쳐본 적이 있냐고 물었다. 나는 없다고 대답했다. 내가 마지막으로 골프를 친 건 1944년 디트로이트에서였다. 매주 월요일, 캐디들에게 허락된 시간에 골프를 친 게 내게는 마지막이었다.

마추어 선수의 캐디를 내가 맡은 것이다. 사라젠은 9년 전 마스터스 토너먼트에서 235야드(당시의 최장 기록과 동일했다)의 가공할 페어웨이 샷을 날려 곧바로 홀컵에 집어넣어 더블 이글을 기록한 유명인이었다. 파 5홀에서 날린 티샷이 페어웨이 중간에 떨어질 만큼 비거리가 길었고 그린 주변에서의 칩샷도 일품이었지만, 지금껏 내 기억 속에 가장 뚜렷하게 각인되어 있는 건 바로 그의 부드러운 스윙이다. 결국 이날의 치열한 경기에서는 새아버지의 고향인 텍사스 출신 선수들이 승리를 거두었다.

새아버지인 팀 휴턴에게 텍사스는 그야말로 약속의 땅이었다. 1944년 11월, 우리 가족은 꿈을 좇는 새아버지를 따라 텍사스 주 코퍼스 크리스티로 이사했다. 왜 이곳을 선택했는지는 나도 모른다(과거 새아버지의 부모는 텍사스 한복판에 위치한 와코 부근에서 목장을 운영한 적이 있었고 새아버지도 이곳에서 태어났다고 했다).

우리가 가진 트럭이 너무 작아서 이사에 앞서 중요하지 않은 물건들을 처분하기로 했고, 내가 애지중지하던 몇 가지도 덩달아 팔려나갈 신세였다. 하지만 내 장난감과 놀이 도구에 관심을 두는 사람은 아무도 없었다. 그래서 할 수 없이 공짜로 나눠줄 수밖에 없었다. 시장의 냉혹한 섭리를 깨닫는 순간이었다.

불필요한 짐을 처분한 우리는 쉼 없이 차를 달려 텍사스로 향했다. 마침내 코퍼스 크리스티에 도착한 우리는 모텔에 임시 거처를 마련하고 부동산 건축업자가 우리 집을 다 수리할 때까지 기다려야 했다(새아버지는 이사하기 전에 5500달러를 주고 코퍼스 크리스티 변두리에 방 셋 딸린 집을 장만했다).

얼음장수의 유혹

고등학교 시절 나는 냉동고가 딸린 편의점에서 일한 적이 있었다. 냉동고에 있던 아이스크림을 커다란 분쇄기에 갈아 셰이크를 만들어 간식용으로 파는 것이 주로 내가 하던 일이었다. 그런데 어떤 이유로 주인이 가게를 비울 때면 편의점의 일은 내가 모두 도맡았다. 그럴 때는 계산에서부터 물품 관리, 빈 병을 씻는 일까지 모두 내 몫이었다. 게다가 생선의 뼈를 발라내는 일도 했지만, 시간당 50센트라는 후한 보수에다 원하는 건 뭐든지(물론 아이스크림도) 먹을 수 있었기 때문에 당시로서는 꽤 괜찮은 일자리였다.

친아버지는 사실상 내 인생과는 무관한 사람이었다. 다만 오하이오 주 브라이언에서 도서관 사서로 일하시던 할머니와는 가끔씩 연락을 하며 살았다. 크리스마스나 내 생일이 다가오면 할머니는 늘 책을 보내주셨다. 할머니가 보내주신 책 가운데 리처드 할리버튼Richard Halliburton * 이 쓴 『Complete Book of Marvels』는 내가 『스타 워즈』 못지 않게 재미있게 읽은 책이다. 이 책은 열두 번도 넘게 읽었다. 그리고 매번 읽을 때마다 청소년기의 방랑벽이 되살아나 저자가 제시하는 흥미로운 세계로 빠져들었다. 특히 할리버튼이 독자들을 자신의 여정으로 초대하면서 남긴 다음과 같은 글은 청소년기의 내 감성을 자극하기에 충분했다.

---

* 리처드 할리버튼, 『Complete Book of Marvels』, 보브스-메릴 출판사(1941), 인디애나폴리스, 316쪽.

친애하는 독자 여러분께

유년시절 학교에 다니면서 지리 과목을 유난히 좋아했던 내가 늘
애지중지하던 지리책이 있었습니다. 그 지리책에는 세상에서 가장
아름다운 도시와 산, 사원들의 사진과 함께 그 위치를 알려주는 커
다란 지도가 있었습니다. 나는 그 책을 무척이나 아꼈습니다. 이국
적이고 낭만적인 곳으로 나를 데려다주었기 때문이지요. 사진을 통
해 나는 이집트의 피라미드와 인도에 있는 신비의 사탑, 프랑스의
대성당, 멸망한 고대 바빌론 등을 돌아보았습니다. 비록 그림 속의
여행이었지만, 언젠가는 이 신비의 장소들을 찾아가 직접 느껴보리
라는 꿈을 갖게 되었습니다.

가끔은 마법의 양탄자를 상상하기도 했습니다. 비행기 표나 돈이
없어도 하늘 높이 날아올라 뉴욕으로, 로마로, 사막과 대양을 건너
그랜드 캐년과 중국까지 구경한 뒤에 학교 시작종이 울리기 전에
순식간에 다시 날아서 돌아오는 모습을 그려보곤 했지요.

혼자서 이런 생각을 할 때도 있었습니다. '아버지나 다른 누군가
가 그 멋진 곳들로 날 데려다주면 얼마나 좋을까! 직접 보는 것만큼
멋진 일도 없을 텐데!'

돌이켜보면 새아버지가 내 친아버지의 자리를 대신한 건 사실이
지만 당시 우리의 형편에 먼 곳으로의 여행은 꿈도 꾸기 어려웠다.
1949년에 내가 집을 떠나기 전까지 새아버지가 일에서 큰 성공을 거둔
적은 단 한 번도 없었다. 그러나 기회가 있을 때마다 누구보다 열심히

일했다는 점은 부인할 수 없다. 새아버지의 이런 모습을 통해 나는 직업윤리가 무엇인지를 배웠다.

새아버지는 좋은 사람이었다. 하지만 자기만의 방식을 고집하는 바람에 가끔씩 충돌이 빚어지기도 했다. 매주 일요일 저녁 7시부터 월터 윈첼Walter Winchell의 라디오 프로그램이 시작되면 우리는 쥐죽은듯이 지내야 했다. 윈첼은 독특한 스타일로 세계 뉴스를 진행하는 라디오 진행자였다. 그 당시 대다수 세계 뉴스 프로그램의 시작은 천편일률적이었다. "안녕하십니까, 청취자 여러분. 북미와 남미, 바다에서 이 방송을 듣고 계신 모든 분들. 지금부터 뉴스를 시작하겠습니다." 그리고는 요란한 음악소리와 함께 뉴스를 진행한다. 그러나 윈첼은 뉴스 대본을 자기 스타일에 맞게 바꿔 진행하기로 정평이 난 인물이었다. 새아버지는 이 프로그램이 방송되는 시간에는 조그만 소리도 용납하지 않았고, 마치 하느님의 목소리를 듣는 양 라디오만을 뚫어지게 바라보곤 했다. 암울한 시기였던 탓에 라디오 방송이 새아버지에게는 구원의 목소리였다고 해도 틀린 말은 아닐 것이다.

나 역시 라디오를 즐겨 들었다. 고등학교를 다닐 무렵 나는 선생님의 목소리에 10분 이상 귀를 기울인 적이 드물었다. 머릿속에 늘 딴 생각이 자리하고 있었기 때문이다. 친구들이 나를 무시하지는 않았지만 어쨌든 나는 친구들과 잘 어울리는 편은 아니었고 학업 성적도 그리 뛰어나지 못했다. 그리고 한번은 지역 라디오 프로그램에 출연해서 내가 다니던 코퍼스 크리스티 고등학교(인구 12만 명의 도시 코퍼스 크리스티에 있던 유일한 고등학교였다)를 소개하는 대본을 낭독한 적도 있다.

전쟁 기간에 해군 기지와 해변 리조트가 설치된 코퍼스 크리스티는 텍사스 주의 전반적인 경기 침체에도 불구하고 비교적 살기가 괜찮은 편이었다. 1년 내내 온화한 날씨인 이곳에는 예닐곱 개의 해군 격납고가 있어 해군들이 다니는 모습을 수시로 볼 수 있었다. 학창시절에는 내가 북부지역 특유의 강한 억양을 쓴다고 해서 친구들이 '브루클린'Brooklyn(뉴욕 시의 행정구로서 텍사스보다 북부에 있다—옮긴이)이란 별명을 붙여주기도 했지만 이런 장난 때문에 성가신 일은 없었다. 다만 학교생활에 별 취미를 붙이지 못했던 내게 일종의 도피처 역할을 했던 것이 바로 라디오였다. 라디오를 들을 때면 그 내용과 관련된 영상이 내 머릿속에 뚜렷이 그려졌다. 그래서 몇 시간 동안 라디오에만 심취했던 경우도 적지 않았다. 그리고 영화도 좋아해서 기회가 있을 때마다 몰래 영화관으로 향하곤 했다.

어머니는 내가 연기자로 컸으면 했는지 되도록 많은 공연을 보여주려고 했다. 그래서인지 새아버지와 어머니, 나 그리고 여동생 하이디와 함께 유명 스케이트 선수의 시범 경기를 보러 코퍼스 크리스티보다 대도시인 샌안토니오까지 간 적도 있었다.

어머니 역시 영화광이었다. 새로 구독을 시작한 『포토플레이Photo-play』는 이후 몇 년간 우리 가족의 화제의 창구 역할을 했고, 어머니는 1940년대 당시 할리우드 전문 라디오 기자였던 지미 피들러Jimmy Fiddler의 방송을 거의 빼놓지 않고 내게 들려주곤 했다. 그리고 이 방송이 끝나면 곧바로 월터 윈첼의 프로그램이 시작되었다. 내 외향적 성향이 서서히 드러나기 시작한 것은 이때부터였다. 하지만 고등학교 시절에는 친구들과의 관계에서 늘 수동적인 입장이었고 수줍음도 타는 편이었다. 그래서 친구들이 소심하다며 놀려대기 전까지는 굳이 내 스스로 나서서 뭔가를 보여주는 일은 없었다. 고등학교를 졸업할 무렵의 성적은 학급에서 상위 25퍼센트 정도로 그리 우수하지는 않았다. 하지만 이때부터 훗날 '미시간 자산가'로서의 길이 서서히 열리고 있었다.

코퍼스 크리스티에 별 애정도 없었고 공부를 더 하고 싶은 생각도 없었던 나는 고등학교 졸업과 동시에 그랜드 필즈로 향하는 그레이하운드 버스에 몸을 실었다. 그곳에는 또 다른 내 가족이 살고 있었을 뿐아니라, 무엇보다 소중한 추억이 깃들어 있었기 때문이었다.

3
투자세계로 가는 길목,
기초 훈련을 쌓다

그랜드 필즈의 그레이하운드
버스 정류장에 내리자마자 나는 외할아버지의 여동생인 루Lou 할머니
가 살던 저택 현관으로 부리나케 달려갔다. 루 할머니와 미시간에서
슈퍼마켓을 운영하던 남편 알Al Plumb 할아버지는 일단 나를 받아주었
다. 일단은….

　루 할머니가 나를 받아준 건 아무래도 날 부추겨 우리 가족의 이야
기를 듣고자 해서였던 것 같았다. 이때 나는 루 할머니 앞에서 절대로
말을 함부로 해서는 안 된다는 다짐을 어머니로부터 이미 여러 차례
들은 터였다. 하지만 인간의 본성과는 맞서기 어려운 법이다. 나는 할
머니, 할아버지의 시시콜콜한 질문에 대해 마치 의견을 공유하듯 또는
의무를 다하듯 하나도 빠트리지 않고 조목조목 대답했다. 내게 돌아올

화살은 생각지도 않고서 말이다. 어찌 보면 우아해 보이고 또 어찌 보면 구식으로도 보이는 빅토리아풍의 거실에 미처 앉아볼 새도 없이, 할머니는 나로부터 듣고 싶은 소식들을 쥐어짜듯이 알아냈다. 그로부터 내가 플럼브 일가와 함께 한 시간은 정확히 이틀에 불과했다.

거의 5년 만에 찾아온 외가였지만, 고등학교 졸업 이틀 만에 나는 외가 어른들과 함께 나 혼자 머물 곳을 찾아야 했다. 내 존재가 그렇게 찬밥 대우를 받을지는 몰랐다. 아무리 외손자라도 엄연히 가족인데 그렇게까지 할 수는 없었다. 당시 그 집에는 식사를 도와주는 사람들이 몇 명 있었는데, 그 이틀 밤을 나는 가정부들이 머무는 작은 침실에서 묵어야 했다.

알 할아버지는 1890년에 자신의 아버지와 함께 미시간 북부에서 철물점을 시작으로 사업에 뛰어들었다. 그러나 3년 뒤인 1893년에 경제공황이 닥치면서 할아버지의 사업도 그 여파를 피할 수 없었다.

이때의 공황은 금본위제를 주장하던 공화당과 윌리엄 제닝스 브라이언William Jennings Bryan을 필두로 은화 자유주조free-silver를 주장하던 민주당 사이에 깊은 갈등을 야기했다. 이 논란은 1896년 브라이언이 민주당 총회에서, 미국인들이 더 이상 금으로 만든 십자가를 갖기 어렵게 되었다며 불만을 토로한 연설을 계기로 더욱 뜨겁게 달아올랐다. 그러나 브라이언과 민주당 모두가 패배했고 금본위제는 더욱 확산되었다. 사실 금본위제와 금 십자가는 별개의 문제였다.

다만 여기서 말하고 싶은 것은, 알 할아버지가 다수에 의해 주도되는 1893년의 시장 환경에서 사업을 했었다는 사실이다. 내 경우에도 이와 유사한 군중 행동mass behavior(다수의 사람들이 취하는 집단 행동-옮긴이) 때문에 직업 인생 자체가 중대한 전환기에 직면했던 적이 여러 번 있다. 그러나 나는 매번 이런 위기를 늘 투자의 기회로 역이용했다.

플럼브 일가와 이틀을 보낸 후, 두 분은 나를 그랜드 필즈에 있던 YMCA 계단 앞으로 데려다 주었다. YMCA에서 묵게 된 방은 그리 크지는 않았지만 플럼브 일가의 그 방과 비교하면 거의 운동장 수준이었다. 그 방에 묵게 된 얼마 후, 방을 같이 쓰던 두 남자가 나 때문에 쫓겨났다는 죄책감도 없지 않았지만(당시는 동성의 두 사람이 한 방을 쓰면 동성애로 간주하던 시절이었다) 어쨌든 그곳은 내게 무척이나 아늑한 공간이었다.

이 사건만 제외하면 내가 YMCA에 머문 시간은 매우 평화로웠다. YMCA에서 많은 학생들에게 숙식을 제공한 이유는 그랜드 필즈 중심가에 위치한 데이븐포트 경영전문대학(영리법인) 재학생들을 돕기 위해서였다. 이 대학에는 강의실이 수십 개나 있었지만 기숙사가 없었기 때문에 YMCA에서 특별히 배려해주었다. 그리고 학생들 대부분이 나와 비슷한 또래였던 데다 졸업 후 취업할 곳을 찾고 있었으므로 내게도 유익한 환경이었다.

YMCA 바로 옆에 있던 시립도서관은 내게 새 집이나 마찬가지였다. 이곳에 매일 출근하다시피 해서 신문을 읽으며 한국의 분위기가 심상치 않다는 소식도 접했고, 특히 경제면을 유심히 읽어보았다. 내가 처음으로 직업 생활을 시작한 때는 세계대전 이후 경기침체에 허덕이던 1949년이었다. 이 시기를 오히려 기회로 보는 사람도 없지 않았지만 내가 볼 때 1949년은 분명히 어려운 시기였다. 대다수 고용주들은 10~20년 후의 미래를 낙관하기보다 공황이 다시 도래할 것으로 내다보았다. 따라서 과거 길거리를 배회하던 공장 노동자들과 빵을 타기 위해 늘어섰던 긴 줄의 이미지가 여전히 그들의 머릿속을 메우고 있었다.

이때 나는 칼 하트먼Carl Hartmann이란 친구를 만났고, 얼마 후에는 '크리스'란 애칭으로 불리던 유진 크리스텐슨Eugene Christenson이란 친구와도 알게 되었다. 두 사람 모두 YMCA에서 두 블록 떨어진 그랜드 필즈 전문대학에 다니던 학생이었다. 나는 여자 앞에서는 말이 꼬이는 편이었지만 칼은 그 분야의 대가였다. 칼은 나보다 나이가 몇 살 위였고 적어도 데이트에 관해서는 내게 없는 원숙함을 지니고 있었다. 그리고 이미 군복무 경험이 있었기 때문에 사람들 앞에서 군대 시절의 경험을 자랑스레 늘어놓는 일도 많았다. 칼은 내게 여자친구를 소개시켜주며 그랜드 필즈 어디든 돌아다니며 데이트할 수 있도록 자동차를 빌려준 적도 있었다. 또한 주말이면 60킬로미터나 떨어진 집으로 나를 초대해주기도 했다. 이곳에서 만난 칼의 결혼한 두 누나는 내게 여자친구와 더 많은 시간을 보내라며 조언해주었다.

그 시절 나는 투자 비즈니스에 대해서는 전혀 아는 게 없었다. 같은 또래의 친구들이 경영대학에서 공부할 때 나는 다른 세상에서 돈에 대해 배우고 있었다. YMCA 관리인 덕분에 일주일에 며칠씩 지하 음료수 판매대와 스낵바에서 일하게 된 것이다. 스낵바 근처에는 한 시간에 고작 60센트면 사용할 수 있는 당구대와 탁구대도 있었기 때문에 이곳을 찾는 학생들이 생각보다 많았다. 아무튼 나는 샌드위치와 밀크셰이크 파는 일을 했다. 그리고 바로 옆에는 카페에서 일하던 칼의 여자친구가 가끔씩 나를 찾아와 칼 때문에 속상했던 일들을 털어놓곤 했다. 이때 나는 루 할머니로부터 소중한 교훈을 배웠던 상태였다. "입이 가벼우면 화를 자초한다!" 덕분에 칼의 여자친구는 내게서 아무런 정보도 얻지 못했다.

칼과 나는 미시간 북부 출신으로 데이븐포트에 다니던 학생 두 명과 함께 YMCA에서 임대주택으로 이사했다. 하지만 친구들이 학교를 졸업하고 떠나면서 나는 다시 YMCA로 돌아왔다. 크리스를 만난 것은 바로 이 무렵이었다. 내게 크리스의 존재는 이런 식으로 살면 안 된다는 살아 있는 모범이나 마찬가지였다. 크리스는 빈털터리면서도 매우 호화로운 생활을 추구했다. 게다가 남다른 카리스마의 소유자였지만 제 분수를 모르고 지나치게 화려한 삶을 고집하는 바람에 늘 빚에 허덕여야 했다.

타고난 호사가였던 크리스는 빚을 갚기 위해 새로 산 차와 중고차까지 처분했다. 하지만 YMCA의 숙식비도 해결하기 어려운 생활은 변함이 없었다. 그랬다. 크리스는 뒷감당은 생각지 않고 일단 즐기고 보는 스타일이었다. 칼과의 연락은 끊어졌지만 크리스와의 만남은 주기적으로 반복되었다. 하지만 시간이 지나도 그의 생활 습관은 변하지 않았다. 1960년대에 들어서는 제트 엔진이 장착된 자동차를 타고 미국 전역을 여행하며 돌아다닐 정도였으니 말이다.

여러 직장 그리고 아버지와의 재회

저녁에만 하는 스낵바 일 외에도 그 지역 취업센터를 통해 임시직 일자리 몇 개를 더 구했다. 시멘트를 붓는 일에서 병에 주스를 담는 일까지 나는 닥치는 대로 일했다. 이렇게 해서 번 돈의 거의 절반은 곧장 통장으로 들어갔다. 지금 생각하면 투자 비즈니스의 기초를 그때 닦았던 것 같다. 얼마 후 나는 아메리칸 뮤지컬 인스트루먼트AMI란 곳에 취직했다. AMI는 팝 음악이 점점 유행하는 데 반해 레코드 플레이어는 매우 드물던 그 시대에 인기상품이던 주크박스Jukebox(동전을 넣어 음악을 듣는 일종의 자동 전축—옮긴이)를 생산하던 업체였다.

그 시대에 주크박스는 그야말로 신비한 발명품이었다. 화려한 색상에 일부분이 회전하며 불빛이 깜빡거리는 이 상자를 사람들은 신기하다는 듯 바라보았다. 사원으로 일하게 된 나는 이제야말로 뭔가를 보여줄 때라고 생각했다. 그러나 이런 다짐은 오래가지 못했다. 일에 금방 싫증이 난 것이다. 나는 도전적인 일을 통해 남보다 빨리 승진하고 싶었다. 그런데 내게 그런 관심을 보여주는 사람은 아무도 없었다. 결국 나는 얼마 버티지도 못한 채 자리를 박차고 나와 백과사전 방문판매를 시작했다. 하지만 사표를 던진 지 이틀 만에 다시 AMI로 돌아왔다. AMI에서 좀더 도전적이고 승진 가능성도 높은 일을 주겠다며 다시 불렀기 때문이다. 이렇게 해서 몇 개월 동안 나는 부품 생산공장에서 주크박스 조립공장에 이르기까지 여러 분야를 두루 거치며 일을 배웠다. 비록 훌륭한 대학의 졸업장은 없었지만 이 업종에서의 내 미래가 그리 어두워 보이지는 않았다. 그리고 평소의 절약정신을 실천이라도 하듯 주급 60달러의 절반은 손도 대지 않고 은행 계좌에 남겨두었다.

공장에서 새로운 직업 생활을 영위하던 무렵(AMI에 취직한 지 9개월 정도 지났을 때) 뜻밖의 사건이 터졌다. 친아버지가 내 앞에 다시 나타난 것이다. 나는 네 살 이후로 아버지를 본 적이 없었고 아버지라는 존재에 대해서도 기억이 희미하던 상태였다. 다만 고등학교 졸업 선물로 아버지가 보내준 시계가 우리 둘 사이의 유일한 연결고리였다.

내가 그랜드 필즈에서 혼자 살아가고 있다는 소식을 어머니로부터 전해듣고, 14년 전에 헤어진 아들과의 관계를 다시 회복하기 위해 찾아왔던 것이다. 아버지는 과거의 실수에 대해 그동안 이렇다 할 설명이 없었다. 내 짐작이긴 하지만, 그때 아버지는 외할아버지에게 어머니와 나를 부양할 능력이 있다고 믿었고 또 외할아버지와 외할머니에 대한 감정도 좋지 않았던 것 같았다. 그리고 어머니도, 아버지가 내게 많은 빚을 졌다면 언젠가는 그 빚을 갚아야 할 것이라며 기회가 있을 때마다 강조하곤 했다. 어쨌든 나는 새로운 생활을 시작하는 입장에서 아버지와 다시 합친다는 게 과연 옳은지 확신이 없었고, 그건 어머니도 마찬가지였다. 아버지가 나를 찾아왔을 그 시간에 어머니도 그랜드 필즈에 도착했다. 내 인생에 커다란 영향을 미칠지도 모르는 사건을 어머니로서 그냥 두고볼 수만은 없었기 때문이다.

어머니는 우리 가족의 재회를 사전에 면밀히 계획했다. 그래서 아버지와 나는 전화로만 통화했고 실제 만남은 어느 날 저녁 시간을 택해 셋이 함께 했다. 그 자리에서 설령 다툼이 있었다 하더라도 특별히 이상할 건 없었다. 그만큼 어머니에게는 쌓인 한이 많았기 때문이다.

어머니는 아버지의 음주벽을 여러 번 거론했다. 내가 보기에도 아버지는 취해 있을 때가 한결 안정감이 있어 보였다. 물론 딴 사람들이 보기에도 마찬가지였을 것이다. 아버지는 술잔을 몇 차례 비운 뒤에야 여유를 찾았다. 그리고 필라델피아에서 새해 첫날에 열리는 유명한 퍼레이드에 참여했던 일을 이야기해주기도 했다.

그동안 많은 실수를 하긴 했지만, 아버지인 존 F. 네프John F. Neff는 원래 똑똑하고 감각적인 사람이었다. 게다가 유능한 세일즈맨이기도 했다. 아버지는 내가 AMI에서 성공하고 싶다는 말을 듣고 여러 가지 흥미로운 이야기들을 들려주었다. 그런데 나는 아버지가 운영한다던 네프 이큅먼트Neff Equipment Co.라는 회사에 관심이 있었다. 물론 이 회사에 들어갔다가 잘 하면 앞으로 내가 경영을 맡게 될 수 있다는 생각도 했다. 사실 우리 가족 중에는 친가와 외가 모두에 사업가들이 여러 명 있었기 때문에 내가 사업을 한다고 해도 그리 특별할 게 없었다. 그러나 본격적으로 행동에 돌입하기에 앞서 내 특유의 신중함이 다시 발동했다. 일단 나는 아버지를 따라 톨레도로 가서 당시 아버지의 가족들을 만나보기로 했다.

열 살배기 이복동생 주디는 오빠인 나를 처음보고도 무척이나 잘 따랐다. 그러나 아버지의 아내이자 어쨌든 내게 새어머니가 되는 여자는 그렇지 않았다. 남편의 관심을 첫 결혼의 흔적인 내게 뺏길까봐 경계하는 눈치였다. 아버지는 어머니와 이혼한 후 5년 뒤인 1938년에 새어머니와 결혼했다. 그 당시에도 아버지는 과음하는 일이 잦았고 새어머니는 그런 아버지가 큰 사고를 치지 않도록 늘 신경을 쓰며 살았다.

그러던 1945년, 할머니(오하이오 주 브라이언에서 도서관 사서로 일하며 내게 책도 여러 권 보내주셨다)가 돌아가시며 아버지에게 약간의 유산을 남겼다. 그때서야 정신을 차린 아버지는 술을 이기기 위해 알코올 중독자 재활기관에 가입했고, 할머니로부터 물려받은 유산의 대부분은 에이로 이큅먼트Aro Equipment(1931년에 할머니 형제분이 설립한 업체)에서 생산한 윤활장치와 공기압축장치의 유통을 담당하는 새로운 회사를 설립하는 데 투자했다. 이 업체의 지분은 대부분 네프 일가 형제들의 소유였으며, 미국 증권거래소의 모태라 할 수 있는 뉴욕의 장외시장Curb Exchange에서도 거래되고 있었다.

고민 끝에 아버지와 새로운 인생을 시작하기로 결심했다. 그랜드 필즈로 돌아온 나는 짐가방을 챙기고 AMI에 사표를 제출했다. 얄팍한 일당을 받으며 하루종일 뼈가 부서져라 일한 나였지만, 막상 사표를 제출했을 때 회사에서는 눈 한번 꿈쩍이지 않았다. 나는 두 말 없이 돌아섰다. 설령 아버지와의 일이 뜻대로 되지 않더라도 이곳으로 다시 돌아오고 싶은 생각은 결코 없었다.

1950년 9월, 아버지의 회사인 네프 이큅먼트에서 일을 시작했다. 아버지는 내게 머물 곳을 마련해주기 위해 그동안 살던 집(침실이 두 개였다)을 팔고 침실이 세 개 딸린 새 집을 장만했다. 물론 아버지로서의 의무감이 가장 큰 동기였지만 그 밖에도 다른 이유가 있었다. 내가 유일한 아들이었기 때문에 번창하고 있는 회사의 후계자로 나를 앉히기 위한 포석이었다.

사업은 날로 번창했다. 자동차 대리점과 서비스 센터, 정비소 등에서 윤활장치와 기중기, 각종 압축장치 등에 사용할 공기압축 펌프의 수요가 날로 늘어나는 추세였기 때문이다. 또한 자동차가 점점 늘다보니 회사 상품에 대한 수요도 비례해서 늘어났고, 아버지의 뛰어난 영업능력 덕분에 미시간 주에 인접한 오하이오 주 농민들에게도 장비를 팔 수 있게 되었다. 사업이 날로 성장하면서 아버지는 당시 톨레도 인근에 있던 미군 조달 팀인 로스포드 군수기지와도 판매계약을 맺기에 이르렀다. 특히 한국전쟁이 치열하게 전개되면서 압축 펌프를 비롯한 각종 산업장비에 대한 미군의 수요가 폭발적으로 늘어났고, 아버지는 이런 일련의 상황을 흐뭇한 표정으로 바라보았다.

나는 판매 요청이 있을 때마다 아버지와 다른 두 명의 세일즈맨과 동행했다. 아버지는 말솜씨가 일품이었다. 아버지는 상담을 한 사람에게 값비싼 압축 펌프는 아닐지라도 하다못해 이 압축 펌프에 들어가는 부품 하나라도 사도록 만들었다. 그리고 고객으로부터 긴급한 요청이 있을 때는 상품의 설치와 유지관리를 담당하던 잭 삼촌과 함께 트럭을 타고 내달렸다. 한번은 회사에서 상당히 멀리 떨어진 곳까지 압축 펌프를 배달한 일이 있었다. 워낙 먼 거리를 워낙 빨리 배달한 덕분에 가격도 비싸게 받을 수 있었다.

아버지와 일하면서 나는 돈을 버는 데 특별한 마법이 필요한 게 아니라는 사실을 배웠다. 매출이 정체된 기업은 일시적으로 흑자를 내더라도 결국에는 경쟁력을 상실하게 된다. 마찬가지로 사람들이 많이 찾는 물건이 아무래도 잘 팔리게 마련이다. 아버지는 협력업체들과 협의하여 일부 품목을 저렴한 가격에 공급받아 고객들에게 그만큼 저렴하게 판매했다. 이때 배운 거래 기술은 훗날 내가 주식에 투자하는 과정에서도 유용하게 사용되었다.

그러나 아버지의 뒤를 잇겠다던 내 계획에 차질이 생겼다. 우리 둘 사이에 여러 차례 불협화음이 발생했기 때문이며 그 원인 제공자는 주로 아버지였다. 솔직히 말해 나는 다루기에 그리 만만한 아들이 아니었다. 반면에 아버지는 까다로운 사람이었다. 아버지는 기회가 있을 때마다 직원들에게 열심히 일할 것을 요구했다. 그런 아버지의 행동이 내 눈에는 결코 올바르게 보이지 않았다. 아버지는 윤리와 정직이 무엇인지를 아는 사람이었지만, 동시에 동정보다는 지나친 요구에 집착하는 스타일이었다. 물론 나도 어느 정도는 이런 성격을 물려받았다. 그래서 아버지처럼 깐깐하게 사람들을 대할 수도 있었다. 그러나 아버지는 그리 행복해 보이지 않았고 직원들에게 요구하는 것이 많아질수록 스트레스는 더욱 가중되었다.

그로부터 얼마 후, 나는 아버지에게 일을 그만두겠다고 말했다. 놀랍게도 아버지는 내 말을 오히려 반기는 듯한 표정이었다. 생활은 계속 아버지와 같이 하기로 했지만, 회사를 그만 둔 나는 지역신문에서 발견한 신형 자동차 세일즈맨 일을 시작했다. 포드 대리점의 하나였던 리 모터스Lee Motors에서는, 내가 경험은 부족하지만 가능성이 있으며 특히 학습능력이 뛰어난 사람으로 평가했다. 그 날 나는 앞으로 윤활장치보다 더 많은 자동차를 팔아야겠다고 다짐했다.

그런데 한국전쟁이 치열하던 그 무렵 나는 징병 대상 연령이었다. 그래서 선발징병제Selective Service 대상자로 지정되기 전에 스스로 24개월간의 해군 복무를 자원했다. 고등학교에 다닐 때도 해군 상비군으로 활동한 적이 있었기 때문에 나로서는 해군 지원이 당연했다(물론 한국전쟁에 파병되는 부대의 대부분이 육군이었다는 사실도 해군을 선택한 한 가지 이유였다). 해군 입대를 결정하자 아버지는 어느 때보다 큰 충격을 받은 듯했다. 14년 동안이나 아들을 찾지 않았으면서도 별로 뉘우치는 듯한 기색이 없던 사람이 내가 군대에 간다고 눈물까지 보이다니… 참으로 어이가 없었다. 아버지는 해군에 입대하더라도 잠수함은 절대 타지 말라며 간곡히 호소했다. 하지만 잠수함을 그토록 싫어하는 이유는 말하지 않았다. 그저 아버지에게 밀실공포증이 있었던 게 아닌가 하고 추측할 뿐이었다.

입대하기 직전에 아버지는 흥미로운 제의를 했다. 그동안 번 돈으로 에이로 이큅먼트의 주식을 사두라는 것이었다. 그리고 혹시라도 손해가 생기면 자신이 그만큼을 보상해주겠다는 말도 덧붙였다. 이때 나는 주식에 대해서는 문외한이었지만 적어도 아버지의 이런 제의가 나쁘지 않다는 정도는 알았다. 그래서 저금을 모두 털어 에이로의 주식을 샀다. 해군에 입대하면서 난생 처음으로 주식시장의 일원이 된 것이다.

군복무를 시작한 곳은 일리노이 주 오대호 인근에 위치한 해군 신병훈련소였다(바다와는 동떨어진 곳이라는 점에서 다른 해군기지와 차이가 있다). 이곳에는 골프장도 있었고 신병훈련을 마치면 시카고에서 마음껏 휴가를 누릴 수 있는 특권도 따랐다. 신병훈련소에서 다양한 실무교육과 비행기 조종술까지 배우며 5개월을 보낸 나는, 다시 항공전자 기술학교로 보내져 가까스로 교육과정을 통과했다. 28주에 걸친 교육과정 중에 낙제한 과목이 있었기 때문에 일주일을 다시 공부하여 겨우 통과한 것이다. 학급에서 거의 꼴찌로 수료한 덕분에 나는 약 4만 명의 다른 신병들과 함께 버지니아 주 노폭으로 배치되었다(노폭은 신병들에 대한 대우가 그리 따뜻하지는 못한 지역이었다). 들리는 소문에(직접 확인하지는 못했지만) '해군과 개는 공원의 잔디밭 가까이에 가지 말라'는 표지판이 곳곳에 있을 정도라고 했으니 말이다.

항공전자기술 교육과정을 겨우 통과했음에도 불구하고 해군에서는 다시 나를 고급 항공전자 기술학교로 배치했다. 군사 두뇌를 양성한다는 군대에서 이런 결정을 내린 데 대해 나는 참으로 이해가 가지 않았다.

신병훈련소와 조종사 교육, 여기에 항공전자 기술학교까지 포함하여 내가 해군에서 공부하면서 보낸 시간만 해도 24개월의 복무기간 가운데 14개월이나 되었다. 해군에서 오랫동안 교육을 받은 나는 플로리다 주 잭슨빌에 위치한 항공모함 비행단에 배치되었다. 여기서 나는 2차대전 때 활약했던 걸윙gull-wing(날개가 갈매기를 닮아 붙여진 이름―옮긴이)형 전투기인 코지어Corsair의 정비를 담당했으며, 이때는 해군에서 코지어 전투기를 제트 전투기의 초기 모델인 팬더Panther로 교체하는 중이었다. 따라서 나는 나머지 군 생활을 프로펠러로 움직이는 코지어와 신형 전투기인 팬더를 모두 경험하며 보냈다. 팬더에 거의 통달했을 무렵 나는 제대를 했다. 해군에서 24개월이나 복무하면서도 갑판에는 한 번도 올라 가보지 못한 채로 말이다.

해군에서는 2주에 한 번씩 급여를 지급했는데, 급여를 받은 날 밤에는 여기저기서 포커판이 벌어졌다. 그러나 다음 날 밤까지 포커를 하는 사람은 극소수에 불과했다. 주식시장에서와 마찬가지로 포커판에서도 돈은 실력이 가장 뛰어나고 자금력도 풍부한 사람에게로 흘러들어가게 마련이다. 물론 나도 그 중의 하나였다. 포커 게임을 하며 유심히 살펴본 결과, 집에 갈 때 주머니에 돈푼 꽤나 가지고 가는 사병들은 대부분 게임이 열릴 때마다 참여하는 편이었다. 그러나 이들은 요령으로 무장하고 있었다. 따라서 유리한 패를 들고 있지 않을 때는 절대 큰판이라고 해서 무모하게 달려드는 일이 없었다. 만약 이들이 포커의 요령을 오늘의 주식시장에서 구사한다면 꽤 괜찮은 결과를 거둘 것이다.

투자 개념에 눈뜨기 시작하다

군복무 중에 나는 투자와 관련된 책을 하나 사서 아예 끼고 살다시피했다. 책을 읽다가 가장 먼저 눈에 들어온 것은 보통주와 우선주 개념이었다. 입대 전에 에이로 이큅먼트의 주식을 사면서 보통주와 우선주를 지정하지 않았던 나는 당장 아버지에게 편지를 보내 어떤 주식을 샀는지 물었다. 아버지는 보통주를 샀다는 답장을 보내왔다. 보통주가 기업의 실적에 따라 주가의 등락이 심하다는 정도는 나도 책을 통해 알고 있었다. 많고 많은 투자이론 중에 내가 처음으로 알게 된 것이 바로 이 보통주와 우선주 개념이었고, 이때부터 나는 주주로서 얻을 수 있는 막대한 보상뿐 아니라 엄청난 손실에 대해서도 서서히 눈을 뜨기 시작했다.

비록 결과까지야 예측하기 어려웠지만, 어쨌든 군복무를 하며 처음으로 갖게 된 주식에 대한 관심은 내 투자 인생의 시발점이 되었다. 새로운 세상에 눈을 뜨자 군대생활의 지루함과 상급자의 호통소리는 이제 더 이상 의미가 없어 보였다. 그리고 사회에 복귀했을 때 이와 동일한 시행착오를 겪지 않으려면 대학에 들어가 공부를 더 해야 한다는 결론에 도달했다. 그래서 나는 미국군사연구소USAFI에서 운영하는 교과목 가운데 두 가지 과정에 수강신청을 했다. 고등학교 시절의 성적은 그리 좋지 못했지만, 군에서 영어와 심리학을 수강하면서 나는 일반 대학에서도 잘 할 수 있다는 강한 자신감을 얻었다. 그러던 어느 주말, 나는 동료 한 명과 차를 타고 노폭에서 가까운 윌리엄 & 메리 대학에 가서 취학 적성검사를 받았다. 검사 결과는 대학 진학을 희망하는 내 의지에 더욱 불을 붙였다.

1953년 1월, 군에서 제대하여 다시 자유의 몸이 된 나는 잭슨빌에서 24시간 내내 차를 몰아 톨레도로 돌아왔다. 그리고 사흘 뒤에 톨레도 대학에 입학했고 다시 아버지의 집에서 생활하기로 했다. 학비와 생활비 일부는 제대군인원호법(1944년에 제정된 법으로, 제대 군인을 대상으로 대학 학자금과 주택자금 등을 지원한다—옮긴이)을 통해 해결했고, 부족한 생활비를 벌기 위해 그 지역에서 가장 유명한 남성용품 전문점에서 구두 판매원으로 일했다. 학교 수업을 전혀 빼먹지 않고도 일주일에 30시간이나 일했다. 이 상점에서의 일은 두 가지 측면에서 내게 큰 도움이 되었다. 구두와 옷 등 필요한 물품을 저렴한 가격에 살 수 있다는 점, 그리고 판매나 재고정리 시간 외에는 공부를 할 수 있도록 상점 주인이 특별히 배려해주었다는 점이었다. 그래서 일하는 시간의 거의 절반을 독서나 학과 공부에 할애하는 경우도 적지 않았다.

이 무렵 헝가리 혈통의 릴리언 투락Lillian Tulac이란 여성을 만났다. 그때만 해도 나는 여자 앞에서 수줍음을 많이 타는 편이었지만, 다행스럽게도 트리플 에이에서 뛰고 있는 야구선수에게 쏠렸던 릴리의 관심을 내게로 돌리는 데 성공했다. 우리 둘 사이의 종교적 신념 따위는 그리 큰 문제가 되지 않았다. 릴리는 독실한 카톨릭 신자지만 결혼 전의 약속대로 나는 세례를 받지 않았다. 세례란 형식적인 절차일 뿐이다. 따라서 우리는 이런 문제를 어렵잖게 조율할 수 있었다. 그런데 한 가지 문제가 있었다. 살아가는 과정에서 신념, 특히 종교에 근거하여 일을 처리해야 하는 경우가 반드시 있다는 사실이었다. 하지만 이런 상황에서도 나는 종교라는 것에 얽매이고 싶지 않았다. 아무튼 우리는 12개월 동안의 교제를 거쳐 약혼을 했고 1954년 12월에 결혼했다.

스승을 만나다

내가 대학에 들어갈 수 있었던 데는 강한 호기심과 숫자와 관련된 재능, 자기표현 능력, 확고한 자제력이 밑바탕이 되었다. 비록 고등학교는 평범한 성적으로 졸업했지만 대학은 달랐다. A학점 이하를 받은 과목은 드물었고, 마침내 수석 졸업의 영예까지 안았다. 이처럼 성적이 극과 극을 보였던 이유로는 물론 나이가 들었다는 점도 있었겠지만, 그 밖에도 학업 동기와 관심 있는 교과목, 특히 시드니 로빈스 교수로부터 배운 두 과목을 꼽을 수 있다.

로빈스 박사는 뉴욕의 콜롬비아 대학에서 이곳 톨레도 대학으로 와서 한동안 재직하다가 다시 콜롬비아 대학으로 돌아가 교육인생을 마무리했다. 그는 펀더멘털fundamental(경제성장률, 물가상승률, 재정수지, 경상수지, 외환보유고 등 경제의 기초 체력을 의미하는 거시경제 지표들을 말한다-옮긴이) 분석학파의 거두인 벤자민 그레엄Benjamin Graham과 데이비드 도드David Dodd의 후계자로 자타가 공인하는 사람이었다. 따라서 금융교육에 남다른 관심을 기울였을 뿐 아니라 활발한 기고활동을 통해 투자기법을 널리 전파하였다. 1930년대에 그는 영구 신주인수권perpetual warrant(미래에 언제든 고정 가격에 주식을 매수할 수 있는 권리) 개념을 창안했다. 일반적으로 신주인수권에는 유효기한이 있게 마련이다. 그러나 대공황 직후의 암울한 시장환경에서 기업들이 신규투자를 유치하기 위해서는 기한 따위는 논의의 대상도 되지 않았다. 따라서 당시의 권리를 지금까지도 행사하지 않은 사람이 있다면(당연히 없겠지만) 현재의 주식을 거의 70년 전의 가격에 매수하거나 미래의 추정가를 지정하여 매도할 수도 있다. 물론 이처럼 엄청난 권리를 행사하려면 주식 발행업체가 지금까지 생존해 있어야 한다. 로빈스 박사는 신주인수권의 가치를 누구보다 잘 알고 있었지만, 이 방법을 통해 개인적인 부를 쌓기보다는 기고활동을 통해 많은 사람들에게 그 사실을 알리기 위해 노력했다.

대학에서 나는 산업 마케팅을 전공했다. 운 좋게도 해군에서 배운 내용을 학점으로 인정받은 덕분에 나는 원하는 과목을 수강할 수 있었다. 그때 나는 투자에 관심이 있었기 때문에 로빈스 교수가 가르치던 투자과정을 선택했다. 교수의 강의를 들으며 나는 투자의 기초, 즉 매수와 매도, 수익률, 영업이익, 현금흐름 등과 같은 개념을 배웠다. 그리고 투자에 대한 교수의 열정과 심오한 통찰력에 매료되어 그때부터 로빈스 교수를 열렬히 따르게 되었다. 교수는 내게 상류층 사회의 일원이 되기 위해 굳이 전문투자협회 같은 곳에 가입할 필요는 없다는 당부도 잊지 않았다.

금융과 투자에 대한 내용을 로빈슨 교수처럼 재미있게 풀이해준 사람은 없었다. 그의 스승이자 극작가였으며 투자의 대가이기도 했던 벤 그레엄과 마찬가지로 로빈스 교수 역시 다양한 분야에 관심을 가지고 있었다. 그래서 강의 시간에 금융에 대해 한창 설명을 하다가 이야기가 다른 곳으로 새어버린 채 강의를 끝낼 때도 심심찮게 있었다.

해군에서 24개월 간 배운 내용을 학점으로 인정받은 덕분에 나는 2년 만에 학사학위를 받을 수 있었다. 특히 금융·투자와 관련하여 내가 이수한 과목은 로빈스 박사가 가르친 두 과목뿐이었는데도 졸업할 때는 이 분야의 성적이 우수하여 표창까지 받았다. 그러나 대학을 우수한 성적으로 졸업했음에도 이곳 톨레도에서는 주식산업의 규모가 너무 빈약하여 내가 일자리를 구할 만한 곳이 없었다. 물론 크라이슬러의 부품 생산업체인 일렉트릭 오토라이트를 비롯하여 작지만 톨레도 지역에서 활동하고 있는 제조업체에 들어갈 수도 있었다. 그러나 나는 월스트리트와도 인연이 있는 로빈스 교수의 강력한 권고를 받아들여 동부의 뉴욕으로 방향을 잡았다.

4 _JOHN NEFF_

은행가의 시대,
어설픈 첫걸음을 떼다

1955년 1월, 월스트리트에서 내 해군복무 경력에 관심을 보인 기업은 없었다. 그래서 클리블랜드의 내셔널 시티뱅크에서 제의한 자리를 받아들이기로 했다. 클리블랜드에서 가장 인지도 높은 금융기관이란 장점도 있었지만, 릴리의 고향인 톨레도에서 무척 가깝다는 점도 내가 이 은행을 선택한 중요한 이유였다.

타고난 회의주의skepticism와 시드니 로빈스 교수의 가르침으로 무장한 나는 1929년의 몰락한 시장환경을 다룬 존 케네스 갈브레이스 John Kenneth Galbraith의 저서 『*The Great Crash*』 한 권을 손에 들고 의욕에 넘친 채 전문 투자자의 길로 들어섰다. 은행에서는 내게 신탁투자팀(대공황이 한창이던 시절에 개인과 기업의 자산을 보호하기 위해 만들어진 부서)의 증권분석가(애널리스트) 역할을 맡겼다.

신탁투자팀에 합류한 지 얼마 지나지 않아 나는 여섯 개 업종을 담당하게 되었다. 나를 포함하여 당시 이 은행의 증권분석가는 모두 여섯 명뿐이었으며 일인당 여섯 개씩 투자 분야를 나누어 맡게 된 것이다. 이렇게 해서 나는 어떤 일이 내게 어울리는지 생각해볼 겨를도 없이 여섯 개 업종(화학, 제약, 자동차와 부품, 고무, 은행과 금융)을 분석하는 일에 착수했다. 다행스러운 사실은, 이때 내가 미국 산업계 전반을 깊이 있게 연구한 것이 훗날 경력을 쌓아가는 데 좋은 밑거름이 되었다는 점이다. 또한 당시는 투자 프로세스에 대한 규제가 지금처럼 심하지 않았기 때문에 신용 파일이나 투자 파일을 여기저기서 쉽게 열람할 수 있었다. 정보의 유출을 방지하기 위해 이른바 '방화벽firewall'이란 것을 구축해야 하는 규정이 생기기 전까지는, 모든 정보의 이용이 오로지 개인의 윤리적 기준에 달려 있었다.

내가 새로운 일을 그저 좋아했다고 한다면 그건 내가 맡았던 일에 대한 열정을 폄하하는 것이나 다름없다. 한동안 목적 없이 방황한 게 사실이지만 은행에 들어온 그 순간부터는 내 직업 인생의 전기가 마련되었다. 모든 일이 나를 매료시켰다. 특히 자동차 산업이 그랬다. 나는 바퀴가 네 개 달린 이 피조물에 예전부터 많은 관심을 가지고 있었다. 게다가 아버지 역시 자동차광이었기 때문에 자동차에 대한 나의 애정은 유전적인 것이나 다를 게 없었다. 1955년 초만 하더라도 자동차 제조업은 대단한 인기업종이었기 때문에 월스트리트뿐 아니라 정책 입안자들도 이 분야에 지대한 관심을 가지고 있었다. 특히 『월스트리트저널』에 따르면, 제너럴모터스의 규모가 너무 비대해져 시장을 독점하지는 않을까 하고 연방공정거래위원회FTC와 법무부 관리들이 상당한 우려를 표명했을 정도였다. 그로부터 얼마 후, 이 거대한 공룡은 무려 5억 2500만 달러 규모의 공모를 단행했다.

화학과 제약업은 자동차 산업과 비교할 때 분석이 꽤 까다로운 업종이었다. 나는 과학에 대해서는 거의 문외한이었다. 고등학교를 다닐 때 화학과 물리를 배우긴 했지만 대학시절에는 과학과 관련해서 단 한 과목도 수강한 적이 없었다. 과학 문외한을 극복하기 위해 나는 화학, 재료 혼합, 폴리비닐 염화물, 각종 화학 프로세스 등을 깊이 있게 공부했다. 세부적인 내용을 모르고서 해당 기업의 주가를 평가하기는 어렵기 때문이었다. 그리고 당시에는 화학 산업이 성장 산업의 하나였고 주가수익비율도 시장평균보다 높았다.

기술 산업은 나와는 전혀 안면이 없는 분야였다. 그러나 많은 시간을 투자하여 연례계획서를 비롯한 기업의 실적을 대변하는 다양한 문서를 철저히 연구하면서 기술업체를 웬만큼 파악할 수 있었다. 그리고 재무보고서 외에도 무역 전문지나 몇몇 기술 매뉴얼까지 연구하며 기술이 업계에 미치는 파급효과를 이해하려고 노력했다. 정보란 구하면 얻어지는 법이다. 지금도 여전한 인지도를 자랑하는 화학업체 이스트먼 코닥을 견학하면서 나는 안내자에게 끊임없이 질문을 해댔다. 그러자 우리와 함께 견학하던 기업 경영자 중의 한 사람이 내게 이렇게 말했다. "화학 엔지니어링에 대한 식견이 대단하시군요." 물론 나는 그 말을 좋은 뜻으로 받아들였다.

은행에 근무한 첫 일 년간 나는 확고한 경영전략의 토대가 무엇인지를 배웠다. 그러나 일 년간 배운 것이 이것으로 전부는 아니었다. 포드를 방문했을 때 나는 증권 분석가의 지위로는 부족하다는 사실을 깨달았다. 포드의 엔진 생산공장을 처음으로 방문했을 때 자동차 부문의 베테랑 분석가가 우리와 동행하기로 되어 있었다. 그 분석가는 낡아서 거의 폐차 직전인 자동차를 몰고 왔다. 오랫동안 증권분석가로 일했음에도 당시의 나보다도 못한 자동차를 탄다는 사실은 내게 많은 것을 시사했다.

⸜어설픈 첫걸음

　　전문 투자자로서 내가 처음으로 시도한 시장평가는 틀렸다. 일을 시작한 지 6주 정도 지나면서 내 딴에는 주가를 웬만큼 꿰뚫어볼 수 있다고 생각했다. 1954년에만 45퍼센트나 폭등한 다우존스 산업평균지수를 바라보며 나는 더 이상의 상승은 힘들고 곧 하락세로 반전될 것으로 예측했다. 일부에서는 1월의 폭락장세를 시장이 만회하고 있다고 주장했지만 나는 이들의 낙관론을 받아들이지 않았다. 게다가 언론에서도 제철과 알루미늄, 고무, 오일, 제화업계(당시로서는 산업계 전반을 의미했다)의 전문가들이 지속적인 성장을 예견한다는 보도를 내보냈지만, 더 이상의 상승은 힘들다는 내 소신에는 변함이 없었다. 그래서 내 상사에게도 주식시장의 폭락에 대비해야 한다며 경고까지 했다.

　　그러나 신참 증권분석가의 목소리는 전혀 먹혀들지 않았다. 누구도 기존의 포트폴리오를 수정하는 사람은 없었다. 나로서는 참으로 다행스러운 일이었다. 그때 누군가가 내게, "좋아, 존. 그럼 뭘 어떡해야 하지?" 하고 물었다면 정말로 난감했을 것이다. 사실 내게는 조언을

할 만한 아무런 전략도 없었기 때문이다. 어쨌든 내 생각은 철저히 무시되었다. 그리고 내 예측이 틀렸다는 사실을 깨닫기까지는 많은 시간이 필요치 않았다. 주식시장은 연일 상승행진을 거듭했고, 연말에는 17퍼센트나 추가 상승한 다우존스지수는 488.4포인트를 기록하여 사상 최고치를 경신했다.

다른 사람들이 나보다 현명하지 않았다면 자칫 큰 화를 초래했을 것이다. 다행히 잘못된 판단에 대한 비난을 모면한 나는 한층 새로운 마음가짐으로 시장을 연구하기 시작했다. 가능한 모든 자원을 동원하여 연구에 연구를 거듭한 나는, 1950년대라는 이 시기가 새로운 발명과 새로운 아이디어, 새로운 동향이 폭발적으로 생성되는 시기임을 깨달았다. 제너럴 일렉트릭GE에서 건설한 최초의 컬러 방송 스튜디오에서 훗날 볼펜의 시초가 된 스크립토Scripto의 신형 펜(액체 유도관을 사용한 펜)에 이르기까지 지금껏 듣지도 보지도 못한 새로운 것들이 연일 쏟아져 나왔다.

전문 투자자로서의 일을 시작한 첫 일 년간 일일 평균 거래량은 급속도로 늘어났다. 물론 오늘날의 거래량과는 견줄 수 없지만 당시로서는 기록적인 수준이었고, 덕분에 대공황 이후 다른 대부분의 업종이 고전을 면치 못하는 상황에서도 투자 업종은 새로운 성장 산업의 하나로 자리매김했다. 주식거래가 이루어지는 날이면, 일반 투자자들은 얄팍한 월급봉투로 인한 스트레스를 떨쳐버린 채 부자를 향한 꿈을 키울 수 있었다.

내가 내셔널 시티뱅크에서 본격적으로 투자를 시작한 첫날인 1955년 2월 1일의 뉴욕증권거래소 최고 인기주 10종목 가운데 지금도 거래가 계속되고 있는 종목은 아메리칸 항공American Airlines과 제너럴 다이 내믹스General Dynamics, 엑슨-모빌Exxon-Mobil(당시의 명칭은 뉴저지 주에 본사를 둔 '스탠더드 오일'이었다)의 세 가지에 불과하다. 그나마 아메리 칸 항공을 제외한 두 기업도 최근 인수·합병, 영업양도 등의 형태로 중대한 변화를 겪었으며, 나머지 7개 기업은 이미 오래 전에 대기업에 합병되거나 아예 흔적조차 없이 사라져버렸다. 그 중에는 당시에 가장 인지도가 높았던 언론기업으로 훗날 GE에 합병된 라디오 코퍼레이션 오브 아메리카Radio Corporation of America를 포함하여 허프 코퍼레이션 Hupp Corporation, 챈스 바우츠 항공Chance Vought Aircraft, 철도운송업체인 펜실베이니아 레일로드Pennsylvania Railroad와 시카고 미네소타 세인트 폴 & 패시픽Chicago Minnesota St. Paul & Pacific 등이 있었다.

또한 1955년 2월 첫날 가장 거래가 활발했던 아메리칸 보쉬Ameri-can Bosch의 경우에는 총 350만 주 가운데 22만 5000주의 소유자가 바 뀌었다. 지금의 기준으로 보면 결코 많다고 할 수 없지만 투자를 촉진 하는 기술력이 일천했던 1950년대의 상황에서는 상당한 규모였다. 당 시로서는 시황을 곧바로 알 수 있는 컴퓨터 같은 것은 꿈도 꿀 수 없는 시기였다. 따라서 점심을 먹으러 나갔다가 뉴욕 투자기관의 지점인 바 체Bache & Company에 들러 시장 동향을 파악하곤 했다. 객장은 놀고먹 는 사람들로 늘 북적거렸다. 오죽하면 객장을 '무위도식가들의 화랑' 이라고 불렀을까! 게다가 의자에 앉아 졸고 있는 사람들의 모습이 일 상처럼 자리잡았다.

그래도 낙후된 톨레도와 비교하면 바체는 상당한 수준의 정보를 보유한 곳이었다. 티커 테이프에서 막 나온 시세를 공시하기 위해 담당자들은 객장 이곳저곳을 다니며 지나간 시세를 지우고 새로운 시세를 기록했다. 이 일은 주로 미모의 젊은 여성들이 맡았다. 사람들에게 새로운 시세에 더 많은 관심을 갖도록 유도하기 위한 일종의 미인계였던 셈이다.

은행에서 나는 통계표를 만드는 일에 착수했다. 이 통계표는 주가 동향 보고서와 유사하면서도 데이터 양은 훨씬 많았다. 물론 지금의 재무 보고서에 포함된 것처럼 정보가 다양하지는 않았지만 우리 나름대로는 가능한 많은 정보를 발굴하기 위해 노력했다. 그 당시에 정보를 얻기 위해서는 발로 뛰는 방법밖에 없었다. 따라서 우리는 통계표를 만들어 각 기업의 과거 기록을 일목요연하게 정리했다. 통계표를 만드는 과정은 대단히 어렵고 고통스런 작업의 연속이었지만 그 결과물은 무엇과도 비교할 수 없을 만큼 뛰어난 교육자료가 되었다. 오늘날에도 특정 기업의 실적을 정확하게 파악하기 위해서는 연필과 종이를 사용하여 수치 하나 하나를 꼼꼼하게 따져보라고 권하고 싶다.

자연스러운 의문

기업을 관찰하는 과정에서 자연스럽게 의문이 도출되었다. 나를 비롯한 증권 분석가들은 수시로 투자 대상 기업의 경영진을 찾아가 다음과 같은 질문을 던졌다. "수익성이 떨어지는 이유가 무엇입니까?" "매출보다 운영비가 더 빠르게 증가하는 까닭은 무엇입니까?" "배당 지급률이 떨어지는 건 또 왜입니까?"

물론 명쾌한 해답을 얻은 적은 드물었다. 예나 지금이나 기업 최고 경영자들이 하는 말은 의례적인 경우가 대부분이기 때문이다. 실제로 1954년 마지막 분기의 실적이 향상되면서 미국 산업계의 최고경영자들은 미래를 상당히 낙관적으로 보았다. 기대한 수준에는 미치지 못했지만 어쨌든 그 이후의 경기는 꽤 괜찮은 편이었다.

그로부터 20년 뒤, 윈저 펀드를 운용하던 내게 미국 산업계는 또 한 번의 실망을 안겨주었다. 그때도 어느 기업의 최고경영자는 미래를 낙관적으로 예견했지만, 그 시기(1975년)에 나는 이미 투자원금의 거의 절반을 까먹고 마지막 남은 얼마의 주식마저 처분한 상황이었다.

섬유제조업체인 케이저Kayser Inc.에서 카탈리나Catalina란 기업을 인수했다는 소문이 확산되자 장삿속에 눈먼 케이저의 경영진은 서둘러 앞으로의 인수계획까지 공개했다(오늘날의 상황과 지극히 유사하다). 1955년 2월 3일자 『월스트리트 저널』에 실린 기사를 살펴보자. "그동안 케이저의 경영진은 유능한 경영진과 뛰어난 실적, 우수한 브랜드를 가진 기업과의 합병 또는 인수를 지속적으로 검토하리라고 여러 차례 공언한 바 있다. 그러나 합병 소문이 보통주의 등락에 보이지 않는 영향을 미치는 건 사실이지만, 이런 방법으로 당장 좋은 결실을 얻을 것으로는 생각되지 않는다." 그로부터 약 20년간 몇 번의 인수합병을 더 거쳐 탄생한 케이저-로스Kayser-Roth는 윈저 펀드의 가치를 높이는 데 크게 기여했다.

1955년, 레이놀즈 스프링Reynolds Spring이란 기업이 컨솔리데이티드 일렉트로닉 인더스트리즈Consolidated Electronic Industries로 이름을 바꾸었다―당시에 불기 시작한 '트로닉스 바람tronics boom'을 이끈 선구적 사례였다. 특히 1950년대 후반 소비에트 연방에서 스푸트니크 위성을 발사하면서 미국 산업계는 여기에 대응하기 위해 기술에 대해 강한 집착을 보였다. '트로닉스 바람'이 한창일 때는 기업 명칭에 전자제품을 생산한다는 뉘앙스만 들어 있어도 주가가 폭등했다. 그래서 전기로 움직이는 제품을 생산하는 기업은 너나없이 기업 명칭에 '트로닉스'란 단어를 붙였다. 아무 생각 없이 이름 뒤에 '컴com'을 붙이는 오늘의 상황과 별반 다를 게 없었다.

그러나 내셔널 시티뱅크의 모든 부서에서는 이처럼 허울뿐인 고성장의 유혹에 흔들리지 않았다. 보험회사 출신인 두 명의 창업자가 남북전쟁이 발발하기 16년 전에 세운 내셔널 시티뱅크는 시장의 흥망성쇠 속에서도 무려 100년 이상 명맥을 유지해왔다. 전국적으로 수천 개의 은행이 문을 닫은 1933년에 클리블랜드에서 공탁 기준을 충족시킨 은행은 내셔널 시티뱅크가 유일했고, 다른 대부분의 은행은 공탁 기준에 턱없이 못 미치거나 영원히 문을 닫는 경우가 속출했다.

넉넉지 않은 급여

내셔널 시티뱅크에서의 첫 급여는 1955년의 기준으로 보더라도 많은 편이 아니었다. 투자 전문가로서의 첫 한 해 동안 내가 받은 급여는 고작해야 4200달러 정도였다(그로부터 43년 뒤, 내가 강의를 한 번 해주고 받는 돈만 해도 그보다 많았다). 다행히 릴리와 나는 검소한 생활에 익숙했다(릴리는 형편 때문에 하고 싶은 일도 감내하는 경우가 많았다). 게다가 릴리는 나와 결혼하면서 장만한 세간살림 중에 쓸모가 많지 않은 것들을 처분할 때도 있었다. 그러면서도 우리는 악착같이 저축했고 그 돈만큼은 결코 손대지 않았다.

1950년대는 절약을 미덕으로 여기던 시대이긴 했지만 모두가 우리처럼 살았던 건 아니다. 내가 볼 때도 은행 직원들 가운데 우리처럼 월급에 맞춰 생활하는 경우는 많지 않았다. 얼마 후 우리의 첫 아이인 패트릭이 태어나자 릴리와 나는 계단을 오르내려야 하는 성가신 임대 아파트를 떠나 1만 200달러를 주고 집을 한 채(복식 건물의 절반) 샀다. 가격도 그 정도면 괜찮은 편이었다. 그 이후에도 저축을 늘려가며 꾸준히 돈을 모은 우리는 1960년대에 들어 마침내 우리가 원하던, 방 네 개에 화장실도 세 개나 딸린 주택을 구입했다.

생활이야 그리 풍족하지 않았지만 은행에서의 내 지위 때문에 아내와 나는 은행과 관련된 사교모임에 참석할 일이 종종 있었다. 사교모임의 시작은 19세기의 기업가로 광산업과 철도업에서 상당한 이권을 보유했던 마크 한나Mark Hanna와의 관계에서 비롯되었다. 1930년 말 마크 한나가 사망하자, 당시 한나 컴퍼니M. A. Hanna & Company의 임원이던 조지 험프리George Humphrey(훗날 아이젠하워 내각에서 재무부 장관을 역임했다)는 내셔널 시티뱅크의 신임 회장인 루이스 B. 윌리엄스 Lewis B. Williams에게 전화를 걸어 이렇게 말했다. "두 가지만 이행해준다면 우리는 아무 소리도 하지 않겠습니다. 첫째, 수익률을 매년 향상시켜 주세요. 둘째, 이익배당률도 함께 올라야 합니다." *

* 『내셔널 시티뱅크 150년사 : 1845-1995』, 내셔널 시티뱅크, 클리블랜드(1995), 29쪽.

내셔널 시티뱅크에서 자산을 효과적으로 운용하기 위해서는 클리블랜드의 상류층과 긴밀한 교류가 필요했다. 사교모임의 목적도 바로 여기에 있었다. 당시 은행장이던 시드니 콩던Sidney Congdon이 10학년을 마치고 독학으로 공부했다는 풍문도 있었지만, 어쨌든 은행 임원진과 대졸 신입사원들도 대부분 상류층 출신이었다. 따라서 이 은행에서 상류층이 아닌 사람은 (소문이 사실이라면) 시드니 콩던뿐이었던 셈이다. 물론 나와 릴리도 상류층과는 거리가 멀었다. 우리가 구입한 주택은 주로 블루컬러들이 거주하는 곳에 있었고, 이웃의 대부분이 우리보다 적어도 30살 이상 많은 노년층이었다. 25세에 불과했던 내가 이런 이웃들과 교류하기에는 너무 어리고 순진했던 측면도 있었지만, 그래도 배운 게 있었고 이웃들과 기꺼이 의견을 교환할 의지가 있었으므로 이웃들과는 비교적 무난하게 지냈다.

사교모임은 은행 재직기간 초기에 특히 많았다. 은행 소프트볼 팀의 투수로서 여러 차례 뽑혀나간 적도 있지만 사실 나는 은행의 사교모임에 그리 잘 어울리는 사람이 아니었다. 그러나 나와 릴리는 이런 사실을 대수롭지 않게 생각했다. 은행이 만든 규칙에 따라 움직이는 그런 게임에는 흥미가 없었기 때문이다. 게다가 나는 소프트볼 경기를 할 때도 은행의 세로줄 무늬 유니폼보다 내가 좋아하는 체육복을 입고 출전하곤 했다.

힘든 속에서도 일은 괜찮게 풀렸다. 내가 터득한 투자분석 기법이 빛을 발하기 시작한 것이다. 나는 가능한 많은 양의 데이터를 수집하여 일정한 규칙에 따라 처리한 후 결과를 뽑아냈다. 은행에서 누구보다 빨리 승진할 수 있었던 것도 이런 나만의 노하우 덕분이었다. 시간이 지날수록 투자 종목을 선택하는 능력이 향상되었고, 고리타분하기 짝이 없는 은행 신탁투자위원회에서도 내 의사를 적극적으로 타진했다. 당시에는 투자 계획서를 작성할 때 상세한 내용을 6~7쪽에 걸쳐 빽빽이 정리하는 게 일반적이었다. 그러나 내가 즉석 컬러사진 개발업체 폴라로이드Polaroid의 가능성을 연구하여 제출한 투자계획서는 단한 장에 불과했다. 동료들, 특히 빌 로우Bill Roe의 우려에도 불구하고 이 간단한 계획서는 은행의 투자 대상 리스트에 선정되었다. 그로부터얼마 지나지 않아, 내 예측대로 즉석 컬러사진의 수요가 폭발적으로늘어나며 폴라로이드 주가도 덩달아 상종가를 내달렸다. 그러나 몇 년뒤부터 떨어지기 시작한 이 업체의 주가는 이후로 다시는 그만큼 회복되지 못했다.

그 사이에 나는 석사학위를 취득하기 위해 웨스턴 리저브 대학(지금의 케이스 웨스턴 리저브) 야간학부에서 금융을 공부했다. 석사과정을마치는 데는 3년 반이나 걸려 학사과정보다 두 배 가까운 시간이 필요했다. 낮에는 은행에서 일하고 밤에는 대학에서 공부하느라 힘은 들었지만, 이 시기에 나는 학문 세계와 실제 세계 모두를 경험하며 훌륭한조언자들도 많이 만났다. 그 중에는 연방준비제도이사회FRB 직원도있었고 그 지역에서 기업을 운영하는 경영자들도 있었다.

시드니 로빈스 교수 이후로 내게 많은 것들을 가르쳐준 또 한 부류의 사람들이 있다면 그건 바로 내셔널 시티뱅크의 인재들이다. 이 은행의 투자팀은 그야말로 깊이 있는 이론과 경험의 집합체였다. 특히나보다 조금 일찍 은행에 들어온 빌 로우는 예리한 통찰과 개방적인태도로 투자 대상을 물색했다.

또한 사려 깊은 조언자였던 아트 보나스Art Boanas는 투자를 항상 새로운 시각에서 바라보는 사람이었다. 풍부한 훈련과 경험의 소유자인 투자 전문가 보나스는 두뇌 회전이 빠르고 변덕스러운 데도 있으며 철저히 역행적 사고를 추구하는 사람이었다. 그는 연방준비제도이사회에서 근무하다 이곳 내셔널 시티뱅크로 왔다. 시드니 로빈스 교수와 다른 점이 있다면, 보나스는 펀더멘털 분석학파의 거두인 벤자민 그레엄과 데이비드 도드의 이론을 특별히 추종하지는 않았다. 그러나 보나스 스스로 분석학파의 증권분석기법에는 관심이 없다고 공언한 적도 있지만, 그렇다고 해서 이들 학파의 투자기법 자체를 아예 고려 대상에서 제외한 것도 아니었다.

보나스가 경제를 바라보는 시각의 특징은 고전경제학과 인간 본성에 대한 회의적 시각의 조합이라 할 수 있었고, 내가 역행투자의 원리를 깨닫게 된 것도 그로 인해서였다. 그리고 나 역시 가만히 서 있는 도로표지판과도 말싸움을 벌일 만큼 논쟁을 좋아했기 때문에 우리 두 사람은 시장의 동향에 대해 많은 의견을 교환했다. 때로는 함께 고민하고 때로는 서로에게 의문을 제기하며 우리는 여러 차례 지적인 싸움을 벌였다. 영국 출신으로 온화한 성격에 제2차 세계대전 중에는 10대의 나이에 요크셔 지역 순찰임무를 수행했던 적도 있는 보나스는 적어도 지적知的 전쟁에 관한 한 내게는 살아 있는 모범이나 다름없었다. 시장 또는 주식과 관련하여 여론과 부합하는 아이디어나 판단은 그만큼 정당화하기도 쉬운 법이다. 그러나 전통적 견해와 대치될 뿐 아니라 투자자 자신의 내부에서 울려나오는 목소리마저 거부하며 자기만의 방식을 추구하기란 결코 쉽지 않다.

아트 보나스는 역행적 투자행로를 따르는 이들에게 종종 이런 말을 했다. "대다수 투자자들 때문에 당신이 걷고 있는 길이 완전히 그릇된 방향처럼 비칠 수도 있습니다." 내일이면 더 싸게 살 수 있는 주식을 굳이 오늘 비싼 값에 사는 행위는 당연히 어리석게 보일 것이다. 대다수 투자자들의 바람과는 정면으로 배치되는 행위이기 때문이다. 그러나 남들과 동일한 방식만을 좇다가는 전통적 지혜의 한계에서 벗어날 수 없다. 보나스는 자기만의 확신을 강조하며 이런 말을 덧붙였다. "나는 지금 다른 사람들과 싸우는 게 아닙니다. 나는 시장을 상대로 싸우고 있습니다. 그리고 시장에 대항하는 유일한 사람입니다." 이 말은 보나스나 나처럼 역행적 사고를 추구하는 사람들에게 많은 것을 시사한다.

고루한 조직에서는 내가 할 일이 없다

증권분석가로서 아트 보나스의 단점은 은행 투자팀의 고루한 사고에 비해 너무 현명하고 너무 앞서 나간다는 점이었다. 단적인 예로, 그는 티타늄 골프채의 가능성을 발견하고 상세한 투자 계획서를 작성하여 투자위원회에 제출한 적이 있었다. 그러나 당시는 티타늄 골프채가 대중화되기 한참 전이었다. 따라서 투자위원회에서는 보나스의 제안을 단번에 일축해버렸다. 이처럼 투자업계에 종사하는 사람이라면 자신의 의견을 주장하면서도 현실적인 가능성을 고려해야 한다. 현명한 투자자라면 결코 이 점을 간과해서는 안 된다.

보나스의 상실감은 당연했다. 사실 나는 내셔널 시티뱅크에서 8년간 근무하며 유능한 투자자들과의 경험을 무엇보다 소중히 생각했다. 그러나 안타깝게도 이 은행 역시 최선의 투자에는 실패한 사례다. 투자 포트폴리오를 형성하고 있는 대다수 종목은 일반 투자자들도 다 알고 있는 우량주 중심이었고, 투자자가 바뀌기 전까지는 포트폴리오도 고정되다시피 했다. 그래서 이미 전성기를 지나버린 주식을 성장 잠재력이 큰 종목으로 교체해야 할 순간을 놓치는 경우가 허다했다.

내 생각에도 이런 식의 투자는 뒷북치는 것에 지나지 않았다. 당시 내셔널 시티뱅크에서 투자와 관련된 모든 제안에 대해 승인 또는 거부권을 가진 기구는 신탁투자위원회였다. 물론 폴라로이드 투자를 비롯한 일련의 미래 지향적 투자를 승인한 것도 투자위원회였지만, 이런 사례는 극히 일부일 뿐 대부분의 경우에서는 창의적인 종목 선정을 가로막는 걸림돌로 작용했다. 앞서 말했듯이 은행의 모든 투자자들은 종목을 선정할 때 먼저 투자위원회의 승인을 얻어야 했다. 그리고 이 투자위원회에서 주도적인 역할을 하던 사람은 위험을 지극히 혐오했을 뿐 아니라 주식에 대해서도 그다지 뛰어난 식견을 가진 사람이 아니었다. 실제로 그가 투자를 허락한 종목은 이미 시장에 잘 알려진 것들이었다. 그 결과 주가가 이미 오를 대로 오른 종목만을 쫓아가는 형국이었다. 이런 상황에서 내가 가진 투자 기술을 현실에 적용한다는 것은 애당초 무리였다. 현명함이 능사는 아니었다. 투자자로서의 창의력과 감각을 동원하더라도 신탁투자위원회의 시야를 벗어난 아이디어는 폐기처분 대상이었기 때문이다.

오히려 내 생각을 현실에 적용한 것은 은행이 아니라 내가 보유하고 있던 주식을 통해서였다. 은행에 입사한 지 얼마 지나지 않았을 무렵 내가 보유하고 있던 에이로 이큅먼트의 주식과 저축을 돈으로 환산하면 모두 3000달러 정도였다. 나는 이 돈을 조금씩 나누어 주기적으로 투자하여 4년이 채 지나지 않아 2만 달러로 불렸다. 그리고 윈저로 옮길 무렵인 1963년에는 10만 달러로 늘어났다.

1958년, 내셔널 시티뱅크의 수구적인 투자 스타일에 대한 환멸에도 불구하고 나는 신탁팀의 증권분석 책임자로 임명되었다. 27세의 나이에 이 은행의 최연소 관리자가 된 것이다. 그리고 1961년, 나는 1950년대 후반의 성장주로 손꼽히던 종목들이 한없이 추락하는 모습을 지켜보았다. 이 무렵 나는 웰링턴 매니지먼트 컴퍼니Wellington Management Company로부터 웰링턴 에쿼티 펀드Wellington Equity Fund의 운용을 맡아달라는 제의를 받았으나 거절했다—그때만 하더라도 윈저 펀드는 잘 알려져 있지 않았다. 나는 6년간 은행에서 일하며 나름대로 경력을 쌓아왔고, 웰링턴 측에서는 어느 크라이슬러 분석가를 통해 내가 자동차 부문에 능통하다는 소문을 듣고 마침 비워져 있던 자리에 나를 앉히려 했던 것이다. 그러나 나는 이미 여러 업종을 대상으로 투자활동을 하고 있다는 이유를 들어 그 제의를 거절했다. 한 분야에만 전념하는 것은 너무 지엽적이라는 생각 때문이었다.

내가 표를 던졌던 리처드 닉슨을 누르고 존 F. 케네디가 대통령에 당선되어 취임식을 거행하던 1961년 1월, 나는 뭔가 변화가 필요하다고 생각했다. 동부로의 이직에 대해 아내 릴리도 기꺼이 동의했다. 그러나 솔직히 말하면, 나는 평생을 냉철한 분석으로 살아왔으면서도 내 직업 인생에서 처음이자 유일한 그때의 이직에 대해서는 많은 준비를 못했던 게 사실이다. 그저 이직 희망업체 몇 곳을 놓고 이리저리 따져 본 후 세 개 업체 정도로 압축했을 뿐이었다. 이렇게 해서 압축된 업체가 바로 드라이퍼스Dreyfus와 내셔널 인베스터즈National Investors 그리고 웰링턴이었다.

그 당시에 내가 뮤추얼펀드에 대해 아는 것이라고는 서민자본을 끌어모아 대규모 투자자본을 형성한다는 것 정도가 고작이었고, 일반 투자자 입장에서는 수수료가 상당히 비싸다는 생각도 했었다. 한 번 투자할 때마다 수수료가 총 8퍼센트나 되었기 때문이다. 그럼에도 불구하고 세 업체의 투자 마인드가 내셔널 시티뱅크보다는 훨씬 유연하다는 점이 내 기호를 자극했다.

드라이퍼스와 내셔널 인베스터즈 관계자와 통화하면서 나는 이직을 고려하고 있다는 의사를 밝혔다. 그러면서 누군가 나를 추천해 주면 일이 더 쉬울 것이란 생각도 했다. 그러나 전화 통화가 끝이었을 뿐 두 업체의 관계자와 직접 만날 일은 없었다.

두 업체와의 통화에서 요령을 익힌 나는 웰링턴에도 전화를 걸었다. 이 무렵 웰링턴의 주식형 펀드인 웰링턴 에쿼티는 1958년에 설립된 이후 급격히 내리막길로 치닫고 있었다. 하지만 이때 웰링턴에서 필요로 하는 사람은 자동차 부문의 분석가가 아니라, 설립 5년 만에 찾아온 급격한 실적 악화로부터 웰링턴 에쿼티 펀드를 구원할 능력을 가진 구세주였다. 기회는 충분해 보였다. 그리고 내셔널 시티뱅크에서 내가 머물 곳은 더 이상 없었다. 나는 뉴욕이 우리의 최종 목적지는 아니라는 릴리의 적극적인 후원을 등에 업고 짐을 꾸렸다. 필라델피아를 향하여….

어수선한 시절,
기회의 보금자리를 틀다

웰링턴에 합류한 1963년, 윈저 펀드는 내 예상보다 훨씬 어려운 상황이었다. 당시의 많은 종목이 그랬듯이 6년의 역사를 가진 윈저 펀드 역시 고전을 면치 못하고 있었던 것이다.

펀드 운용팀은 이미 방향감각을 상실한 상태였다. 많은 투자자들에게 시련의 시기였던 1962년 한 해 동안 윈저 펀드의 투자실적은 25퍼센트나 하락했다. 그러자 이탈하는 주주들이 늘어나면서 7500만 달러 규모였던 윈저 펀드에 유입되는 금액보다 빠져나가는 금액이 훨씬 많았다. 게다가 더 큰 문제는, 웰링턴 에쿼티 펀드의 대표주자로 여겨지던 윈저 때문에 그동안 쌓아온 웰링턴 펀드(20억 달러 규모)의 아성마저 서서히 무너지고 있었다는 사실이었다. 1960년에 기업공개를 단행한 투자자문업체 웰링턴 매니지먼트는 이제 자사의 주가마저도 걱정해야 할 상황에 처했다.

그러나 힘들게 구축해온 웰링턴 펀드의 평판은 그리 쉽게 무너지지 않았다. 펜실베이니아 주 출신의 월터 모건Walter Margan이 1928년에 설립한 웰링턴 펀드는 1929년의 주가 대폭락과 이후의 대공황 속에서도 꿋꿋이 살아남아 여타 펀드와는 다른 면모를 과시했다.

초창기 웰링턴 펀드는 주식과 채권을 연계한 포트폴리오를 운용함으로써 상대적으로 실적이 좋았다. 주식시장이 침체되었을 때 채권 투자가 그 바람막이가 되어주었던 것이다. 그러자 대공황을 앞둔 시점에서 제시 리버모어Jesse Livermore와 골드만 삭스Goldman Sachs 등 많은 유명 투자업체들이 이 전략을 모방하기 시작했다. 게다가 인기 펀드들이 주식에 집중 투자하며 실적을 높이기 위해 차입금을 늘리는 일이 일상화되었다. 이처럼 과도한 투자의 결과, 1929년의 대폭락으로 상당수 투자업체들이 문을 닫은 반면에 웰링턴은 건실한 운용 덕분에 오히려 융성의 기회를 맞이하였다.

제2차 세계대전 이후 균형 펀드balanced fund와 위험회피 경향이 절정을 이루면서 웰링턴 펀드는 지역 최대 규모 펀드의 하나로 자리잡았다. 보통주를 바라보던 낙관적 시각도 사라졌고 대공황 이후의 투자자들은 투자원금과 현재의 소득을 유지하는 데 급급했다. 그리고 대공황 이후에는 주가 상승에 대한 기대가 물거품이 되었고, 위험을 우려하는 투자자들을 끌어들이기 위해 배당수익률을 채권수익률보다 높게 책정했다.

여기서 전후 몽고메리 워드Montgomery Ward의 경영을 맡게 된 스웰

애버리Sewell Avery의 사례를 눈여겨보자. 애버리는 대공황의 희생양이 될지도 모른다는 걱정 때문에 소매업체인 몽고메리 워드의 확장에 반대했다─실제로 일부 경제 전문가들은 규모가 클수록 경영난이 불가피하다고 보았다. 그러나 같은 시기에 시카고의 시어스 로벅Sears Roebuck은 전력을 다해 소매점을 확충했고, 얼마 지나지 않아 몽고메리 워드는 시어스 로벅에게 하찮은 경쟁업체의 하나로 전락하고 말았다.

1950년에 접어들어 주식이 다시 각광받기 시작하자 균형 펀드에 대한 관심도 덩달아 수그러들었다. 몇몇 균형 펀드는 여전히 운용되고 있었지만 역시 많은 자본을 흡수하기에는 역부족이었다. 사람들의 관심이 주식형 펀드에 있었기 때문이다. 저술가 로버트 슬레이터Robert Slater에 따르면, 이 무렵 존 보글John Bogle은 월터 모건에게 웰링턴 펀드의 범위를 넓히라고 강하게 권고했다고 한다. * 그러나 모건은 반대했다. 주식형 펀드는 1929년의 대폭락처럼 불의의 사고가 터졌을 때 큰 타격을 입기 쉽다는 이유에서였다. 하지만 존 보글의 강력한 권고와 뮤추얼펀드 시장의 침체가 맞물리자 모건은 웰링턴 에쿼티 펀드를 설립하여 주식형 펀드를 운용하기 시작했고, 이렇게 해서 윈저 펀드란 이름이 처음으로 등장했다.

윈저 펀드의 최초 공모에서 확보한 자금은 3300만 달러로, 당시의 뮤추얼펀드 모집 사례 가운데 세 손가락 안에 들었다. 웰링턴 펀드가 이 정도의 자금력을 확보하는 데는 무려 17년이란 기간이 걸렸다고 슬

---

* 로버트 슬레이터, 『*John Bogle and the Vanguard Experiment*』, 어빙 프로페셔널 출판사, 시카고(1997), 22쪽.

레이터는 적고 있다. 설립 후 3년 만에 윈저는 수익 측면에서 S&P 500을 뛰어넘었다. 덕분에 웰링턴 매니지먼트, 특히 존 보글은 웰링턴 에쿼티 펀드의 최대 수혜자가 되었다.

그러나 1961년 중반부터 주가가 폭락하면서 윈저 펀드의 상황도 악화되었다. 1962년에 S&P 500은 8.7퍼센트 떨어진 데 비해 윈저는 주주들이 투자한 자본의 거의 25퍼센트를 잠식당했다. 그러자 내 전임자로서 윈저 펀드 포트폴리오 매니저로 일했던 밥 켄모어Bob Kenmore (명목상의 책임자)는 내가 미처 얼굴 볼 겨를도 없이 회사에서 쫓겨났다. 하지만 윈저의 실패에 대한 실질적인 책임은 투자위원회에 있었다─내셔널 시티뱅크의 고리타분한 사람들과 특별히 다를 게 없었다. 문제가 심각해지자 그때서야 투자위원회에서는 윈저의 존속을 위해 뭔가 변화가 필요하다는 걸 인식했다.

서투른 판단과 관료주의적 운영방식은 시장의 변화에 대한 신속한 대응을 어렵게 했고 결과적으로 윈저 펀드는 두 번이나 실패를 겪어야 했다─한 번은 주가 하락으로, 또 한 번은 주가가 다시 회복될 때였다. 소형 성장주만을 고집하던 윈저의 취약한 운용방식에 시장이 일격을 가했던 것이다. 결국 윈저의 수많은 주주들도 등을 돌리고 말았다.

시장 밖으로

실적 악화를 극복하기 위한 치열한 노력(전통적인 대처 방식을 답습했다)에도 불구하고 윈저의 수익성은 점점 더 떨어졌다. 윈저는 성장의 지속성을 면밀히 따지기보다는 당장 성장성이 높은 중소기업에 연연하다가 몰락의 길로 내몰렸다. 1961년 초의 시장에서는 실제로 이런 종목이 높은 성장을 구가했다.

비슷한 포트폴리오를 운용하던 다른 매니저들과 마찬가지로 윈저 역시 처음에는 이런 성장주로부터 상당한 수익을 올렸다. 그러나 토대 자체가 불분명한 성공을 믿고 주식을 오랫동안 보유하다가 마침내 화를 자초한 것이다. 설상가상으로 공황상태에 빠진 매니저들은 골치아픈 성장주들을 바닥시세로 팔아버리고 그 자리를 '안전주safe stock'로 대체했다. 상종가를 달리는 종목으로 높은 수익을 기대해서는 안 된다. 이런 종목의 주가는 어디까지 떨어질지 누구도 장담할 수 없기 때문이다.

만약 윈저에서 일찍 전략을 수정했더라면 상황이 훨씬 나아졌을는지도 모른다. 그러나 주식시장의 회복 기미에도 불구하고 윈저의 상황은 더 나빠졌다. 1963년, S&P는 22.8퍼센트나 뛰어올랐지만 윈저는 이보다 10퍼센트 이상 낮은 수준에서 머물러 있었다.

그 당시의 다른 뮤추얼펀드와 마찬가지로 웰링턴 펀드와 웰링턴 에쿼티 펀드 역시 투자자의 손에 주식을 쥐어주는 주식 중개인들에게 전적으로 의지하는 형편이었다. 따라서 미국 12개 대도시에 포진한 웰링턴의 뮤추얼펀드 세일즈맨들(일명 '도매상'으로 불렸다)은 전국을 돌아다니며 주식 중개인들과 만나 투자자들의 자금을 웰링턴 펀드로 유치하기 위해 갖은 애를 썼다.

그러나 윈저 펀드의 취약한 실적이 널리 알려지면서 웰링턴 펀드의 판매에도 적지 않은 부작용을 미쳤다. 1963년, 도매상들을 통한 자금유치는 뜻대로 되지 않았고 윈저 펀드의 이사진도 윈저의 미래를 위해 절박하게 매달렸지만 여의치 않았다. 게다가 웰링턴의 몇몇 주주들은 경영진을 상대로 웰링턴의 이름과 평판을 떨어뜨렸다며 소송을 제기하기에 이르렀고, 판결에 따라 일부 에퀴티 펀드의 명칭을 윈저로 변경하기도 했다.

웰링턴에서 증권 분석가로 나를 고용하면서 던진 과제는 분명했다. '과거의 영광은 잊어버리고, 웰링턴의 명성에 해를 끼치지 않을 만큼 실적을 높여달라는 것'이었다.

웰링턴으로 자리는 옮겼지만 아직 필라델피아로 이사는 못했을 무렵, 나는 클리블랜드에서 조 캐닝Joe Canning이란 웰링턴 소속 뮤추얼펀드 세일즈맨(도매상)을 만났다. 캐닝이 점심식사에 초대했고 내가 기꺼이 응하면서 만남이 이루어진 것이다. 캐닝은 다른 도매상들보다 지적인 사람이면서도 대단한 열정의 소유자였다. 그는, 내가 본사에 들어갔을 때 도매상들이 돈을 엄청나게 번다며 시기하는 사람이 있더라도 귀담아 듣지 말라고 했다. 그리고 투자를 위해서는 매력적인 상품이 중요하다고 조언하면서도 구체적인 설명은 하지 않았다. 캐닝의 말을 들으며 나는 사무실 벽에 걸린 웰링턴 투자운용위원회 구성원들의 사진을 유심히 살펴보았다. 그리고 언젠가는 나도 그 사진 속의 한 사람이 되리라 다짐했다.

내가 합류했을 때 윈저의 포트폴리오는 최근의 동향을 그대로 반영하는 평범한 것들이었다. 다시 말해 생명공학 분야가 뜰 때는 생명공학 주식을 사고, 오일 부문이 뜰 때는 석유회사의 주식을, 닷컴이 뜰 때는 인터넷 주식을 사들이는 식이었다. 한마디로 1950년대 후반의

'트로닉스' 열풍과 다를 게 없었다—앞서도 설명했듯이 기술이 주도하던 1950년대에는 기업 명칭에 '기술'이란 의미를 담은 용어만 사용하더라도 주가가 급상승하던 시기였다.

이런 식으로 미래의 투자경향을 예측하기란 애당초 불가능하며 오히려 뒷북치는 격밖에 되지 않는다. 실제로 투자실적이 떨어진 사례를 유심히 살펴보면 투자기술에 지나치게 의지하여 주가의 등락을 잘못 예측한 경우가 적지 않았다. 말하자면 지금까지의 주가동향만을 보고 미래의 방향을 추측하는 식이었다. 여러 펀드 운용업체에서는 미래의 주가를 예측하기 위해 차트란 것을 주로 사용했다. 내가 드라이퍼스에서 인터뷰를 할 때도 차트실이란 곳을 잠깐 견학한 적이 있었다. 그곳에는 다양한 전자장치와 그래프 같은 것들로 가득했다. 그러나 나는 이런 기술이 주가의 동향을 제대로 알려주리라고 생각해본 적은 없다.

릴리는 동부로의 이사를 기꺼이 받아들였다. 내 야망과 직업적 선택을 감안할 때 이사가 불가피하다는 사실을 깨닫고 있었다. 뉴욕과 비교하면 필라델피아는 오하이오와 비슷한 분위기였다. 그러나 당시 우리에겐 아이가 셋(패트릭, 리사, 스티븐) 있었는데, 아이들이 오하이오에서 학교를 마칠 때까지는 필라델피아에서 나 혼자만의 임시 거처를 마련하기로 했다. 처음 숙소를 정한 곳은 필라델피아 중심가의 허름한 호텔이었는데 얼마 지나지 않아 근처의 YMCA로 숙소를 옮겼다. 그리고 3주 뒤에는 대졸 출신의 동료 분석가 몇 명과 더불어 인근의 임대아파트로 다시 이사했다.

이때부터 나는 앞으로 가족과 함께 생활할 주택을 물색하기 시작했다. 내가 알아본 집들은 그럭저럭 괜찮은 편이었지만 클리블랜드의 우리 집보다 마음에 드는 곳은 없었다. 릴리도 두 번씩이나 필라델피아로 와서 집 찾는 일을 도왔다. 한 번은 릴리와 함께 차를 타고 가다가 조지아 풍의 인상적인 주택들이 늘어선 마을을 발견했다. 그곳에서 주택 한 채를 둘러보게 되었는데, 부동산 중개업자는 그 지역이 비가 많이 오면 물에 잠길 위험이 있다며 한사코 다른 집을 알아보자고 했다. 그러나 내 생각은 달랐다. 기본만 갖추어져 있다면 상품의 외형 같은 건 큰 문제가 되지 않는다는 게 평소의 내 신념이었다. 중개업자의 경고를 뒤로하고 우리는 건물 안을 둘러보기로 했다. 넓은 현관에 나선형 계단, 네 개의 침실과 세 개의 욕실이 딸린, 한마디로 우리에게 안성맞춤인 주택이었다. 결국 우리는 그 집을 선택했고 이후 21년간 별다른 문제없이 생활했다.

웰링턴으로 이직하면서 월터 모건과의 교류가 시작되었다. 당시 월터 모건은 상류층 인사였지만 본래부터 상류층 출신은 아니었다. 그는 펜실베이니아 주의 석탄 매장지대에서 출생하여 훗날 회계사로서 웰링턴 펀드를 설립한 인물이다. 한편 웰링턴의 포트폴리오 운용자는 존 버밍엄John Birmingham과 에드 메니스Ed Mennis였다. 두 사람 모두 이곳에서 직업 인생의 거의 대부분을 보낸 사람들이었다. 특히 에드 메니스는 박사 출신으로 자동차 부문을 포함하여 몇몇 산업 부문의 분석을 담당하고 있었다. 메니스는 다른 일곱 명의 분석가들과 함께 현재의 경제 환경에 대한 정보를 바탕으로 200여 개 기업에 대한 투자 여부를 결정했다. 무엇보다 그는 분석을 통해 얻어진 데이터를 근거로 했기 때문에 경쟁업체의 투자자들보다 일 년 정도 앞서 투자를 단행하는 경우도 있었다.

웰링턴을 대표하는 인물로는 투자팀의 버밍엄과 메니스 외에도 A. 모이어 쿨프A. Moyer Kulp란 70대 노인도 있었다. 쿨프와 모건, 조 웰치는 초창기의 웰링턴을 이끌었던 3인방이었고, 나와 훗날 모건의 뒤를 이어 회장에 오른 존 보글은 그 다음 세대에 해당했다.

스스로의 가치를 높여라

웰링턴의 신임 증권분석가인 내게 주어진 역할은 분명치 않았다. 다만 위기에 처한 조직의 현실을 감안할 때 내게 주어진 사명은 이 한 마디로 요약할 수 있었다. 바로 '내 스스로의 가치를 높이라'는 것이다. 이것은 웰링턴만의 오랜 전통이기도 했다. 1951년 7월에 존 보글이 웰링턴에 합류했을 때에도 월터 모건은 그를 조용한 곳으로 불러 '스스로의 가치를 높이라'는 말을 했다. 자신의 진가를 보여주고 그에 어울리는 일을 찾으라는 뜻이었다. 그 후 내가 웰링턴으로 이직할 무렵, 모건은 보글을 자신의 후임자로 키우고 있었다.

웰링턴에서 처음 내가 맡은 역할은 뉴욕 증권가로부터 정보를 수집하는 일이었다. 말하자면 수시로 월스트리트를 방문하여 사람들을 만나 좋은 정보와 아이디어를 수집하여 정리하는 일이었다. 숱한 궁금증을 가지고 화려하게 치장된 뉴욕의 증권가로 향하면서 나는 마치 하느님으로부터 투자의 은총을 받으리란 듯한 막연한 기대에 들떠 있었다. 그러나 머잖아 나는 월스트리트의 분석기술이 나보다 결코 나을

게 없으며 오히려 못한 경우도 많다는 사실을 깨달았다. 따라서 뉴욕을 방문할 때면 매번 다른 장소를 찾아가서 가급적 다양한 관점과 견해를 들으려고 노력했다.

이 과정을 거치며 나는 미래의 포트폴리오 매니저로서의 기초를 닦을 수 있었다. 이때 나는 난생 처음으로 항공사를 방문했을 뿐 아니라 은행을 비롯한 여러 금융기관과 다양한 업종에 대해 폭넓은 경험을 쌓았고, 여기서 배운 폭넓은 지식은 이후 30년간 이어진 내 직업 인생의 바탕을 형성했다. 또한 증권 분석가들의 모임에 자주 참석하여 투자 대상 기업에 대한 정보도 많이 얻었고, 주가가 폭락하거나 새로운 펀더멘털 등에 의해 수면으로 떠오르기 전까지는 존재조차 알지 못했던 많은 기업들을 새로이 발견하기도 했다.

아무튼 나는 월스트리트로부터 가능한 한 많은 투자정보를 수집하고 정리하여 웰링턴의 의사결정 과정에서 이 정보를 적극 활용했다. 나는 웰링턴의 귀와 눈 역할을 했다. 아울러 여러 업종에 진출한 기업(복합기업)을 대상으로 증권 분석가의 역할도 수행했으며, 이때부터 실제 주식거래도 시작했다. 다만 그 방식은 과거 내셔널 시티뱅크에 있을 때와 확연히 달랐다.

'스스로의 가치를 높이는 과정'의 일환으로 나는 복합기업인 텍스트론Textron을 전담했다. 텍스트론은 사업 부문을 여러 업종으로 확장한 거대기업으로, 이런 유형의 기업에 대한 투자 수익성은 훗날 확연하게 입증되었다. 당시의 나는 여러 업종에서 포괄적인 시야를 형성하고 있었기 때문에 기껏해야 한두 분야에만 전념하는 분석가들과 비교하면 복합기업을 맡기에 적임자였다. 텍스트론의 시작은 로열 리틀

Royal Little이란 기업가가 경영하던 섬유업체였다. 이후 리틀의 뒤를 이은 은행가 출신의 루퍼트 C. 톰슨Rupert C. Thompson이 여러 분야의 기업을 흡수하여 거대한 복합기업을 일구었다. 당시의 텍스트론은 자동차 부품업과 내구재, 기계장치를 비롯한 여러 업종에서 경쟁력을 보유하고 있었다. 특히 내가 볼 때 이 업체의 가장 인상적인 제품은 휴이 헬리콥터Huey helicopter(인력수송, 물자보급, 군사용으로 주로 사용되던 헬리콥터-옮긴이)였다. 텍스트론의 펀더멘털을 분석한 나는 이 업체의 주식을 적극 추천했고 결국 매수 쪽으로 결론을 내렸다.

당시에는 잘 몰랐지만 지금 생각해보면 그때 펀드 책임자들은 나를 더 크게 써먹기 위해 시험하고 있었던 것 같다. 어쨌든 나는 윈저의 운용 스타일과 실적, 전략을 경쟁관계에 있던 주식형 뮤추얼펀드와의 비교작업에 착수했다.

이렇게 해서 내가 내놓은 분석 결과는 사실 윈저 펀드의 취약한 실적에 대한 체계적인 설명 정도였을 뿐 특별한 기법을 동원한 것은 아니었다. 하지만 빈약한 실적 때문에 고민하여 늘 새로운 방향을 모색하던 펀드 책임자들은 내가 제시한 결과를 신선하게 받아들였다. 그만큼 내가 기본에 충실하여 포트폴리오를 분석한 덕분이었다. 그리고 지금 당장 같은 임무를 수행하더라도 그보다 나은 방법을 동원하기는 어려울 것이다.

윈저의 빈약한 실적을 분석한 결과 나는 펀드 운용자들이 주가수익비율PER에 지나치게 집착한다는 점을 발견했다. 주가수익비율을 지속적으로 높은 수준으로 유지하려면 주가도 계속해서 비이상적으로 높아야 한다.

여기서 우리는 주가에 영향을 미치는 두 가지 기본 변수에 대해 살펴볼 필요가 있다. 첫째는 주당순수익(earning per share: EPS)이고, 둘째는 시장에서 많은 관심을 가지고 있는 주당순수익의 배수다. 예를 들어 한 주당 2달러를 주고 2주를 취득했다고 가정하자. 이때 수익이 각각 15배와 30배를 기록했다면, 주가도 비례하여 30달러와 60달러로 높아진 상태에서 다른 사람에게 팔았다는 뜻이 된다. 따라서 수익률이 높을 경우에만 민첩한 투자자들의 자본을 끌어들일 수 있다는 결론이 도출된다. 그런데 윈저에서 투자한 종목의 상당수는 하강곡선을 그리고 있었다. 주당순수익의 배수가 급격히 낮아진다는 사실은 그만큼 성장률이 둔화되고 있다는 반증이었다.

실적을 조작하거나 투자자들의 감성을 자극하는 사건으로 인해 좋은 방향 또는 그 반대 방향으로 거품을 만들어낼 수도 있다. 불행히도 윈저의 내 전임자들은 반대 방향으로 치우쳤다. 나는 일련의 사건들이 윈저의 수익성에 미친 부작용을 지켜보았다. 굳이 예를 들자면 기대치에 비해 수익 실적이 떨어진다는 소문이나 누군가 윈저를 상대로 소송을 제기했다는 소문, 월스트리트와 비교하여 상대적으로 낮은 실적 등을 꼽을 수 있다. 게다가 일부 종목의 수익성이 낮다는 사실 때문에 다른 건실한 종목까지 영향을 받는 경우도 적지 않았다.

여기서 산업 부문에 대한 윈저의 투자가 실패했다는 사실에 주목할 필요가 있다. 산업 부문의 경우 품질을 도외시한 '무모한 투자'는 곧바로 최악의 결과로 귀결되었다. 윈저에서 보유했던 산업주 41개 종목 가운데 성공했다고 불릴 만한 사례는 8개 종목에 불과했고, 여기서 말하는 '성공'도 다른 종목의 수익률과 비교하면 극히 미미한 수준이

었다. 그 밖의 대다수 종목은 심각한 손실을 입었으며 이 과정에서 윈
저의 운용자들은 다음의 세 가지 교훈을 배웠다.

1. 잘못된 기업 분석은 비난받아 마땅하다. 여기에는 예외가 있을 수
   없다. 우리는 높은 수익에 집착한 나머지 기본 목표를 너무도 쉽게
   간과했다.

2. 이런 이유로 윈저는 추정수익 또는 현재수익에 대해 많은 신경을 쓰
   지 못했다. 수익력earning power만 제대로 관리했더라면 적어도 그 정
   도의 손실은 입지 않았을 것이다. 수익력이 급격히 위축된 것은 산
   업 부문에 대한 우리의 시각에 문제가 있었기 때문이다.

3. 우리는 실수를 발견하고서도 여유를 부리다가 문제를 최악의 상황
   까지 몰고 갔다. 따라서 손실을 자초한 운용자에 대한 질책은 당연
   하다.

극한상황의 재발을 방지하기 위해 나는 펀드 책임자들에게 산업
주를 무턱대고 선정할 게 아니라 예측 가능한 환경에서(윈저의 경제 분
석 능력 범위 이내에서) 활동하고 있는 예측 가능한 기업을 선정하라고
조언했다. 그리고 이 방법은 비록 엄청난 수익을 가져오지는 못하더라
도 과거의 방법보다는 안전하다는 점을 강조했다—다시 말해 웰링턴
의 보수적인 투자철학을 윈저의 성장 펀드에 접목하자는 의미였다.

포트폴리오 운용팀 역시 미래의 챔피언으로 등극하기 위해서는
이처럼 조심스런 접근이 필요했다. 반면에 조심스러운 접근은 깊이 있
고 정확한 분석, 다시 말해 경쟁요소들을 모두 포괄하는 합리적인 분
석이 전제될 때 비로소 실효를 거둘 수 있었다. 따라서 나는 (지금도
마찬가지지만) 어려운 상황 속에서도 수익력의 지속성을 판단할 수 있

는 방법을 제시하는 데 역점을 두었다.

상황을 실질적으로 호전시킬 수 없다면 원저 펀드의 빈약한 실적에 대해 아무리 떠들어봐야 의미가 없었다. 결과가 뒷받침되지 않는 이론은 기껏해야 상황을 조금 더 분명하게 인식시키는 정도에 그치거나 아니면 펀드 책임자들이 내게 호감을 갖도록 유도하는 정도에 지나지 않으니까 말이다. 펀드 책임자들이야 어떻든 나는 원칙을 고수하는 사람이었다. 그래서 내 나름대로의 해답을 제시했고 객관적인 사실을 들어 내 주장을 강조했다. 이런 내 태도는 그들 입장에서는 상당히 진일보한 것이었다. 지금까지 펀드 책임자들은 적당한 수준의 평가를 통해 결론을 내렸고, 결론을 내린 후에도 과연 옳은 것인지 머뭇거릴 때가 많았기 때문이다.

어쨌든 이 모든 과정은 내게 하나의 시험대 역할을 했다. 그리고 분석 작업을 시작한 지 2개월도 지나지 않아(웰링턴에 들어온 지 거의 11개월 만에) 웰링턴은 내게 최초의 '1인 포트폴리오 매니저' 임무를 맡겼다.

6 JOHN NEFF

미시간 촌뜨기,
마침내 윈저를 지휘하다

1964년 5월, 웰링턴 매니지먼트에서는 1인 포트폴리오 매니저의 책임과 권한을 대폭 강화하는 방식으로 윈저 펀드의 운용방식을 변경했다. 펀드 운용의 융통성을 높이고 방대한 금융정보를 효과적으로 이용함으로써 변화하는 투자환경에 신속하게 대처하기 위해서였다.

펀드 운용방식이 변경되면서 관리구조도 함께 변화를 겪었다. 그러나 웰링턴에서 나를 포트폴리오 매니저에 앉힌 그 시점에도 여전히 바뀌지 않은, 대단히 중요한 두 가지 문제가 있었다. 승진한 나는 먼저 그 한 가지부터 처리했다.

윈저에 몸담은 첫날부터 나는 기대한 실적을 올리기 위해서는 지분을 늘려 막강한 영향력을 행사해야 한다고 생각했다. 과거 나는 내셔널 시티뱅크에서 8년을 보내고 다시 웰링턴에서 1년을 보내며 서투른 판단 때문에 뒷북치는 경우를 수없이 보아왔다. 무난하게 포트폴리오를 구성하여 그럭저럭 안전하게 현재의 상태를 유지할 수는 있다. 이를테면 평범하게 살아간다는 뜻이다. 근대 포트폴리오 이론가들이 들으면 펄쩍 뛸 노릇이겠지만, 당시 웰링턴에서는 이처럼 스스로의 목을 죄는 일들이 비일비재했다.

포트폴리오 매니저로 승진한 나는 지체 없이 내 투자 철학을 실행에 옮겼다. 1964년 6월, 윈저는 펜실베이니아 주에 위치한 AMP(AMP Incorporated)의 주식을 보유하고 있었다—AMP는 1998년에 타이코 인더스트리즈Tyko Industries를 방패막이로 삼아 얼라이드 시그널Allied Signal Corporation의 적대적 인수 시도를 막아낸 일로 세상을 떠들썩하게 했던 바로 그 기업이다. 최근과 마찬가지로 당시의 AMP 역시 우수한 품질의 커넥터를 생산했으며 본사는 펜실베이니아 주의 애팔래치아 산맥 부근에 있었다. 전제제품을 사용하기 위해서는 당연히 커넥터가 필요하다. 따라서 나는 AMP의 미래를 꽤 낙관적으로 보았지만 다른 대다수 투자자들은 그렇지 않았다. AMP의 지분을 확대해야겠다고 생각한 것은 바로 이런 시류를 간파한 결과였다.

그러나 웰링턴에서 내게 윈저 펀드를 맡겼다고 해서 과거의 관행까

---

* 이사회 임원들도 물론 나름대로 기여할 때도 있었다. 그러나 초창기부터 월터 모건과 한 배를 타고 온 나이든 이사들은 대부분 경직된 사고의 소유자들이었다. 회의 시간에 모건 회장은 이렇게 고함을 지르곤 했다. "도대체 언제쯤이면 느긋하게 시가를 즐길 수 있단 말이오?" 그리고는 테이블에 마련된 담배상자에 든 담배를 한줌 쥐어 시위하듯 보여주었다. 이렇게 해서 회의 분위기가 썰렁해지면 모건 회장은 자신의 생각을 한참 설명한 뒤 다시 이렇게 고함을 쳤다. "자! 이젠 투자 책임자들의 생각을 말해보시오."

지 송두리째 바뀐 건 아니었다.* 포트폴리오를 변경하려면 여전히 투자위원회의 승인 도장이 필요했다. 투자위원회에서는 주기적으로 회의를 열어 투자 계획서를 점검했다. 그러나 위원회 위원들은 계획서의 장점보다는 미심쩍은 부분을 애써 부각시켜 지루하게 탁상공론을 펼칠 때가 많았다. 돌이켜보면 이런 식의 운용방식은 뮤추얼펀드에 어울리지 않았다. 더군다나 시시각각으로 변화하는 시대에는 더더욱 그랬다.

무작정 다음 회의시간을 기다리는 것이 비생산적이라고 생각한 나는 새로운 전략에 착수했다. 투자위원회의 핵심 위원 세 명을 정해서 한 번에 한 명씩 직접 만난 것이다. 한 사람씩 만나 대화를 나누다 보니 그들의 집단적 성향은 상당 부분 희석되었고, 내가 공들여 시행한 펀더멘털 분석 결과에 대해서도 매우 긍정적인 반응을 보였다. 이렇게 해서 처음 만났던 두 명의 위원들은 특별한 반대의사나 질문 없이 AMP에 투자하도록 승인해주었다. 그리고 세 번째이자 마지막으로 만난 사람은 다름 아닌 웰링턴의 부사장 에드 메니스였다. 내 얘기를 듣고 난 부사장은 AMP의 주식을 보유할 가치가 있다는 데 동의했다. 그러나 내가 계획한 대로 방대한 양의 주식을 매수하다가는 자칫 웰링턴의 투자 규정을 위반할 수도 있음을 우려했다. 그의 우려를 충분히 알았던 나는 규정을 준수하리라는 확고한 의사를 표현했고, 그러자 부사장도 내 투자계획을 지지했다. 이때부터 나는 매수와 매도 주문에 대한 전권을 행사했다. 다만 사전에 세 명의 핵심 위원들을 만나 내 의도와 분석 결과에 대해 충분히 설명하고 승인을 얻었다.

두 번째 문제는 해결에 적지 않은 시간이 걸렸다.

내가 윈저의 포트폴리오 매니저가 되었을 때 웰링턴과 윈저 펀드의 증권분석가는 모두 일곱 명이었다. 그러나 윈저의 실적이 형편없다 보니 투자자들의 불만은 이만저만이 아니었다. 나는 필요할 때면 언제든 분석가들로부터 지원을 받을 수 있는 권한을 가지고 있었다. 하지만 분석가들의 지원이 말처럼 용이하지는 않았다. 당신이 분석가의 입장에 있다고 가정해보자. 내가 분석가들의 사무실을 방문하여 그들의 시간을 뺏고 견해를 경청하는 사이에 웰링턴에서도 누군가가 분석가들을 찾아간다. 그런데 윈저는 7500만 달러 규모인데 비해 웰링턴은 20억 달러로서 규모에서는 경쟁이 되지 않았다. 이런 상황에서 분석가들이 어느 펀드에 더 관심을 보일는지는 너무도 자명한 사실이다.

6개월간 분석가들을 찾아다닌 끝에 나는 더 이상 웰링턴의 분석가들로부터 충분한 지원을 받기는 어렵다는 결론을 내렸다. 그래서 투자할 기업을 내 스스로 분석해야 한다고 생각했고 실제로 일부 기업에 대해서는 자체 분석에 돌입하기도 했다. 그러나 해야 할 일이 너무 많았기 때문에 분석에만 매달릴 수도 없는 노릇이었다. 마침내 나는 웰링턴의 경영진에게 이렇게 제의했다. "윈저 소속의 분석가 한 사람만 배정해주십시오. 그러면 나머지 여섯 명을 찾아다니며 귀찮게 하지 않겠습니다." 경영진은 내 제안에 동의했고, 이렇게 해서 빌 힉스Bill Hicks란 사람이 윈저 소속의 첫 공식 분석가로 임명되었다.

전략의 진화

포트폴리오 매니저로 승진한 후 윈저의 연례보고서(1964년)가 처음으로 간행된 때는 10월 31일로서 승진 후 5개월이 지난 시점이었다. 이 보고서에서 우리가 내세울 수 있었던 것은 고작해야 실적을 약간 향상시켰다는 정도였다. 당시 윈저는 S&P 500과 비교하여 3퍼센트 정도 뒤진 상태였다.

그러나 1964년의 연례보고서는 사실상 나와는 거리가 있었다. 매니저로 승진한 지 얼마 되지 않았기 때문에 보고서에 기록된 실적이 전적으로 내 책임이라고 할 수는 없었기 때문이다. 반면에 이 보고서에는 과거의 실적을 냉철하게 평가하고 윈저의 지위를 다시 회복하기 위해 내가 시행한 체계적인 접근방식이 일부 소개되었다.

경쟁은 치열했다. 1964년에는 뮤추얼펀드 부문에 뛰어든 업체가 극소수였음에도 불구하고 경쟁은 만만치 않았다. 윈저와 비교할 만한 규모를 가진 경쟁업체도 불과 몇 곳 되지 않았지만 모두가 비슷한 유형의 자산을 두고 전쟁을 벌이고 있었다. 그러나 오늘날의 전문성 수준과 비교하면 당시의 투자방식은 겨우 첫걸음을 내디딘 데 지나지 않았다.

이처럼 뮤추얼펀드업계는 점점 성장하여 복잡한 산업으로 변모하고 있었지만 나는 '단순화'를 향한 의지를 꺾지 않았다. 그래서 윈저를 단순화하기 위해 투자 부문을 크게 두 가지 영역으로 구분했다.

1. 성장주 : 확실한 성장세를 타고 있는 기업을 말한다. 예컨대 상품 수요가 폭증하고 있는 기업, 첨단기술을 보유한 기업, 뛰어난 마케팅 기술을 보유한 기업, 과학 역량이 뛰어난 기업, 고도의 연구 프로그램을 운영하는 기업 등이 여기에 해당한다. 이런 기업은 수익성과 배당 측면에서 시장평균보다 높을 뿐 아니라 장기적으로도 가능성이 크다.

2. 기초산업주 : 미국 경제의 장기적인 성장에 기여할 잠재력을 가진 기업을 말한다. 시기에 맞춰 이런 특성을 보유한 기업에 투자하면 높은 수익을 견인할 수 있다. 상품과 시장, 경영을 혁신함으로써 '특수 상황'(special situation, 주가의 폭등이 예견되는 상황—옮긴이)을 만들어가는 기업이 여기에 해당한다.

수익을 위해서는 거창한 수술이 필요한 게 아니다. 그동안의 내 경험에 비추어 보면, 투자자들이 기본을 무시하는 바람에 머잖아 어려움에 직면하는 경우를 수없이 보아왔다.

투자 부문에서는 물론 규모도 중요하다. 초보 투자자나 숙련된 투자자를 가릴 것 없이 한결같이 제기하는 의문이 있다. "잘 알려진 대기업에 투자할 것인가? 아니면 작고 덜 알려진 기업에 승부수를 띄울 것인가?"

이 질문에 대한 원저의 해답은 바로 '계산된 참여Measured Participation' 기법이었다. 무슨 심오한 뜻이 담긴 것처럼 들릴는지도 모르지만 계산된 참여야말로 매우 단순한 논리에 해당한다. 우리는 투자 종목을 선택할 때, 다른 종목을 택했을 때의 상대적 리스크와 수익성을 감안하여 결정했다. 예를 들어 특정 석유회사의 주식이 아무리 매력적으로 보이더라도 시장에서 다른 업종의 주식을 선택했을 때보다 분명히 나을지 어떨지를 냉철하게 분석했다.

원저는 투자 전문가들이 자산배치 전략에 대해 이러쿵저러쿵 논의를 시작하기 이미 10년 전부터, 크고 안정적이며 예측성이 높은 기업과 토대는 빈약하지만 상품과 시장 또는 서비스의 성장 가능성이 높은 소규모 기업을 구분하여 자산을 투여하기 시작했다.

원저에서 포트폴리오의 가능성을 규명, 구분, 분석하는 바탕에는 바로 이 '계산된 참여'의 원리가 자리하고 있었다. 우리는 품질과 시장성, 성장과 경제적 특성을 기준으로 성장주와 기초산업주를 평가했다. 반면에 전통적인 업종 분석 방식은 그리 신뢰하지 않았다. 이처럼 몇 가지 기준을 기존의 두 가지 종목군에 적용하여 다시 몇 가지 종목군을 형성했고, 이렇게 분류된 종목군은 향후 30년간 원저의 투자 무대로서의 역할을 했다.

계산된 참여라는 시각에서 보면 그동안 형편없었던 실적의 원인은 자명했다. 1961년부터 1962년 사이의 주가폭락 이후 시장의 관심이 성장주로 쏠렸을 때, 원저에서는 우량주를 찾는 데 경쟁업체보다 많은 시간이 걸렸다. 전문성이 빈약한 투자위원회에서는 폭락한 주식을 재빨리 처분하지 않고 끝까지 쥐고 있다가 오히려 반등하기 직전에 팔아버리곤 했다.

그러나 나는 포트폴리오 매니저로 취임한 후 첫 일 년간 과거보다는 미래의 가능성이 높은 종목에 치중했고 이런 노력은 그만한 결실을 가져다주었다. 원저의 총수익률은 29.1퍼센트를 기록하여 S&P 500보다 거의 17퍼센트 포인트나 앞질렀다. 1965년 말, 원저 펀드의 순자산 가치는 7년에 이르는 원저의 역사에서 최고치를 기록했다. 그리고 같은 시기에 운용자산은 1억 달러에 육박했다.

침체기에서 완전히 벗어나지 못한 1966년은 원저 펀드가 약세시장에서 어느 정도의 실적을 올릴 수 있는지를 판가름하는 시험대였다. 1966년 1월, 1000포인트를 향해 내달리던 다우존스 산업평균지수가 월말에 이르러 1000에 약간 못 미친 상태에서 장을 마감했다. 그러나 다우지수가 1000을 돌파하건 말건 나는 별 관심이 없었다. 몇 년 뒤 『뉴스위크』지와의 인터뷰에서도 말했듯이, 다우지수가 새로운 기록을 경신하더라도 내게는 그 기록이 하나의 '숫자'에 지나지 않았다.

다우지수가 1000포인트를 뛰어넘어 계속 유지되기를 바랐던 많은 투자자들의 기대와는 달리 시장은 이후 6년간이나 이런 투자자들의 기대를 만족시키지 못했다. 다우지수가 1000을 돌파한 때는 1972년 11월이었고 얼마 지나지 않아 다시 700선 이하로 떨어졌다.＊

1966년의 경제적 성장에도 불구하고 베트남 전쟁에 막대한 물자를 투입하면서 인플레이션이란 무서운 괴물이 눈을 뜨기 시작했다. 그뿐 아니라 오랫동안 잠자고 있던 금리도 20세기 최고 수준으로 뛰어올랐다. 투자자들이 동요하면서 주식시장은 2차 세계대전 이후 세 번째로 큰 규모의 폭락을 맛보았다. 그러나 윈저는 어려운 시기를 잘 헤쳐나갔다. '계산된 참여' 기법 덕분에 S&P 500이 10퍼센트나 폭락했음에도 윈저는 별다른 타격을 받지 않았다. 오히려 상황이 어느 정도 진정되었을 때 윈저는 투자자들에게 3.3퍼센트의 수익을 지급했다—이 금액을 모두 합치면 시장 손실분의 1/3에 해당했다.

1966년의 연례보고서에도 확인할 수 있듯이 당시 윈저의 주주들은 상당한 이익을 챙겼다. 투자에 대한 배당이 과거 어느 해보다도 많았고 1963년과 비교하면 거의 두 배나 되었기 때문이다.

＊ 다우지수가 다시 1000포인트 이상으로 유지된 때는 1982년에 이르러서였다. 결과적으로, 다우지수를 믿고 1966년 1월에 투자한 사람은 그로부터 16년 뒤에야 비로소 금전적 이익을 챙길 수 있었다는 말이 된다. 하지만 16년 동안의 인플레이션을 감안하면 투자자는 원금의 60퍼센트를 날린 것이나 다름없다.

이듬해인 1967년에도 윈저의 수익성은 시장을 앞질렀다. 당시 S&P 500의 수익률은 23.9퍼센트에 불과했지만 윈저에서 공시한 수익률은 31.5퍼센트에 달했다. 특히 연말에는 1억 달러에 이르는 대규모 자본을 단 77개 종목에 집중 투자하여 그 이상의 수익을 일구어내었다.

"제럴드 차이가 사들이고 있대…!"

3년 연속 시장보다 높은 수익률을 기록했다는 사실은 분명 축하할 일이었다. 그러나 1967년의 뜨거운 시장 분위기에서 우리만 성공을 거둔 건 아니다. 본격적인 활황기가 도래하면서 윈저를 능가하는 성장세의 몇몇 펀드가 등장했다. 윈저 펀드는 S&P 500에 비해 8퍼센트를 앞섰지만, 제럴드 차이Gerald Tsai가 지휘한 몇몇 피델리티Fidelity 펀드의 수익률과 비교하면 결코 높은 수준이 아니었다—제럴드 차이는 아드레날린 펀드(내가 붙인 별칭이다)가 성행하던 일시적 활황기에 발군의 성장률을 기록한 투자 매니저다.

제럴드 차이가 운용하던 뮤추얼펀드는 결과적으로 시간의 시험대를 통과하지 못했다. 그러나 1960년대 말만 하더라도 그는 월스트리트의 관심을 한몸에 받았다. 그 결과 피델리티 트렌드Fidelity Trend와 피델리티 캐피털Fidelity Capital에서는 모든 사람들, 심지어 웰링턴 펀드를 판매하는 주식 중개인들까지 끌어들일 수 있었다.

윈저에서 주식 중개인들과 그 고객들을 흡수하기 위해 여전히 도

매상들에게 의지하고 있던 무렵, 나는 버드 카토Bud Kator라는 도매상과 함께 뉴욕 주 북부를 종횡무진 누빈 적이 있다. 뉴욕 주를 하루종일 돌아다닌 우리는 이미 사라진 밀너 호텔 소유의 싸고 오래된 호텔에 투숙했다. 카토가 워낙 돈에 인색한 사람이었기 때문에 할 수 없이 허름한 곳을 잡은 것이다. 호텔이 얼마나 낡았는지 방 한 쪽 벽에 구멍이 뚫려 속에 든 골조가 드러날 지경이었다. 물론 나도 사치스런 사람은 아니었지만 그 호텔은 YMCA의 숙박시설보다도 형편없었다.

저렴한 비용으로 여행을 하며 우리가 만났던 중개인들은 하나같이 제럴드 차이를 후하게 평가했다. 우리가 한참 이야기를 하는 와중에도 그들의 시선은 티커 테이프로 향해 있었다. 차이의 움직임에 따라 영향을 받는 중소형 성장주의 미세한 변화를 놓치지 않기 위해서였다. 차이가 어디에 관심을 두느냐에 따라 시장의 움직임이 달라진다는 소문이 과연 빈말은 아닌 듯했다. 물론 윈저의 거래처리실에도 다른 증권회사나 뉴욕 증권거래소와 마찬가지로 차이의 속삭임은 어김없이 날아들었다―"차이가 사들이고 있대…" "차이가 팔기 시작했대…." 그러나 내가 볼 때는 차이의 투자방식이 상당히 위험해 보였다. 미래의 엄청난 수익을 기대하며 현재의 실적이 떨어지는 중소기업 주식을 대량으로 매수하는 일도 빈번했다. 한마디로 '위대한 바보'가 시장을 지배하고 있었던 셈이다.

이른바 '이야기주story stock' 예찬론에 사로잡힌 투자자들은 차이가 선호하는 주식에 투자하는 뮤추얼펀드를 사들이기 위해 줄을 섰다. 아무런 투자가치도 없던 기업의 주가가 그의 말 한 마디에 요동치듯 변하며 소문이 현실로 바뀌는 상황이었다.

한편, 기발한 아이디어와 사기성 아이디어를 구분하지 못하는 투자자들은 기업이 내놓은 계획이나 판촉 전략에 현혹되어 우왕좌왕하기도 했다. 대표적인 사례가 내셔널 스튜던트 마케팅National Student Marketing이다. 내셔널 스튜던트 마케팅은 주로 젊은층 대상의 업종으로 비즈니스 다각화를 주도한 코테스 랜들Cortes Randell이란 사람의 창작품이었다. 치약과 포스터, 맥주 컵으로부터 값비싼 스테레오나 카메라에 이르기까지 젊은층이 선호하는 제품의 대부분을 취급함으로써 450억 달러에 이르는 젊은층 가처분소득의 상당 부분을 주도한다는 소문이 퍼지자, 투자자들은 너나없이 이 업체의 주식을 사기 위해 아귀다툼을 벌였다. 또한 제조업체와 시장 중간의 교량 역할을 하던 내셔널 스튜던트 마케팅의 매출은 불과 2년 사이에 100만 달러 이하에서 6800만 달러로 늘어났다.

랜들은 투자자들에게 전화를 걸어 자신이 이룩한 성공을 알리기에 여념이 없었다. 그뿐 아니라 『포춘』지에 따르면, 그는 치솟는 주가를 현금처럼 활용하여 젊은층을 고객으로 하는 보험회사와 여행서비스 업체 등을 닥치는 대로 사들이거나 아니면 직접 그 분야에 진출했다.

언젠가 나는 필라델피아에서 개최된 내셔널 스튜던트 마케팅의 투자설명회를 본 기억이 있다. 당시 이 업체는 평생고객을 확보하기 위해 젊은이들에게 견본상품을 무한정 쏟아 부었다. 더욱이 신규 투자자들을 유치하기 위한 랜들의 감언이설은 실로 형언하기 어려울 정도였다. 행사를 후원했던 주식 중개인들마저도 그의 설명을 들으며 고개를 내저을 정도였으니 말이다. 그러나 랜들이 쌓은 모래성은 얼마 지나지 않아 허물어지기 시작했다. 결국 이사회에서는 랜들을 해고했지만 그것만으로 회사의 운명을 바꾸기에는 역부족이었다.

　1960년대 후반, 내셔널 스튜던트 마케팅과 같은 반짝 기업을 찾아 헤매던 투자자들의 눈에 윈저 펀드가 들어올 리 만무했다. 우리는 감언이설로 투자자들을 현혹시키는 일은 결코 없었다. 계산된 참여와 현실적 예측이 우리의 방식이었고, 이런 방식에 대해 설령 외부의 비난이 있더라도 기꺼이 받아들였다. 오죽하면 우리와 우호관계에 있었던 골드만 삭스(지금도 유력 투자은행 가운데 하나다) 필라델피아 지점장마저도 "윈저는 약삭빠르지 못하다"며 폄하했을까! 그랬다. '약삭빠르지 못하다'는 말처럼 당시의 우리를 잘 대변하는 표현도 없을 것이다.

　그러나 나는 주변의 비난에 조금도 흔들리지 않았다. 1967년, 윈저의 수익률은 시장평균보다 7.6퍼센트를 앞서 상당히 높은 수준을 기록했다. 그러나 차이가 운용하던 펀드를 비롯해 일부 인기 펀드의 수익률은 우리보다 훨씬 높았다. 그만큼 단기간에 기록적인 수익률을 달성한 것이다.

　이후 3년간 실적투자는 끊임없이 요동쳤다. 그리고 프레드 앨저Fred Alger, 프레드 메이츠Fred Mates, 프레드 카Fred Carr 등 유명한 경쟁자들이 등장하여 차이의 아성을 위협했다―매입보유 전략의 대가이자 당시에 10년간 눈부신 실적을 기록했던 데이비드 밥슨David Babson은 '프레드'가 너무 많이 등장하는 바람에 투자업계가 혼란에 빠졌다며 비난하기도 했다.

　단기 수익성, 점점 커지는 시장, 유명세 등이 강조되면서 멋모르는 투자자들은 인기 펀드에만 매달렸다. 게다가 시장이 변화를 요구하는 상황에서도 사실 여부와 관계없이 무작정 장밋빛 미래만을 보고 투자하는 경우도 적지 않았다.

인기 펀드가 거의 정점으로 치달았을 무렵 웰링턴은 경쟁력 제고를 위해 합병을 추진했다. 웰링턴은 당시 최고 성장펀드의 하나였던 아이베스트Ivest의 운용기관인 손다이크Thorndike, 도란Doran, 페인 & 루이스Paine & Lewis(TDP&L)와의 합병에 동의했다.

웰링턴의 창업자이자 회장인 월터 모건의 후계자로 자타가 공인하던 존 보글이 주도한 이 합병은, 웰링턴의 탄탄한 평판과 운용방식에 인기 펀드인 아이베스트를 이끌던 인재들이 합쳤다는 점에서 고무적인 평가를 받았다.

윈저 펀드의 달라진 평판 덕분에 웰링턴 내부에서 내 영향력도 상당히 커졌지만, 합병으로 인한 비즈니스 전략의 수정과 관련하여 내게 자문을 부탁한 사람은 아무도 없었다. 사실 윈저와 아이베스트의 투자 스타일은 확연히 달랐다. 그래서 아이베스트에서 팔 때 나는 같은 종목을 사들이는 경우도 종종 있었다. 하지만 나는 합병이 옳지 않다는 섣부른 결론을 경계했다. 언제나 그랬듯이 나는 명백한 잘못이 입증되기 전까지는 상대방의 접근방식을 존중하는 편이었고, 가급적이면 다른 사람들의 사고방식으로부터 하나라도 배우려는 생각을 가지고 있었다.

그런데 합병의 부정적인 측면이 내 눈에 포착되었다. 웰링턴 펀드가 뮤추얼펀드 시장에서 점유율을 조금씩 잃고 있던 상황에서 아이베스트가 웰링턴의 점유율을 갉아먹고 있었다. 비록 윈저의 상황은 호전되고 있었지만, 웰링턴으로서는 점차 가능성이 열어지는 단기 수익을 끌어올리기 위해 특단의 조치가 필요했다.

이때 바쉐Bache & Company(1955년 무렵 주식 중개인을 꿈꾸던 내게 퇴짜를 놓은 바로 그 업체)에서는 존 보글에게 TDP&L을 방문해볼 것을 조언했다. 그래서 내가 대신 보스턴으로 향했다. TDP&L의 분위기는 마음에 들었다. 모두들 자신감에 차 있었고, 이런 분위기는 회사 어디서나 느낄 수 있었다. 오죽 자신이 있으면 우리의 파트너가 된 밥 도란의 비서가 나를 보자마자 대뜸 이렇게 물었을까! "먼저 한 가지 물어볼게요. 당신은 웰링턴에서 중요한 사람인가요?"

도란과 달리 세 명의 파트너는 모두 뉴잉글랜드 혈통의 후예들이었다. 손다이크의 어머니는 로웰Lowell 가문 출신이었다. 루이스의 어머니는 살톤스탈Saltonstall 가문 출신이며, 사촌 격인 에버렛Everett 가문에서는 매사추세츠 주 상원의원을 배출하기도 했다. 또한 페인의 가문에서는 월스트리트의 유명 투자 딜러들을 다수 배출했다.

웰링턴과 TDP&L 사이의 합병을 계획하고 주도한 사람이 존 보글이었음에도 불구하고 많은 사람들은 이 합병을 웰링턴의 항복으로 간주했다. 1968년 1월, '인스티튜셔널 인베스터Institutional Investor'에서는 두 업체 사이의 합병을 커버스토리로 다루면서 이런 제목의 기사를 내보냈다—"젊은 귀재들, 웰링턴을 접수하다." 웰링턴이 오랫동안 쌓아 온 노하우를 바탕으로 판매와 경영을 담당하는 반면에, 가장 중요한 투자 부문은 TDP&L의 젊은 실력자들이 전담한다는 것이 기사의 핵심적인 내용이었다.

합병 당시에는 아이베스트의 젊은 실력자들이 분명 원저의 인력들보다 한 수 위인 것처럼 보였다. 1968년의 수익률로 볼 때, 윈저는 S&P 500을 가볍게 이긴 반면에 아이베스트는 윈저를 가볍게 뛰어넘었다. 그러나 얼마 지나지 않아 다른 아드레날린 펀드들이 상종가를 기록하면서 아이베스트의 날씨도 서서히 추운 겨울로 접어들기 시작했다.

변화의 시기가 도래하면 모든 것들의 미래도 바뀌게 마련이다. 1970년, 제럴드 차이는 화려한 팡파르 속에 사설 펀드인 맨해튼 펀드를 설립했다. 그러나 이때부터 번영의 시기는 점차 바닥을 드러내고 있었다. 12개월 전만 하더라도 엄청난 부를 꿈꾸던 투자자들이 1달러를 투자하고 잘해야 50센트를 건지기도 어려운 상황에 직면하고 말았다. 상황이 어렵다보니 수많은 펀드가 연이어 자취를 감췄다. 그러나 아드레날린 펀드의 그늘에 가려 빛을 보지 못했던 윈저는 1969년의 시련기를 꿋꿋이 이겨냈다. 모두가 절망하던 이 시기가 내게는 인생에서 가장 화려한 순간의 하나가 된 것이다. 당시 나는 뉴욕에서 열리던 연례 뮤추얼펀드 총회에 참석하고 있었다. 내가 소개되던 그 순간, 12개월 전만 해도 윈저를 업신여기던 사람들이 이제는 열렬한 박수로 나를 환영해주었다. 윈저의 미래를 암울하게 보았던 사람들의 예측이 얼마나 어리석었는지 확인시켜주는 순간이었다.

1970년 초, 인기 펀드를 쫓던 투자자들이 모두 부상자가 되어 병상 신세로 전락한 반면에 이 시기의 붕괴현상이 윈저에게는 오히려 더할 나위 없는 투자기회가 되었다.

변하지 않는 원칙

"깊이 생각하라. 그리고 나서 실행하라."
―윈스턴 처칠

Z

윈저의 투자 스타일,
흔들림 없는 원칙이 있다

투자전략의 목표는 강세시
장과 약세시장을 가리지 않고 어떤 상황에서든 수익을 내는 데 있다.
1990년대를 예로 들면, 1991년의 침체기로부터 1999년의 인터넷주 전
성기에 이르기까지 투자자들은 시장에서 발생할 수 있는 거의 모든 상
황을 경험했다. 새로운 세기에는 수많은 새로운 변수가 등장할 것이며
이런 새로운 변수에 대처하기 위해 또 다른 해결책이 개발될 것이다.
또한 투자자들 중에는 일찌감치 큰 기대를 버리고 지수펀드에 의존하
여 시장의 동향에 따라 움직이려는 이들도 적지 않을 것이다.

그러나 윈저는 유행에 민감하거나 시장의 실적에 따라 좌우되는
그런 펀드와는 거리가 있었다. 시장의 등락과 상관없이 일관성 있는
투자 스타일을 고수해왔기 때문이다. 윈저에서 고수한 투자 스타일의

특징을 나열하면 다음과 같다.

- 낮은 주가수익비율PER
- 7퍼센트 이상의 펀더멘털 성장
- 배당수익률 방어(와 개선)
- 총수익률과 PER의 긍정적 관계 견인
- PER을 감안한 순환노출cyclical exposure
- 확실한 성장기업
- 강력한 펀더멘털

투자 비즈니스의 실적을 보장하는 장치는 어디에도 없다. 따라서 우리는 최대한 가능성이 높은 방향으로 일관성 있는 투자를 했다. 물론 결과가 늘 좋았던 건 아니며 때로는 심각한 손실을 맛보기도 했다. 하지만 전체적으로 보면 윈저의 투자수익은 결코 다른 펀드에 뒤지지 않았다.

저PER 투자

투자업계에서 평생을 종사한 내게 사람들은 여러 가지 꼬리표를 붙여주었다. 그 하나가 바로 '가치투자자value investor'다. 내가 가치투자를 지향하게 된 것은 전설적 인물인 벤자민 그레엄과 데이비드 도드의 선구자적 연구 덕분이었다―대공황이 한창이던 시절, 두 사람은 투자자들로부터 외면받는 주식이 오히려 유행하는 주식보다 더 큰 수익을 낳을 가능성이 높다고 주장했다. 일부에서는 나를 '역행투자자con-trarian'라고 부르기도 한다. 가치투자자에 비해 약간 모호한 개념이지만 나만의 완고한 스타일을 잘 드러낸 표현인 것 같다. 여러 가지 꼬리표 가운데 내가 개인적으로 가장 선호하는 것은 '저PER 투자자low price-earning ratio investor'이다. 과거 윈저를 운용하며 내가 가장 중요하게 고려한 것이 바로 PER이었기 때문이다.

윈저와 함께 한 30여 년간 나는 헐값의 저PER 종목을 찾기 위해 시장 구석구석을 헤매고 다녔다. 그리고 시장 상황이 어떻게 변하든 우리는 마치 종교적인 신념처럼 우리만의 전략을 고수했다. 저PER 투자가 효과적임을 입증하는 통계자료는 헤아릴 수 없을 만큼 많다. 그중에서도 내가 가장 자신 있게 내세울 수 있는 것이 바로 윈저가 실제로 거둬온 실적이다.

31년의 내 임기 중에 윈저는 수익률에서 22번이나 시장을 앞질렀다. 퇴직할 무렵에는, 과거 1964년에 투자했던 1달러가 56달러로 불어나 S&P 500의 22달러와는 비교조차 되지 않았다. 게다가 윈저의 전체 수익률은 5546.5퍼센트로 S&P 500보다 2배 이상을 기록했다. 그 결과 펀드 규모의 지나친 비대화를 막기 위해 새로운 투자자에게 바통을 넘겨준 1985년 무렵에는 윈저가 미국에서 최대 규모의 주식형 뮤추얼펀드로 군림했다.

저PER 종목은 헐값에 거래되는 경우가 많다. 대다수 투자자들은 저PER 종목의 수익과 성장 가능성이 상대적으로 낮다고 판단하기 때문이다. 만일 당신이 저PER 종목에 투자하려 한다면, 저가로 거래되는 종목 중에서 실제로 성장 가능성이 낮은 종목과 단순히 저평가된 종목을 구분할 수 있어야 한다. 그러나 이 차이를 구분하기란 말처럼 쉽지 않다. 따라서 PER이 과연 어떤 개념이며 투자자들에게 어떤 의미가 있는지를 먼저 살펴볼 필요가 있다.

• PER을 판단 기준으로

두 가지 종목 이상의 상대적 가치를 주가만으로 비교하기 어려울 때 PER을 판단 기준으로 활용할 수 있다. 슈퍼마켓에서 비슷한 크기의 봉투에 담긴 초콜릿칩 쿠키를 살 때 구매자는 어느 것을 선택하는 게 비용 면에서 저렴한지 금방 판단하기 어렵다. 이때는 무게와 가격을 비교하는 방법이 가장 효과적이다. 초콜릿과 같은 상품을 살 때 무게와 가격의 비율을 고려하듯이, 주식을 매수할 때 수익과 주가의 비율을 계산하는 방법이 바로 주가수익비율PER이다.

PER이 10배란 말은 주가가 주당순수익EPS의 10배란 뜻이다. 마찬가지로 PER이 20배일 때는 주가가 주당순수익의 20배라고 생각하면 된다. 1999년 5월을 기준으로 S&P 500의 평균 PER은 28배였지만 개별 기업의 PER은 큰 편차가 있었다. 예를 들어 마이크로소프트 주식의 PER은 79배였고 농기구 제조업체인 캐터필라Caterpillar는 12배를 기록한 반면에 비저 홈즈Beazer Homes는 6배에 불과했다.

그러므로 마이크로소프트의 주식을 새로 매수하려는 사람은 1달러의 수익을 위해 79달러를, 캐터필라에서는 12달러를, 비저 홈즈에서는 6달러를 투자하면 된다는 뜻이다.

기업의 PER은 손쉽게 알아낼 수 있다. 굳이 밸류라인Value Line과 같은 유료 서비스를 이용하지 않더라도 신문의 주가차트를 보면 PER

을 비롯하여 각종 순위를 확인할 수 있으며, 사설 금융 웹사이트를 방문하는 것도 좋은 방법이다.

• 수익이라고 해서 모두 같은 건 아니다

위의 경우에서 캐터필라의 주식을 매수하는 것이 마이크로소프트를 선택하는 것보다 반드시 유리하다고 단정지어서는 안 된다. 수익이라고 해서 다 같은 게 아니기 때문이다. PER은 그동안 거둔 수익 이상의 의미를 담고 있다. PER에는 추정수익 개념도 포함되며 이 수치를 근거로 미래의 성장률을 전망할 수 있다. 따라서 PER은 궁극적으로 추정수익성장률을 의미하는 셈이다. 주주들이 마이크로소프트의 주식을 사는 것도 캐터필라에 비해 가까운 시일 내에 더 많은 수익을 안겨주리란 기대 때문이다.

내가 남들이 무시하는 종목에 각별한 관심을 가진 가장 큰 이유는, 주식시장의 분위기가 인기 종목에 치우치면서 우량기업의 가치가 저평가되는 경우가 적지 않기 때문이다. 물론 전부는 아니지만 한바탕 파도가 휩쓸고 지나가고 나면 많은 기업이 이전보다 훨씬 나은 평가를 받는다. 이런 기업은 과거에도 건실하게 수익을 창조해왔으면서도 군중심리에 휘말린 투자자들 때문에 무시받아온 경우에 해당한다.

• 직선도 때로는 곡선이 될 수 있다

저PER 종목의 잠재력은 때때로 상상을 초월한다. 대다수 투자자들은 직선을 더 늘리는 데 연연한다. 다시 말해 이들은 확고한 자신감을 가지고 있거나, 그 정도는 아니더라도 희망만큼은 끝까지 버리려하지 않는다. 그래서 자신들이 선택한 종목이나 업종, 뮤추얼펀드가 희망하는 대로 성장해주길 기대한다. 그러나 이런 희망은 시장이 기울기 시작하면서 걷잡을 수 없는 실망감으로 바뀌고 만다.

너나없이 인기주만을 찾아 헤매던 대중과는 달리 우리가 택한 방향은 그 반대였다. 윈저에서는 유행하는 종목으로만 몰리는 시장의 집중현상을 오히려 역이용했다. 모두가 무시하는 비인기 종목을 찾아 저평가된 상태에서 적정한 수준까지 주가를 끌어올리는 것이 우리의 목표였다. 이 방법은 상대적으로 쉽고 리스크도 적지만 당시의 많은 사람들은 이런 우리를 '위대한 바보'라며 조롱하곤 했다.

이 전략은 윈저의 실적을 이중으로 뒷받침했다. 상승세의 종목을 선택했다는 점이 그 첫번째였으며, 하락 가능성이 적었다는 점이 그 두번째였다. 하늘 높은 줄 모르고 치솟다가 사소한 악재에도 맥없이 내려앉는 성장주와는 달리 저PER 종목에 큰 기대를 거는 사람은 많지 않다. 반면에 저PER 종목의 수익성은 기대 이상일 때가 적지 않으며, 누군가가 이런 종목에서 돈을 벌었다는 소문이 퍼지면 곧바로 시장의 관심을 끌게 된다. 따라서 주식에 투자하여 여윳돈을 넉넉히 마련하고 싶을 때는, 대중으로부터 사랑받지 못하는 비인기주를 사서 투자자들이 그 종목의 장점에 눈을 떴을 때 파는 방법이 가장 현명하다.

윈저에서 주로 매수한 종목은 시장의 관심 밖에 있는 것들이었다. 이들 종목의 PER은 시장평균보다 40~60퍼센트 정도 낮았다. 1990년대와 같이 장기적인 강세시장에서는 그 격차가 약간 줄어들어 저PER 종목을 찾기가 그리 쉽지는 않았지만 그렇다고 해서 존재하지 않은 건 아니다. 시장의 판단이 한 쪽으로 쏠리다보면 이런 비인기주가 등장하게 마련이다. 투자자들이 정말로 성장 가능성이 높은 종목을 발굴하여 그 중에서도 가장 유망한 곳에 투자할 수 있다면, 세상을 손에 쥔 셈이다. 그러나 1990년대 말에 유행했던 기술주 품귀현상에서도 알 수 있듯이 인기주는 먼저 뛰어든 사람들에게만 풍요로운 결실을 가져다줄 뿐이다. 반면에 은행, 주택건설업, 자동차, 항공과 같이 일부 전통적 저PER 종목은 많은 사람들에게 결코 적잖은 이득을 안겨준다.

• 급격한 성장률만이 답은 아니다

저PER 종목은 성장률이 급격히 높아지지 않더라도 변덕스러운 성장주보다는 안전하게 PER을 높여나갈 수 있다. 수익성이 개선되는 동시에 PER도 높아지면 잠재적 수익이 그만큼 많아진다. 그리고 가격 상승폭이 수익을 상회하여 주가가 50~100퍼센트 이상 높아지기도 한다.

성장률과 PER이 항상 조화롭게 움직이는 건 아니다. 그러나 위의 표에서 보듯이 확장 PER 사례가 현실적으로 불가능한 것만은 아니다. 실제로 윈저에서는 여러 차례 비인기주에 투자하여 이런 결과를 얻었

<도표> P(주가) / E(수익)의 다변성

최근 시장가격	기준 PER	확장 PER
최근 주당순이익(EPS)	$ 2.00	$ 2.00
최근 시장가격	$ 26.00	$ 16.00
최근 PER	13 : 1	8 : 1
성장률	11%	11%
추정수익	$ 2.22	$ 2.22
신규 PER	13 : 1	11 : 1
신규 시장가격	$ 28.86	$ 24.42
상승 가능성	11%	53%

다. 시류를 좇는 투자자들이 인기주를 선택하여 그 주가가 최고치를 계속 경신하도록 모험을 하는 것보다 우리가 택한 투자방식이 (시대와 상관없이) 훨씬 안전하다.

유명 성장주는 일반적으로 PER도 최고 수준이다. 그러나 주가 상승이 일시적으로 시장의 관심을 끌지는 모르겠지만 그리 오래 진행되기는 어렵다. 그리고 성장률이 점차 줄어들어 결국에는 평범한 수준으로 복귀하게 마련이다. 물론 다 그런 건 아니지만, 장기적으로 보면 대부분 이와 같은 결론에 도달한다. 남들의 뒤를 무작정 좇다가는 결코 남들보다 앞설 수 없다. 나는 대형 성장주라 하더라도 상승할 때보다는 떨어질 때 오히려 더 큰 관심을 가진다. 물론 이런 경우에도 정도를 벗어나지 않는 게 중요하다.

윈저에서의 경험을 돌이켜볼 때, PER이 최고 수준인 기업의 주식을 매수하여 무턱대고 기대를 걸기보다는 비인기종목의 PER이 상승할 때(예를 들면, 8~11배 정도로 상승할 때) 훨씬 많은 수익을 낸다는 사실이 입증되었다. PER이 40배로 시작한 성장주라면 적어도 55배 정도는 되어야 이 정도의 수익을 견인할 수 있다. 지난 1990년대와 같은 강세시장에서는 PER이 낮은 유망 기업을 무시한 채 PER이 한계에 이른 성장주에만 집착했던 게 사실이다. 그러나 윈저는 시장 상황과 상관없이 언제나 일관된 원칙을 유지했다.

• 횡재를 기대하지 말라

내 경우에는 저PER 종목에 투자하여 기대 이상의 성과를 거둔 적이 적지 않았다. 그러나 이러한 장점에도 불구하고 저PER 전략이 단

기간에 백만장자를 만들어준다는 보장은 없다. 단기간에 횡재를 꿈꾸는 투자자라면 이보다 리스크가 큰 전략을 택하는 편이 현명하다. 하지만 꿈 같은 수익을 기대하며 전 재산을 몽땅 쏟아 부었다가는 자칫 깡통을 찰 수도 있음을 잊어서는 안 된다. 뿐 아니라 '종목'을 제대로 선정했더라도 '매도 시점'을 놓쳐버리면 자연히 수익은 줄어들 수밖에 없다.

원저는 시류에 휩쓸리지 않았다. 나는 마치 테니스를 치듯 꾸준히 네트 너머로 공을 넘겨준 다음 상대편이 실수할 때를 기다렸다. 반등 가능성이 있는 저PER 종목을 선택하여 시장에서 본래 가치를 인정받을 때를 기다렸고, 상황이 여의치 않더라도 최소한 투자자들에게 손실을 입히지 않도록 노력했다. 그 결과 윈저 펀드의 자산은 하루하루 늘어났고 나도 퇴근하여 편안하게 잠자리에 들 수 있었다(물론 지금도 마찬가지다).

윈저의 지휘권을 다른 사람에게 넘겨준 1990년대 초에는 '수익의 질'에 대한 의문이 다시 고개를 들기 시작했다. 당시 유행처럼 확산된 인수·합병M&A, 리파이낸싱refinancing, 리스트럭처링restructuring, 리엔지니어링reengineering 바람은 기업의 대차대조표와 손익계산서의 내용을 완전히 뒤바꿔버렸다. 그래서 『월스트리트 저널』을 비롯한 여러 경제전문지들은 "재무성과의 조작현상이 만연하면서 기업 재무제표에 대한 신뢰성이 점점 의심받고 있다"며 현실을 적나라하게 비판했다.

• 숫자놀음이 인간의 본성에 앞설 수는 없다

지속적인 수익 창출을 위해 회계 전문가나 증권 분석가들은 전통적 주당순이익EPS 개념을 대체할 새로운 대안을 만들어냈다. 이렇게 만들어진 새로운 척도로는 '자본비용 대비 수익' '경영진 스톡옵션 행사에 따른 주당순이익 감소' '이자비용 · 법인세 · 감가상각비 공제 이전의 이익EBITD' 등이 있다.

　새로운 척도 중에는 '수익의 질' 악화를 저지하는 것들이 있는 반면에 오히려 가속화하는 것도 있다. 그러나 새로운 척도라 하더라도 인간의 본성을 개선시키기에는 역부족이기 때문에 투자자들의 군중심리가 주식시장의 효율을 저해하는 현상은 좀처럼 바뀌지 않는다. 아무튼 오늘날의 회계기법과 계산법은 성장 가능성이 높은 저평가주를 찾기 위해 시간과 노력을 투여하는 투자자들에게 궁극적인 도움을 줄 수 있어야 한다.

　아울러 수익을 실현하려는 투자자들은 기업 또는 외부에서 얻는 정보를 상식적 차원에서 재검토할 필요가 있다. 정보가 미심쩍을 때는 투자에 앞서 의문을 먼저 해결해야 한다. 그리고 회계기법에 결함이 있거나 수익이 급격한 하락세를 탈 때는 그 종목의 주가가 떨어지는 것이 당연하다.

7퍼센트 이상의 펀더멘털 성장

　시장에서 PER이 매우 낮음에도 성장세를 보이는 기업이야말로 가장 바람직한 투자 대상이다. 윈저에서 선호했던 저PER 종목은 일반적으로 시장의 유력 종목에 비해 PER이 40~60퍼센트 정도 낮았다. 물론 경영이 부실한 기업도 PER이 낮다는 점을 잊어서는 안 된다. 윈저는 매년 7퍼센트 이상의 성장을 기록하면서도 PER이 낮은 기업을 저평가의 기준으로 보았고, 여기에 대중의 관심을 끌 만한 배당수익이 있는 경우를 최선으로 간주했다.

회계연도 말에 산출되는 성장률은 주로 주가와 배당수익률로 구성된다. 그러나 실제로 시장의 관심을 끄는 가장 중요한 요소는 바로 수익률이다. 물론 수익률이 향상되면 PER도 덩달아 상승하는 경우가 일반적이다.

미래의 주가가 불확실할 때는 종종 수익 가능성을 근거로 투기에 나서는 사람들도 있다. 월스트리트의 '매도 부문' 증권 분석가들은 수익 추정치를 산출하느라 여념이 없으며, '매수 부문'의 분석가들 역시 투자 자문기관에서 이용할 수치 산출에 골몰한다. 메릴린치를 비롯한 소매 주식중개업체들은 자체 분석을 통해 온라인으로 고객들에게 정보를 제공한다. 그만큼 오늘날에는 일반 투자자들도 적극적으로 정보를 활용하고 있으며, 이런 정보를 창출하기 위한 연구 활동이 중요한 경쟁력의 하나로 간주된다.

각종 추정치를 수집하여 획일화된 수치를 제공하는 서비스의 종류도 매우 다양하다. 그러나 이런 방법은 융통성이 결여되어 있다. 특정 기업이 추정수익률 달성에 실패했다는 소식이 전해졌을 때, 일반 투자자들은 주로 획일화된 수치를 근거로 투자 여부를 결정한다. 반면에 저PER 투자자들은 그 기업의 펀더멘털만 탄탄하다면 이를 중요한 매수 기회로 받아들인다.

• 추격수익은 과거를 투영한다

월스트리트에서는 '이미 실현된 수익'과 '아직 실현되지 않은 추정수익'을 구분하기 위해 각각의 용어를 만들었다. 첫 번째 경우에는 '과거수익historical earnings'이란 용어를 사용하며, 여기에는 과거에 실현된 모든 수익이 포함된다. 반면에 두 번째는 최근 12개월 또는 4/4분기 동안의 수익을 뜻하며 '추격수익trailing earnings'이란 용어를 사용한다. 여기서 주가수익비율PER은 일반적으로 추격수익 또는 미래수익future earnings의 관점에서 표현된다.

미래의 수익을 정확히 예측하기란 현실적으로 불가능하다. 그러나 증권분석가나 포트폴리오 매니저들은 어떤 식으로든 미래의 수익을 계산해낸다. 일반적으로 역년曆年(1월 1일~12월 31일까지 만 1년―옮긴이)의 절반 정도가 지났을 때의 주가를 기준으로 향후 18개월 동안의 수익을 예측한다. 하지만 추격수익, 당기수익current-year earnings, 선도수익forward earnings 중에서 기준을 어디에 두느냐에 따라 PER도 달라진다. 따라서 PER을 이용하여 주가를 평가할 때는 주가를 측정하는 기준이 되는 수익이 어떤 것인지를 분명히 명시해야 한다.

• 선도수익은 미래를 암시한다

이렇다 할 방법이 없을 때는 선도수익 추정을 통해 논리적인 추측이 가능하다. 투자자는 과거수익과 추격수익을 적극 활용하여 현재 투자한 기업 또는 업종의 성장 가능성을 예측할 수 있어야 한다.

선도수익률은 상황에 따라 명암이 달라진다. 일반적으로 시장에서는 선도수익률이 긍정적인 방향으로 흐르기를 기대한다. PER이 높은 상황에서 주가를 예측하는 토대는 바로 과거의 실적이다(과거 성장률을 바탕으로 예측이 가능하다). 그런데 긍정적인 예측이 지배적인 상황에서는 주가에 악영향을 미칠 수 있는 조그만 문제로 인해 때때로 심각한 결과가 초래될 수도 있다. 이 경우, 실제로는 주가에 거의 영향을 미치지 않는 사소한 문제라 하더라도 이를 액면 그대로 받아들이는 사람은 거의 없다. 따라서 성장률이 조금이라도 떨어질 가능성이 있으면 애초에 기대했던 미래수익은 요원하다. 많은 투자자들이 쓰라린 경험을 통해 배운 교훈처럼 기업이 매년 수익을 두 배씩, 그것도 영구적으로 향상시키기란 사실상 불가능하다. 흔들리는 회전추가 시간이 지나면 중심으로 되돌아오듯이 기대 이상의 성장률 또한 결국에는 평범한 수준으로 복귀하게 마련이다. 전문가들은 이 과정을 그럴듯하게 묘사하기 위해 '중앙으로의 회귀reversion to the mean' 라는 용어를 사용하기도 한다.

수익의 개념에 따라 의미하는 내용도 달라진다. 그러므로 유능한 투자자라면 이 모든 개념을 적절히 활용할 수 있어야 한다.

• 10센트 하락과 1달러 하락

높은 성장률을 기대하며 인기주에 편승하는 투자자들은 기업의 분기 실적이 조금만 하락하더라도 막대한 타격을 입을 수 있다. 회계상으로는 사소한 규모의 손실이라도 목표를 달성하지 못했다는 사실 자체는 적잖은 파급효과를 미친다. 수익목표에 근접한 기업은 어떤 식으로든 그 목표를 달성해야 한다. PER이 높은 기업은 추정수익률을 1퍼센트만 충족시키지 못하더라도 실로 엄청난 결과를 야기할 수도 있다. 달성하지 못한 실제 규모와 상관없이 여기서 야기된 불확실성만

으로도 심각한 손실을 자초하기 때문이며, 이를 만회하기 위해 회계장
부를 조작하다가 자칫 범죄자로 전락할 수도 있다.

윈저에서는 이런 위험에 철저히 대비했다. 투자 후보 기업에 대해
서는 분명한 실적 자료를 요구했고, 고점과 저점이 주기적으로 반복되
는 기업보다는 분기 수익이 조금씩 지속적으로 향상되는 기업을 선호
했다. 냉정한 시장환경에서 투자자들의 관심을 끌기 위해서는 미래지
향적인 시각으로 지속적인 성장을 기록하는 기업을 찾는 것이 해답이
라고 보았기 때문이다. 뿐 아니라 성장률이 6퍼센트 미만이거나 20퍼
센트(우리 나름대로 설정한 최고점이었다)를 초과하는 기업도 투자 대상
에서 제외했다. 성장률이 지나치게 높은 기업은 그만큼 많은 리스크를
수반하기 때문이다.

수익성장률을 산정하는 적절한 기간에 대해서도 물론 논의가 필
요하다. 우리는 5년을 기준으로 했다. 우리가 해결했던 대부분의 사건
들은 시간적으로 5년 이내에 해당했고, 5년을 초과하는 장기적 재무성
과는 윈저의 장기 투자 실적을 견인하는 역할을 했다.

오늘날 5년이란 기간은 대다수 업종에서 시장과 주가, 경쟁환경의
변화를 몇 번이나 경험하고도 남을 만큼 긴 시간이다. 일례로 하이테
크업계에서 5년은 몇 세대를 의미한다. 이처럼 수익률을 5년 단위로
계산하라고 한다면 비판을 가할 사람들이 적지 않겠지만, 우리가 굳이
5년을 고집하는 것은 그럴 만한 이유가 있기 때문이다. 아드레날린 시
장에서 투자자들은 엄청난 수익을 창출할 대박주를 노린다. 어느 시장
전문가의 빈정거림처럼, 기술주가 번성하기 시작한 초창기 시장에서
는 주가가 급상승하는 인기주가 가까운 미래의 수익뿐 아니라 그 이후

까지 보장하는 듯했다. 따라서 투자자들은 인터넷주 이외의 다른 대안에 눈을 돌릴 이유가 없었다.

이런 상황에서 윈저가 시멘트나 구리와 같이 느리게 성장하는 업종을 선호한다는 데 대해 의아심을 가지는 투자자들도 많다. 솔직히 말해, 이런 투자방식으로 수익을 거두기는 말처럼 쉽지 않다. 더욱이 이 경우에는 적절한 타이밍을 선택하는 것이 무엇보다 중요하다. 수요와 공급이 균형을 이루다가 수요가 증가하여 공급이 부족한 시기가 되면 상품 가격은 치솟게 마련이고 이윤도 급격히 향상된다. 그 결과 투자수익도 비례하여 늘어나게 된다.

배당수익률 방어

연간 성장에는 수익의 성장 외에 배당수익률(yield, 원래 'yield'는 수익률을 의미하지만 이 책에서는 배당수익률 개념으로 한정한다─옮긴이)이란 개념도 포함된다. 과거에는 투자수익을 논하면서 배당수익률을 무시하는 경우도 종종 있었다. 그러나 윈저는 그렇지 않았다.

주식의 배당수익률이란 쉽게 말해 주가에 대한 배당의 비율을 의미한다. 예를 들어 주가가 10달러인 주식의 연간 배당금이 50센트일 경우 배당수익률은 5퍼센트다. 이 배당수익률은 PER, 배당과 더불어 일간지나 사설 금융 웹사이트에도 소개된다.

• 배당수익률은 주주들의 주머니에 들어가는 결과물이다

여러 가지 장점 외에 저PER 전략의 또 한 가지 장점은 높은 배당수익률을 기록할 때가 많다는 사실이다. 저PER 투자자들은 수익 성장 추정치에 깊은 관심을 가지고 있으며 배당수익률을 전체 성장률의 중요한 부분으로 바라보는 경향이 있다.

그레엄과 도드는 1931년에 출간한 『*Security Analysis*』(증권 분석)에서 배당수익률이야말로 가장 분명한 성장지표의 하나라고 했다. 수익과 성장률이 기대치를 충족시킬 수 있을는지는 시간이 지나봐야 알수 있다. 그렇다면 앞으로의 배당수익률에 대해서는 자신 있게 말할수 있을까? 가능하다. 기업이 내부와 외부의 극심한 압력으로 인해 배당을 낮추지만 않는다면 말이다. 실제로 우량기업은 가급적 배당을 늘리려는 경향이 있다.

〈도표〉 추정 배당수익률

	저 PER	고 PER
주가	$20.00	$50.00
수익	$ 2.00	$ 2.00
배당	$ 0.50	$ 0.50
PER	10:1	25:1
배당수익률	2.5%	1%

내가 포트폴리오 매니저로 재직한 기간에 윈저의 수익률은 S&P 500보다 연간 3.15퍼센트* 높았다. 물론 이 수치는 평균치로, 이보다 높은 해도 있었고 때로는 떨어질 때도 있었다. 여기에는 배당수익률이 상당한 비중을 차지했다. 윈저의 배당수익률은 거의 2퍼센트에 육박

했기 때문에, 전체 수익률에서 배당수익률을 제외할 경우 윈저와 S&P 500의 수익률 차이는 1.15퍼센트로 줄어드는 셈이었다. 따라서 연평균 배당성장률이 높은 우량기업으로 포트폴리오를 구성한 것도 윈저와 여타 펀드의 차이 가운데 하나였다.

저PER과 고배당수익률은 대체로 같은 방향으로 움직인다. 말하자면 레코드의 앞뒷면을 구성하는 것과 같다. 주가와 비교하여 배당금 (수익의 한 형태다) 수준을 높이는 원동력이 바로 저PER 구조에 있다. 앞의 표에서도 알 수 있듯이 저PER은 일반적으로 높은 배당수익률을 의미하며 그 반대의 경우도 마찬가지다.

과거에 나는 15퍼센트의 성장률에 1퍼센트의 배당수익률을 가진 종목이 왜 성장률 11퍼센트에 5퍼센트의 배당수익률을 가진 종목보다 두 배나 높은 시세에 거래되는지 이해할 수가 없었다. 물론 세금이란 요소도 무시할 수는 없다—다만 펜션펀드(연금기금)나 기부금, 각종 비영리 기금은 세금과 무관하다. 수익 증가액을 배당금으로 받지 않는 한 세금이 붙지 않는다. 그러나 세금을 공제하더라도 배당수익률이 높은 종목에 투자하는 투자자들은 그렇지 않은 투자자들에 비해 대체로 높은 수익을 얻는다.

• 배당수익률에는 비용이 필요치 않다
주가는 대부분 추정수익성장률을 따라 움직이므로 주주들은 아무

---

* 경비를 공제한 이후의 수치로, 공제 이전의 차이는 3.5퍼센트 포인트였다. 다시 말해 투자자는 높은 실적 못지않게 저비용 구조에도 관심을 가져야 한다는 걸 의미한다.

런 대가 없이 배당수익을 얻게 된다. 또한 대다수 투자자들뿐 아니라 월스트리트나 언론에서도 주가를 비교할 때 배당수익률까지 포함하는 경우는 드물기 때문에 그 혜택은 시간이 갈수록 커진다고 할 수 있다. 배당수익의 혜택은 주주들에게만 해당된다. 배당수익은 일종의 '덤'이다. 이 덤 덕분에 투자자들은 처음에 예상했던 수익 이상의 결과를 손에 쥘 수 있다.

벤자민 크랭클린의 말처럼 "행운을 바라는 사람은 결코 만찬의 주인공이 될 수 없다." 비유컨대 높은 배당수익률은 본격적인 식사에 앞서 나오는 전채前菜 이상의 의미를 지닌다.

전통적으로 강세시장에서는 배당수익률에 대한 관심이 줄어드는 경향이 있다. 그러나 1998년과 1999년의 시장에서는 그렇지 않았다. 당시 부동산 투자신탁(REIT, 리츠) 상품에 투자한 사람들은 7퍼센트의 배당수익률을 기록하여 S&P 500의 1.4퍼센트와는 비교가 되지 않았다. 그러나 같은 시기에 세계 최대 규모의 포장전문업체 크라운 콕&실 Crown Cork & Seal * 에서는 투자자들에게 3.4퍼센트의 배당을 실시했고, 독일의 자동차 제조업체 다임러-벤츠와 합병하기 이전 크라이슬러의 배당수익률은 5퍼센트나 되었다.

제조업체뿐 아니라 일부 우량 은행주도 이 대열에 합류했다. 1997년에 9~10퍼센트 정도의 수익성장률을 기록한 뱅크 아메리카와 퍼스트 유니언의 배당수익률은 3퍼센트 이상으로 시장평균보다 거의 2퍼센트 이상 높았다.

---

* 1999년 7월에 나는 크라운 콕&실의 이사회에 합류했다.

• 항상 배당수익률에만 의존해서는 안 된다

그러나 윈저에서 언제나 배당수익률만 고집한 건 아니다. 배당수익률이 높은 종목에 많은 투자를 한 건 사실이지만, 배당이 전혀 없다고 해서 성장 가능성이 높은 종목까지 등한시하지는 않았다. 비교적 단순하고 보수적으로 포트폴리오를 운용한 덕분에 우리는 배당이 극히 적거나 전혀 없으면서도 성장률이 12~15퍼센트에 이를 가능성이 높은 종목을 유심히 살펴볼 여유가 있었다. 그 대표적인 사례가 바로 인텔이었다.

윈저에서 배당이 전혀 없던 인텔의 주식을 매수한 횟수는 두 번이었다. 인텔이 미국에서 가장 성장 가능성이 높은 기업의 하나임을 예측한 우리는, 1988년 말에 주당 약 10달러에 매수하여 이듬해에 18달러 선에서 매도했다. 그리고 1995년의 성장을 예측하며 1994년 말에 다시 주당 57달러에 매수를 단행했다. 물론 인텔의 성장률이 과거처럼 가파를 것이라고는 생각지 않았지만 자금 여력과 실적 모두가 우수한 기업이므로 적어도 15퍼센트 이상의 성장은 가능할 것으로 내다보았다. 이후 인텔은 PC와 랩탑 컴퓨터, 미국의 거의 모든 사무실에서 사용하는 워크스테이션에 장착되는 마이크로프로세서를 생산하는 대기업으로 성장했다.

그렇다면 윈저에서는 배당수익이 전혀 없는 또는 극히 적은 종목에 투자하면서도 어떻게 장기적으로 배당수익률을 높일 수 있었을까? 더 많은 수익을 위해 자본을 다른 곳에 투여하거나 포트폴리오를 확장함으로써 일시적으로 배당수익이 떨어질 수는 있다. 그러나 윈저는 포트폴리오에 투여되는 투자원금의 수익성장이란 본연적인 부분을 잊지 않았다. 대표적인 사례가 포드였다. 한때 우리의 투자 대상 가운데 가장 큰 규모였던 포드는 단 6개월만에 배당금을 60퍼센트나 높여 윈저의 배당수익 향상에 크게 기여했다.

또 한 가지, 윈저에서는 높은 배당수익률을 자랑하는 종목에 투자한 후 배당률이 평균 수준으로 떨어질 때 팔고 다시 다른 종목을 사들이는 방법을 썼다. 이렇게 해서 우리가 사고파는 종목의 배당수익률 차이는 거의 2퍼센트에 육박했다.

총수익률과 PER의 긍정적 관계 견인

윈저의 사전에서 '총수익률'이란 미래의 성장 추정치, 즉 연간 수익성장률과 배당수익률의 합계를 의미했다. 이성적인 투자자라면(물론 우리 역시 이성적인 투자자들이라고 생각했다) 추정수익률도 없이 현실성이 있든 없든 무턱대고 매수에 나서지는 않는다. 따라서 윈저에서 투자 종목을 선정할 때 실질적인 기준이 된 것이 바로 이 추정수익률이었다.

윈저에서 쌓아온 경쟁력의 절반은 총수익률로 설명이 가능했다. 그리고 나머지 절반에 해당하는 PER은 사실상 총수익률을 견인하는 데 결정적인 역할을 담당했다. 투자 종목을 결정하는 한 가지 방법으로 우리는 총수익률을 최초 PER로 나누는 단순한 계산법을 사용했다.

전문가들 중에는 이 방법을 탐탁지 않게 여길 사람들도 많을 것이다. 아마도 전문가로서의 권위를 내세우기에는 이 방법이 너무도 단순하기 때문일 것이다. 그러나 나는 투자와 총수익 사이의 관계를 표현하는 데 이보다 나은 방법은 지금껏 발견하지 못했다.

윈저는 해당 기업의 총수익률을 PER로 나누어 업종 또는 시장평균과 상당한 편차를 보인 종목을 일차적으로 가려냈다. 그리고 총수익률과 PER의 비율이 시장평균과 비교하여 두 배 이상인 기업을 투자 대상으로 선정했다.

1984년, 주가가 폭락하면서 윈저는 트럭 수송업에 관심을 가졌고 그 중에서도 옐로우 프라이트Yellow Freight란 기업이 우리의 시야에 포착되었다. 이 업체의 총수익률을 PER로 나눈 결과 상당히 매혹적인 수치가 도출되었다.

	수익성장률	배당수익률	총수익률	PER	총수익률÷PER
옐로우 프라이트	12.0%	3.5%	15.5%	6배	2.6

오랜 기간 윈저는 PER이 총수익률의 절반과 비슷한 수준인 종목을 찾기 위해 골몰했다. 그런데 1990년대에는 이런 종목을 찾기가 더욱 힘들어졌다. 1999년 초, S&P 500의 평균수익률은 8퍼센트로 늘어났다. 여기에 1.1퍼센트의 배당수익률까지 더해져 총수익률은 9.1퍼센트를 기록했다. 반면에 PER은 무려 27배나 되었다.

	수익성장률	배당수익률	총수익률	PER	총수익률÷PER
1999년 시장	8%	1.5%	9.5%	27배	0.35

윈저에서 오랫동안 적용해온 기준이, PER만으로 잠재적 성장률을 정확히 예측하기 어려운 최근 상황에서는 약간 부족한 점도 없지 않

다. 그러나 이 방법을 적용하는 투자자들은 그 동안 윈저가 누려온 상대적 이점을 지금도 향유할 수 있다. 특히 '총수익률 ÷ PER'이 0.7을 초과하는 종목이라면 윈저의 전통적 기준을 적용해볼 필요가 있다.

• "그게 평가란 거야, 멍청이들아!"

1999년 1월, S&P 500의 총수익률이 극히 빈약한 수준에 머물면서 이날 '배런스Barron's'에서 주최한 토론회에서는 내 목소리가 한층 힘을 얻었다. 빈약한 성장률을 보이는 기업에 투자할 사람은 아무도 없다. 그리고 높은 주가가 결코 능사는 아니다.

많은 투자자들이 주가가 높은 기업을 마치 대형 성장주처럼 인식하던 무렵, 나는 가치를 창출하는 토대는 끝없이 치솟는 시장을 향한 맹목적인 믿음이 아니라 탄탄한 펀더멘털이란 사실을 역설했다. 비유적인 예로, 1992년 대통령 선거전을 바라보며 나는 매우 직설적인 용어를 동원하여 내 견해를 피력했다. "그게 평가란 거야, 멍청이들아!"

적어도 내 생각에는 강세시장이 저PER 투자의 장점을 희석시키는 게 아니라 오히려 더 급박하게 요구한다. 고PER 종목만을 좇다가는 (갑작스런 폭락이 아니더라도) 성장률이 둔화되기 시작하면서부터 큰 손실을 입게 마련이다. 이때 저PER 종목은 제 가치를 드러내며, 시장의 하향세가 계속되더라도 이 가치는 계속해서 유지된다. 일부에서 저PER 투자를 회의적으로 보는 것도 사실이지만 그 상대적 이점은 생각보다 크다.

PER을 감안한 순환노출cyclical exposure

윈저 펀드의 포트폴리오 중에서 경기순환주cyclical stock(주가가 일정한 주기로 일정한 범위를 순환하는 듯한 형태를 보이는 주식으로 경기의 영향을 많이 받는다—옮긴이)의 비율은 보통 1/3 이상이었다. 윈저는 자동차, 화학, 알루미늄 등의 경기순환주를 통해 주기적으로 수익 창출의 기회를 얻었다. 많은 투자자들이 경기 상황에 따라 순환주에 몰렸다가 한꺼번에 빠지는 일이 비일비재했지만 저PER을 지향하던 우리는 이런 행태에 휩쓸리지 않았다.

일반적으로 성장주는 지속적으로 수익을 창출하는 종목을 의미하는 데 반해, 순환주를 선택한 투자자들은 한순간에 막대한 수익을 올리기를 기대한다—다시 말해 주가가 주기를 따라 하락했다가 다시 반등하는 시점을 남보다 빨리 예측해야 한다. 윈저 역시 적절한 시기에 순환주를 매수했다가 수요가 증가하는 시점에 내다 팔았다.

순환주의 잠재력을 평가하기 위해 경기에 따라 요동치는 수익률부터 면밀히 분석해야 했다. 이때 우리가 기준으로 삼은 것은 5년간 성장률이 아니라 평균수익률이었다. 수시로 바뀌는 경기순환business cycle을 감안하면 평균수익률이야말로 최상의 수익 추정 방법이었다. 물론 다른 투자자들도 이와 유사한 방법을 동원했지만 기꺼이 리스크를 감수하는 이들은 극히 드물었다. 윈저가 순환주를 통해 막대한 수익을 올릴 수 있었던 것은, 월스트리트의 거대 기관들이 투자자들에게 추이를 기다리며 지켜보라고 조언할 때 리스크를 안고 적극적으로 움직인 결과였다.

경기순환업종의 특성을 잘 알고 있었던 우리는 같은 기업의 주식을 저가에 사서 고가에 파는 일을 되풀이했다. 일례로 내 임기중에 거대 석유회사인 애틀랜틱 리치필드Atlantic Richfield의 주식을 여섯 번이나 반복해서 사고판 적도 있다.

• 수익 최고점에 집착하지 마라

순환주와 관련하여 한 가지 기억할 사실은, PER이 최고 수준에 이른 상황에서는 수익 상승이 제약을 받는다는 점이다. 성장주의 경우(적어도 이론적으로는) 수익이 계속해서 높아지면 PER도 따라서 올라간다. 그러나 순환주는 다르다. 경기가 최고점에 다다랐을 때 시장의 조정 기능을 통해 PER의 상승에 제약이 따른다.

중요한 것은 타이밍이다. 누구도 상한과 하한을 정확히 예측할 수 없다. 게다가 경기에 따라 지속되는 시간에도 차이가 있다. 그래서 우리는 리스크를 피하기 위해 PER이 낮은 순환주를 주로 매수했다. 물론 예상외로 PER이 더 떨어질 때도 있었지만 그 정도의 손실은 얼마 지나지 않아 대부분 다시 회복되었다. 그리고 우리의 예상이 맞아 떨어졌을 때는 남보다 일찍 순환주에 투자한 것이 막대한 수익으로 되돌아왔다.

일반적으로 저PER 투자는 경기순환 기업이 수익을 보고하기 6~9개월 이전에 최대의 수익을 실현한다. 그 이후에는 많은 투자자들이 이 업종의 역동성에 눈을 떠 너도나도 투자에 뛰어들기 때문에 많은 수익을 기대하기 어렵다.

1997년의 컨티넨털 홈즈Continental Homes가 대표적인 예다. 당시

이 업체는 주택건설업체로서의 가치를 철저히 외면받고 있었다. 얼마 후 주택 수요가 살아나고 금리가 하향곡선을 그리면서 나는 이 업체의 가능성에 남다른 무게를 실었다. 대다수 투자자들은 극적인 수익 향상의 확실한 증거가 눈앞에 나타나기를 기다리고 있었지만 나는 증거 따위에 연연하지 않았다. 그래서 곧바로 이 업체의 주식을 사들였고 주가가 세 배나 뛰었을 때 내다 팔았다.

확실한 성장기업

윈저에서는 탄탄한 시장 지위와 확실한 성장 가능성을 보유한 유망기업들을 주요 투자 대상으로 선정했다. 이런 기업은 업계의 화려한 조명과는 거리가 있었을 뿐 아니라 미국의 대기업과 비교할 때 변덕스러운 투자자들 때문에 상처를 입을 가능성도 높았다. 그러나 우리는 이런 이유 때문에 유망기업을 선호했다. 물론 해당 기업의 경영진도 우리를 현명한 투자자로 여겼을 것이다. 시장이 조정을 거칠 때 우리는 유망기업의 주식을 매수했다. 그리고 이들 기업의 경영이 원활하고, 전략 계획이 존재하며, 어려운 상황에 대비하여 충분한 자원을 확보하고 있는 한 우리가 선뜻 주식을 내다 파는 일은 없었다.

윈저는 비교적 생소하지만 안정성이 높은 성장기업에 많은 관심을 가지고 있었던 반면에 이른바 일류기업들은 안팎의 여러 가지 이유로 휘청거릴 때가 많았다. 호재는 늘 악재의 그늘에 가려지는 법이며, 아무리 일류기업이라 해도 투자자들의 움직임에 따라 희생양으로 전락할 수 있다. 따라서 나는 원저를 운용하면서 이런 위험을 최소화하기 위해 저PER 전략을 바탕으로 미국의 거의 모든 업종에 걸쳐 다양한 기업을 포괄하는 포트폴리오를 구축했다.

1978년, 우리는 시장 지배적 지위에 있던 ABC 텔레비전에 투자를 단행했다. 우리 판단에 ABC의 수익성은 당시 황금 시간대를 독점하다시피했던 여타 방송사에 비해 결코 손색이 없었고, 주간 방송을 주도하던 CBS와도 견줄 정도였다. 게다가 ABC는 네트워크 자산 외에도 미국에서 수익성이 가장 뛰어난 TV와 라디오 방송국을 여러 곳 보유하고 있었다.

반면에 ABC의 PER은 1978년을 기준으로 타 방송사에 비해 훨씬 낮은 약 5배에 불과했다. 그럼에도 불구하고 우리는 ABC의 수익성이 양호하다고 보았다. 그리고 프로그램 제작에 필요한 비용을 충분히 확보하고 있었기 때문에 향후 방송에서 얻게 될 수익이 이 비용을 상쇄하고도 남을 것으로 예측했다. 따라서 앞으로 늘어나게 될 수익은 PER에 그대로 반영될 것이므로 투자에 대한 확신은 그만큼 높아졌다.

아울러 우리는 ABC가 기존 운영방식을 그대로 유지하더라도 장기적으로 방송업계의 평균 수준인 9퍼센트의 수익을 달성하리라고 보았다. 여기에 덧붙여 현금흐름의 효율적인 운용으로 2퍼센트의 부가 성장률도 가능할 것으로 예측했다. 결과적으로 볼 때, 현행 4퍼센트 수준을 유지하고 있는 배당률을 특별히 높이지 않더라도 총수익률은 15퍼센트에 육박하는 셈이었다. 우리는 ABC의 PER 목표를 시장의 12배보다 높은 14배로 설정했다. 실적으로만 따지면 ABC는 에미상 후보로도 손색이 없었기 때문이다. 이렇게 해서 이듬해인 1979년에 우리가 거둔 수익률은 예상을 훨씬 초과하여 85퍼센트에 이르렀다.

1982년 중반, 시장의 환경 변화로 가치주를 찾기가 힘들어지자 윈저에서는 새로운 기회를 모색했다. 당시 대부분의 투자자들은 불과 몇년 전만 하더라도 엄청난 인기를 누렸던 오일주에서 서서히 떨어져나가고 있었다. 이런 상황은 윈저의 관심을 끌기에 충분했다. 그러나 탄탄한 기초체력을 가진 기업으로부터 쭉정이들을 걸러내기 위해서는 매우 신중한 접근이 필요했다.

• 수익 창출

이런 분위기에서 윈저의 까다로운 요구조건을 충족시킨 기업은 할리버튼Halliburton이란 오일서비스업체였다. 당시 할리버튼은 하락추세에 있던 오일 부문에서 상당한 지위를 확보한 상태였고, 주요 경쟁업체 한 곳과 더불어 유전의 지분을 거의 독식하고 있었다. 또한 할리버튼이 올린 수익의 85퍼센트는 오일서비스에서 비롯하였으며, 고객들은 이 업체의 독특하고 신속한 서비스를 높이 평가하고 있었다.

할리버튼은 오일서비스 부문에 오랫동안 몸담아왔을 뿐 아니라 편법적인 가격 인상을 통해 고객들의 주머니를 갈취하는 일도 없었다—당시에는 이런 사례가 많았다. 우리는 오일 부문의 하락세와 상관없이 국내에서 이 업체의 성장이 계속될 것으로 보았고, 이런 우리의 예상을 확인시켜 주기라도 하듯 할리버튼은 기존의 천연자원 시장뿐 아니라 유정 부분에서도 막대한 수익을 올릴 채비를 갖추고 있었다. 또한 1982년을 기준으로 할리버튼의 총수익 가운데 15퍼센트를 점유했던 건설 자회사 두 곳의 미래도 상당히 밝은 편이었다. 결과적으로 우리는 할리버튼 주식의 PER이 5배 미만인 상태에서 16퍼센트의 성장률과 5퍼센트의 배당수익률을 전망했다.

그 결과 이런 우리의 판단은 여지없이 빗나갔다. 1983년 중반, 할리버튼은 우리의 예상을 훨씬 뛰어넘어 업계 최고 수준의 수익률을 기록했기 때문이다.

1986년, 대표적 성장산업인 항공업계에서 탄탄한 지위를 구축해온 항공사라면 단연 보잉Boeing을 꼽을 수 있었다. 윈저에서 보잉에 관심을 갖게 된 건 두 가지 이유에서였다. 첫째는 보잉의 주식에 투자한 적이 한 번도 없었다는 점, 둘째는 많은 사람들의 우려 속에 보잉의 주가가 폭락하고 있었다는 점이었다. 사실 보잉은 상업용 항공업계에서 재정적으로 매우 탄탄한 기업에 속했으며 규모는 크지 않지만 군사 부문에도 진출한 상태였다. 그럼에도 불구하고 1986년 보잉의 수익률은 거의 25퍼센트나 떨어졌다. 수익성이 높은 747 기종의 운항 횟수가 줄어든 데다 새로 진출한 군사 부문에 막대한 자금을 지출함으로써 빚어진 일시적인 결과였다.

설상가상으로 새로 인수한 소형 항공기 생산팀인 캐나디언 드 하빌랜드Canadian de Haviland의 적자도 눈덩이처럼 불어났다. 그러나 우리가 볼 때 보잉의 재무 상황은 그리 나쁘지 않았다. 그리고 1988년에는 1986년 수준으로, 1989년 봄에는 그 이상의 수익을 창출할 것으로 예견했다. 이런 예측이 가능했던 것은 747 기종 중에서도 수익성이 높은 장거리 여객기인 747-400의 운항 횟수가 두 배 이상 늘어났기 때문이었다. 물론 신형 에어버스 320과 곧 등장하게 될 340 기종 등 유럽

컨소시엄의 경쟁도 만만치 않았지만, 우리는 달러 약세까지 등에 업은 보잉이 상업용 국제항공 부문에서 유럽을 제치고 기존의 지위를 더욱 공고히 할 것으로 보았다. 그리고 당시 보잉의 배당수익률은 3퍼센트에 불과했지만, 우수한 자금력에 높은 추정수익률까지 더해져 향후 배당수익률도 훨씬 높아지리라고 예측했다.

그 결과 예상한 대로 보잉은 윈저에 68퍼센트라는 막대한 수익을 안겨주었다. 에어로스페이스 그룹의 24퍼센트와 S&P 500의 11퍼센트와 비교하면 실로 엄청난 격차였다.

강력한 펀더멘털

기업의 펀더멘털을 단 몇 줄로 간단하게 분석할 수 있는 방법은 없다. 여기서는 내가 펀더멘털을 분석하며 주로 사용해온 몇 가지 척도를 소개한다.

하나의 척도 또는 몇 가지 척도만을 조합하여 주식투자를 결정하기는 무리다. 투자 대상을 선정할 때는 각종 수치와 사실을 전반적으로 검토하여 투자의 분명한 근거 또는 그 반대 근거를 확인할 필요가 있다. 목표는 저PER 기업 또는 업종을 대상으로 신뢰성 높은 추정성장률을 산출하는 일이다. 따라서 펀더멘털 분석의 가장 큰 목적은 업종 또는 시장의 평균치와 비교하여 투자 대상 기업의 실적이 얼마나 차이가 있는지를 밝히는 데 있다. 펀더멘털이 상대적으로 건실한 기업은 저PER 종목의 이점을 극대화할 수 있는 반면에 펀더멘털이 취약한 기업은 PER의 상승을 기대하기 어렵다. 그러므로 펀더멘털의 지향점을 명확히 밝히는 일이 무엇보다 중요하다. 그러나 전통적인 펀더멘털 분석 방식은 비효율적일 뿐 아니라 자칫하면 눈앞에서 기회를 놓쳐버릴 수도 있다.

나는 종목을 분석할 때 수익과 매출을 우선적으로 고려한다. 수익 성장률은 PER과 주가를 견인하며, 배당은 수익에서 나오기 때문이다. 그리고 '매출이 증가하면 자연히 수익도 향상된다.' 매출 1달러로부터 최대한의 수익을 창조해내려는('판매수익 증대'라고 부른다) 노력은 투자에도 그대로 적용된다. 물론 판매수익이 언제까지 늘어날 수는 없다. 하지만 기업이 투자자들을 유치하기 위해서는 매출 향상을 입증해 보여야 한다.

주식회사는 거래량과 수익률을 매 분기마다 공시한다. 여기서 달러 기준 매출dollar sales과 단위 기준 매출unit sales 사이의 관련성에 대해 생각해보자. 내 경우에는 단위 매출보다는 달러 매출을 선호한다. 수익은 단위가 아닌 달러로 산정되기 때문이다. 둘 사이의 관계가 중요한 이유는 가격에 미치는 영향 때문이다. 달러 매출 성장률이 단위 매출을 능가할 경우 가격이 상승하여 모멘텀momentum(변수가 같은 방향으로 변동하려는 경향으로 추세분석의 기초가 된다-옮긴이)을 자극한다. 여기에 전반적인 매출 상승까지 가세하면 좋은 투자 기회로 보아도 큰 무리가 없다. 물론 저PER 종목의 주가가 상승하면서 기대 이상의 수익을 안겨줄 때도 적지 않다.

비슷한 경우로 기업의 배송 시스템을 생각해보자. 기업이 주문을 받을 때처럼 신속하게 배송을 처리하지 못하면 문제가 발생할 수 있다. 예컨대 1998년에 보잉의 조립 라인에서 주문을 제때 처리하지 못하자 주가는 곤두박질쳤다. 반면에 수요가 공급을 초과할 때는 기업이 가격을 높일 수도 있다. 이때 저PER 투자자들은 가격 인상을 통한 기업의 수익이 어느 정도 될 것이며 대중은 가격 인상을 어떻게 받아들일 것인지를 판단해야 한다.

또한 투자자는 주문 잔고가 원자재 부족과 숙련된 노동자의 부족, 기술적 결함의 세 가지 원인 가운데 어디에서 비롯되는지를 알아야 한다. 원자재 부족과 기술적 결함이 원인일 때는 신속하게 문제를 해결할 수 있지만, 숙련된 노동자가 대거 부족한 상황에서는 문제 해결에 적잖은 시간과 노력이 필요하다. 그리고 문제(기회가 될 수도 있다)의 심각성이 어느 정도냐에 따라 PER의 대응 시간도 달라진다.

• 현금흐름을 기준으로

수익 산정을 두고 여러 가지 의문이 제기되던 시절에는 현금흐름 cash flow(기업 활동을 통해 나타나는 현금의 유입과 유출 현상으로 영업 활동에 의한 현금흐름, 투자 활동에 의한 현금흐름, 재무 활동에 의한 현금흐름 등으로 구분한다—옮긴이) 개념이 나름대로 중요한 역할을 했다. 내가 생각하는 현금흐름 개념은 일반 증권 분석가들이 이해하고 있는 것과 큰 차이가 없다. 나는 현금흐름을 유보이익retained earning * 에 감가상각depreciation(시간의 경과에 따른 건물 또는 기계류 등의 가치 소모분을 금액으로 계산한 것—옮긴이)을 더한 것으로 간주한다. 기업의 재무제표에

---

* 유보이익이란 배당금 또는 기타 어떤 방식으로도 분배되지 않는 순이익을 말한다.

는 이 감가상각도 명시된다.

일부에서는 현금흐름 개념을 EBITDA(Earnings Before Interest, Tax, Depreciation and Amortization) 이상으로 확대시키는 사람들도 있다. 이들이 개발해낸 개념인 EBITDA는 글자 그대로 '이자비용·법인세·감가상각비·부채상환비용을 공제하기 이전의 이익'을 뜻한다. EBITDA는 기업 인수 과정에서 특히 중요한 역할을 한다. 이 수치를 통해 기업이 감당할 수 있는 부채의 규모를 판단할 수 있기 때문이다. 그러나 내 경우에는 현금흐름을 유보이익과 감가상각의 합으로 이해하는 것만으로도 충분했다. 이 수치가 도출되면, 투자 대상 기업의 자본 필요량을 의미하는 나머지 두 가지 요소(영업비용과 자본지출)와도 비교해야 한다. 자본의 부족으로 현금흐름이 원활하지 못한 기업은 어떤 식으로든 자금을 조달하여 문제를 해결해야 한다. 반면에 현금흐름 과잉 상황에서는(자본이 필요 이상으로 풍부한 상황에서는) 추가 배당, 자사주 재매입, 인수, 재투자 등에 과잉자본을 투여할 수 있다.

윈저에서 현금흐름을 바탕으로 투자하여 성공을 거둔 대표적인 사례로는 언론기업인 워싱턴 포스트Washing Post Company를 꼽을 수 있다. 이 업체의 수익 분포를 보면 『워싱턴 포스트』 조간신문 수익이 전체의 40퍼센트, 파트너 업체인 『뉴스위크』에서 30퍼센트, 그리고 포스트-뉴스위크Post-Newsweek TV와 라디오 방송이 30퍼센트를 각각 기록했다. 워싱턴 포스트는 조간신문과 방송 분야에서 시장을 점차 확대했고, 여기에 뉴스위크의 새로운 간행물이 속속 등장하면서 수익성이 향상되어 현금흐름도 매년 원활하게 이루어졌다. 윈저는 워싱턴 포스트에 투자한 지 12개월 만에 무려 45퍼센트의 수익률을 달성했다.

현금흐름을 투자의 잣대로 삼았던 또 하나의 기업으로는 1988년 말에 투자했던 석유회사 아메라다 헤스Amerada Hess가 있다—이 업체의 지분은 창업자 레온 헤스Leon Hess 일가가 거의 독점하고 있었다. 당시 이 업체는 오일뿐 아니라 마케팅 부문에서도 이렇다할 두각을 드러내지 못했지만 영국 접경의 북해를 필두로 한 탐사 사업에서만큼은 어느 정도 기대를 모으고 있었다. 그러나 시장에서는 아메라다 헤스의 전통적 수익성을 평가절하했고, 그 결과 이 업체가 보유하고 있던 원유 비축분도 제대로 평가받지 못했다. 하지만 우리 생각은 달랐다. 언제가 될지 정확히 알 수는 없지만 원유 비축분을 바탕으로 수익성도 상승하리란 게 우리의 판단이었다. 그래서 우리는 아메라다 헤스의 주식을 26달러에 사들이며 목표주가를 40달러로 설정했다—1989년의 주당현금흐름cash flow per share(당기순이익에 감가상각비와 같은 현금지출이 없는 비용을 더하여 이를 발행주식수로 나눈 것으로 영업활동에 의하여 얻어진 1주당 자금의 양을 말한다—옮긴이)의 거의 5배에 달하는 금액이었다.

아니나 다를까, 아메라다 헤스의 수익성은 일 년도 채 지나지 않아 50퍼센트나 향상되었고 윈저는 그 열매를 알차게 거둬들일 수 있었다.

• 자기자본수익률(ROE)

기업 경영진이 주주들의 자본을 이용하여 달성한 실적 수준을 판별할 수 있는 최상의 단일 척도를 꼽으라면 단연 자기자본수익률(ROE: Return on Equity)을 들 수 있다. ROE는 보통주 가치에 대한 순수익의 비율을 뜻한다. 1981년, 윈저에서는 이 기준을 활용하여 손해보험과 특종보험casualty insurance(손해보험의 한 분류 방법으로 해상보험·화재보험·자동차보험·보증보험·장기보험 등을 제외한 모든 새로운 형태의 보험의 총칭—옮긴이) 전문업체 한 곳을 투자 대상에 포함시켰다.

크럼 & 포스터Crum & Foster라는 이름의 이 손해보험업체는 손해보험과 특종보험 중에서도 특히 노동자 재해보상보험 부문에서 상당한 점유율을 보유하고 있었다. 1981년, 이 업체는 업계에서 자기자본수익률이 가장 뛰어난 기업의 하나로 자리매김했고, 결과적으로 주주들에게 그만큼 많은 혜택을 부여할 수 있는 여건을 확보했다. 우리가 크럼 & 포스터의 성장률을 낙관적으로 예측한 배경에는 이처럼 뛰어난 자기자본수익률이 한몫을 했다.

크럼 & 포스터는 예상대로 높은 성장률을 기록하여 우리에게도 막대한 수익을 안겨주었다. 그런데, 때마침 금융서비스 부문으로의 진출을 모색하던 제록스Xerox Corporation에서 이 업체의 가능성을 믿고 모험(인수)을 단행했다. 그러나 결과는 대단히 비극적이었고, 우리가 크럼 & 포스터의 주식을 매각하여 얻은 수익의 상당 부분도 당시 보유하고 있는 제록스 주식의 폭락에 의해 상쇄되고 말았다.

• 언제까지 잘못된 방향을 고집할 것인가?

영업매출과 관련 비용과의 차액을 영업이익이라 하고, 소득공제 전이나 영업 활동 외의 원천 비용이나 소득은 계산에서 제외한다. 영업이익의 영업매출과의 비율을 영업이익률이라고 한다. 영업이익률은 업종에 따라 큰 차이가 있다. 성공적인 소프트웨어업체의 영업이익률은 일반적으로 40퍼센트를 초과하는 데 반해 슈퍼마켓은 불과 몇 퍼센트에 지나지 않는다. 따라서 영업이익률은 불미스러운 사건이 발생하여 수익을 잠식할 때 해당 기업의 재무 건전성을 판단할 수 있는 잣대역할을 한다. 예를 들어 영업이익률이 20퍼센트인 기업은 악재로 인해 5퍼센트를 잠식당하더라도 여전히 15퍼센트라는 적잖은 수익을 남긴다. 그러므로 악재의 가능성을 최소화하는 저PER 전략에서는 높은 영업이익률을 방패로 삼아 혹시라도 있을지 모를 수익 잠식을 상쇄한다.

영업이익률보다 효과적인 척도로는 세전이익률을 들 수 있다. 세전이익률이란 총매출과 여기서 세금을 제외한 총경비를 공제한 이익의 비율을 의미하며, 매출과 무관한 비용이 기업 성장률에 미치는 마이너스 효과를 제거했다는 점에서 영업이익률보다 신뢰성이 높다. 투자자라면 이 세전이익률을 면밀히 검토함으로써 현재의 잘못된 방향을 수정할 필요가 있다.

하루를 마감할 무렵이면 나는 항상 저PER 종목을 찾기 위해 가능한 모든 기법을 동원했다. 목표는 하나였다. 바로 유용한 실적 자료를 찾는 일이었다. 그래서 윈저에서 보유한 모든 주식을 언제든 매도 가능한 상태로 유지하는 것이 내 일이었다. 새로운 소재를 발굴하기 위해 아무리 많은 노력을 기울였더라도 다른 투자자들이 이를 알아주지 않으면 결코 예상했던 수익을 올릴 수 없다. 팔 준비가 되었다고 해서 해당 종목의 주가가 생각했던 만큼 높아지리라는 보장은 없다. 그러나 저PER 전략을 구사함으로써 그 가능성을 어느 정도 높일 수는 있다.

8

JOHN NEFF

가치투자 핵심 전략,
할인매장에서 보석을 찾아라

투자 프로세스는 어디서부터든 그 시작이 있게 마련이다. 내 경우에는 백화점의 할인판매장처럼 저렴한 주식이 공급되는 매장을 찾는 것이 바로 투자의 시작이다.

그 날의 저가주를 공략하라

새로운 최저가를 기록한 종목을 유심히 살펴보라. 이런 종목 리스트는 매일 달라진다. 다우존스 산업평균지수가 최초로 1만 포인트를 뛰어넘은 후 불과 이틀 만에 뉴욕증권거래소에서는 185개 종목이 52주 최저가를 기록했다. 마찬가지로 나스닥에서도 148개 종목이 최저가 기록을 경신했다.

주가가 낮다고 해서 무조건 매수에 나서서는 안 된다. 이런 기업 중에는 지금 당장보다 앞으로 더 심각한 상황이 초래되는 경우도 있기 때문이다. 그러나 내 경험에 비추어볼 때, 그 날의 최저가 리스트 중에 투자 가치가 있는 탄탄한 기업이 반드시 한두 곳 정도는 있다. 따라서 그 리스트 중에서 분위기가 바뀌었을 때 시장의 관심을 끌 수 있을 정도의 성장 가능성을 지닌 종목을 골라내는 일이 무엇보다 중요하다.

52주 최저가에 근접한 수준에서 거래가 형성된 종목을 눈여겨 살펴보자. 신문을 보면 거래량 상위 종목을 확인할 수 있으며 전년도의 주가에 대한 정보를 소개하는 경우도 있다. 이들 종목 중에 최근에 주가가 급등했거나 급락하고 있는 종목을 찾아서 그 원인을 알아보자. 물론 이 방법을 적용하더라도 모든 투자자들이 만족스러운 결과를 얻을 수는 없다. 가장 큰 이유는 이들 기업 중에 실적이 나쁜 경우가 적지 않기 때문이다. 그러나 많지는 않지만 저PER 기준을 충족시키는 기업도 있다. 여기에 해당하는 기업은 지금 당장의 실적이 떨어지더라도 미래에 풍요로운 결실을 가져다줄 가능성이 높다.

'주가가 왜 떨어졌지?'

주식시장을 소개하는 각종 뉴스에는 전일 하락 종목에 대한 리스트도 포함되어 있다. 이들 종목의 하락률은 대개 8~30퍼센트 수준이다(한국 거래소시장의 경우에는 전일 종가의 ±15퍼센트 수준에서 가격제한

폭을 설정하고 있다-옮긴이). 이 종목들 중에는 당신이 어느 정도 알고 있는 비교적 친숙한 기업도 있을지 모른다. 또한 특정 기업이 왜 하락 종목 리스트에 포함되었는지 의아해할 수도 있다. 이런 경우에는 해당 기업의 하락 원인을 철저히 분석할 필요가 있다.

펀더멘털의 결함을 의미하는 특별한 증거나 정보가 없다면 해당 종목은 곧 반등할 가능성이 높다. 설령 당장의 수익은 힘들더라도, 적어도 앞으로는 경쟁자들에 비해 유리한 위치를 확보하게 된다.

악재도 때로는 호재가 될 수 있다

나는 시중에 떠도는 부정적인 소식에도 귀를 기울인다. 많은 전문가들이 저PER 종목의 미래를 암울하게 바라보며 '오늘의 성장주'만이 영원한 해법이라고 주장할 때도 나는 크게 개의치 않는다. 1991년 2월 『포브스Forbes』는 「빛 바랜 영광」이란 제목으로 기사를 게재한 적이 있었다.* 고전을 면치 못했던 1990년의 윈저 펀드 실적을 다룬 내용이었다.

그러나 몇 개월 후 『월스트리트 저널』의 「Heard on the Street」 칼럼에서는 "종목 선정 스타일이 성공을 견인한다"** 라는 제목으로

---

* 리처드 팔론Richard Phalon & 마이클 프리츠Michael Fritz, "*Tarnished Glory*", 포브스, 1991년 2월 4일자
** 존 R. 도프먼John R. Dorfman, "*Inside the Value Investors' Portfolio,*" 월스트리트 저널, 1991년 5월 22일자

이보다 낙관적인 내용의 기사를 다루었다. "한때 천대의 대상이던 '가치투자'의 중요성이 다시 부각되면서 투자자들은 (저가에 주식을 매수하는) 주류 투자기관들이 자체 포트폴리오를 어떤 종목으로 채우는지 궁금해하고 있다." 1999년 초에도 이와 유사한 현상이 빚어졌다. 몇몇 유력 간행지에서 가치투자의 종말을 선언했음에도 불구하고 그 영향력은 오히려 더 확고해졌다. 그 해 7월, 윈저 펀드는 『월스트리트 저널』에서 「돌아온 아이들」* 이란 제목 아래 선정한 7대 뮤추얼펀드 중에서 수위를 차지했다. 이 리스트에서 윈저의 뒤를 이은 2위와 3위 역시 가치투자를 지향하는 펀드들이었다.

보편적 통념의 실체를 잘 알고 있었던 나는 이런 기사를 접하면서도 역경의 시기를 잘 헤쳐나가고 있는 기업 또는 업종을 물색하려는 노력을 게을리하지 않았다. 이렇게 해서 투자 대상을 찾아내면 해당 기업의 주력 비즈니스의 건전성과 주변의 우려를 정확히 분석해야 했다. 윈저에서는 통념과의 반복적인 투쟁을 통해 막대한 이윤을 손에 넣었다. 그 중에서도 가장 극적인 결과를 낳았던 시기로는 환경의 변화로 인해 보험회사들이 큰 어려움에 처했던 1980년대 말을 들 수 있다. 이 시기에 손해보험과 특정보험업체 여러 곳이 윈저의 사정거리에 포착되었고 그 중에서도 우리가 가장 눈독을 들인 업체는 시그나Cigna Corp.였다.

당시 월스트리트에서는 단 한 명을 제외한 모든 분석가들이 유해

---

* 푸이-윙 탐Pui-Wing Tam, "*Seven Mutual Funds that Went from Loser to Winner,*" 월스트리트 저널, 1999년 7월 23일자, 1면Fund rankings by Morningstar Inc.

물질과 환경문제로 인한 보험업계의 미래 부담금 규모를 약 5000억 달러로 추정했다. 이 예측이 옳다면 보험업계의 존재 자체가 회의적일 수밖에 없었다. 집단사고를 선호하는 월스트리트에서는 이처럼 급진적인 전망을 마치 실제처럼 받아들였다. '매도 부문' 분석가들은 서로의 귀에 대고 이 소식을 전파했고 그 희생양을 감수하려는 사람은 아무도 없었다. 잘못되면 생계수단이 송두리째 날아갈 판에 누가 감히 영웅을 자처하며 나서겠는가! 월스트리트의 논리는 한마디로 이렇게 집약할 수 있다. "최선을 꿈꾸되 최악을 예상하라!" 그러니 칼날을 앞에 두고 목을 내놓을 사람은 당연히 아무도 없었다.

그러나 쓰레기 문제나 석면에 대한 월스트리트의 대응이 실제로는 과잉대응에 불과하다는 사실이 서서히 밝혀지기 시작했다. 애초에 예상했던 비용 규모는 턱없이 많은 것이었고 석면으로 인해 영향을 받으리라고 예측했던 종목의 주가도 오히려 반등했다. 우리는 이와 같은 근거를 바탕으로 전문가들이 주장하던 환경부담금 이슈와 맞섰다. 그리고 예상했던 비용이 현실화되었을 때 위협받게 될 보험업계의 운명을 염려하기보다는, 이런 과잉대응이 허구로 드러났을 때 시장에 파급될 영향력을 분석했다.

아무튼 환경부담금과 관련된 이슈 때문에 사람들은 시그나 의료보험 비즈니스의 잠재력을 제대로 발견하지 못했다. 사실 시그나는 의료보험 부문에서 막대한 수익을 창출하고 있었기 때문에 미래의 환경부담금 충당을 위한 적립금을 제외하고도 충분한 여력을 보유하고 있었다.

시그나의 낮은 PER은 우리가 보기에 대단히 매력적인 요소였다.

게다가 예측과 현실이 어긋나면서 심판의 날을 대비해 보험회사들이 적립해야 했던 비용은 처음의 예상보다 대폭 줄어들었다. 그 결과 시그나의 주가는 재원의 한계 속에서도 높은 수준으로 상승했다.

그 결과 환경과 관련된 논쟁이 한풀 꺾인 1991년, 시그나의 주식 수익률은 54퍼센트로 높아져 다른 보험회사들의 평균수익률인 45퍼센트보다 높은 실적을 기록했다. 반면에 같은 시기에 S&P 500의 수익률은 29퍼센트에 불과했다.

두드러진 주가 하락은 미래의 가능성을 의미한다

윈저의 투자 스타일은 안정적인 기업의 주식을 싸게 사서 높은 가격에 판매하는 것으로 요약할 수 있다. 실제로 윈저에서 매수한 대표 종목의 주가를 직전 최고가와 비교해보면 오른쪽 도표와 같다.

윈저에서는 주가가 하락하더라도 저PER 기준을 충족시키는 종목에 대해서는 관심의 끈을 놓지 않았다. 일례로 1985년 추정수익 대비 20배의 주가에 거래되던 홈 디포Home Depot는 객관적으로 볼 때 윈저의 투자 대상으로 합당치 않았다. "Do-It-Yourself Warehouse"를 표방한 홈 디포는 가정용 건축자재 판매업계에 일대 혁신을 몰고 왔다. 이후 많은 업체들이 앞다투어 홈 디포의 대형 매장과 실질 본위의 저렴한 가격을 모방했지만 제대로 수익을 낸 기업으로는 홈 디포가 유일했다.

1985년, 홈 디포는 22개의 매장을 50개 이상으로 급속하게 늘렸다. 물론 이 과정에서 발생한 비용은 일시적으로 이 업체의 수익성에 부작용을 미쳤다. 당황한 투자자들은 앞다투어 주식을 매도하기 시작했고 그 결과 홈 디포의 주가는 급락했다. 그러나 우리는 주가의 급락을 오히려 호재로 받아들였다. 이 업체의 매장 확장이 원활하게 이루어지고 있는 것으로 판단했기 때문이다. 그동안 원저에서는 '하늘 높은 줄 모르고 가지를 내뻗는 나무'를 의심스러운 눈초리로 바라본 게 사실이었다. 그러나 1986년 추정수익을 기준으로 10배의 PER에 주가도 최고가보다 60퍼센트나 떨어진 만큼 홈 디포의 미래는 매우 낙관적이라는 게 당시 우리의 예상이었다. 우리는 홈 디포에 투자한 지 9개월 후인 1986년 2/4분기 초에 63퍼센트의 경이적인 수익률을 기록했다.

매수종목(1986년 7–10월)	1986년 최고가 대비 하락률(%)	1986년 최고가
Atlantic Richfield	−25.0	$ 21.00
Cigna Corp.	−24.9	191.00
Travelers Corp.	−23.3	70.00
Aluminum Co. of America	−23.1	111.00
Chrysler Corp.	−22.1	127.00
General Motors Corp.	−19.0	36.00
Standard Oil Corp.	−18.6	28.00
Great Western Financial	−18.4	23.00
Citicorp	−17.6	33.00
IBM	−17.1	149.00
Alcan Aluminum	−16.3	39.00
First Interstate Bancorp	−14.8	34.00
Bankers Trust	−13.7	44.00
Phillips Petroleum	−13.6	33.00
평균	−18.5	

비인기주를 찾아라

　업종별 또는 경제 전반의 어려운 상황과는 대조적으로 기업이 취한 급진적인 행위 때문에 당황한 투자자들이 대책 없이 매도에 나서는 경우도 있다. 사실 대부분의 투자자들은 언제 어떻게 될지도 모르는 기업들이 발행한 주식에 별다른 애착을 갖고 있지 않다. 그러나 1989년에 윈저에서 세계 최대 규모의 섬유유리 제조업체 오웬스 코닝 피버글래스Owens Corning Fiberglass의 지분을 확보하게 된 계기는 일반 투자자들과는 달리 기업에 대한 관심 때문이었다.

　1986년, 경영권을 빼앗길지도 모를 위기에 처한 오웬스 코닝 측에서는 경영권 방어를 위해 대규모 차입금까지 동원하여 주주들의 보유 주식을 되샀다. 그리고 원래 주주들이 보유하고 있던 지분의 일부는 껍데기주식stub stock(차입매수 또는 차입증가형 자본 재편 등의 결과로 부채비율이 엄청나게 커진 기업의 주식 또는 그러한 기업의 주식으로 전환할 수 있는 신주인수권 등을 말한다. 위험이 큰 동시에 대량의 자본이득이 생길 가능성도 있는 투기적 증권이다-옮긴이)으로 전락하고 말았다. 우리는 이 '껍데기주식'을 이용하여 오웬스 코닝에서의 지위를 더욱 공고히 했다. 이 업체의 리스트럭처링의 규모는 대차대조표에 잘 나타나 있었다-그로 인해 주주들이 보유한 주식의 장부가치는 실질적으로 휴지조각이나 다름없었다. 따라서 주주들의 동요는 불을 보듯 뻔한 일이었다.

　그러나 오웬스 코닝은 비슷한 방식으로 리스트럭처링을 시도한 다른 기업들과는 달리 매우 성공적인 결과를 낳았다. 이 업체가 리스트럭처링을 통해 성공을 거둘 수 있었던 중요한 이유 가운데 하나는 비용과 생산성, 생산량 조절 등 수익과 직결되는 몇몇 요소들을 효과적으로 통제한 덕분이었다. 더욱이 우리 판단에는 당시의 섬유유리 시장도 매우 역동적인 상태였다. 따라서 신제품과 훌륭한 서비스를 보유한 오웬스 코닝이 전 세계 주요시장에서 점유율을 서서히 늘려나가는 것은 당연한 결과였다. 뿐 아니라 이 업체의 고객들도 섬유유리 생산에 종사하는 세계적인 우량기업들 중에서도 오웬스 코닝을 수위로 평가했다.

이 과정에서 오웬스 코닝의 리스트럭처링 프로세스에 동요한 투자자들은 보유 주식을 헐값에 매각하는 일도 적지 않았다. 하지만 우리는 투자수익률을 8~10퍼센트로 설정했고, 오웬스 코닝이 막대한 규모의 부채를 해결하고 수익에 대한 이자 지불까지 적용할 경우에는 추가로 이 정도의 수익률이 가능할 것으로 보았다. 그리고 이때는 배당이 없었지만 주주들의 지분 규모가 정상적인 수준을 다시 회복하면 배당을 재개할 것이라고 예측했다. 다른 투자자들이 오웬스 코닝의 리스트럭처링을 의심스런 눈으로 바라보는 사이, 우리는 유망한 기업이 탄탄한 비즈니스를 토대로 미래의 성장을 위한 준비 과정에 있는 것으로 판단했던 것이다.

그 결과 1991년 1/4분기부터 윈저는 수익을 실현하기 시작했다. 그리고 1993년에는 그동안 윈저에서 지출한 비용의 두 배가 넘는 금액에 오웬스 코닝의 주식을 처분했다.

1991년말, 영국에 본사를 둔 주택건설과 건축자재 생산업체인 비저Beazer, PLC에서 좋은 조건의 매각을 추진하고 있었다. 비저는 영국계 기업으로 최근 매출이 약간 위축되긴 했지만, 전체 영업이익의 60퍼센트를 미국 시장에서 올릴 만큼 미국에서도 영향력을 가지고 있었다. 그러나 하필이면 건축경기가 한창 불황일 때 값비싼 인수 전략을 진행하는 바람에 은행과의 계약마저 이행하지 못할 만큼 다급한 지경에 몰리고 말았다. 그래서 어쩔 수 없이 싼 값에 주식을 공모했고 이 소식을 접한 많은 투자자들은 앞다투어 비저의 주식을 내다 팔았다. 이처럼 위급한 시기에 윈저는 주당 4달러에 비저의 주식을 매수했다. 불과 몇 개월 전의 13.75달러와 비교하면 그야말로 헐값에 지나지 않았다.

비저의 주식을 투매한 투자자들은 리스트럭처링 이후 이 업체가 창출할 매력을 내다보지 못했다. 하지만 시간이 지나면서 이들도 서서히 눈을 뜨기 시작했다. 비저의 주식을 매수한 지 불과 2개월 만에 주가가 50퍼센트나 급등했기 때문이다.

양질의 성장세를 유지하는 기업을 찾아라

1978년 말, 윈저에서 걸프 오일Gulf Oil에 투자한 사례야말로 기업의 성장세가 얼마나 중요한지를 여실히 보여준다. 같은 해 우리는 걸프 오일이 미국과 캐나다 시장에서만 전체 수익의 85퍼센트를 달성할 것으로 예측했다―1973년에는 30퍼센트에 불과했다. 당시는 이 업체에서 시도했던 야심찬 탐사 프로그램이 결실을 거두기 시작한 시점이어서 향후의 수익률이 평균을 훨씬 웃돌 것으로 예견되었다. 이 과정에서 방사능 오염과 관련된 소송이 제기되어 걸프 오일의 시장가치가 일시적으로 하락하기도 했다. 그러나 많은 사람들은 성장세가 지속될 것으로 보았고, 걸프 오일에서는 투자자들의 관심을 유지하기 위해 배당수익률을 8퍼센트까지 높였다. 아울러 1978년의 PER은 5.8배였으며 우리는 이 수치가 머잖아 두 배 이상으로 높아질 것으로 예측했다.

아니나 다를까, 이듬해 유가가 배럴당 60달러 선까지 치솟을 것이란 예측 속에 걸프 오일의 주가도 급등했다. 윈저에서 걸프 오일의 지분을 통해 거둔 수익률은 1979년의 42퍼센트에서 이듬해 8월에는 무려 86퍼센트를 기록했다.

1975년말, 버번 위스키로 잘 알려진 내셔널 디스틸러스 & 케미컬스National Distillers & Chemicals는 플라스틱과 기타 화학제품 제조업체로서도 선두 지위를 유지하고 있었다. 이 업체에 투자한 우리는 1975년의 수익성보다, 이듬해인 1976년의 화학제품 시장 회복세와 황동제품 생산 자회사인 브리지포트 브래스Bridgeport Brass의 주기적 상승세에 힘입어 수익성이 다시 회복될 것으로 예측했다. 내셔널 디스틸러스(훗날의 퀀텀 케미컬Quantum Chemical Corp.)는 우량 화학업체라는 점에서 PER의 상승 가능성이 높았다. 7.3퍼센트의 배당수익률까지 더하면 1976년의 PER은 우리의 추정치인 9.5배보다 거의 두 배에 이를 것으로 예측되었다. 결과적으로 윈저에서는 내셔널 디스틸러스의 주식을 매수한 지 12개월 만인 1976년 6월에 60퍼센트의 수익률을 만끽했다.

다른 사람이 모르는 투자 기회를 포착하라

윈저에서 단일 종목에 가장 큰 규모로 투자한 사례로는 1985년 초의 쉘 트랜스포트 & 트레이딩Shell Transport & Trading을 들 수 있다. 쉘 트랜스포트는 이미 우리가 지분을 보유하고 있던 로열 더치 페트롤륨Royal Dutch Petroleum의 대리업체였다. 이런 관계 때문에 우리는 로열 더치의 지분을 일반 상한선 이상으로 확대할 수 있었다. 당시 로열 더치에서 보유한 쉘 그룹Shell Group의 지분은 60퍼센트였고 나머지 40퍼센트는 쉘 트랜스포트에서 보유한 상태였다. 다만 두 기업의 본사가 위치한 지역은 서로 달랐다(로열 더치는 네덜란드에, 쉘 트랜스포트는 영국에 각각 본사를 두고 있었다).

쉘과 쉘 트랜스포트의 이런 연결고리 덕분에 윈저에서는 같은 기업의 지분을 법적인 허용치 이상으로 확보할 수 있었다. 그리고 두드러지게 저평가된 석유회사의 지분을 대규모로 확보함으로써 유가 변동에 따른 재앙의 위험을 최소화했다. 또한 4배에 이르는 PER에 높은 수준의 배당수익률과 유동적인 현금흐름까지 감안할 때, 쉘 트랜스포트가 시장에서 성장 가능성이 매우 높은 종목이라는 사실에는 의심의 여지가 없었다. 그 결과 쉘 트랜스포트의 주식을 매수한 지 채 2년도 지나지 않아 윈저가 거둔 수익률은 53퍼센트에 달했다.

오일주에 대한 매수세가 활발했던 1980년, 윈저에서는 S&P 500에 비해 취약한 분야로 평가받던 에너지 부문에서의 투자 기회를 포착하기 위해 각별한 주의를 기울이고 있었다. 이런 노력의 일환으로 우리는 노스웨스트 인더스트리즈Northwest Industries라는 기업의 지분을 더 늘렸다. 말하자면 S&P 500 전체 부문에서 4퍼센트를 차지하면서도 인지도는 형편없던 유전굴착장치 제조업계에서 대박을 노리며 '남몰래' 투자를 감행한 것이다. 노스웨스트는 각 지역 본사를 둔 대기업이었으며 거의 모든 산업 영역에 관심을 가지고 있었다. 그리고 1980년의 총수익 가운데 거의 절반은 계열회사인 론 스타 스틸Lone Star Steel에서 창출할 것으로 예상되었다—론 스타 스틸은 원가와 이윤 모두에서 뛰어난 실적을 올린 기업으로 천공 파이프 공급업체이며, 사실상 미국의 국내 오일시장을 지배하다시피했다.

따라서 노스웨스트는 원유와 가스 유정의 수를 늘리는 동시에 경쟁업체보다 유정을 깊게 파서 그만큼 이윤을 늘릴 수 있는 잠재력을 가지고 있었다—당시에는 1만 5000피트 이하에서 끌어올린 천연가스에 대해서는 법적으로 아무런 가격 제한이 없었기 때문에 상대적으로 높은 수익을 기대할 수 있었다. 우리가 이 업체의 주식을 매수한 1980년에는 수익률이 약간 떨어져 PER이 5배 정도였고 배당수익률은 6.8퍼센트였다. 그리고 우리는 수익률이 머잖아 10퍼센트 정도 높아질 것으로 추정했다. 그로부터 얼마 지나지 않아 우리는, 대박을 노리며 두 자릿수 PER 종목에 투자하여 배당금을 한푼도 못 받는 것보다 이처럼 저PER 종목에 투자하는 편이 훨씬 효과적이라는 사실을 다시금 확인했다.

그 결과 투자한 지 일 년 후인 1981년부터 서서히 보유 주식을 매도했다. 윈저의 수익률은 1981년 5월의 68퍼센트에서 1982년 2월에는 125퍼센트를 기록했다.

잘못 분류된 기업을 찾아라

베이어 AG Bayer AG는 1990년 후반 독일의 3대 화학업체의 하나로 윈저 펀드의 투자 대상 기업 가운데 하나였다. 베이어는 낮은 주가에 비해 상당히 매력적인 상품 구성을 보유한 회사였다. 총수익 가운데 1/3 정도는 의약품과 기타 의료상품에서 비롯되었으며, 농업화학 부문과 사진, 전문화학 부문의 점유율은 각각 8퍼센트와 13퍼센트였다. 바꾸어 말하면 베이어의 총수익 가운데 절반은 경기와 밀접한 관련이 없다는 의미였다.

그럼에도 불구하고 베이어의 주가는 경기와 직결된 상품을 생산하는 다른 화학주들과 마찬가지로 35퍼센트나 폭락했다. 하지만 경기를 타는 상품 외에 다양한 전문상품이 많았기 때문에 우리는 복잡한 세계 화학시장 환경에서도 베이어의 수익률이 점차 향상될 것으로 내다보았다. 그래서 PER이 6배를 약간 상회하는 시점에서 이 업체의 주식을 매수했다. 다행스럽게도 다른 투자자들은 베이어의 이런 장점을 우리보다 뒤늦게 발견했다. 그 결과 우리는 1993년말부터 시장평균을 웃도는 수익률을 거두기 시작했다.

임계치를 확보한 기업을 찾아라

냉혹한 시련을 통해 얻은 교훈이 바로 이것이다.

모든 업종에는 패배자가 있게 마련이며 대기업도 예외가 아니라는 사실을 우리는 US 인더스트리즈US Industries를 통해 배울 수 있었다. USI(이 업체 관계자가 국회에서 증언하던 모습이 지금도 뇌리에 생생하다)는 최고경영자 I. 존 빌레러I. John Billera의 지휘 아래 대단히 도전적으로 인수 활동을 전개했고, 그 결과 서로 다른 6개 업종에서 100여 개의 계열회사를 거느린 대기업으로 변모했다. USI는 적극적인 인수를 통해 외형적 성장뿐 아니라 이후 5년간 매년 24퍼센트를 넘나드는 내부적 성장을 이끌어냈다. 지금 생각해보면, USI처럼 감당하기 어려울 만큼 빠른 속도로 성장하는 기업은 그 이유 하나만으로도 경계할 필요가 있지만 당시의 우리는 그렇지 못했다.

우리는 소속 계열회사들을 일일이 분석하지 못한 상태에서 USI의 다양한 산업 펀더멘털에 대해 나름대로의 판단을 시도했다. 예를 들어 의류와 서비스 부문의 펀더멘털은 당시의 경제 상황에 비해 상대적으로 탄탄하다고 판단했다. 또한 1971년 당시의 환경에 비추어 건축자재, 건설, 가구 등의 부문도 지속적인 성장이 가능할 것으로 예측했다.

우리가 볼 때 USI의 주가는 고전을 면치 못했다. USI에서 보고한 주당순수익EPS에 대해 많은 투자자들이 의문을 가지고 있었던 게 가장 큰 이유였다. 이 수치는 과거 USI의 회계 규정이 바뀌면서 이미 한 차례 변경된 데다, 1971년에 규정이 다시 변경되면서 또 한 번의 조정이 불가피했기 때문이다.

그렇다면 USI는 그 많은 기업을 인수하면서 적정 인수가격을 제대로 산정했을까? USI는 매번 인수합병을 진행할 때마다 '그렇다'고 반복해서 주장했고 우리는 그 주장을 사실로 받아들였다. USI 측에서는 '인수 첫 해의 수익성'을 중시하는 투자자들의 시각을 감안하여 연간

15퍼센트 이상의 수익률이 가능한 기업만을 골라 인수를 단행했다고 주장했다. 그리고 성장의 걸림돌을 제거하기 위해 인수대금 지불방식으로 일시불이 아닌 분할지불방식을 택했다. 따라서 피인수기업의 성장이 정체되면 그만큼 가격부담을 떠안게 되는 꼴이었다. 또한 피인수기업의 경영진에 대해서는 최근 수익을 기준으로 PER 8배 수준에서 주식 또는 현금을 분배하기로 하고, 여기에 미래의 수익률을 고려한 조건부 지급 조건까지 달았다. 이 조건은 경영진에게 좋은 인센티브로 작용했다. 그들 입장에서는 주식을 팔고 퇴직하는 것보다 자리를 지키는 편이 훨씬 유리했다. 게다가 주가가 떨어질 경우에는 계약을 이행하는 데 필요한 만큼의 주식을 추가로 발행해야 했기 때문에, USI로서는 가뜩이나 어려운 시장환경에서 또 하나의 어려움을 자초한 것이나 다름없었다.

결국 우리의 예상은 빗나갔다. 이런 결과가 초래된 데는 허풍쟁이 CEO가 투자자들에게 정확한 설명을 해주지 않은 이유도 있었지만, 더 큰 원인은 USI의 계열회사들이 임계치critical mass(원하는 결과를 가장 경제적으로 얻기 위해 필요한 수준-옮긴이)를 확보하지 못한 탓이었다. 시장을 지배할 능력이 결여된 상태에서는 상품과 서비스의 가격을 높일 수 없다. 1970년의 반짝 상승 이후 USI의 주가는 내리막길로 접어들었고 다시는 상승 모멘텀을 회복하지 못했다. 그 결과 1972년부터 윈저에서도 USI의 주식을 조금씩 매도하기 시작했고 모두 정리했을 때 남은 것은 투자원금의 절반 정도뿐이었다.

윈저에서는 늘 가능성 높은 종목을 대량으로 보유하는 데 초점을 맞췄다. 그러나 USI는 펀더멘털 측면에서 우리의 기대를 충족시키지 못했다. USI의 주식이 시장환경에 비추어 '헐값'에 거래된 건 사실이지만 같은 업종의 다른 많은 종목들도 USI 못지 않았다는 점을 간과한 결과였다.

'덤'의 기회를 포착하라

투자했던 기업이 기대 이상의 실적을 올릴 때는 항상 '덤free plus'이 따라다닌다. 예를 들어 PC 붐이 일면서 우리가 투자했던 탠디Tandy라는 소규모 전자업체의 주가는 상종가를 달렸다. 애틀랜틱 리치필드에서 알래스카의 노스슬롭의 유전 개발에 성공했을 때도 우리는 예상치 못한 덤을 얻었으며, 인수합병 역시 투자자들에게 덤을 안기는 경우가 적지 않다. 문제는 덤을 얻을 기회를 어떻게 포착하느냐이다. 여러 갈래의 길이 있지만 윈저에서 가장 신뢰하는 방법은 바로 '저PER 투자'이다. 악재에 시달리던 기업의 주식을 보유하고 있다가 갑작스런 호재가 등장했을 때 주주들은 기대 이상의 성과를 얻게 된다. 물론 반대의 경우도 성립된다. 아무리 잘 나가던 기업도 조그만 악재로 인해 투자자들에게 막대한 손실을 입힐 수 있다.

'나만의 능력'을 적극 활용하라

할인매장을 찾아내는 능력을 지닌 전문 분석가가 없을 때는 당신

고유의 능력을 활용할 필요가 있다. 이 능력은 당신이 이미 체험을 통해 알고 있는 기업 또는 업종에 대한 인지 수준에서 비롯된다.

개인 투자자 중에는 자신을 고용한 기업 또는 업종에 대해 남다른 통찰력을 가진 사람들도 있다. 여기서 말하는 통찰력이란 내부 정보의 불법적인 유용을 뜻하는 게 아니다. 같은 업종에서도 어떤 기업이 가장 건실하거나 열악한지, 그 이유는 어디에 있는지 등에 대한 보편적인 지식이 바로 이런 통찰력을 형성한다.

투자자는 산업 펀더멘털의 수량적 측면 외에 기업 문화와 전략의 특징적 차이와 같은 질적 측면에도 관심을 가질 필요가 있다. 물론 보는 사람에 따라 이런 차이를 필요 이상으로 확대하거나 과소평가할 수도 있지만, 적어도 자신의 경험을 토대로 투자 기회를 모색한다는 점만큼은 긍정적으로 평가해야 한다. 그러나 자신이 근무하는 기업이라고 해서 무턱대고 투자해서는 곤란하다. 고용주의 사고방식이 아무리 마음에 들더라도 비즈니스가 원활하지 못할 때는 투자원금뿐 아니라 급여까지 송두리째 날아갈 위험이 있기 때문이다.

좁은 영역에 얽매이지 마라

당신과 관계된 업종에만 투자할 경우에는 분산투자의 장점을 활용할 수 없다. 투자 아이디어를 얻기에 좋은 장소 중 하나가 쇼핑몰이다. 지역 소매업체들을 자유롭게 둘러볼 수 있고 당신의 10대 자녀들이 어떤 상품을 좋아하는지도 알 수 있으며, 그 과정에서 두드러진 업체도 발견할 수 있다. 그러나 지역 소매업체의 매출이 갑자기 늘어나거나 새로운 인기상품을 판매한다는 이유로 무작정 주식 중개인에게 전화를 걸어서는 안 된다.

우수한 소매업체와 그렇고 그런 업체를 구분짓는 대표적인 요소가 바로 '총체적 역량'이다. 소매점 복도에 서서 그 업체의 역량을 판단할 수는 없다. 일반적으로 물건을 살 때는 그 상품의 가치와 스타일 또는 다른 무언가를 보고 구매한다. 그러나 이런 몇 가지 요소만을 근거로 그 업체의 주식을 매수해서는 곤란하다. 나는 주식시장에서 오랫동안 소매업체들의 주식을 거래하며(때로는 힘든 과정을 겪으며) 총체적 역량의 중요성을 절실히 깨달았다.

좋은 소식이 기업에 해가 되지는 않는다. 그러나 아무리 좋은 소식이라도 총체적 역량을 대체할 수는 없다. 성공적인 기업은 유행을 아는 구매자, 타이밍, 배송, 적정 가격, 효율적 회계방식 등 총체적인 역량을 보유한다. 흑자를 낼 수 있는 이유가 바로 여기에 있다. 상품 구성의 너비와 깊이가 훌륭하여 다양한 스타일과 색상, 사이즈로 잠재 구매자들을 현혹할지라도, 자신의 사이즈에 맞는 물건을 찾지 못한 소비자에게는 해당 업체가 마음에 들 리가 없다. 반면에 우연한 기회에 피어원Pier One Imports과 같은 기업이 눈에 띌 수도 있다―원저는 이 업체를 통해 막대한 수익을 올렸다.

피어원은 가정용품과 관련 상품 부문에서 미국을 대표하는 기업의 하나였다. 등나무로 만든 가구, 바구니, 베개, 바닥 깔개, 집시풍의 의류 등 상품의 종류도 다양했고, 이 가운데 80퍼센트 정도는 중국과 인도, 대만을 비롯한 개발도상국으로부터 수입한 것들이었다. 그리고 나머지 품목을 공급하는 업체들의 상당수는 지역에 기반을 둔 가내공업업체들로, 그 중에는 피어원과 25년을 계속해서 거래해온 업체도 적지 않았다.

당시에는 피어원과 대적할 국내 경쟁업체가 없었다. 그동안 피어원은 환희와 절망의 시간을 모두 경험했고, 1985년에는 새로운 경영진이 경영을 맡아 광고와 상품 구성을 개선하고 새로운 매장을 확보하는 데 주력했다. 이렇게 해서 매장의 취급 품목이 늘어나고 운영 효율이 개선되면서 매장의 평균수익도 15퍼센트 정도 늘어났다.

우리는 이런 피어원을 한동안 지켜보았다. 그런데 같은 업종의 다른 기업들과 마찬가지로 피어원의 PER 역시 투자하기에는 지나치게 높았다. 이때 큰 사건이 발생했다. 1987년 10월 19일, 이날 하루 만에 주가가 500포인트(약 20퍼센트)나 곤두박질치면서 피어원도 그 여파를 피하기 어렵게 된 것이었다.

블랙 먼데이Black Monday의 손실을 만회하려는 투자자들에게 피어원이 눈에 띄지 않을 리가 없었다. 그 날 이후 회계연도 1988년까지 피어원의 EPS는 무려 47퍼센트나 증가했다. 덧붙여 우리는 1989년까지 추가로 25퍼센트의 상승이 가능할 것으로 예측했다. 우리가 피어원의 주식을 매수할 당시의 PER은 1989년의 수익 대비 8배도 채 못 되는 수준으로, 약 20퍼센트의 지속적 성장 추정치를 감안하면 대단히 매력적인 비율이었다. 그 결과 윈저에서는 6개월 만에 투자원금을 두 배로 늘렸다.

'나만의 지평'을 확장하라

투자 기회의 범위로 따지자면 지역 소매업체는 작은 한 부분에 불과하다. 따라서 당신이 알고 있는 대형 식당이나 사무용품을 구매하는 상점, 주차장에 주차된 자동차를 생산하는 기업 등 시야를 넓힐 필요가 있다. 이처럼 투자자들은 하루에도 여러 종류의 주식회사와 맞닥뜨리게 된다. 저PER 종목을 향한 탐색은 바로 여기서 시작된다. 나 역시 뉴욕증권거래소에 상장된 대형 식당 체인의 목록을 자주 살펴보곤 했고, 윈저에서 맥도널드나 판다로사 스테이크 전문점, 롱 존 실버 등에 투자하여 적잖은 이익을 챙긴 적도 있다. 윈저에서 이런 업체에 투자한 횟수는 한 번이 아니다. 물론 수익을 올린 적도 있었고 때로는 손해를 보기도 했다.

투자 소신을 세워라

투자가 반드시 복잡한 것만은 아니다. 다만 사람들이 투자를 복잡하게 만들 뿐이다. 그러므로 투자를 하려는 사람은 그 기초부터 전문적인 부분까지 꾸준히 배워야 한다.

투자 소신을 세우기 위해서는 특정 기업이나 업종의 상황 또는 이 둘에 영향을 미칠 수 있는 경제환경 등을 모두 고려해야 한다. 다음의 질문을 생각해보자.

- 그 기업의 평판은 어떤가?
- 그 기업의 비즈니스는 성장 가능성이 높은가?
- 그 기업은 해당 업종에서 주도적인 지위에 있는가?
- 해당 업종의 성장 가능성은 어느 정도인가?
- 경영진은 전략적 리더십을 발휘하고 있는가?

종목을 체계적으로 이해하는 데 도움이 되는 모든 서비스에 관심을 기울일 필요가 있다. 과거에 나는 매주 『밸류라인Value Line』을 정독했다. 경제전문지를 보며 내가 특별히 관심 있게 찾아본 내용은 종목별 가치평가나 전망이 아니라 각종 수치였다. 이런 수치를 통해 분기 단위로 모든 종목을 진단했고, 특히 주가나 PER의 갑작스런 변동이나 새로운 소식도 빠트리지 않고 접할 수 있었다.

밤에 편안하게 잠자리에 들고 싶다면 그 날의 숙제를 모두 끝내야만 한다. 그러나 서둘러서는 안 된다. 공부하는 데 보낸 시간은 그만한 대가를 가져다준다. 그리고 종목에 대한 확신이 있다면 주가가 생각보다 약간 높더라도 붙잡아야 한다. 장기적으로 보면, 정확한 조준선도 없이 무턱대고 총알을 날리는 것보다 이 방법이 훨씬 안전하다.

주식은 싸게 매수할수록 유리하다. 그러나 여기서도 실망하는 사람은 분명히 있다. 이것이 바로 저PER 투자의 본질이다. 최소한의 기준만을 만족시키는 상품을 어쩔 수 없이 구매했을 때는 틀림없이 실망하게 마련이다. 그러나 나름대로의 합리적인 판단 기준을 가지고 동일한 상품을 구매한 사람은 다른 사람들이 실망에 젖어 있을 때 그 상품의 효능을 만끽한다.

9

JOHN NEFF

저PER 포트폴리오,
본질은 변하지 않는다

종목 선정은 저PER 투자 기법 에서도 비교적 쉬운 부분에 해당한다. 반면에 주식시장에서도 고전을 면치 못하는 업종에서 성공적인 결과를 거두기란 결코 쉽지 않다. 투자자 대다수는 결과가 눈앞에 드러나기 전까지는 미래가 그리 밝아 보이지 않는 종목에 섣불리 투자하지 않는다. 하지만 결과가 드러나는 그 시점부터 기회는 급속도로 사라진다는 사실을 명심해야 한다.

이런 이야기가 저PER 포트폴리오의 구성·유지와 무슨 관련이 있냐고 물을지도 모른다. 굳이 이런 이야기를 꺼낸 이유는 저PER 포트폴리오에 대한 논의에서 가장 중요한 요소 중 하나가 바로 투자자들의 마음가짐이기 때문이다. 윈저에서 남다른 성공을 거둘 수 있었던 것도 기꺼이 리스크를 무릅쓰며 대중이 지향하는 방향과는 다른 방향을 선택한 덕분이다.

대부분의 투자자들은 저PER 투자의 심리적 요소에 대해 별로 관심을 기울이지 않는다. 그러나 이 심리적 요소는 결과를 좌우한다. 당신이 이런 이야기를 꺼냈을 때, 투자자들의 상당수는 종목이 인기가 없더라도 기꺼이 투자할 용의가 있다며 항변할지도 모른다. 그러나 이런 식의 항변은 인간 본성의 한 전형일 뿐 실제로 어려운 상황을 기꺼이 포용할 사람은 많지 않다. 선택한 종목의 주가가 상승한 이후에 자신의 공으로 그 종목을 선택했노라며 떠벌리는 사람도 있다. 현재 특정 종목이 PER 30배에서 거래된다고 했을 때, 그 종목이 과거에는 12배 수준에서 거래되었다는 사실을 모르는 사람은 없다. 하지만 과거에 그 종목을 기꺼이 사려 했던 사람은 극히 드물었다. 그 종목과 관련된 암울한 소식에 겁을 잔뜩 집어먹은 채, 하늘 높은 줄 모르고 치솟는 성장주 마차에 (바퀴가 곧 부서질지도 모르고) 앞다투어 오르려고 했던 게 사실이지 않은가?

투자자들은 대중이 자신들의 행동을 지배한다는 주장에 동의하지 않는다. 그리고 자기 주장이 강한 역행투자자들 중에는 GE가 최고의 우량기업이기 때문에 PER 40배 수준에서 거래해도 된다고 주장하는 사람들도 많다. 그러나 이들의 주장을 가만히 들어보면 경우에 따라 말이 달라진다는 사실을 발견할 수 있다. 물론 GE가 우량기업이고 '위대한' 기업임에는 틀림없다. 따라서 주가가 수익의 80배 수준까지 상승할 수도 있다. 그러나 GE와 같은 몇몇 기업을 제외한 나머지 대다수는 이런 식으로 움직이지 않는다. 기업의 주가가 언제까지나 상승할 수는 없으며 아무리 우량주라도 언젠가는 바닥으로 곤두박질치게 마런이다. 따라서 GE의 주가가 수익 대비 80배 수준까지 치솟으리라고 예상하는 투자자는 결국 가능성만을 보고 투자하는 것과 다름없다. 반면에 윈저에서는 이 가능성을 우리편으로 만들기 위해 노력했다.

변곡점에 주목하라

투자동향을 살펴보면 정도를 지나칠 때가 적지 않다. 1960년대의 활황장세에서는 많은 투자자들이 아무 생각 없이 시장에 뛰어들었고 1970년대 초에는 니프티 피프티Nifty Fifty(주식시장의 평균수익률을 상회하는 50개 종목을 말한다-옮긴이)가 절정을 이루었다. 그리고 1980년대에는 유가가 배럴당 60달러를 넘어설 것이란 일부 전문가들의 예측과 더불어 석유회사의 주가가 금값이나 마찬가지였다.

이런 동향은 대부분 예측과 현실이 충돌하면서 산산이 부서지고 말았다. 광적인 투자자들은 가장 가까운 출구를 통해 빠져나가고 시장은 다시 평온을 되찾았다. 역사 속에서도 이와 유사한 상황을 심심찮게 찾아볼 수 있다. 일례로 17세기 네덜란드에서는 튤립 애호가들 때문에 튤립 모양 전구 가격이 하늘 높이 치솟은 적도 있었다.

극단현상은 예외 없이 변곡점inflection point(그래프 상에서 장기 추세선이 바뀌는 점을 말한다-옮긴이)을 형성시킨다. 변곡점은 동향의 끝을 의미하며 새로운 투자환경으로 접어드는 시점을 보여준다. 이 시기에 한물간 종목이 지속적으로 시장의 관심을 유지할 경우에는 저PER 투자자들이 막대한 수익을 손에 쥘 수 있다. 이런 현상은 계속해서 반복

된다. 그리고 투자환경이 바뀌면서 우량종목의 가치를 지나치게 과대

포장하는 현상도 빚어진다.

동향의 변화는 요동치던 유가가 제자리를 찾아가듯 장기간에 걸

쳐 일어날 수 있고, 1987년 10월 19일 하루 동안에 S&P 500지수가

20.7퍼센트나 폭락한 사례처럼 단기간에 발생할 수도 있다. 윈저에서

도 이런 동향에 휩쓸려 손실을 보았다가 시장의 극단현상이 사라진 이

후에 다시 회복한 경우가 몇 차례 있었다.

그 첫 번째 시기는 1971년부터 1973년까지 이른바 '니프티 피프

티' 종목이 지배하던 시기로, 당시 윈저에서는 우량 성장주에 집중적

으로 투자했다가 총 26퍼센트의 손실을 기록했다. 그러나 이어진 3년

간(1974~1976) 원칙과 관점을 준수한 결과 S&P 500보다 63퍼센트 포

인트 높은 수익률을 기록하여 이전의 손실을 메웠다.

1980년에는 다수 투자자들의 동향에 참여하지 않은 대가로 실적

이 시장평균보다 9.8퍼센트나 떨어졌다. 그러나 이듬해인 1981년에

S&P 500보다 21.7퍼센트 포인트 높은 수익률을 올려 곧 손실을 만회

할 수 있었다. 이때 윈저는 역행투자기관으로서의 면모를 다시 한 번

확고하게 굳혔다.

또 한 번의 시기는 기술주에 대한 관심이 극에 달했던 1983년 중반

이었다. 이때 윈저는 시장과 동등한 수준의 수익률을 기록했고, 변곡

점 이후의 하반기까지 포함하면 S&P 500과 비교하여 약 8퍼센트 높은

실적을 올렸다. 그리고 이듬해에는 윈저의 수익률이 급상승하여 시장

보다 13.3퍼센트 높은 수준을 기록했다.

주로 언론을 이용하여 대중을 선동하는 일부 전문가들 때문에 투

자자들은 변곡점의 시기와 파급효과에 대해 강한 집착을 갖게 된다. 그러나 한 가지는 분명하다. 변곡점이 가까이 다가올수록 투자자들의 이동이 심해져 시장이 강한 모멘텀을 얻게 된다.

전문가들의 다양한 주장에도 불구하고 변곡점을 정확히 예측할 수 있는 사람은 아무도 없다. 혹자는 투자 전문가 로저 밥슨Roger Bobson이 자신의 투자회보를 통해 1929년의 대공황을 정확히 예측했다고 항변할지도 모른다. 그러나 밥슨이 1926년부터 지속적으로 대공황의 가능성을 언급해왔다는 사실을 아는 사람은 많지 않다.

밥슨과 같은 투자 전문가들은 변곡점이 실제로 형성되기 오래 전부터 그 가능성에 촉각을 곤두세운다. 그런데 많은 투자자들이 이 가능성에 동의하고 언론에서도 이 견해를 마치 사실처럼 보도할 때야말로 투자자들의 주의가 필요한 때다. 이 때가 바로 변곡점의 서막이기 때문이다. 일례로 다우존스 산업평균지수가 거의 700포인트나 떨어졌던 1979년, 『비즈니스 위크』에서는 월스트리트에 떠돌던 비관적인 풍문을 소재로 한 커버스토리를 게재했다. "주식의 생명은 다했는가? 단연코 아니다." *

---

* *"The Death of Equities: How Inflation Is Destroying the Stock Market,"* 비즈니스 위크, 1979년 8월 13일자, 산업판 2598.

여론을 경계하라

저PER 포트폴리오를 운용하기 위해서는 여론을 읽어내는 능력이 필요하다. 그리 어려운 일은 아니다. 신문이나 각종 경제전문지를 보면 이런 내용을 수시로 접할 수 있기 때문이다. 여론이란 곧 많은 사람들의 생각을 의미한다. 강세시장이 지속될 때는 저PER 전략에 대한 기피현상이 여론을 형성한다. 그러나 저PER 전략은 오히려 인기주에 대한 투자에서 더 필요한 전략임에도 불구하고 대부분의 투자자들은 그 중요성에 귀를 기울이려 하지 않는다.

미국과 동맹국들이 '사막의 폭풍Desert Storm' 작전을 감행하기 직전의 원유 가격은 배럴당 28달러였다. 나는 이 전쟁이 단기전으로 종결될 때의 원유 생산량을 감안하여 당시의 유가가 지나치게 높다고 판단했다. 그런데 전쟁 발발이 임박하면서 유가는 32달러까지 치솟았다. 게다가 이라크 공격을 위해 미군이 사우디아라비아 반도에 상륙하면서 유가는 더욱 급등할 것으로 예견되었다. 적어도 당시의 여론은 그랬다. 하지만 모두들 알다시피 미군이 이라크를 향해 지상전과 공중전을 동시에 감행한 이튿날 유가는 22달러까지 추락했다. 당연히 오일주도 타격을 받을 수밖에 없었다.

하나의 동향이 확산될 경우 대중은 개인의 참여를 요구하게 되며, 나 혼자만 이를 거부하기는 쉽지 않다. 당신은 그렇지 않다고 생각한다면 다음과 같은 상황을 곰곰이 생각해보자. 주주총회에 참석하여 경영진의 보고를 듣고 가장 먼저 박수를 칠 자신이 있는가? 조용한 음악이 흐르는 콘서트 현장에서 혼자 일어나 기립박수를 보낼 용기는…?

보통 사람이라면 함부로 하기 어려운 행동이 아닐 수 없다. 그러나 비인기주를 매수하는 일은 이보다 훨씬 어려운 일이다.

도로표지판과 말싸움을 벌일 만큼 논쟁을 좋아했던 성격은 내 직업 인생의 든든한 버팀목이 되어주었다. 그 때문에 나는 장거리 마라톤 선수와 같은 고독한 이미지를 얻게 되었고, 설령 내 판단이 옳았다 하더라도 크게 달라지는 건 없었다. 그리고 상황이 나빠질수록 고독감은 더해만 갔다. 저PER 투자자가 옳은 판단을 내렸다고 해서 주변의 갈채를 받는 일은 드물다. 만약 당신이 100억 달러 규모의 펀드를 운용하며 저PER 전략을 추구한다면, 성난 투자자들로부터 쇄도하는 항의편지와 수많은 비평가들의 비난 속에서 길을 잃어버릴지도 모른다.

비평가들이 저PER 투자의 가치를 제대로 몰랐다손 치더라도 결과는 달라질 게 없었다. 그들의 비난은 윈저에서 뛰어난 실적을 거두기 위해 지불한 일종의 대가와도 같았다. 그리고 내게는 장기적인 기회를 추구하는 내 투자 스타일을 유지하기 위해 수용 가능한 수준의 거래나 마찬가지였다. 아무튼 역행투자를 지지했던 윈저의 투자자들은 다른 누구보다도 만족스런 결과를 향유했다.

단, 한 가지 명심할 게 있다. 남들과 다르다고 해서 무조건 좋은 결과를 낳는 건 아니다. 경우에 따라서는 역행투자와 단순히 고집을 혼동할 수도 있다. 나는 늘 주식을 매수할 기회를 노리지만 가끔은 대중의 생각이 옳다고 솔직히 시인한다. 따라서 좋은 결과를 얻기 위해 가장 중요한 것은 자기 스스로 펀더멘털을 기초로 올바른 결론을 내리는 일이다.

윈저에서 역행투자를 선호했다고 해서 매번 뛰어난 결과를 낳은 건 아니다. 고집을 앞세우며 단순하게 대응하는 식의 역행투자는 재앙의 지름길이다. 반면에 진정한 역행투자자는 의식의 문을 활짝 개방하고, 과거로부터 배운 교훈을 소중히 하며, 항상 유머감각을 잃지 않으려 노력한다.

투자자는 어떤 경우에서든 도를 지나치지 않도록 유의해야 한다. 역행투자에서도 마찬가지다. 역행투자의 미덕은 합리적인 근거에서 찾아야 하며 이 근거는 보는 이들의 입장에서도 합리적이어야 한다. 일관성을 추구하다가 때로는 난관에 봉착할 수도 있다. 그러나 역행투자자들은 더 넓고 다양한 집단의 견해를 충분히 고려한다. 그래서 외부에서 배운 원리를 적용할 때도 있지만 투자 결정에서 가장 중요한 것은 바로 스스로의 판단이다. 반면에 아무런 준비도 없이 역행투자만을 고집하다가는 자칫 큰 낭패를 볼 수도 있다.

윈저의 청사진 : '계산된 참여'

윈저의 영광 뒤에는 엄격하고 체계적이며 역행적인 포트폴리오 전략이 있었다. 더욱이 윈저의 전략은 대단히 탄력적이었다. 융통성 있는 전략을 수립하게 된 배경에는 내가 윈저의 운용을 맡은 얼마 뒤에 고안한 '계산된 참여' 기법이 큰 역할을 했다. 이 기법은 윈저의 경직된 포트폴리오 전략을 혁신하는 계기로 작용했다.

계산된 참여 기법 덕분에 우리는 기존의 업종 분류 방식의 한계를 뛰어넘어 새로운 시각으로 포트폴리오를 바라볼 수 있었다. 또한 이

기법을 통해 다각화(분산투자)와 포트폴리오 운용이란 개념을 새롭게 정립했고, 전통적 업종 분류 방식을 넘어 새로운 네 가지 투자 영역을 수립할 수 있었다. 우리가 자체 개발한 네 가지 투자 영역은 다음과 같다.

1. 인기 성장주
2. 비인기 성장주
3. 적정 성장주
4. 순환 성장주

원저에서는 업종과 관계없이 이 네 가지 영역에 모두 참여했다. 그래서 '적정 성장주'에서 최상의 가치를 창출할 때는 이 분야에 투자를 집중했고, '적정 성장주' 중에서도 금융서비스 부문에서 최상의 가치를 창출할 때는 역시 금융서비스 부문에 투자를 집중했다. 덕분에 우리는 뮤추얼펀드의 실적은 별 볼일 없다는 세간의 인식을 불식시킬 수 있었다.

원저의 성공에 크게 기여한 또 하나의 요소로는 기꺼이 리스크를 무릅쓸 수 있는 재량권을 꼽을 수 있다. 원저에는 업종 전반에 걸쳐 투자하도록 강요하는 사람이 없었다. 반면에 다른 대다수 투자 매니저들은 모든 업종에 걸쳐 포트폴리오를 다각화함으로써 리스크에 대비했다. 하나의 업종이 지지부진하더라도 다른 업종에서 높은 실적을 거두면 된다는 논리였다.

물론 다각화가 투자 실적에 긍정적인 영향을 미치는 건 사실이다. 분별 있는 투자자라면 계란을 모두 하나의 바구니에 담지는 않는다.

그러나 과도한 분산투자는 오히려 실적을 저해한다. 시장에서 목재의 수요가 높아 관련 주식을 팔면 큰 수익을 챙길 수 있는 마당에 굳이 일부를 팔지 않고 붙들고 있을 이유가 무엇인가? 더 심한 경우에는, 분산투자를 이유로 그다지 인기도 없는 종목을 고가에 사들이는 포트폴리오 매니저도 없지 않다. 나 역시 이미 팔았어야 할 주식을 뒤늦게 사들이는 투자 매니저들을 여러 번 보았다.

다른 펀드와 비교할 때 윈저의 투자 스타일에는 또 하나의 두드러진 차이가 있었다. 우량 성장주를 투자의 최우선순위로 여기던 대다수 투자 매니저들과는 달리 윈저에서는 이런 종목의 비중을 가장 낮게 평가했다. 그 이유는 우량종목이 지닌 인기가 불러올 결과 때문이었다. 그래서 다른 펀드에서 S&P 500종목 가운데 적어도 50종목을 보유할 때, 우리는 겨우 서너 가지를 보유하거나 아예 하나도 없을 때도 있었다.

아무튼 윈저에서 보유한 종목은 하나같이 인기 없는 것들뿐이었다. PER의 확대 가능성을 우선적으로 고려하여 포트폴리오를 구성한 탓이었다.

이런 우리의 펀더멘털이 가장 크게 부각된 때는 1970년대 초였다. 이 시기에는 '인기 성장주'들이 높은 인지도를 누리다가 곧 폭락하여 펀드 운용자들에게 막대한 손실을 안겨주었다.

'인기 성장주'에 목숨 걸지 마라

시대별로 가장 우수한 기업이 '인기 성장주'에 포함되게 마련이다. 그리고 거의 예외 없이 이런 기업들이 오랫동안 성장주로서의 지위를 유지한다. 소비자들이 익히 잘 아는 GE, 질레트, 코카콜라, 화이자, P&G 등이 대표적인 예다. 이들 기업의 재무실적, 특히 수익성은 장기간 최고의 수준을 유지하고 있다. 그리고 이들의 비즈니스 역시 세계를 무대로 건실하게 진행되고 있으며 사실상 시장을 지배하는 경우도 적지 않다.

투자자라면 누구나 인기 성장주를 원한다. 이런 종목은 안전성이 높은 데다 투자자를 당황케 하는 일이 드물기 때문이다. 그러나 이른바 '니프티 피프티' 종목의 사례에서도 드러났듯이 항상 이런 종목만을 사들이다가는 낭패를 볼 수도 있다. 니프티 피프티 종목은 주식시장에서 첫 번째 등급의 우량종목이었다. 1971년부터 1973년 사이 대다수 투자자들은 이 종목을 보유하기 위해 혈안이 되어 있었다.

'판매 부문' 조사기관들은 이들 종목을 '두 말이 필요 없는' 종목으로 선정했다. 무조건 매수하여 영원히 보유하라는 의미였다. 이 논리는 무제한적 수익률과 제한적인 주식 공급을 기초로 했다. 따라서 투자자들 사이에서는 그 주가가 끝없이 상승하리라는 믿음이 확산되었다. 투자자들은 끝없이 치솟는 배당과 끝없이 치솟는 주가에 매료되었다. 그러나 시나리오가 실현되기 위해서는 이 논리를 액면 그대로 믿는 후발 투자자들이 끝없이 공급되어야 한다는 조건이 필요했다.

당시 나는 많은 투자자들이 두 자릿수 수익률을 꿈꾸며 너도나도 니프티 피프티 종목에 몰리는 현상을 흥미롭게 지켜보았다. 시장의 변덕을 잘 아는 나로서는 이런 현상이 주기적으로 반복될 것으로 보았다. 그러나 그 강도는 내 예상을 훨씬 넘어섰다. 일부 인기 종목의 PER이 급상승하면서 우리가 보유한 저PER 종목은 상대적 빈곤에 휩싸였다. 물론 저PER 종목이 아드레날린 시장에서 크게 각광받으리라 기대한 건 아니지만 당시의 상황은 내 예상보다 훨씬 심각했다. 결국 1973년에 윈저는 25퍼센트의 손실을 입고 말았다.

동트기 직전의 새벽이 가장 어둡다

참으로 암울한 시기였다. 1973년 11월, 나는 주주들에게 보내는 공개보고서에서 당시의 어려웠던 상황을 있는 그대로 설명하고 아울러 윈저의 저PER 전략에 대한 확고한 믿음을 재차 강조했다.

… (우리는) 최근 주식시장의 황폐화 현상을 공포의 전조가 아닌 기회의 신호로 해석합니다. 우리는 최근의 실적우수기업이 극단적으로 저평가된 현상을 과거 1950년대 초의 상황과 크게 다르지 않다고 믿고 있습니다. 1950년대 초에도 우량기업의 주식이 PER 네다섯 배 정도에서 거래되다가 이듬해 곧바로 막대한 수익을 가져다준 사례가 있었습니다.

윈저 펀드의 포트폴리오 매니저로서 저는 저PER 종목이 머잖아 시장에서 상당한 수준까지 상승할 것으로 예측합니다. 저 역시 제가정에서 보유한 자산의 대부분을 윈저 펀드에 쏟아 부었고 1964년 중반 이후부터 윈저 펀드와 함께 즐겁고 또 힘든 하루하루를 보내왔습니다. 저는 모든 주주 여러분이 저와 같은 확신과 기대를 가지고 윈저 펀드가 괄목할 만한 성장을 이루어낼 때까지 잠시 기다려주시기를 희망합니다.

1974년에 접어들면서 니프티 피프티 열풍이 붕괴되기 시작했지만 시장이 그 사실을 직감하는 데는 얼마간 시간이 필요했다. 불안해진 투자자들은 인기 성장주뿐 아니라 윈저에서 보유했던 종목까지 닥치는 대로 내다 팔았다. 과열이 진정되고 PER도 다시 하향하면서 투자자들은 니프티 피프티와 같은 우량 성장주에 대한 맹신이 결코 바람직하지 않다는 쓰라린 교훈을 얻었다. 물론 그 과정에서 각 종목별 손실은 상상을 초월했다. 손실을 회복하는 데 7년씩 걸린 종목이 있는가 하면 무려 20년이 지난 후에야 주가가 원래대로 회복된 종목도 적지 않았다.

니프티 피프티 종목이 주도하던 시대에 우리는 높은 주가, PER과 끈질긴 싸움을 벌였다. 그렇다고 해서 내가 성장주를 무조건 배척했던 건 아니다. 윈저에서도 기회를 모색하여 IBM과 맥도널드, 홈 디포, 제록스, 인텔 등을 매수했다. 그러나 인기 성장주는 PER도 상대적으로 높았기 때문에 이런 종목에 투여한 윈저의 자산은 고작해야 8~9퍼센트 미만이었다.

아무리 좋은 교훈도 투자자들이 망각해버리면 소용이 없다. 역사적으로도 입증되었듯이 주식시장에서의 경험이 투자자들의 머릿속에 지속되는 기간은 지극히 짧다. 내 경험에 비추어 보더라도 주식시장은 어리석음의 공간이다. 조지 산타야나George Santayana(스페인 출신의 미국 철학자, 시인, 평론가-옮긴이)의 말처럼 "과거를 잊어버린 채 같은 행동을 반복하는" 투자자들이 그만큼 많기 때문이다.

투자자들 중에는 재앙을 스스로 자초하는 경우도 적지 않다. 사슴 사냥을 위해 작은 비행기를 빌려 타고 캐나다 야생지역으로 향했던 두 명의 사냥꾼이 있었다. 목적지에 도착한 비행기 조종사는 이틀 뒤에 다시 데리러오기로 사냥꾼들과 약속했다. 그리고 비행기에는 1인당 사슴 한 마리씩만 태울 수 있다고 당부했다. 무게가 너무 무거우면 엔진에 무리가 가서 자칫 집으로 되돌아가지 못할 수도 있었기 때문이다.

이틀 뒤 조종사가 돌아왔다. 그런데 사냥꾼들은 조종사의 당부에도 불구하고 이미 1인당 두 마리씩 사슴을 사냥한 상태였다. 조종사는 사슴의 무게 때문에 다 실을 수 없다고 말했다. 그러자 사냥꾼들은 이렇게 되받았다. "작년에도 똑 같은 말을 했잖소. 알다시피 우린 한 사람당 1000달러씩 추가비용을 냈으니 당신은 우리가 잡은 사슴을 모두 데려다줘야 해요." 조종사는 할 수 없이 사슴을 모두 실어야 했다. 그런데 비행기가 이륙한 지 한 시간 만에 연료가 바닥나버렸다. 곧이어 엔진도 덜커덕 소리를 내며 서 버렸고 조종사는 어쩔 수 없이 동체착륙을 해야 했다. 두 사냥꾼은 크게 다치지는 않았지만 정신이 몽롱한 채로 땅바닥에 내동댕이쳐진 비행기 잔해에서 겨우 기어 나왔다. "여기가 어디지?" 먼저 기어나온 사냥꾼이 물었다. "아마도… 작년에 떨어졌던 그곳인 것 같아." 다른 사냥꾼이 대답했다.

투자자들이 인기 성장주에 반복해서 집착하는 경향을 보여주는 대표적인 사례로는 1998년과 1999년의 주식시장을 들 수 있다. 나는 1990년대 말의 인기 성장주가 큰 리스크를 수반하고 있다고 보았다. 당시의 성장주에는 과거의 성장주에 비해 토대가 허약한 기술주들이 주로 포진하고 있었다. 인터넷 열풍에 사로잡힌 투자자들은 미래를 장담할 수 없는 기술주가 마치 최고의 투자종목인 양 앞다투어 몰려들었다. 하지만 기술업체들의 프로세스 자체가 무척 생소했을 뿐 아니라 아직 시작 단계에 불과한 기술 유형도 적지 않았다. 게다가 경쟁이 본격화되지 않은 시기였던 만큼 언제 어떤 기업이 시장에서 도태될지 누구도 알 수 없었다.

1998년에 85퍼센트의 수익률을 올린 '나스닥 100'에 포함된 기업들을 생각해보자. 불과 일 년 만에 나스닥 100대 기업이 발행한 주식의 총가치가 2조 달러나 늘어났다는 사실에 나는 그저 아연할 뿐이었다. 게다가 더욱 기막힌 것은, 나스닥에서 거래되는 2000여 개 기업 가운데 5퍼센트 미만의 기업이 전체 시가총액의 60퍼센트를 잠식했을 뿐 아니라 시장, 특히 언론의 관심을 독점했다는 사실이었다.

이해를 돕기 위해 범위를 조금 줄여 살펴보자. 당시 나스닥 100에 상장된 총주식 중에서 불과 5개 기업이 전체의 거의 40퍼센트를 차지했다. 이 규모는 나스닥 전체를 기준으로 보면 약 25퍼센트, S&P 500에서는 거의 10퍼센트에 육박했다. 중독 상태였던 니프티 피프티 시대보다도 훨씬 많은 사람들이 훨씬 작은 것들에 집착했던 셈이다.

'비인기 성장주'를 공략하라

윈저의 입장에서는 대형 성장주만을 좇는 투자자들이 그저 고마울 따름이었다. 이들이 '비인기 성장주'에 무관심했던 덕분에 윈저의 저PER 포트폴리오에 추가할 후보 종목을 그만큼 많이 확보할 수 있었기 때문이다. 비인기 성장주의 수익률은 대형 성장주에 비해 결코 손색이 없거나 오히려 더 높은 경우도 있었지만, 규모와 인지도가 상대적으로 떨어져 투자자들의 관심을 끌지 못했을 뿐이었다.

당시 우리가 투자했던 비인기 성장주의 전형적인 예로는, 세인트 루이스에 본사를 두고 오랫동안 가족경영체제로 운영되어온 특화상품 판매업체 에디슨 브라더스Edison Brothers를 꼽을 수 있었다. 1974년까지 에디슨 브라더스의 주력 상품은 여러 가지 브랜드로 판매되던 일명 여성용 '벙어리 신발dumb shoe'이었다. 이후 분야를 다각화하면서 약간의 어려움도 없지 않았지만 성공적으로 조직을 혁신하면서 쇼핑몰의 강자로 부상했다. 더불어 수익성도 꾸준히 향상되었지만 대형 성장주에 사로잡힌 시장에서는 이를 눈치채지 못했다. 이때 비인기 성장주를 찾던 우리가 이 업체를 발견하고 주식을 매수했다. 1975년, 시장이 에디슨 브라더스의 가능성에 눈을 뜨면서 윈저는 무려 137퍼센트의 수익을 올렸다(그러나 수직 상승하는 직선은 언젠가 꺾이게 마련이고 더욱이 특화상품 판매업종의 한계까지 맞물려 에디슨 브라더스는 1990년대로 접어들며 파산하고 말았다).

1982년에 비인기 성장주가 윈저 펀드에서 차지하는 비율은 22퍼센트에 달했다. 1970년대에 5퍼센트로 시작하여 꾸준히 늘어난 결과였다. 뿐 아니라 시장이 비인기 성장주의 진면목을 발견하고 적극적으로 매수에 나서면서 윈저의 수익률은 예상보다 훨씬 상승했고, 윈저의 총자산 가운데 이들 종목의 비율도 1/3 수준까지 높아졌다. 그 이후에는 25퍼센트 이하로 비율을 줄였고, 내가 은퇴하던 시점까지 그 정도 수준을 유지했다. 그리고 포트폴리오를 어떻게 구성하든 비인기 성장주는 반드시 포함되었다.

최근에도 비인기 성장주는 주로 '할인매장'에서 거래된다. 빅보드 Big Board(뉴욕증권거래소)에 상장된 종목을 꼼꼼히 살펴보면 대표적인 다우존스 종목이나 나스닥 종목에 가려져 있는 수많은 성장주를 발견할 수 있다.

그러나 이들 종목에 투자하기 전에 반드시 '매입자 위험부담caveat emptor'을 따져보아야 한다. 비인기 성장주는 투자자들의 과잉반응보다 더 심각한 이유로 인해 투자매력이 급격히 떨어질 수도 있다. 매년 비인기 성장주의 약 20퍼센트가 펀더멘털의 문제로 어려움에 처한다(그렇다고 모두가 파산에 이르는 건 아니지만 대체적으로 성장률이 둔화되어 PER도 격감한다). 그 결과 한때 성장 종목으로 인정받던 기업이 그저 평범한 기업으로 전락하고 만다. 따지고 보면 1999년에 거래되던 대표적 인기 종목들(주로 기술주)의 주가는 15년이나 20년 전과 비교할 때 큰 차이가 없었고 나머지 종목들은 오히려 더 열악했다.

솔직히 말해서 비인기 성장주를 포트폴리오에 포함시키려면 적잖은 리스크를 감수해야 한다. 그러나 추정수익률이 평균을 웃돌 때는 어느 정도의 리스크를 감안하여 전체 포트폴리오의 상당 부분을 이들 종목으로 채울 준비가 되어 있었다. 내가 비인기 성장주를 토대로 기회를 모색하면서 적용했던 몇 가지 기준을 소개하면 다음과 같다.

- 12~20퍼센트 정도의 인상적인 성장률
- 6~9배 수준의 한 자릿수 PER
- 성장이 뚜렷한 부문에 대한 적극적인 참여
- 분석이 용이한 업종
- 과거부터 이어져온 두 자릿수 수익성장률
- 자본력 확대와 우수한 경영실적을 통한 높은 자기자본수익률
- 시장의 고려 대상이 될 정도의 높은 시가총액과 순수익
- 일부 월스트리트 대표 종목
- 어떤 경우든 배당수익률은 2~3.5퍼센트 수준

'적정 성장주'는 건강한 시민과 같은 존재다

'계산된 참여'의 세 번째 대상인 '적정 성장주'는 상장기업 가운데 폭넓은 비중을 차지하면서도 월스트리트로부터 그리 좋은 대우를 받지는 못한다. 이들 '건강한 시민들'에는 통신업체, 전기설비, 은행과 성숙한 시장의 울타리 역할을 하는 다양한 우량기업들이 포함된다. 내가 이런 적정 성장주에 관심을 갖는 가장 큰 이유는 PER이 상대적으로 낮고 수익률도 연간 8퍼센트 미만이라는 점 때문이다. 이런 종목은 성장주처럼 높은 성장률은 아니더라도 PER의 상승 가능성이 높기 때문에 그만큼 확실한 수익을 가져다줄 수 있다.

적정 성장주는 일반적으로 배당수익률이 시장평균보다 높기 때문

에 어려운 시장 여건에서도 비교적 안정된 주가를 유지한다. 실제로 활황시장에서도 전기설비와 통신업체들의 배당수익률은 7퍼센트를 상회했다—1999년 4월에도 이들 기업의 배당수익률은 결코 낮은 수준이 아니었다. 예컨대 뱅크 오브 아메리카 2.6퍼센트, 퍼스트 유니언 4.0퍼센트, 캄덴 프라퍼티 트러스트 7.5퍼센트, 브랜디와인 리얼리티 트러스트 8.2퍼센트, 포드 3.4퍼센트를 각각 기록했다.

결론적으로 적정 성장주는 변곡점이 형성되어 다양한 기회가 만들어질 때에도 투자자들의 눈을 사로잡을 정도의 배당수익률과 성장률을 기록했다.

'순환 성장주'는 다시 반등한다

경기가 순조로울 때 원저에서 보유한 (경기)순환주의 수익률은 평균 또는 그 이상을 기록했다. 그러나 업종과 기업의 상황이 변하면서 PER 차트도 등락을 거듭했다. 이때 우리는 오일과 알루미늄 제조업체와 같은 기초상품 순환주와 자동차, 항공, 주택건축업체 등의 소비자 순환주를 따로 구분했다.

순환주에 투자할 때는 타이밍이 가장 중요하다. 투자자들의 행태는 일반적으로 동일한 패턴으로 이루어진다. 다시 말해 수익률이 높을 때 순환주에 몰렸다가 수익률이 떨어지기 시작하면 썰물처럼 빠져나간다. 반면에 원저에서는 수익률이 치솟기 6개월에서 9개월 전에 순환주를 매수했다가 투자자들이 한창 몰릴 때 파는 방법을 취했다. 이 방법을 구사하기 위해서는 주가 상승 여부를 정확히 예측하는 게 무엇보다 중요했다. 따라서 우리는 먼저 업계의 현실을 면밀히 분석하여 충분한 자료를 확보한 후 이를 토대로 적절한 타이밍을 저울질했다.

1981년, 뉴몬트 마이닝Newmont Mining의 반등 여부는 무엇보다 구리 가격의 회복세에 달려 있었다. 구리 가격이 회복되려면 수요가 정상화되거나 고금리에서 야기된 재고 누적 현상이 해소되어야 했다. 우리가 보기에 상황은 낙관적이었다. 모든 여건을 종합적으로 고려할 때, 향후 전 세계의 구리 생산량은 소비 성장 추정치인 3퍼센트보다 약간 높은 수준에 머물 것으로 예측되었기 때문이다. 구리업계에서 뉴몬트의 지위는 대단히 확고했으며 비용 측면에서의 상대적 경쟁력도 우수했다. 게다가 금, 오일, 가스, 석탄을 포함하는 비즈니스 다각화에 구리 가격까지 상승하면서 뉴몬트의 수익성은 급격히 향상되었다. 우리는 뉴몬트의 주가 조정기에 비교적 저렴한 가격에 주식을 매수할 수 있었다.

뉴몬트의 주가는 한때 40퍼센트까지 떨어져 우리는 매수가격의 15퍼센트를 손해보기도 했지만 펀드멘털이 여전히 탄탄했기 때문에 우리는 이듬해에도 뉴몬트의 주식을 다시 매수했다. 그리고 1983년, 뉴몬트의 주가는 무려 61퍼센트나 폭등했고 늘 그랬듯이 우리는 고점에서 주식을 매도했다.

시장은 수익률이 최고점에 이른 순환주에 투자하지 않는다

불변의 원리 가운데 하나다. 시장은 적어도 한 가지 측면에서는 놀라울 정도의 현명함을 보인다. 순환주 수익률이 최고점에 이르렀다고 해서 PER도 반드시 최고 수준을 기록하는 건 아니다. 다시 말해 순환주는 성장주와는 차이가 있기 때문에 PER이 무작정 향상되지는 않는다. 일반적으로 주가가 상승하면 수익률도 동반 상승하리라는 기대심리가 확산된다. 그러나 노련한 투자자들은 수익률이 최고점에 이르기 전에 PER이 먼저 하락하기 시작한다는 점에 주목한다.

투자자들이 주가가 상승하는 종목에 지나친 탐욕을 부려서는 안 되는 이유가 여기에 있다. 이런 위험을 피하기 위해서는 정상수익률(사이클의 특정 지점에서 수익률을 지정한 것)을 고려할 필요가 있다. 윈저에서는 순환주에 투자할 때면 언제나 정상수익률 추정치를 설정했다. 물론 우리의 추정치가 항상 옳았던 것은 아니며 종목을 과소평가하는 바람에 너무 일찍 매도에 나선 적도 있었다. 그러나 주가가 전면적인 하락세로 돌아섰을 때와 비교하면 이 정도의 손실은 극히 작은 부분에 지나지 않았다.

모든 순환주가 예측한 사이클대로 움직이는 건 아니다

순환주 중에는 일반적인 사이클대로 움직이지 않는 종목도 있다는 걸 간과해서는 안 된다. 일례로 자동차 산업의 경우에는 비용을 최소화하는 긴축 경영과 사이클이 뚜렷하지 않은 경제환경 때문에 그 진폭이 불분명할 수도 있다. 소비자의 시선을 사로잡는 제품 구성과 매력적인 가격은 그 기업의 주가를 끌어올리는 요인으로 작용한다. 그러나 여기서 창출되는 수익률이 정상 수준을 상회할 것인지 아니면 단순히 새로운 기준의 역할을 할 것인지를 판단하기는 쉽지 않다. 기업 합병도 사이클의 진폭을 약화시킬 수 있으며 새로운 상품도 같은 결과를 유발할 수 있다. 특히 주택건설업의 경우에는 장기적인 저금리 또는 적정금리 환경에서 그 사이클이 연장되는 경향이 있다.

따라서 윈저에서 보유한 순환주의 비율은 평균 30퍼센트를 약간 넘는 수준이었다—순환주의 불확실한 수익성을 감안한 비율이었다.

시장이 선호하는 종목에 현혹되지 마라

우리는 수익을 가장 많이 창출할 수 있는 곳에 자산을 집중시켜야 한다는 일관된 신념을 유지했다. 윈저에서 110억 달러의 자산을 운용할 무렵에 보유했던 종목 수는 총 60가지였고 그 중에 상위 10개 종목이 펀드 전체의 40퍼센트를 차지했다. 또한 윈저에서 자산의 1/4을 오일주에 투자했을 때는 3개 석유회사에 투자한 비율이 전체의 대부분을 차지했다.

그러나 우리가 시장의 선호 종목에 휩쓸리는 일은 없었다. 저평가된 분야를 찾아 자산을 집중시키는 것이 우리의 방식이었다. 그래서 일부 종목에서는 두 배에 이르는 수익률을 거두었고 시장의 동향에 따라 아예 폐기처분한 종목도 있었다. 오일과 오일서비스 주식이 S&P 500에서 창출한 평균수익률은 평균 12퍼센트 정도였지만, 윈저에서 보유했던 오일주 중에는 많게는 25퍼센트 이상, 적게는 1퍼센트 미만의 수익을 낸 종목도 있었다. 이처럼 불확실한 상황 속에서도 우리는 오일주를 선택했고 결과적으로는 상당한 수익을 올리고 되팔았다.

두드러진 특징을 한 가지 든다면, 당시의 시가를 기준으로 S&P 500의 상위 50대 대기업 가운데 윈저에서 투자한 기업이 네다섯 개에 불과했던 적도 있었다. 이들 50대 기업 대부분의 실적이 윈저의 기준에 비추어볼 때 절반 수준에 불과했기 때문이다. 뿐 아니라 S&P 500의 50대 종목 가운데 윈저의 포트폴리오에 단 하나도 포함되지 않은 적도 있었으며, 한때 윈저에서 대규모로 투자했던 뱅크아메리카는 당시의 시가 기준으로 S&P 500의 순위에서 불과 67위에 해당했다.

이처럼 비인기 종목에 투자를 집중시키다보니 기존의 성장주에서 벌어들이는 수익률이 8~9퍼센트 정도에 머문 때도 있었다. 게다가 비인기 종목의 펀더멘털이 약화되어 주식을 대량으로 매도해야 할 경우의 리스크도 감안해야 했다.

따라서 윈저에서는 '계산된 참여' 기법을 통해 투자 대상의 가중치를 수시로 변경했다. 예컨대 1990년과 1991년에 우리가 집중한 분야는 적정 성장주였다. 당시에는 은행과 각종 저축기관, 보험회사들이 여러 가지 어려움에 직면했을 뿐 아니라 부동산 대출의 실적 저하로 인해 심각한 위험에 노출되어 있었다. 이때 윈저에서는 금융서비스 기관의 비율을 35퍼센트로 높였다. S&P 500의 선호 종목 가운데 금융기관이 10퍼센트 내외를 차지했던 것과 비교하면 상당히 높은 수준이었다. 또한 1980년대 초에는 식료품 관련 종목이 윈저의 전체 포트폴리오 중에 8퍼센트 이상을 차지하여 S&P 500보다 네 배 정도 높았다.

비인기 성장주 부문에서 시장의 선호 종목과 차별화를 이룬 결과는 기대 이상이었다. 어렸을 적에는 트럭과 별로 친하지 않았던 나였지만, 1970년대 말에는 윈저에서 보유한 자산의 상당 부분을 운송업계에 투자함으로써(S&P 500의 선호 종목보다 훨씬 많았다) 짭짤한 수익을 올렸다.

하향식인가, 상향식인가

하향식 투자와 상향식 투자 사이의 논쟁에서 명확한 결론을 얻기란 쉽지 않다. 흔히 알려진 대로 하향식 투자란 경제를 거시적인 관점에서 분석하고 여기에 특정 종목의 성장 가능성을 암시하는 몇 가지 판단을 덧붙이는 것에서 시작된다. 반면에 상향식 투자는 개별 종목의 특징적인 장점에 가중치를 부여한다. 전문가들 중에는 이 두 가지 중에서 어떤 방식이 더 효과적인지를 두고 많은 시간을 허비하는 사람들도 적지 않다.

'계산된 참여'를 추구한 윈저에서는 이 두 가지 방식을 모두 고려하여 공격적으로 종목을 선정했다. 일례로 오일주와 은행주가 주도적 테마를 형성할 때는 투자 후보업체들의 펀더멘털을 면밀히 분석했고, 특별히 평가 절하된 종목이 있을 때는 PER 수준을 고려하여 투자 후보로 적정한지를 판단했다.

하향식 대 상향식 투자의 논쟁은 내게도 적잖은 고민거리였다. 나는 경제상황에 시선을 고정시킨 다음 대다수 투자자들이 간과하고 있는 종목이 있는지 찾았다. 이렇게 해서 발굴해낸 기업이 바로 암스테드 인더스트리즈Amsted Industries였다.

순조로워 보였던 1973년의 경제상황에서 소비자들의 늘어나는 수요를 충당하기 위해서는 물자의 빈번한 이동이 필요했다. 그러므로 철도화물운송 수요도 당연히 늘어나리라는 게 우리의 판단이었다. 이때 우리는 암스테드를 선택했다. 암스테드는 1967년에 기록적인 성장을 이룬 이후로 실적부진에서 벗어나지 못하고 있었다. 그래서 1960년대 말에는 어려운 상황 때문에 배당을 줄일 수밖에 없었고 윈저의 입장에서는 이 소식이 결코 달가울 리 없었다. 여느 해 같으면 암스테드의 수익 가운데 대부분이 철도장비 부문에서 발생했다. 그러나 회계연도 1971년에는 철도 비즈니스마저 어려움에 직면했고 투자자의 대부분이 이탈하고 말았다. 그러나 이들은 암스테드의 건설 부문이 1972년의 수익성을 과거보다 훨씬 높은 수준으로 끌어올리리라는 사실을 예측하지 못했다. 우리는 암스테드의 탄탄한 건설 비즈니스에 덧붙여 철도 부문의 수익성이 다시 회복되면 그야말로 고수익과 고PER이라는 두 마리 토끼를 모두 잡을 수 있을 것으로 내다보았다. 따라서 우리가 목표로 잡은 35퍼센트 수익률은 결코 뜬구름 잡는 소리가 아니었다.

아니나 다를까, 우리의 예상은 적중하여 1975년에 무려 50퍼센트가 넘는 순수익을 기록했다. 그리고 잠시 정체기를 맞았다가 이듬해에 다시 120퍼센트 이상의 성과를 거둬들였다.

1983년, 윈저의 시선은 규제 강화로 인해 새로 탄생한 여러 RBOC regional Bell operating companies(1983년 12월 31일에 미국 연방법원의 명령에 따라 AT&T가 해체되면서 생겨난 각 지역 전화회사들을 가리키는 용어다—옮긴이)로 향했다. 시장에서는 새로 생겨난 전화회사들의 지속 가능성을 회의적으로 바라보았다. 그러나 우리는 달랐다. 펀더멘털이 건실했을 뿐 아니라 수익성장률이 연간 6~7퍼센트, 배당수익률은 9퍼센트에 육박했다. PER 6배 수준에서 15퍼센트 이상의 총수익률이 가능하다는 게 우리의 판단이었다.

남들이 뒷짐지고 있는 사이 윈저에서는 AT&T의 해체를 전후하여 이들 기업의 주식을 사들였다. 그래서 한때는 전화회사들이 윈저 펀드 전체 포트폴리오의 16퍼센트를 차지하기도 했다. 기회란 게 늘 그렇듯이 이번에도 윈저는 기회를 붙잡기 위해 신속하고 과감하게 대응했다. 물론 우리가 항상 옳았던 건 아니다. 그러나 옳다고 믿으면서도 적극적으로 도전하지 못하면 결국 작은 것을 지키려다 큰 것을 잃는 것과 다를 게 없다. 전화회사에 대한 우리의 판단은 절대적으로 옳았다. 이후 몇 년간 윈저는 매혹적인 결실을 일구어냈다.

동향을 유발하는 '뭔가'에 주목하라

윈저에서는 변곡점을 정확히 예측함으로서 인상적인 결과를 창조해냈다. 다가오는 변화를 인식하고 그 파급효과를 유리한 방향으로 이끌기 위해서는 상향식과 하향식 분석이 모두 필요하다. 현명한 투자자는 업종과 상품, 경제구조를 총체적으로 연구한다. 특히 업종별 전문지를 유심히 살펴봄으로써 앞으로 도래할 동향에 대한 정보를 사전에 얻을 수 있다. 노련한 투자자는 항상 시대를 앞서간다. 반면에 그저 그런 투자자들은 주가가 이미 상승한 '이후'에야 비로소 변화의 바람을 몸으로 실감한다.

가능한 수준에서 업계의 현실을 '직접' 체험할 필요가 있다. 상품을 직접 사용해보고, 유통업자를 직접 만나보고, 상품이 만들어지는 공장을 직접 견학해야 한다. 그리고 기업의 CEO를 만나 30분간 대화를 나눈다고 가정하고 어떤 질문을 해야 할지 생각해보자. 물론 기업의 CEO와 직접 대면하기란 힘든 일이다. 그러나 대다수 주식회사는 주주들의 요구를 처리하기 위한 시스템을 구축하고 있으므로 다음과 같은 질문에 과연 어떻게 대답하는지 관심 있게 지켜볼 필요가 있다.

- 이 업종의 가치가 상승하고 있습니까? 아니면 하락하고 있습니까?
- 비용 규모는 어느 정도입니까?
- 어떤 기업들이 시장을 주도하고 있습니까?
- 경쟁업체들의 시장 지배력은 어느 정도입니까?
- 업계의 생산능력은 수요를 감당하기에 충분합니까?
- 새로 건설중에 있는 공장이 있습니까?
- 수익성을 영향을 미치는 요소로는 어떤 것들이 있습니까?

하향식 투자자는 인플레이션에 민감하다. 인플레이션 수준이 미미할 때는 문제될 게 없지만, 두 자릿수로 요동칠 때는(내가 원저를 운용할 때 이런 일이 두 번 있었다) 투자자가 애써서 계산한 (상향식) 수익률이 심각하게 훼손된다. 또한 두 자릿수 인플레이션은 고정수입 노동자들을 위축시켜 결과적으로 주식시장에도 큰 위협으로 작용한다. 인플레이션 수준은 수시로 변하기 때문에 정확히 예측하기가 쉽지 않다. 하지만 어떤 경우든 투자자는 상황에 신속하게 대처하는 능력을 갖춰야 한다.

경제성장률과 인플레이션은 밀접한 관계에 있다. 그리고 투자자의 포트폴리오에 포함된 업종이 실제로 성장 여력이 있는지를 판단하는 잣대의 하나가 바로 경제성장률이다. 다시 말해 투자한 기업이 시장에서 남다른 성과를 올리려면 적어도 경제성장률 수준 이상의 실적을 올려야 한다. 아울러 현재의 실적은 앞으로의 수익과 PER 성장률을 예측하는 데 중요한 근거가 된다.

지금까지 나는 경제의 여러 단면 중에서 특히 다음의 세 가지 요소만큼은 '정도를 지나쳐서는 절대 안 된다'는 신념을 유지해왔다. 그 첫째는 자본지출capital expenditure이고, 둘째는 재고inventories, 마지막 하나는 바로 소비자금융consumer credit이다.

‘사실자료’를 작성하라

저PER 포트폴리오를 구성하려면 먼저 여러 가지 의문부터 해소해야 한다. 여기서 고려해야 할 의문의 유형은 여러 가지다. 윈저에서는 보유 종목의 가능성을 집약하여 간결하게 묘사한 '사실자료'fact sheet란 것을 개발했다. 우리는 이 사실 자료를 근거로 포트폴리오의 현실성을 판단했고 투자 간격을 조율할 수 있었다.

지금까지 나는 투자란 단순한 것이며 오히려 사람들이 투자를 복잡하게 만든다고 주장해왔다—물론 이런 내 생각을 반박하는 사람들도 없지 않았다. 그렇다고 해서 포트폴리오 운용이 무조건 쉽다는 뜻은 아니다. 개인 포트폴리오의 운용에는 윈저의 그것처럼 많은 시간이 필요치 않을 수도 있다. 그러나 수치를 꼼꼼히 따져보지 않고 무조건 투자에 임하는 투자자들을 보며 나는 쓴웃음을 지은 때가 적지 않았다. 투자자라면 타고난 지적 능력과 판단력 외에도 연필과 종이를 적극 활용해야 한다. 특히 첨단 기술의 산물인 정교한 컴퓨터 소프트웨어를 이용하여 과거의 수익률을 치밀하게 추적해야 한다. 아울러 업종과 기업에 대한 이해도가 높을수록 좋은 결과를 얻을 수 있다는 걸 기억해야 한다.

사실자료는 윈저의 저PER 전략을 실행하는 과정에서 체계적인 길잡이 역할을 했다. 우리는 윈저에서 보유한 종목과 관련된 모든 정보를 업종별로 분류하여 각각의 사실 자료를 작성했다. 여기서 우리가 수집했던 사실 정보의 종류를 나열하면 다음과 같다.

- 보유주식
- 평균비용
- 최근 주가
- 과거의 EPS와 예상 EPS(주당순수익)
- 과거의 성장률과 예상 성장률
- 과거의 PER과 예상 PER(주가수익비율)
- 배당수익률

- 자기자본수익률ROE
- 수익 추정치와 그 결과로 형성된 PER에 근거한 주가 예측
- 잠재 성장률

보유 주식, 최근 주가, 과거 수익률, 성장률, PER, 배당수익률, 자기자본수익률 등은 각종 신문 또는 잡지에서 확인할 수 있었고, 최근에는 온라인으로 이런 정보를 접할 수 있다. 반면에 평균비용은 윈저에서 투자한 총액을 보유주식 수로 나누어 산출한 수치다.

팔아야 하는 확실한 근거를 대라

윈저에서는 사실자료를 작성하여 매도 시점을 타진하고 목표 주가를 설정했다. 우리가 보유 주식을 매도할 때는 분명한 근거를 바탕으로 했으며 그 대표적인 근거 두 가지를 들면 다음과 같다.

1. 펀더멘털이 심각하게 훼손될 경우
2. 주가가 추정치에 근접했을 경우

판단착오로 잘못 매수한 종목은 윈저의 일차적인 매도 대상이었다. 그리고 "이 종목의 주가는 아마 떨어지지 않을 걸!" 하고 모호하게 판단할 정도라면 이미 그 종목은 매도의 대상으로 보아도 무방했다. 그만큼 윈저에서는 보유 종목의 성장 가능성에 대한 분명한 근거를 필

요로 했던 것이다.

우리는 수익 추정치와 5년간 성장률이란 두 가지 기준을 토대로 펀더멘털의 훼손 여부를 판단했다. 그래서 펀더멘털에 대한 확신이 서지 않을 때는 곧바로 해당 종목에서 빠져나왔다. 가능성이 없는 종목이라면 얼마간의 손실을 감수하고서라도 파는 편이 그대로 보유하는 것보다 비용 측면에서 저렴했기 때문이다.

예를 들어 판다로사Ponderosa Steak Houses의 펀더멘털에 심각한 문제가 발생한 1980년, 우리는 보유하고 있던 판다로사 지분을 신속하게 정리했다. 애초에 우리가 판다로사에 투자했던 이유는 이 업체의 경영조직과 통제구조, 개별 레스토랑의 효율 개선에 대한 믿음 때문이었다. 실제로 판다로사의 경영진은 과거 몇 년간의 심각한 수익성 하락에도 불구하고 꿋꿋하게 존재를 유지하며 많은 교훈을 얻은 것처럼 보였다. 적어도 겉보기에는 말이다. 그래서 우리는 판다로사가 앞으로 다가올 시련도 잘 극복하여 성공에 한 걸음 더 다가설 것으로 판단했다.

그러나 우리의 기대는 여지없이 빗나갔다. 고객 감소율이 허용 수준을 벗어났고, 우리가 보기에 가장 큰 이유는 과도한 판촉활동과 광고비 지출로 인한 음식가격의 전체적인 인상이었다. 그나마 음식에 소요되는 비용을 포함한 각종 영업비용을 웬만큼 통제하고 있었지만, 그럼에도 불구하고 우리는 판다로사의 1980년 수익성이 전년에 비해 절반 정도에 머물 것으로 내다보았다. 우리에게 이 정도의 수익성은 당시의 경제 사정이 어려웠다는 점을 감안하더라도 결코 받아들일 수 없는 수준이었다. 그 사이 주가는 원저의 매수가격보다 31퍼센트나 하락했다가 다시 25~30퍼센트 정도 회복되었다. 이때 우리는 판다로사와의 관계를 청산하고 더 비옥한 대지를 찾아 나서기로 결정했다. 이렇게 해서 판다로사는 윈저의 포트폴리오에서 사라졌지만 다른 대형 레스토랑 체인들은 어려운 시기를 무난하게 헤쳐나갔다.

윈저의 독특한 투자 스타일을 감안하더라도, 판다로사에 투자하여 야기된 결과는 우리에게 적잖은 실망을 안겨 주었다. 그러나 이 일로 인해 우리는 스스로를 되돌아보며 가능성이 없는 종목에 연연하고 있지는 않은지 다시 한 번 생각하게 되었다. 굳이 입으로 떠벌리지는 않았지만 당시 우리에게 주어진 가장 중요한 과제는 최근의 예상 수준을 충족시키지 못한 기업 그리고 앞으로도 그럴 가능성이 높은 기업을 골라내는 일이었다. 앞으로의 투자에서 동일한 실수를 반복하지 않으려면 무엇보다 미래에 또 다른 부담이 될지도 모르는 종목을 사전에 뽑아내어 원천 봉쇄하는 일이 중요했기 때문이다.

확고한 매도 전략을 수립하라

다행히도 윈저에는 패배자보다 승리자가 훨씬 많았다. 그러나 성공적인 투자 종목이라 하더라도 팔아야 할 시점까지 가르쳐주는 건 아니다. 윈저의 성공 이면에는 저PER 우량종목들이 큰 역할을 했지만 확고한 매도 전략 또한 그에 못지않게 기여했다.

펀더멘털만 튼튼하다면 우리는 같은 종목을 3년, 4년 혹은 5년까지도 보유했다. 그렇다고 해서 다른 종목보다 이익을 적게 남긴 것도 아니다. 반면에 매수한 지 한 달도 채 지나지 않아 되팔 때도 더러 있었다.

투자에서 가장 어려운 부분은 매도 시점을 결정하는 일이다. 운 좋게 최고가에서 매도하는 경우가 있는가 하면 너무 오래 붙들고 있다가 결국 손해를 보는 투자자들도 있다. 이처럼 막연한 기대감에 사로잡혀 지나치게 오랫동안 주식을 보유했다가 낭패를 보는 투자자들이 생각보다 많다―이때 역행투자자들의 그릇된 조언도 한 몫을 한다. 뿐 아니라 잘 나가는 종목을 팔아버리고 나면 더 이상 내세울 게 없다는 점도 매도를 망설이게 만드는 한 가지 이유다.

주가가 상승하고 있는 주식과 과감히 결별할 수 있는 투자자는 많지 않다. 파는 것 자체가 미래의 더 많은 수익을 놓치는 것이라고 생각하기 때문이다. 그리고 팔고 난 바로 다음 날이면 푼돈을 위해 큰돈을 놓쳤다며 후회하게 되리라고 스스로를 다잡는다. 그러나 나는 이런 생각에 동의할 수 없다.

포트폴리오에 포함된 종목에 애착을 갖는 건 지극히 당연하며 나도 예외는 아니다. 과거 윈저에서 보유했던 모든 종목은 결국 매도를 목적으로 한 것이었다. 그러나 투자 비즈니스에서 열정만 가지고 덤볐다가는 엄청나게 큰돈을 벌거나 아니면 아예 깡통을 차기 십상이다. 따라서 보유 종목을 남들에게 자랑하고 싶은 그때야말로 매도 시점에 가까워졌다는 사실을 기억해야 한다.

윈저에서는 수익 추정치와 예상 PER 상승률을 근거로 각 종목의 잠재력을 평가했다. 그리고 일반적인 방법대로 쌀 때 사서 비쌀 때 팔았다. 또한 무작정 팔기보다는 일부를 테이블 위에 올려놓고 다른 투자자들이 그 가치를 인식하여 사들일 때를 기다리기도 했다. 우리는 최고가에 연연하지 않았다. 그랬다가는 자칫 뒤따르는 하락세의 희생양이 될 수도 있기 때문이다. 그리고 다른 모든 이들이 어리석은 행동을 하고 있을 때, 우리는 그 행동을 그들의 즐거움으로 간주했을 뿐 우리마저 어리석음에 휩쓸리는 일은 없었다.

평범한 투자자들은 목표 주가를 세운 후 주가가 이 목표에 근접하면 내다 판다. 그러나 이 방법은 현명하지 못하다. 윈저에서는 최근 3년간(시장의 평균 사이클을 의미한다)의 평균주가 수준에서 주식을 매수했기 때문에, 이를 되팔기 위해서는 새로운 사이클이 도래할 때를 기다리는 전략이 필요했다.

우리는 윈저의 평균수익률을 극대화하기 위해 맞춤형 매도 전략을 수립했다. 특정 종목의 추정수익률은 곧 전체 포트폴리오의 추정수익률에 반영되게 마련이며 궁극적으로는 시장의 분위기와도 밀접한 관련이 있다. 이처럼 모든 것은 상대적인 관계에 있었다. 따라서 우리는 절대치를 만들어 이 수치 때문에 고무되거나 고민하는 일은 없었다. 우리가 세운 수익 추정치는 해당 종목에 대한 시장의 평가치(서로 다른 두 시점에서의 평가치)를 반영한 것에 지나지 않았다. 그리고 시간이 경과하여 시장이 변화하면 윈저의 전체 수익 추정치도 따라서 바뀌었다. 다시 말해 각 종목의 추정수익이 상황에 따라 달라졌다는 의미다.

영원히 붙들고 있지 마라

원저의 레이더에 지노Gino란 패스트푸드 프랜차이즈가 포착된 1970년 말, 볼티모어 콜트Baltimore Colts(볼티모어의 미식축구팀—옮긴이) 선수 출신의 세 명의 사업가가 탄생시킨 이 프랜차이즈 업체는 실로 가공할 실적을 올리고 있었다. 창업한 지 얼마 되지 않은 기업이었지만 연간 주당순이익EPS 성장률에서 4년 연속 45퍼센트를 기록했다. 외형적 성장도 매우 빨랐다—가맹점이 아닌 자사 소유의 영업점을 빠른 속도로 늘려나갔다. 뿐 아니라 남캘리포니아 지역에서 유력 프랜차이즈로 부상하기 위한 여러 가지 계획도 수립한 상태였다. 우리는 당시 지노의 탄탄한 기반과 경쟁력을 감안하여 연간 성장률을 25퍼센트 이상으로 추정했다. PER은 원저의 통상적인 기준과 비교할 때 꽤 높은 편이었지만, 지노의 가파른 주가 상승세를 감안하여 향후 약 24배까지 오를 것으로 예상했다. 하지만 늘 그래왔듯이 고PER 종목에 대한 경계도 게을리하지 않았다. 실제로 지노와 같은 경우는 원저의 경험에서 볼 때 적잖은 주의가 필요한 기업이었고, 이런 노력 덕분에 지노의 펀더멘털이 서서히 잠식당하는 현상을 놓치지 않고 발견할 수 있었다.

우리가 주식을 매수한 지 1개월 후부터 지노의 성장률이 둔화되는 조짐이 보였다. 그래서 다른 투자자들이 방향을 바꾸기 전에 우리가 먼저 매도에 나서 한 달 만에 거의 20퍼센트의 수익률을 챙겼다. 그런데 우리가 손을 떼자마자 주가가 곤두박질치기 시작했고, 덕분에 우리의 판단이 옳았음을 다시 한 번 확인할 수 있었다.

1984년 2/4분기에는 걸프 오일Gulf Oil의 주식을 사서 매도한 적이 있었다. 윈저로서는 초단기 매매였을 뿐 아니라 순수한 영리 목적의 투자였다. 당시 우리는 주당 65달러에서 매수를 결정했고(불과 몇 개월 전에 40달러에 매도했던 점을 감안하면 대단히 어려운 결정이었다), 같은 시기에 캘리포니아 스탠더드 오일의 주가는 80달러에 이를 것으로 예상되었다. 연방공정거래위원회FTC와 의회의 우려에도 불구하고 우리는 이 결정을 통해 단기간에 24퍼센트의 수익을 올렸다. 물론 이때의 투자는 윈저의 일반적인 투자 스타일과는 차이가 있었지만, 리스크를 감수한 덕분에 윈저의 투자자들에게 그만큼 많은 이익을 가져다줄 수 있었다.

상황이 좋지 않으면 쉬어가거나 돌아가라

주식시장의 분위기가 낙관적일 경우 윈저에서는 자산의 대부분을 주식에 투자했다. 그러나 시장이 지나치게 고평가된 상황에서는 최대 20퍼센트까지 현금을 보유하기도 했다(나는 주식형 펀드에서 현금 비중이 20퍼센트를 넘어가면 곤란하다고 생각했다). 시장이 너무 과열되어 마땅히 투자할 만한 종목을 찾기 어려울 때 일정 부분을 현금으로 비축한 것이다. 현금은 불어오는 바람에 휩쓸리지 않도록 윈저를 지탱해주는 훌륭한 닻의 역할을 했다. 또한 금리 인상이 예상될 때는 미국 재무부에서 발행한 중기中期 유가증권을 매수하여 당기수익 및 가격 상승으로 인한 수익 모두를 노렸다.

1983년 2/4분기가 끝나갈 무렵, 우리는 1억 1000만 달러를 투입하여 미국 정부에서 신규 발행한 10년 만기 채권의 11.88퍼센트를 매수했다. 과열양상을 보이던 주식시장보다는 확정금리상품이 훨씬 매력적이라고 판단했기 때문이다. 우리 생각에 금리가 당시보다 12퍼센트 이상 높아지고 인플레이션이 6퍼센트에 이른다면 투자자에게는 약 6퍼센트의 실질수익 효과가 있었다. 이 정도 수익률이면 당시 윈저에서 보유했던 주식과 비교할 때 꽤 괜찮은 수준이었다. 따라서 우리는 주식시장에 대한 투자를 조율하면서 단기투자를 통해 단기수익을 견인할 수 있는 여러 가지 방법을 물색했다.

우리의 이런 투자방식을 의도적인 기회주의로 치부하는 사람이 있었는가 하면 불가피한 융통성으로 이해하는 사람도 있었다. 그러나 윈저의 이 모든 대응은 오로지 주주들의 이익을 대변하기 위해서였다. 탁상공론이나 수동적 투자, 변덕스러운 투자와 같은 표현은 윈저에 어울리지 않았다. 물론 윈저에서 지향하는 방향 때문에 내부적으로 갈등을 빚을 때도 없지는 않았다. 하지만 이런 갈등은 윈저에서 원하던 바이기도 했다. 시장에서 남다른 결과를 이끌어내기 위해서는 모든 사람들의 견해가 동일해서는 곤란하기 때문이다. 반면에 일단 방향이 정해지면 혼란을 수습하고 기준 이상의 성과를 달성하기 위해 내부자들의 동의와 이해를 구하는 노력도 게을리하지 않았다. 이렇게 해서 모두가 한 방향을 지향하는 과정에서 변곡점까지 우리 편이 되어준다면 그야말로 금상첨화였다(1983년에는 변곡점이 불분명한 상황에서도 수익률을 매우 높게 추정했다). 현금이나 채권을 적극 이용하여 윈저의 지위를 유지하려는 시도 또한 이런 맥락에서 이해가 가능했다.

위기 상황은 기회도 동반한다. 우리가 1980년대 후반에 상대적으로 인지도가 낮은 채권시장에 뛰어든 것도 같은 이유에서였다. 당시 확정금리상품의 수익률은 약 10퍼센트 정도였기 때문에 우리는 만기까지 20퍼센트 또는 그 이상의 수익을 보증할 수 있는 준準주식형 상품을 찾아야 했다. 그래서 채권시장을 물색하게 된 것이다. 건실한 기업도 채무 부담 때문에 적잖은 어려움에 직면했던 주식시장과 비교하면 당시 채권시장의 잠재력은 꽤 높은 편이었다. 이때 우리는 R. H. 메이시라는 유통업체를 발굴했다. 메이시는 분명 리스크를 안고 있는 기업이었지만 시장에서는 그 리스크를 지나치게 과장하고 있었다. 우리는 14.5퍼센트의 이자율 수준에서 이 업체의 회사채를 사들였고 만기시에는 매입 가격의 27퍼센트 이상의 수익률을 기록했다.

메이시라는 유통업체를 발굴할 수 있었던 이유 역시 윈저의 부단한 성실함 덕분이었다. 메이시는 1986년에 단행된 차입매수LBO의 산물이었으며, 이 업체 역시 1988년에는 강력한 경쟁관계에 있던 페더레이티드 백화점Federated Department Stores의 분사 과정에서 블록스Bulocks와 I.매그닌I. Magnin 체인을 인수했다. 그러나 이 과정에서 메이시는 부동산을 비롯한 각종 금융부채로 인해 상당한 어려움에 직면했다. 뿐아니라 1990년 크리스마스 무렵에는 경영진의 판단 착오로 더 큰 위기에 직면했다. 침체된 시장에 비해 재고물량이 너무 많았을 뿐 아니라 생사의 기로에 처한 페더레이티드 백화점의 필사적인 판매 전략이 어려움을 부채질한 것이다.

시장에서는 메이시가 페더레이티드의 뒤를 이어 파산하지는 않을까 우려했지만 우리 생각은 달랐다. 차입매수 이후 메이시의 경영진과 탄탄한 체인망이 그대로 유지되었으며, 특히 당시의 메이시는 미국에서 가장 성공적인 유통업체의 하나였다는 사실에 우리는 주목했다. 은행 부채를 상환하던 와중에도 메이시는 자본지출을 계속했고 나아가 새로운 점포를 계속 늘려나갔다. 현금흐름도 원활했고, 크리스마스의 대재앙에 직면한 경영진은 소매경기가 침체된 상황에서 재고를 줄이고 비용을 통제함으로써 사태를 수습했다. 게다가 GE를 포함하여 메이시의 지분을 보유한 대주주들의 자금력이 워낙 탄탄했기 때문에 메이시는 풍부한 자본을 바탕으로 혼란의 시기를 충분히 헤쳐나갈 수 있었다. 메이시는 자사 신용카드 사업부를 GE 캐피탈에 매각하고 투자자들로부터 신규 자금을 확보하여 하위 부채의 상당량을 정리했다. 또한 나머지 부채를 효과적으로 조정하여 기업의 안정성을 높이는 동시에 우리에게도 좋은 결과를 안겨주었다.

우리의 예상대로 메이시는 생존에 성공했고 우리는 10개월 만에 45퍼센트의 수익을 올렸다.

❧ 변화의 시대에도 본질은 변하지 않는다

내가 뮤추얼펀드의 운용을 책임진 이후로 세상은 참 많이도 변했다. 그러나 투자의 본질만큼은 달라지지 않았다. 지금도 저PER 종목은 '용기 있게' 매수하는 투자자들에게 그만한 기회를 가져다준다. 오늘날에도 투자자들은 군중심리에서 벗어나지 못하고 있다. 다만 과거와 다른 점이 있다면, 최근에는 활용 가능한 정보의 양이 실로 엄청남에도 불구하고 기업의 실적이나 펀더멘털에 대한 충분한 분석이나 지식 없이 무작정 덤비는 단기 투자자들 역시 많다는 사실이다.

과거에는 풍부한 정보가 투자자 입장에서 큰 축복인 반면에 치열한 경쟁은 그에 못지않은 재앙의 씨앗이라는 견해가 지배적이었다. 그러나 내 생각은 정반대다. 너무 많은 정보에 휩쓸리다가는 정작 중요한 몇몇 정보를 놓칠 수도 있다. 그리고 정확한 분석을 위해서는 논리적이고 신중하게 정보에 접근해야 하므로, 오늘날처럼 피상적인 정보와 지식에 의존하는 투자자들이 많다는 사실은 그만큼 신중한 투자자들의 성공 가능성이 높다는 의미이기도 하다. 기업 펀더멘털, 업종, 경제 동향을 제대로 파악하지 못하는 투자자들은 남들이 이미 발견한 광산을 뒤늦게 쫓아다닐 뿐이다. 마찬가지로, 인기 절정에 이른 뮤추얼펀드만을 찾아다니며 큰돈을 벌겠다는 투자자들 역시 이미 한물간 조류에 편승하고 있음을 깨달아야 한다.

하룻밤의 횡재를 쫓아다니는 투자자들에게 나만큼 기여한 사람도 드물 것이다. 사실 대부분의 투자자들은 과거나 지금이나 그리고 미래에도 여전히 투기에 집착할 것이다. 어느 시대에서나 투자자들은 주식시장을 마치 그들 모두에게 황금을 안겨줄 거대한 광맥처럼 생각한다. 그러나 황금을 향한 질주는 결국 비극적인 종말로 귀결될 수밖에 없다. 모든 이들이 횡재를 얻으려고 뛰어들지만 거의 대부분은 빈털터리가 되어 집으로 돌아가는 게 주식시장의 현실이기 때문이다.

원저에서는 월스트리트의 가식적인 외침을 뒤로 한 채, 때로는 따분한 원리처럼 비쳐지기도 하는 저PER 전략을 고수했다. 우리는 시류에 휩쓸리지 않았다. 대신 신중함과 일관성을 유지했다. 물론 주변의 목소리에도 귀를 기울였지만 이런 목소리가 우리의 투자 결정을 좌우하도록 내버려두지는 않았다. 그리고 내가 21세기의 첫날부터 투자를 다시 시작한다 하더라도 지금까지 고수해온 길을 외면하는 일은 결코 없을 것이다.

가치에 집중한 투자일지

"포탄이 난무할 때 사서 나팔이 울릴 때 팔아라."
―프랑스 격언

윈저 펀드의 성공 뒤에는 특별한 비결이 있었던 게 아니다. 우리는 펀더멘털에 대한 관심과 상식에 의거하여 저PER 전략을 꾸준히 적용해왔을 뿐이다. 그리고 시장 분위기가 바뀌더라도 우리의 원칙만큼은 고수했다. 3부에서는 그동안 윈저에서 거둔 실적에 대해 살펴보기로 한다. 여기에 수록된 일지에서는 1970년부터 1993년까지 윈저에서 거둔 실적을 4대 주요 변곡점을 기준으로 시기별로 서술하고 있다. 아울러 우량종목이 담긴 '할인매장'을 일찌감치 발굴하여 투자했다가 다른 투자자들이 눈을 뜰 무렵에는 이미 매도에 돌입했던 과정과 방법에 대해서도 설명한다. 안정적으로 성장하는 시장에서 우리는 대체로 뛰어난 성과를 거두었다. 하지만 뜨거운 아드레날린 시장에서는 적잖은 손실을 기록한 때도 있었다. 윈저에서는 주로 한물간 종목에 투자했다가 시장의 동향이 바뀌면서 풍요로운 결실을 거두곤 했다. 이어지는 설명을 들어보면 당시 윈저에서 거둔 실적이 어느 정도였는지 이해가 갈 것이다

상황이 많이 변했고 기준도 또한 달라졌다. 여기서 언급한 기업들 중에는 현재 대기업으로 성장한 곳도 있고 다른 기업에 합병되거나 또는 문을 닫은 곳도 더러 있다. 그리고 배당수익률이 과거처럼 높은 기업을 찾아보기도 어려울 뿐 아니라 저PER 투자 전략을 의아하게 생각하는 사람들도 적지 않다. 뿐 아니라 윈저의 부를 견인해온 '종목 분석' 개념에 대해서도 요즘에는 투자자들의 관심이 뜸한 게 사실이다. 그렇다면 이런 개념이 지금도 유효한 것일까? 나는 그렇다고 생각한다. 나는 최근에도 PER 대비 총수익률의 관계를 주된 근거로 투자결정을 내렸으며, 이렇게 창출된 수익은 나만의 높은 기준을 충족시키기에

충분했다.

　저PER 전략 이외에 또 하나의 투자 전략으로는 장기투자 전략을 들 수 있다. 장기투자를 할 때는 무엇보다 리스크가 큰 몇몇 고성장주에 대한 집착을 피해야 한다. 투자일지를 꼼꼼히 살펴보면, 윈저의 성공은 여러 가지 물감으로 캔버스를 수놓은 결과임을 알게 될 것이다. 윈저에서는 한두 개 업종을 제외한 거의 대부분의 종목으로 포트폴리오를 구성했고, 이 중에는 사고팔기를 여러 차례 반복한 종목도 상당수 있었다. 그 결과 시장에서 빼어난 수준의 수익률을 기록한 종목이 있었는가 하면 그저 그런 수준에 머문 종목도 물론 있었다. 우리는 수시로 홈런을 기록하면서도 점수의 대부분을 잦은 안타를 통해 빼냈다. 투자의 성공을 바라는 투자자라면 이 점을 반드시 명심해야 할 것이다.

10 JOHN NEFF

비수기(1970∼1976),
그 혼돈의 강을 건너 승리하다

1990년대 말은 1970년대 초와
마찬가지로 '니프티 피프티Nifty Fifty'의 시대였다. 두 시기 모두에서 투
자자들은 더 넓은 시장을 포기한 채 몇 안 되는 고성장 종목에만 치중
했다. 일부 인기 종목의 주가가 워낙 높이 치솟는 바람에 당시 나는 주
가에 비례한 수익 실현이 어려울 것으로 보았다. 폭발적인 시장에 도취
된 투자자들의 눈에 펀더멘털이 들어올 리 없었다. 대중의 이런 투자행
위는 변곡점의 도래를 암시한다. 1999년, 나는 '배런스Barron's' 주최로
열린 토론회에서 1992년 대선에 빗대어 강세시장이 투자자들을 현혹
시키고 있다며 강력하게 경고했다. 일례로 당시 아마존Amazon.com의
시가총액은 전 세계 모든 도서판매업체들을 합친 것보다도 많았다.

레블론Revlon의 창업자 찰스 렙슨Charles Revson은 여성들이 사는 것

은 '향수'가 아니라 '희망'이라고 말한 적이 있다. 몇몇 종목이 시장의 관심을 독점하는 시기에는 투자자들도 이와 유사한 심리에 빠져든다. 1999년 1월에는 '나스닥 100' 상위 7개 종목의 시가총액이 1조 달러를 넘어 전체 시가총액의 약 절반을 차지했다. 1998년에는 PER이 급상승하면서 마이크로소프트의 주가가 115퍼센트 상승했고, 상승률에서 한참 뒤처졌던 인텔조차도 무려 69퍼센트의 상승률을 기록했다. 그 밖에도 시스코 시스템즈가 150퍼센트, MIC 월드컴 137퍼센트, 델 컴퓨터 249퍼센트, 오라클 93퍼센트, 선 마이크로시스템즈는 115퍼센트를 각각 기록했다. 그러나 나는 이와 비슷한 상황을 겪어보았기 때문에 이런 추세가 결코 오래 지속되지 않는다는 확신을 가지고 있었다. 이제 1990년대 말과 유사했던 1970년대를 되돌아보며 당시에 윈저는 어떻게 대응했는지 비교해보자. 1970년대는 분명 최악의 시기였다. 그러나 동시에 최고의 시기를 위한 요람의 역할을 했던 것도 사실이다.

1970 : 복합기업 & 차이니즈 페이퍼 *

내가 포트폴리오 운용을 전담한 첫 해인 1965년 이후 윈저의 실적은 S&P 500과 비교하여 꽤 높은 편이었다. 우리는 1960년대 후반의 미친 듯했던 아드레날린 시장을 효과적으로 헤쳐나갔다─당시 시장의 관심은 일부 인기주에 집중되었고 이들 종목은 이후 3, 4년간 높은 수

---

* 주를 단 경우를 제외하고 모든 날짜는 11월 1일부터 시작되는 윈저의 회계연도를 말한다.

익을 견인했다. 그러나 높은 명성과 부를 쌓아올렸던 종목의 상당수는 투자자들이 실적 기대가 회의적으로 돌아서면서 쓰라린 현실에 직면하고 말았고, 약세시장에서 꿈과 희망을 팔 수는 없었다.

1969년, 다우존스 산업평균지수는 무려 15퍼센트나 폭락하여 800.36포인트까지 떨어졌다. 그리고 1970년의 시작과 더불어 시장은 더욱 극심한 시련에 직면했고, 같은 해 5월 26일에는 다우지수가 4년 전의 1000포인트와 비교하여 무려 37퍼센트나 급락한 631.16포인트를 기록했다.

많은 펀드 매니저들의 통곡소리가 시장을 휘감던 대학살의 시기에 윈저의 매니저들은 안도의 한숨을 쉬었다. 윈저의 1969년 실적 역시 고전을 면치 못했지만 시장 평균수익률과 비교할 때 5퍼센트 이상을 앞질렀을 뿐 아니라 일부 인기 펀드보다는 무려 10~20퍼센트 이상 높은 실적을 거두었다. 혼란기의 영향을 상대적으로 덜 받는 저PER 종목 위주로 포트폴리오를 구성한 덕분에 시장이 회복되었을 때의 투자를 대비하여 투자원금을 충분히 회수할 수 있었던 것이다.

이런 분위기에서 우리의 관심을 끈 대상은 복합기업이었다. 복합기업들은 주로 계열회사들의 규모를 내세워 부분의 합보다는 전체적인 규모를 강조한 마케팅을 통해 1960년대 후반에 높은 명성을 누렸다. 이들 기업 중에는 훗날에 주류 대기업으로 성장한 사례도 적지 않다. ITT ITT Corporation, 리턴 인더스트리즈Litton Industries, 걸프＋웨스턴 Gulf＋Western, 링 템프코 바우츠Ling Tempco Vought 등이 그 예다.

이들 기업의 경영자들은 대부분 비전을 가진 사업가들이었으며, 상당수 기업이 이때 다진 기틀을 발판으로 20년 후에는 유명 대기업으로 성장했다. 이들 경영자들이 적용한 방법론은 유사했지만 저마다의 개성만큼은 확연히 달랐다. 예를 들어 ITT의 해롤드 게닌Harold Geneen은 숫자광이었다. 자동차를 만들든 낚시 전문서적을 만들든 그에게 중요한 것은 결과였다. 걸프＋웨스턴의 선구자 찰리 블루돈Charlie Bluhdorn은 능수능란한 협상의 귀재였고, 링 템프코 바우츠의 지도자 지미 링Jimmy Ling은 여기저기를 돌아다니며 마음에 드는 것들을 무조건 사들이는 방식으로 기업을 확장시켰다―설령 사들이려는 대상이 이미 다른 사람의 소유라 하더라도 그는 어떻게든 원하는 것을 손에 넣었다.

이런 상황에서의 투자 전략은 비교적 단순했다. 즉 투자자들이 수용할 수 있는 수준까지 주가수익비율PER이 높아졌을 때 기존에 보유하고 있던―일명 '차이니즈 페이퍼'Chinese Paper(중국 과자 속에 들어 있는 종이로 운세가 적혀 있다. 여기서는 '행운'을 의미한다―옮긴이)로 알려진―저평가 주식을 팔아 수익을 챙기는 것이다. 다시 말해 PER이 상승하며 복합기업의 각 부분보다 전체의 가치가 더 높게 평가될 때 새로운 수익이 창출되며, 이 과정이 반복되면서 막대한 수익을 손에 넣을 수 있다. 물론 투자자들의 움직임에 따라 수익이 예상치에 다다르지 못할 때도 있다. 이렇게 되면 기업의 적극적인 홍보와는 달리 투자자들은 수익 추정치를 회의적으로 바라보게 되고, 그 결과 시장 전체가 급격히 위축되게 마련이다. 실제로 ITT와 걸프＋웨스턴을 비롯한 몇몇 기업들의 주가가 이런 식으로 급락한 사례가 있다.

투자자들의 과민반응은 필요 이상으로 주가를 하락시키는 요인으로 작용한다. 그래서 아무리 탄탄한 종목도 '할인매장'에서 염가에 거래될 때가 적지 않다.

치밀한 분석이 아닌 군중심리에 휘말린 경솔한 투자자들 속에서 기회를 모색하던 윈저는 1970년 여름부터 복합기업의 주식을 사들이기 시작했다. 윈저의 총자산 가운데 대표주에 투자한 비중은 1971년에 약 9퍼센트로 늘어났고 이듬해에는 그 배로 증가했다. 당시에는 공익사업체나 은행과는 달리 복합기업 중에서도 성공과 실패가 확연히 구분되는 경우가 많았다. 따라서 우리는 역경의 시기를 무난히 극복한 성공적인 기업만을 선별했다. 그리고 전망이 높은 상품 구성을 보유하며 이 분야에 충분한 자금을 투여할 여력을 가진, 한마디로 가능성이 가장 높은 복합기업들을 골라 투자했다.

강력한 모멘텀

우리가 보유했던 종목은 경제적으로 어려운 시기였음에도 불구하고 거의 예외 없이 성장하여 1972년에는 높은 수익률을 기록했다. 그래서 우리는 이들 종목이 1973년에도 투자자들의 관심을 끌 만큼 높은 수익률을 기록할 것으로 전망했지만, 실제로는 PER이 전년도 수익 대비 10배 미만에 그치고 말았다. 경기회복에 대한 확신과 더불어 그동안 저평가되었던 종목에 투자자들이 몰릴 것이라던 우리의 예측과는 달리 1973년의 시장을 실제로 주도한 종목은 대형 성장주들이었다. 예상치 못한 어려움에 직면하여 꽤 오랫동안 어려움을 겪은 우리는, 지나치게 고평가 혹은 저평가된 종목은 그 여파가 예상보다 오래 지속된다는 소중한 교훈을 얻었다. 다시 말하면 변곡점이 실제로 도래하기 전까지는 모멘텀momentum이 시장을 지배한다는 사실을 깨닫게 된 것이다.

창업자 J. B. 후쿠아J. B. Fuqua의 이름을 딴 후쿠아 인더스트리즈 Fuqua Industries는 전형적인 복합기업 가운데 하나였다. 당시 후쿠아에서는 요트, 스노우모빌, 컬러필름 현상, 라디오와 TV 방송, 무비 시어터 부문 등에 진출한 상태였고, 1971년과 1972년의 경기가 후쿠아의 비즈니스에 이로울 것으로 판단한 우리는 1970년 말에 이 업체를 윈저의 포트폴리오에 포함시켰다. 그리고 후쿠아의 대차대조표는 기대했던 것만큼 탄탄하지는 못했지만 우리는 이런 결점이 이미 주가에 반영되어 있다고 보았다.

그 결과 1971년 2월, 우리는 후쿠아를 통해 89퍼센트의 수익률을 기록했다. 그러나 이것은 서막에 불과했다. 같은 해 7월에는 수익률이 125퍼센트까지 치솟았다.

걸프＋웨스턴에 투자하면서 우리는 어떤 것이든 적정가에 구입하면 이롭다는 교훈을 다시금 확인했다. 1970년, 걸프＋웨스턴의 주가는 우리가 생각했던 적정 수준까지 떨어졌다. 당시 이 업체는 찰스 블루돈의 지휘 아래 적극적인 인수 전략을 추진했고 시장에도 이 사실이 잘 알려져 있었다. 우리가 관심을 가질 무렵의 주가는 불과 2년 전의 60달러에 비해 한참 떨어진 15달러에 불과했다. 하지만 주가의 급락에도 불구하고 걸프＋웨스턴은 적극적인 인수 활동을 통해 비즈니스 기반을 확고히 다진다는 기대를 안고 있었다. 우리는 이 업체의 장부를 분석하며 당기 영업이익과 현금흐름을 면밀히 분석했으며, 1971년에는 파라마운트 픽처스Paramount Pictures와 몇몇 금융기관* 등 일부 계열회사들의 수익력 상승으로 말미암아 영업이익이 호전될 것으로 내다보았다.

시장의 흐름을 읽을 수 있으면 PER을 높은 수준으로 끌어올릴 수 있다는 게 우리의 신념이었다. 당시 우리는 걸프＋웨스턴이 다른 복합기업과는 달리 비인기 분야를 과감히 정리하고 주력 분야에 자산을 집중시킨다는 점에 주목했다―오늘날의 기업 분리, 지분 매각 방식과 유사했다. 뿐 아니라 주가가 하락하도록 방치하지 않고 잉여자본을 투여하여 자사 지분을 매입하는 방식도 우리에게는 매우 인상적이었다―오늘날에는 흔한 방식이지만 당시에는 이런 사례가 드물었다. 또 한가지, 걸프＋웨스턴에서 잉여자본의 절반을 투여하여 자사주를 매입할 경우 5년 이내에 보통주 전부를 소각할 수 있을 만큼 유동성도 풍부했다.

우리는 1972년 1월부터 2월 사이에 80퍼센트를 넘는 수익률을 기록하여 같은 기간의 다우 수익률보다 무려 네 배나 높았다. 이후 사고팔기를 반복하여 몇 년 후인 1976년 초에는 무려 130퍼센트의 자본이득을 올린 데 반해 같은 시기에 다우의 수익률은 40퍼센트에도 채 못미쳤다.

지금도 나는 시장의 기억력이 불과 며칠 가지 않는다는 사실에 놀라움을 금치 못할 때가 있다. 투자에서 성공하려면 물론 과거의 경험

---

* 몇 차례의 거래과정을 통해 이들 금융기관은 '어소시에이츠 퍼스트 캐피탈Associates First Capital'이라는 단일 주식회사로 통합되었다.

을 잊지 말아야 한다. 하지만 이것보다 더 중요한 것은 장기적인 신념을 가지고 투자에 임하는 것이며, 이를 통해 윈저에서는 주주들에게 그만큼의 대가를 가져다주었다. 투자자라면 분명한 소신을 가지고 리스크를 분석하여 적정한 수준에서 받아들이려는 자세가 필요하다. 그렇지 않으면 유행하는 바람에 쉽게 휩쓸릴 가능성이 높다. 그러나 이런 사실을 늘 강조하는 우리조차도 번번이 시장의 교훈을 망각하곤 했다. 다우지수가 바닥을 친 1969년 5월, 하늘이 무너지고 있다는 두려움 속에서 대다수 투자자들은 시장이 언젠가는 다시 반등한다는 단순한 진리조차 기억하지 못하는 듯했다. 이 순간 윈저에서는 어렴풋하게나마 과거의 교훈과 투자자들의 반복적인 행태를 기억하고 시장에 유동적으로 대응했다. 성공적인 투자자가 되려면 과거의 희생양이 되어서는 안 된다. 대신 과거에서 배우려는 의지가 필요하다.

1971 : 비포장 도로 위에서

1971년의 강세시장에 윈저도 뛰어들었다. 1970년 5월에 바닥을 친 지 불과 6개월 만에 주식시장은 무려 40퍼센트나 폭등했다. 이 짧은 기간 동안에 투자자들의 입맛은 우량기업 위주의 투자에서 단기실적을 극대화할 수 있는 투기 성향의 종목으로 옮아갔다. 그리고 당시의 시장에서는 높은 주가에도 불구하고 거래가 빈번하게 형성되었다. 새롭게 등장한 기관투자가들이 치열한 경쟁에도 불구하고 매매를 주도하며 시장을 이끌고 있었기 때문이다. 이런 환경에서 역행투자에 대한 우리의 신념은 더욱 확고해졌다. 시장에서는 펀더멘털의 가치를 망각한 채 투기에 가까운 섣부른 투자가 난무하고 있었기 때문에 오히려 우리에게는 투자하기가 더 쉬워졌던 것이다.

1971년의 시장 상황을 한마디로 표현한다면 '역설'이란 단어가 가장 적합할 것이다. 긍정적인 측면에서 보자면, 이 시기에 우리는 배당수익과 자본이득에서 꽤 괜찮은 실적을 거뒀지만 순자산가치 증가율은 그리 양호하지 못했다. 하지만 이런 수익에도 불구하고 회계연도 1971년 말 윈저의 순자산가치 증가율은 내가 포트폴리오 매니저로 부임한 이후 처음으로 S&P 500보다 뒤처졌다. 당시 윈저의 매매차익금은 5퍼센트를 기록했다. 이 정도면 펀더멘털에 근거한 투자 실적으로 그리 나쁜 편이 아니었지만 시장의 평가는 결코 호의적이지 않았다. 반대로 저PER 종목의 수익률은 기대에 못 미쳤는데도 시장평균과 비교하면 그리 낮은 편이 아니었다.

시장이 회복기로 돌아선 1970년과 1971년 사이의 상황은 과거의 여타 급반등 시기와 마찬가지로 한 가지 패턴을 따라 진행되었다. 즉 시장이 상승세로 돌아선 지 약 6개월 정도가 흐른 후에야 비로소 투자수익률이 회복되기 시작했다. 1971년 초, 기업들의 실적이 호전된 지 9개월 정도 지나고 다시 3, 4개월 정도가 흐르며 경기의 지구력이 입증되자 연말의 수익개선도 어느 정도 현실화되었다. 그러나 이런 시각에는 한 가지 의문이 뒤따랐다. 시장의 성장세가 유지된다 하더라도 한두 분기 이상 죽을 쑤어버리면 과연 연말에 기대한 성과를 거둘 수 있을까? 나는 시장의 위축 가능성이 유효하다고 보았다. 실제로 윈저의 투자 기록은 내 예측이 틀리지 않았음을 입증한다. 당시 윈저에서는 매도와 매수 비율이 3 : 1 정도였다.

시장이 상승세에 있음에도 윈저의 수익률은 하락했다—내게는 색다른 경험이었다. 이처럼 저조한 실적은 시장이 아무리 폭등하더라도 수용 불가능한 리스크까지 감수하며 투자자들의 돈을 섣불리 굴릴 수는 없다는 내 신념의 결과였다. 사실 윈저의 강점은 남들이 두려워 발을 빼는 상황에서도 꿋꿋하게 자리를 유지할 수 있는 용기에 있었다. 그러나 1971년에는 더 나은 기회를 위해 리스크를 멀리하고 방관자적 입장을 유지했다. 이런 상황에다 '건강한 시민' 종목의 투자 실적마저 하향곡선을 그리면서 윈저의 투자수익률은 시장평균보다 한참 뒤처졌다.

이것이 바로 저PER 투자의 명암이다. 당시 우리는 시장의 전환점이 코앞에 닥쳤음에도 우리 스스로를 차별화하지 못했다. 게다가 전환점 이전에 형성되는 열광적인 분위기에 편승하기보다는 전환점 이후의 상황에 집착하다가 적잖은 손실을 입고 말았다.

균형 유지의 어려움

투자와 관련하여 어떤 의사결정 프로세스가 가장 효과적인지 단언하기는 어렵다. 그러나 윈저의 의사결정 프로세스는 대부분 건전한 기업의 주식을 저렴하게 매수하는 방향으로 진행되었다. 나는 한편으로는 리스크를 회피하는 동시에 다른 한편으로는 이를 창의적인 수단으로 활용하기 위해 노력했다. 나의 이런 목표는 트럭 제조업체인 화이트 모터White Motor Company의 주식을 매수한 과정에서 잘 드러난다.

화이트 모터에 대한 투자는 다분히 투기적인 측면이 있었다. 이 업체는 1970년에 약 1400만 달러의 영업손실을 기록했을 뿐 아니라 자산 가치도 약 1500만 달러 줄어들었다. 당시 시장에서 확고한 지위를 구축하고 있었고, 업종과 기업 내부의 여러 가지 어려움을 꿋꿋하게 이겨냈다는 점을 감안하면 대단히 실망스런 수치가 아닐 수 없었다. 1971년 초에 화이트 모터의 주식을 매수하면서 우리는 물론 당장의 분위기 전환을 기대하지는 않았다. 그러나 트럭 시장에 대해 웬만큼 간파하고 있었던 나는, 1972년이면 트럭업계의 규모가 더욱 커지고 긍정적인 방향으로 사이클이 전환되어 화이트 모터에 긍정적인 영향을 미칠 것으로 예측했다.

화이트 모터의 실적을 저해하는 가장 큰 문제는 농기계 생산 부문으로, 사실상 1970년의 적자는 이 부문에서 대부분 초래된 것이었다. 이후 경영진이 나서서 판매와 재고 과잉 물량 조정에 돌입했고, 나는 1971년이면 농기계 부문이 적어도 적자는 기록하지 않을 것으로 보았다. 따라서 내 예측이 옳다면 1972년에는 전반적으로 수익성이 개선되어 주당 수익이 2.5에서 3달러 수준까지 향상될 것으로 보였다—이 정도면 과거 최고 기록의 절반 수준에 해당했다.

그 결과 1971년 8월과 9월 무렵에 윈저의 수익률은 43퍼센트를 넘어섰다. 반대로 같은 기간에 다우의 평균수익률은 약간 하락했다.

1972 : 모건이 선택한 종목이라면…

원저의 입장에서 1972년은 대단히 위태로운 한 해였다. 우리는 일부 대형 성장주(니프티 피프티)를 향한 시장의 기호를 무시한 채 우리만의 길을 걸었다. '계산된 참여' 기법에 근거하여 비인기 성장주와 적정 성장주, 순환주 위주로 구성한 원저의 포트폴리오가 다른 투자자들의 눈에 매혹적으로 비칠 리 없었다. 게다가 활황세의 시장 분위기에서 대세를 거스르는 원저의 운용 방식이 그들에게는 무척 답답하게 보이는 것도 당연했다. 그러나 나는 우리가 결코 대세를 거스른다고 생각지 않았다. 오히려 시장이 현실을 외면하고 있다고 보는 게 옳았다. 물론 지금에 와서 당시의 상황을 결론적으로 말하는 건 누구에게나 가능한 일일 것이다. 돌이켜볼 때, 오늘날의 투자자 대부분은 당시의 니프티 피프티 현상이 운명적으로 파멸로 이어질 수밖에 없었다고들 말한다. 그러나 그 순간에는 현명한 투자자들도 무제한적인 수익성장률과 주식 공급의 제한으로 인한 영구적인 자본이득을 현실로 받아들였던 게 사실이다.

비수기가 도래했다. 원저에서 직면한 어려움 때문에 우리 눈에는 이 비수기가 끝없이 이어질 것처럼 보였다. 이때 비수기 투자의 대가인 모건 개런티Morgan Guaranty에서는 주가와 상관없이 우량 성장주를 매수하기에 여념이 없었다. 뿐 아니라 대다수 투자자들도 모건을 흉내 내기 시작했고 시장에서는 마치 이런 외침이 대기를 가득 메운 듯했다. "모건이 선택한 종목이라면 내게도 유리할 거야!"

1972년 초, 성장주에 대한 맹신이 확산되면서 주가도 급등할 것처럼 보였다. 그러나 우리는 이런 경향에 반대했다. 실제로 윈저에서는 1월 한 달 동안 매도 물량이 매수 물량을 두 배 이상 앞질렀다. 성장주에 대한 과장된 평가가 판을 치는 상황에서 나름대로 수익을 내보려던 우리의 시도는 뜻대로 되지 않았다. 이런 상황에서 우리가 보유했던 대형 성장주는 IBM이 유일했다—다른 성장주들이 대부분 고평가된 데 비해 IBM은 적정 주가를 형성하고 있어 매입한 것이다.

최선을 다했지만 윈저의 실적은 1972년 중반으로 접어들면서 더욱 나빠졌다. 성장주에 현혹된 시장은 윈저 포트폴리오의 대부분을 차지하는 펀더멘털 우량기업에 대해 관심조차 보이지 않았다. 반면에 우리는 경기의 영향을 감안하여 1972년 수익 추정치를 약간 높였다. 그리고 시장이 머잖아 우리가 보유했던 저평가 종목에 관심을 갖게 되리라는 내 소신에는 조금도 흔들림이 없었다.

니프티 피프티 종목이 연일 상종가를 달리면서 실망감은 더해만 갔고 여기서 우리는 뼈저린 교훈을 얻었다. 성장주 위주의 시장에서 희생양이 된 대표적인 기업의 하나가 바로 브락웨이 글래스(Brock-way Glass)였다. 1971년 10월, 윈저에서는 유리용기 제조 업종에 진출하기 위해 이 업체의 주식을 사들였다. 그러나 이듬해 1월부터 주가는 오히려 우리의 매수 가격 이하로 하락하기 시작했다. 1971년에도 아무런 수익을 올리지 못했는데 이듬해의 수익 추정치마저도 흔들리고 있었던 것이다. 우리는 이 업체의 펀더멘털을 애써 강조하며 언젠가는 시장에서도 그 가치를 인식해 주리라고 기대했다. 하지만 브락웨이 글래스의 가치를 시장에 납득시킬 방법은 어디에도 없었다.

그렇다고 해서 변곡점이 도래하기를 기다리며 마냥 빈둥거릴 수만은 없는 노릇이었다. 따라서 우리는 확실한 펀더멘털과 낮은 PER, 특히 잘 알려지지 않은 순환주를 찾아 사냥을 계속했다.

IBM을 팔다

내가 윈저의 포트폴리오 매니저에 취임한 이후 처음으로 IBM 주식의 일부를 시장에 내놓았다—당시 IBM은 인기 성장 종목 가운데 우리가 보유했던 유일한 종목이었으며, 따라서 성장주에 집착하는 시장의 동향을 이용할 수 있는 유일한 기회이기도 했다. IBM 일부를 매도하기 시작한 것은 주당 10.75달러의 추정수익을 기준으로 PER이 38배에 이르렀기 때문이다. 만일 38배에 이르는 PER과 10.75달러의 주당 순수익에 대해 월스트리트에서 이렇다할 반응을 보이지 않았다면, 아마 우리는 지분을 확장하기 위해 IBM의 주식을 계속 사들였을 것이다. 그러나 우리의 예상은 적중했고 여기에 시장의 평가까지 맞물려 한때 윈저 펀드의 6퍼센트 이상을 차지했던 IBM 주식의 일부를 매도하여 4퍼센트까지 낮췄다. 니프티 피프티 현상이 한창일 때에도 IBM은 고평가된 유명 성장주들과는 달리 비교적 적정한 주가 수준에서 거래되었다. 따라서 거품이 붕괴되더라도 IBM의 주주들이 받을 타격은 상대적으로 적은 셈이었다.

1972년 11월 14일은 역사의 한 면을 장식한 날이다. 다우지수가 사상 처음으로 1000포인트를 넘어선 것이다.

"다우존스 산업평균지수, 사상 처음으로 1000포인트를 돌파한 채 마감하다." (불과 몇 주 뒤에 다시 떨어졌다.) 11월 17일자 『월스트리트 저널』에서는 다우지수의 약진을 이렇게 대대적으로 보도했다. "피스 랠리peace rally,* 닉슨 대통령의 재선, 급속한 경기회복, 기업이윤 증대, 인플레이션과 세금, 기타 불확실성에 대한 우려 해소(1973년) 등이 맞물려 다우지수가 마침내 큰 일을 해냈다."

이때 전문가들은 양대 종목인 IBM과 AT&T의 성장 추정치가 시장의 상승세에 기름을 끼얹었다고 평가했다. "우두머리 종목들의 상승세가 예견되면서 시장은 스스로 모멘텀을 형성하고 있다." **

1973 : 탠디는 멋있었다

어수선한 분위기에서 1973년이 시작되었다. 다우지수가 사상 최고치를 기록했음에도 불구하고 시장 상황은 여의치 않았다. 워터게이트, 치솟는 인플레이션, 천연자원의 심각한 부족 현상, 베트남 전쟁과 관련하여 커져만 가는 불만의 목소리들, 여기에 금리마저 인상되면서 (특히 투자자 입장에서는) 1973년이 결코 순탄치 않을 것으로 보였다. 1월이 채 끝나기도 전에 다우지수는 다시 1000포인트 아래로 추락했다. 이후 다우지수가 다시 1000포인트를 돌파하기까지는 많은 시간이 필요했고(1976년 5월에야 다시 1000포인트를 넘었다) 1974년 12월에는

---

* 피스 랠리란 소모적인 베트남 전쟁의 종식을 예상하여 주식시장이 반등한 상황을 뜻한다.
** 바타닉 G. 바탄Vartanig G. Vartan, "Dow Finishes Above 1,000," 월스트리트 저널, 1972년 11월 17일자, 1쪽.

577포인트까지 떨어지기도 했다.

어려움이 확산되면서 변덕스러운 투자자들은 새로운 종목으로 눈을 돌렸다. 그래서 식료품 관련 업체와 에너지 생산업체, 공익사업체 등이 새롭게 주목받기 시작했다. 월스트리트 조사에서도 이런 경향이 확연히 드러났으며, 많은 투자자들도 조사 결과에서 등장한 종목이 마치 새로운 안식처인 양 투자 방향을 선회했다. 우리 역시 토대가 탄탄한 기업을 표적으로 삼았지만 해당 종목에 대해 분명한 확신을 갖지는 못했다.

농산물, 특히 곡류는 당시 미국 경제에서 적잖은 비중을 차지하고 있었다. 온화한 기후에 비옥한 토지, 게다가 편리한 농기계가 많이 보급되어 있었다는 점이 그 한 가지 이유였다. 따라서 농기계 관련 업체를 물색하던 우리는 존 디어John Deere & Company라는 업체에 시선이 미쳤다.

경기에 지나치게 민감하다는 이유로 투자자들의 외면을 받았던 존 디어였지만 실제로는 미국뿐 아니라 전 세계를 통틀어 보더라도 대단히 유망한 농기계 제조업체의 하나였다. 주식 투자자들의 멸시에도 불구하고 존 디어에서는 증가하는 농기계 수요를 충족시키기 위해 치밀한 계획을 수립하여 시장에서의 입지를 확고히 다지고 있었다. 게다가 상품 수요가 지속적으로 늘어나며 이 업체의 수익성도 비례하여 개선되었다. 물론 수익성이 경기에 따라 춤을 춘다는 지적도 없지 않았지만 내가 보기에는 변동 수준이 우려할 만큼은 아니었다. 또한 존 디어는 농기계 외에 건설장비와 가정용 소비재 분야에도 진출하여 이 부문의 매출이 전체의 1/4을 차지할 만큼 향상되었다. 이 시기에 우리는 존 디어의 PER이 12배에 이를 것이며 시가총액도 29퍼센트 이상 향상될 것으로 예측했다.

다행스럽게도 존 디어의 성장세는 우리의 예상을 뛰어넘었다. 우리는 이 업체의 주식을 매수한 지 불과 몇 개월 뒤인 1973년 9월부터 매도에 돌입했고, 주식의 일부를 처분한 결과 투자수익률은 40퍼센트를 넘어섰다. 이후 1975년 11월과 12월에 다시 매도에 나서면서 22~32퍼센트 사이의 수익률을 올려 침체된 시장치고는 꽤 높은 수준을 기록했다.

푸른 수평선을 넘어

이 시기에는 여전히 몇 안 되는 인기 성장 종목들이 시장의 대세를 좌우하고 있었다. 인기 종목을 제외한 대다수는 '침울한 분위기'에 휩싸여 있었고 일부 비인기 성장 종목만이 그나마 명맥을 유지하는 상황이었다. 침체된 시장환경에서는 어느 정도의 리스크를 감안하더라도 수익 잠재력이 높은 종목을 찾게 마련이다. 그래서 우리 역시 신중한 판단을 통해 윈저의 자산을 이런 유망 종목으로 전환했다.

비인기 성장주 가운데 윈저에서 투자한 대표적인 종목으로는 단연 탠디Tandy(내가 윈저에 몸담은 이래 단일 종목에서 최대의 수익률을 거둔 기업이다)를 꼽을 수 있다. 투자 전문가로서 나는 내 스스로를 유능한 타자로 생각하곤 했다. 유능한 타자는 1루에 진출했다가 2루 또는 3루까지도 도루할 수 있는 능력을 갖추고 있다. 당시 나는 훗날 내 뒤를 이어 윈저의 포트폴리오 매니저에 취임한 척 프리먼Chuck Freeman과 함께 치밀한 분석을 거쳐 탠디를 미래의 승자로 점찍었다. 하지만 탠디가 그랜드슬램까지 달성하리라는 예상까지는 하지 못했다.

우리가 관심을 가질 바로 그 때, 탠디는 미국에서 갓 부상하고 있던 특화상품 판매업계를 지배하던 유망기업이었다. 1973년 5월, 우리는 먼저 탠디의 주식 5만 주를 취득했다. 그리고 연말까지 총보유량을 16만 5000주로 늘렸다.

탠디는 텍사스 출신이며 자유분방한 사고방식의 장사꾼인 찰스 탠디Charles Tandy의 창작품이었다. 『포춘』에서는 찰스 탠디를 이렇게 묘사했다. "대단히 자유로운 경영 스타일을 가진 마라톤 수다쟁이. 새로운 상품 아이디어가 떠오르면 한밤중이라도 경영자들에게 전화를 걸어 잠을 깨우기로 유명한 인물이다." * 독특하게 보일지 몰라도 아무튼 그의 경영 스타일은 성공으로 이어졌다. 다시 『포춘』의 기사를 보자. "불과 15년 만에 그는 적자에 시달리던 라디오색Radio Shack 체인을 인수한 후 흑자로 전환시켜 전 세계 7000개 이상의 매장을 보유한 대규모 체인으로 성장시켰다."

원저에서 찰스 탠디의 유통업체를 발견했을 무렵, 이 업체 경영진은 공격적인 비즈니스 확장을 통해 업계에서 리더십을 확보한다는 전략을 구사하고 있었다. 우리가 보기에 그 대표적인 사례가 바로 라디오색Radio Shack이었다. 한때 한정된 지역을 기반으로 저렴한 전자제품

---

* 어윈 로스Irwin Ross, *"Charles Tandy's Ghost Can Rest Easy,"* 포춘, 1979년 11월 19일자, 114쪽.

을 판매하며 부진을 면치 못했던 라디오색이었지만, 1973년에는 탠디의 총이윤 가운데 75퍼센트가 라디오색에서 비롯되었다. 찰스 탠디는 1960년대 초에 라디오색을 인수하여 미국 최대의 가전제품 유통업체 중 하나로 성장시켰다. 뿐 아니라 그는 가정에 직접 타일을 깔거나 수예와 기타 수공예를 취미 삼아 하는 사람들을 목표고객으로 판매점 체인을 만들어 큰 성공을 거두었고, 피혁상품 부문을 만들어 역시 많은 이윤을 올렸다. 우리가 볼 때 탠디의 유일한 결점이라면 블루칩 종목에 이름을 올리지 못한 것이었다. 물론 윈저에서 투자했던 다른 종목들과 비교할 때 위험 요소가 상대적으로 많았던 건 사실이었다. 하지만 어떤 기준을 적용하더라도 탠디는 매우 유망한 기업의 하나임에 틀림없었다(탠디에서는 투자자들을 현혹시키기 위해 의도적으로 배당비율을 높게 책정하는 일도 없었다). 수익률은 13년간 연속해서 상승했고 4년 전과 비교하더라도 16퍼센트 이상 상승했다. 그리고 탠디의 장기 수익률은 12~15퍼센트로, 지속가능한 PER 수준도 15배 정도로 분석되었다. 그럼에도 불구하고 당시 탠디의 주식은 2년 전의 최고가보다 매우 낮은 수준에서 거래되고 있었다.

우리는 수익 추정치와 PER 추정률 산정 기준에 따라 탠디의 잠재적 수익 증가율을 80퍼센트로 내다보았다. 그러나 이 수치는 앞으로 전개될 PC 열풍과 실리콘 칩이 사용되는 전자제품의 폭증세를 전혀 고려하지 않은 결과였다. 따라서 PC 혁명이 본격적으로 시작되면서 우리는 애초에 계산하지 않았던 엄청난 규모의 '덤'을 손에 쥘 수 있었다. 오늘날의 플로피 디스크보다도 적은 용량의 컴퓨터가 등장하자 소비자들은 이 원시 컴퓨터인 TRS80 모델을 구입하기 위해 매장으로 몰려들었고, 동시에 투자자들은 관련 기업의 주식을 사기 위해 주식시장으로 몰려들었다.

엄청난 덤을 챙기다

탠디로부터 얻은 덤은 이게 전부가 아니었다. 규모도 그리 크지 않은 탠디가 윈저의 주주들에게 장기적으로 근사한 행운을 가져다주리라는 내 생각에는 조금도 변함이 없었다. 실제로 탠디(유망 자회사인 탠디크래프츠와 탠디 브랜즈를 포함하여)의 주식을 매매하는 과정을 되풀이하면서 윈저는 기대 이상의 수익을 이끌어냈다—1975년 11월에 157퍼센트, 1976년 1월에는 348퍼센트 그리고 같은 해 2월에는 520퍼센트라는 기록적인 수익률을 거두었다.

윈저로서는 적절한 시기에 탠디의 주식을 매수한 것도 주효했지만 더 중요한 것은 적절한 시기에 맞춰 매도에 나선 것이었다. 우리는 마지막으로 보유하고 있던 주식을 1980년 무렵에 모두 내다 팔았다. 그리고 15년이 지난 후에 마지막 매도 가격과 같은 가격에 다시 매수했다.

탠디의 주식을 처음 매수한 1973년의 주식시장은 각종 악재에 시달리고 있었다. 따라서 시장의 수익률은 나쁘다 못해 최악으로 치닫고 있었다. 워터게이트에 중동분쟁까지 겹치며 유발된 오일쇼크로 인해 경제 전반이 흔들렸다. 이처럼 지속되는 혼란의 소용돌이에서 시기를 저울질하며 저평가된 종목을 탐색하는 투자자들은 많지 않았다. 아니, 대다수 투자자들은 단순하고 반사적으로 투자에 임하는 경향이 농후

했다. 이처럼 희망이 사라진 환경에서도 윈저의 사고방식을 배우려는 투자 매니저들은 드물었다. 그저 주가변동에 신속하게 대처하고 급한 불을 끄는 것이 그들이 할 수 있는 전부였다.

인내는 소중한 미덕이다

하락세는 연말까지 줄기차게 이어졌다. 내가 투자업계에 몸담은 지 20여 년 동안 거의 경험하지 못했을 만큼 가파른 추세였다. 948포인트를 상회했던 다우존스 산업평균지수가 연말에는 823포인트로 떨어져 무려 13퍼센트나 급락했다. 이렇게 되자 떨어진 주가는 언젠가 다시 반등한다는 사실을 망각한 투자자들이 매물을 쏟아내는 바람에 아무리 탄탄한 기업도 주가 하락의 소용돌이를 버텨내기 어려웠다.

'무조건 팔자' 식의 매물이 쏟아지면서 윈저의 포트폴리오도 타격을 피할 수 없었고, 약세시장에서도 그럭저럭 실적을 유지하던 전통도 이 순간만큼은 예외였다. 기록상으로 1973년에 잠식당한 윈저의 순자산가치는 25퍼센트에 육박했다. 당연히 주주들이 이처럼 저조한 실적을 용납할 리 없었다. 1962년에도 이와 비슷한 상황에 직면하자 웰링턴에서는 새로운 매니저를 고용한 적이 있었다. 그러나 투자자들의 아우성이 적지 않았음에도 나는 내 직업 인생이 위기에 처했다고 느끼지는 않았다. 머잖아, 아니 가까운 시일 내에 시장이 윈저의 포트폴리오에 축복을 베풀 것이란 확신이 있었던 나는 그 해 연례보고서에 벤자민 프랭클린의 말을 인용하여 이런 글을 올렸다.

정직하라, 끊임없이 노력하라, 그리고 인내하라.

용기를 가지고 스스로를 신뢰하라. 야망을 가지고 근면하라.

인내와 능력, 판단을 겸비하라. 꿈과 상상을 내 것으로 만들어라.

1974 : 다시 현실로 돌아오다

바야흐로 인기 성장주도 매도의 압력에 직면하게 되었다. 압력이
지속될 경우 인기 성장주도 본연의 가치와는 상관없이 그 효용이 평
가절하될 가능성이 매우 높았다. 우리는 이번 기회에 이익을 좇아 단
기투자에만 열을 올려 시장의 물을 흐리는 투자자들에게 일대 경종을
울려주길 기대했다. 실제로 니프티 피프티와의 결별은 두 가지 측면
에서 이들처럼 무분별한 도박꾼들에게 중요한 의미가 있었다. 첫째
성장주의 그늘에서 벗어나 시장 전체를 바라볼 수 있다는 점, 둘째 인
기 성장주 외에도 유망한 여러 가지 종목을 발견할 수 있다는 점이 그
것이었다.

윈저야말로 이런 전환기에 가장 합당한 투자기관이었다. 당시 우
리는 공급이 딸리는 상품, 은행, 비인기 성장기업과 같이 실질적인 성
장 가능성을 가진 종목에 관심을 갖고 있었다. 아울러 투자자들을 현혹
했던 니프티 피프티 종목들의 빛이 바래면서 시장의 관심은 여러 분야
의 우량기업으로 확산되었다. 이런 변화는 마침내 우리의 실적에도 의
미 있는 영향을 미치기 시작했다. 1973년에 윈저의 실적은 S&P 500에
비해 10퍼센트나 떨어졌지만 이듬해인 1974년에 곧바로 결손비율의

90퍼센트를 회복했다. 윈저의 실적 개선은 무엇보다도, 그동안 S&P 500의 거의 절반을 차지했던 대형 성장주와 오일주들도 인과응보의 진리에서 벗어날 수 없음을 입증시켜주었다. 반면에 의도적으로 이 두 분야를 회피했던 윈저로서는 결국 그 대가를 손에 쥐었다.

물론 우리가 대형 성장주와 오일주를 완전히 배격한 것은 아니다. 가격에 민감한 점진주의자인 내 눈에는 (가격만 합당하다면) 버림받은 이 두 분야의 대표주를 매수하는 것도 나쁠 게 없어 보였다. 그래서 기존의 보유하고 있던 몇몇 인기 성장 종목 외에 추가로 아메라다 헤스Amerada Hess 전환우선주와 펜조일Pennzoil을 윈저의 포트폴리오에 포함시켰다.

1974년 초의 시장환경에서는 그동안 줄기차게 된서리를 맞아온 우량 성장주들을 골라 어느 시점에서 매수하느냐에 따라 투자의 성패가 갈렸다. 그리고 늘 그래왔듯이 지나친 고평가 뒤에 따르는 반전하락세도 염두에 두어야 했다.

판단착오

1974년의 2/4분기로 접어들면서 윈저는 다른 펀드들과의 실적 경쟁에서 상대적으로 우수한 결과를 낳고 있었다. 이때의 긍정적인 실적은 윈저 펀드 포트폴리오의 거의 25퍼센트를 차지했던 상품 공급 업종에 대한 수익성을 다시금 확인시켜 주었다. 당시 우리의 관심은 알루미늄과 구리, 화학, 시멘트, 아연, 설탕과 같은 가격상승 수혜주에 주로 집중되었다—그러나 이때의 관심이 '판단착오'였음을 안 것은 한참 뒤였다. 당시의 주식시장은 인플레이션 문제에다 닉슨의 대통령 지위마저 뒤흔든 워터게이트 사건 외에도, 세간에 회자되던 단기금리의 대폭적인 상승 가능성과도 치열한 싸움을 벌이고 있었다. 이런 복합적인 문제들이 단번에 해소되기는 어려웠지만 적어도 앞으로의 시장 여건만큼은 긍정적으로 보였다. 일례로 농산물 가격이 과거의 고점을 기준으로 대폭 하락하면서 관련 식품산업이 안정세를 보일 것이란 기대감이 확산되었고, 치솟았던 국제 유가 역시 안정세로 돌아서며 이런 전망에 더욱 힘을 실었다.

그러나 시장이란 늘 불확실성의 존재다. 2/4분기 초의 양호했던 실적에도 불구하고 초여름에 접어들면서 원저의 실적은 약간의 하강 국면으로 접어들었다. 컨솔리데이티드 에디슨Consolidated Edison이 배당을 포기하면서 우리는 보유하고 있던 다른 적정 성장주들의 매도까지 심각히 고려했다. 과잉대응으로 볼 수도 있지만, 어쨌든 우리는 원칙에 충실할 수밖에 없었다. 하락 분위기는 전기와 전화 관련 업종까지 영향을 미쳤고 덩달아 투자자들은 은행주의 가치마저도 필요 이상으로 평가절하했다. 좋지 않은 조짐이었다. 우리가 이 부문에서 예상했던 긍정적 펀더멘털에도 불구하고, 시장은 이런 문제가 우리가 예상할 수 있는 수준을 훨씬 뛰어넘어 널리 확대될 것이라고 말하는 듯했다. 그 결과 예측불허의 시장은 우리가 투자했던 구리와 알루미늄 부문에 대한 보상을 (주가의 상승에도 불구하고) 허용치 않았고, 결국 우리는 10퍼센트 정도의 손실을 맛보고 말았다.

그럼에도 불구하고 우리는 원저의 포트폴리오가 주주들에게 유리하게 작용하리라는 기대를 버리지 않았다. 주가를 기준으로 볼 때, 당시는 보통주를 구매하기에는 20년 만에 가장 좋은 시기라고 판단했다. 물론 이런 평가를 내린 기관이 우리뿐이었던 건 아니지만, 대다수 기관은 우리와 상반된 견해를 가지고 있었던 것도 사실이었다. 따라서 더 큰 혼란을 우려한 많은 투자 매니저들은 절호의 기회를 이용하기보다 보유한 주식을 현금 또는 현금등가물로 대체하느라 여념이 없었다.

숨을 곳은 없다

어려운 상황임에도 1974년 여름의 전체 실적은 윈저의 연말 실적에 희망의 빛을 비추어 주었다. 당시의 주식시장에서는 현금 외에 대학살을 모면할 수 있는 안식처는 전혀 없었다. 지속적으로 시장에 압력을 가하는 주된 원인이 인기 성장주에 있었고, 우리가 보유한 인기 성장주는 극소수에 불과했지만 이 분야의 치열한 난투극이 시장 전체에 미치는 파급효과는 우리도 어찌할 수가 없었다. 공포감이 가중되었고 유동성 확보가 시대의 지상과제로 자리잡았다. 합리적인 판단이란 애당초 불가능했다. 게다가 '따라하기' 세력과 '사후 대응' 세력이 늘어나면서 시장의 모멘텀을 주도했다. 이때 누군가가 "이 추세가 언제 끝날 것으로 봅니까?" 하고 물었다면, 아마도 나 역시 다른 투자 매니저들처럼 이렇다 할 대답을 내놓지 못했을 것이다. 하지만 외형적인 형세를 근거로 포트폴리오를 구성하여 여기에 확신을 가져야 한다는 내 소신에는 변함이 없었다.

상품 공급 부족과 8월 4일의 닉슨 태통령 사임 등 각종 악재로 인해 어수선해진 분위기 속에서도 소비자들은 세상이 종말로 이어지지는 않을 것이란 믿음을 갖기 시작했다. 우리가 보기에도 소비자들이 가처분소득의 92퍼센트 이하로 지출을 줄여야 할 이유가 없었다. 오히려 1975년의 실질 가처분소득이 약간 늘어났다는 점을 감안하면 지출이 더 늘어나는 게 정상적이었다.

이런 역동성에도 불구하고 윈저에서 투자한 종목의 평균 PER은 5.2배, 배당수익률은 6.7퍼센트를 기록했다. 특히 우리가 보유했던 대형 종목들의 배당수익률 증가세가 뚜렷했다. 그 해 7월과 8월에만 대형 종목의 평균 배당수익률 증가율은 약 21퍼센트를 기록했고, 그 중에서도 증가율이 4.7퍼센트에 그친 제너럴 텔레폰General Telephone과 같은 종목이 있었는가 하면 레이놀즈 메탈스Reynolds Metals는 무려 200퍼센트에 육박했다. 또한 AT&T와 모토롤라, 케네콧 쿠퍼, 컨솔리데이티드

<도표> '계산된 참여'에 따른 윈저 펀드의 변화(1971-1982)

◆ 인기 성장주　　　　■ 비인기 성장주
▲ 적정 성장주　　　　× 순환 성장주

프라이트웨이즈, 세이프웨이 스토어즈 등 13개 기업의 평균 배당수익률 증가율은 16퍼센트에 이르렀다.

이 정도의 성장률이면 세간의 관심을 끌기에 충분했고 실제로도 그랬다. 원저에 투자한 주주들은 과거와 비교할 수 없을 만큼 높은 배당수익률을 만끽했다. 뿐 아니라 원저의 포트폴리오에 포함된 기업들은 대부분 수익성이 향상되었으며, 수익의 일정 부분을 투자자들에게 환원해도 될 만큼 재무상태가 탄탄했다.

배당수익률 외에도 PER 5.2배 수준에서 투자한 결과 우리는 20퍼센트에 가까운 투자수익률을 거두었다. 혹자는 감성적으로 억압된 분위기에서 이 정도의 수익률은 그리 높은 게 아니라고 말할지도 모른다. 그러나 다른 투자기관에서 섣불리 움직이지 못하는 상황에서도 원저는 효율적인 재무 척도를 적용하여 높은 수익을 올렸고 그 수익을 주주들에게 고스란히 돌려주었다.

1974년 마지막 분기에 접어들어서도 원저의 실적은 아주 뛰어나지는 못했지만 그런 대로 괜찮은 수준을 유지했다. 우리는 평범한 실적에서 벗어나지 못하던 경쟁 펀드들에 비해 우위를 점하고 있었다. 그동안 쌓아온 위상에 덧붙여 본격적인 반등이 시작될 때를 준비하여 나름대로 대응책을 마련해온 결과였다. 게다가 당시의 경제상황은 우리의 믿음을 더욱 굳혀 주었다. 인플레이션을 잡기 위한 제럴드 포드 대통령의 정책이 착수 단계에 돌입했고 투자자들도 변화의 조짐에 서서히 눈을 떴다. 이전의 저점으로부터 상당한 수준의 반등이 마침내 시작되고 있었던 것이다.

그러나 전통적 성장주들이 회복세를 주도하면서, 1974년 10월 말에 이르러서도 윈저의 전망은 그리 밝아 보이지 않았다. 그 동안 숨을 죽이고 현금 확보에 주력했던 투자기관들이 시장에 다시 돌아와서도 여전히 몇 안 되는 고성장주에 대한 집착을 버리지 못했던 게 가장 큰 이유였다. 잔인했던 10월은 11월로 접어들면서 얼마간 호전되었다. 확실한 근거와 합리성에 근거한 투자의 중요성이 부각되면서 투자자들도 펀더멘털에 기반을 둔 종목 선정에 관심을 갖기 시작한 것이다. 물론 우리에게는 반가운 소식이었다. 아울러 이런 분위기는 윈저 펀드의 주주들에게 매우 유익하리라고 우리는 판단했다.

브라우닝-페리즈Browning-Ferris는 작고 잘 알려지지도 않은 기업이었지만 우리가 보기에는 높은 성장률과 적정 수준의 PER을 보유하고 있었다. 이 업체는 쓰레기 청소업체였다—좀더 점잖게 말해 폐기물 처리업체였다. 단순하고 지저분한 일이라며 폄하하는 사람도 있겠지만 쓰레기 청소야말로 우리 사회에서 없어서는 안 될 중요한 비즈니스의 하나다. 1974년 11월, 윈저에서는 비교적 높은 주가에도 불구하고 브라우닝-페리즈를 포트폴리오에 포함시켰다. 충분한 자본과 기술력을 모두 갖추고 있어 성장 가능성을 그만큼 높이 평가했기 때문이다. 당시 이 업체의 연간 수익률은 이전 4년의 평균치보다 17퍼센트 정도 높았으며, 앞으로도 15퍼센트 이상을 유지할 수 있는 여력을 가지고 있었다. 따라서 우리는 15퍼센트의 수익성장률에 3퍼센트의 배당수익률까지 감안하여 회계연도 1975년에 PER 5.7배 수준에서 브라우닝-페리즈의 주식을 매수했다.

그 결과, 투자한 지 2년여 만에 원금을 두 배로 불려 시장보다 40퍼센트 이상 높은 수익률을 기록했다. 다만 이 업체와 경쟁관계였던 웨이스트 매니지먼트Waste Management의 주식을 샀더라면 더 나을 뻔했다는 아쉬움도 없진 않았다.

1975년의 전망과 관련하여 내게 가장 골치 아팠던 사건은 자동차 판매시장의 하락세였다. 이 사건이 윈저에 직접적인 영향을 미친 건 아니지만, 어떻든 이로 인해 우리는 자동차 부문의 보유 주식을 대폭 줄였다. 이 여파는 공급업계로까지 이어져 1975년 윈저의 전망치를 달성하기 위해서는 내수시장의 회복이 급선무였다.

자동차 부문의 실적 부진은 휘발유와 종이, 필름, 설탕, 심지어 설탕을 대체재로 사용하던 청량음료 부문까지 영향을 미치는 듯했다. 실제든 조작된 것이든 이런 어려운 상황이 막을 내리면서 각 기업은 쌓아두었던 재고의 감축에 돌입했고 이로 인해 가격에도 적잖은 영향을 미쳤다.

우리는 1975년 1/4분기 말에 이르면 상황이 이전보다 호전될 것으로 예측했다. 그러려면 자동차 판매 부문의 회복세와 더불어 소비자 구매력이 일정 수준 이상으로 유지되어야 한다는 조건이 뒤따랐다. 그러나 두 조건이 모두 맞아떨어져 1/4분기와 2/4분기 경기가 호전된다 하더라도 1975년 전체의 경제활동 수준은 1974년보다 크게 나아질 것 같지 않았다.

고평가된 일부 종목과 맞서 싸워온 지도 어언 5년째인 1974년, 결국 윈저는 패배했다. 그러나 우리는 굴복하지 않았다. 저PER 투자에 대한 신념은 그 어느 때보다 확고했고, 이런 우리의 신념이 옳았음을 입증하는 시간이 서서히 다가오고 있었다.

1975 : 윈저, 승리하다

직업을 구하기 위해 무작정 차를 빌려 타고 뉴욕으로 향한 지 20년 만에 내 직업 인생은 자타가 인정하는 성공의 길로 접어들고 있었다. 니프티 피프티로 인해 상처는 입었지만 결코 굴복하지 않았던 윈저는 결국 뮤추얼펀드 업계의 강자로 부상했다. 아울러 '계산된 참여'와 저 PER 투자를 혼합한 공식 덕분에 까다로운 시장을 누구보다 정확하게 분석할 수 있었다.

니프티 피프티가 붕괴되었던 1974년의 수익률이 예상보다 훨씬 못 미쳤음에도 우리는 변함없는 신념과 낙관적인 시각으로 1975년을 바라보았다. 그래서 재무상태가 탄탄한 고배당 적정 성장주를 적극적으로 찾아 나섰다.

1975년 새해는 고PER 성장 종목의 하락세로 출발했다. 이와는 대조적으로 튼튼한 기반을 가지고 있으면서도 인정을 받지 못했던 비인기 성장주들에 대한 시장의 관심이 조금씩 되살아나고 있었다. 한편 1974년에 이어 1975년에도 우리의 호적수였던 S&P 500과의 경쟁은 계속되었다. (성장 종목의 주가가 과도하게 상승했던 1972년과 1973년의 비수기를 제외하고) 윈저를 떠받친 경쟁력의 원천은 정확한 예측에 있었다. 1974년에는 10퍼센트 정도 뒤처졌지만, 예상대로만 된다면 앞으로 실적이 개선되어 5년 단위 실적에서 충분히 S&P 500을 누를 수 있으리라 생각했다.

당시 윈저의 포트폴리오에는 적정 성장주와 순환 성장주라는 '건강한 시민'들이 대거 포진되어 있었고, 특히 순환 성장주는 전체 포트폴리오의 절반을 차지했다. 1975년에 접어들며 우리는 1973년과 1974년의 잿더미에서 벗어나 주식시장과 경제 전반 모두에서 부활의 기회를 모색했다. 물론 성장 가능성이 높은 기업에 대한 우리는 관심에는 변함이 없었다. 그리고 연금자산 운용자들의 합리적이고 신중한 운용을 강조한 연금개정법이 주식시장에 어떤 파급효과를 가져올 것인지에 대해서도 면밀히 진단했다. 이런 여러 가지를 고려한 결과, 앞으로 시장의 관심은 탄탄한 재무상태와 적정한 규모, 높은 시장점유율과 높은 인지도를 가진 기업에 집중될 것이라고 판단했다.

우리의 예상대로 시장이 회복되면 기존의 니프티 피프티 성장주에 대한 맹목적인 믿음도 한풀 꺾일 것으로 보았다. 그리고 이미 적잖은 투자자들이 매력적인 배당수익률을 가진 적정 성장주와 순환 성장주에 관심을 보이고 있었다. 당시 윈저의 포트폴리오에는 시장의 관심을 끄는 대표적인 종목들이 포함되었다―세이프웨이 스토어즈, AT&T, CBS, 존 디어, 케네콧, 일부 우량 은행들, 유니언 카바이드, 몬샌토 등이 대표적이었다. 솔직히 말해 이런 종목들은 리스크가 큰 대신에 수익률을 서너 배 이상 올릴 수 있는 종목들과 비교하면 수익 잠재력이 상대적으로 낮은 편이었다. 그러나 안정적인 수익을 올릴 수 있다는 장점이 있었을 뿐 아니라 적정 PER 수준에서 매수할 수 있다는 점에서 미래가 매우 밝은 편이었다. 따라서 1975년 초에는 이런 종목들을 기반으로 투자에 임했다.

1/4분기가 끝나갈 무렵 윈저는 16.8퍼센트에 달했던 1974년의 손실을 대부분 회복했다. 단기간에 이 같은 결과를 거둘 수 있었던 것은 다음의 세 가지 요소가 조화를 이룬 덕분이었다. 첫째, 윈저의 위상이

확고히 구축되었다. 둘째, 잠재력이 큰 비인기 성장주에서 높은 수익을 거두었다. 셋째, 은행과 같이 상대적 가치가 높은 부문에 대한 지분 증대가 주효했다.

물론 주식시장의 급속한 회복이 경제 전반의 단기적 회복에 대한 확신에서 비롯된 것은 아니었다. 그러나 우리는 1975년 초의 시장이 과도하게 저평가되어 있었다는 점에 주목했다. 따라서 필요 이상으로 저평가된 만큼 필요 이상으로 고평가될 여지도 충분하다는 것이 우리의 판단이었다.

달콤한 결과

농업 관련 상품을 비롯한 여러 부문의 상품에 대한 낙관론과 더불어, 우리는 설탕의 대체재인 과당 콘시럽을 생산하던 미국의 양대 제조업체 가운데 하나였던 A. E. 스탤리 매뉴팩처링A. E. Staley Manufacturing의 펀더멘털을 눈여겨 보았다. 설탕 가격이 오르면서 청량음료 제조업계나 제과업계, 기타 식료품업계 등 설탕을 산업용으로 이용하던 업자들에게 콘시럽은 훌륭한 대체재였다. 설탕 가격이 평소 수준으로 급락한 상황에서도 그 대체품인 콘시럽의 효용에는 큰 변화가 없었다. 이후 설탕 가격이 과도하게 주저 않으면서 콘시럽 가격에도 어느 정도 영향을 미치긴 했지만, 콘시럽의 수요가 점차 늘어나면서 소비도 증가했고 제조업체의 이윤도 덩달아 늘어났다. 스탤리는 늘어나는 수요를 감당하기 위해 콘시럽 생산 설비를 확장했고 이때부터 수익성은 급격하게 향상되었다. 따라서 우리는 1974년에 6달러 선이었던 스탤리의 주가가 이듬해인 1975년에는 15달러 이상으로 올라가리라 예상했다. 물론 주가가 향후 수년간 15달러 이상으로 유지되려면 생산 능력을 더 확충하고 대두 가공 공정을 개선해야 한다는 단서가 따랐지만, 어떻든 우리는 스탤리를 최전방에 포진함으로서 새로운 부문에 대한 투자에 돌입했다. 1974년의 수익을 기준으로 PER 3.5배 수준에서 스탤리의 주식을 매수한 우리는 매도 시점의 PER을 당기수익의 10배로 추산하여 그만큼의 이익을 남길 수 있을 것으로 보았다.

그 결과 윈저는 스탤리를 필두로 매혹적인 결과를 이끌어냈다. 남들이 무시하던 시장에서 우리가 거둔 수익률은 50퍼센트에 육박했다.

1975년 중반에 다다르면서 저평가된 시장에서 벌어들일 수 있는 눈먼 돈도 한계에 이른 것 같았다. 다우지수가 전년 12월의 저점에서 무려 38퍼센트나 폭등하여 800포인트를 넘어서자 우리는 성장 속도가 점차 둔화될 것으로 보았다. 그래서 가속페달에 올렸던 발을 약간 떼어 매수 수위를 조금씩 낮췄다. 그렇다고 시장의 분위기를 우려했던 건 아니다. 오히려 우리는 회복세가 너무 빨랐기 때문에 앞으로는 주춤할 것으로 보고 어느 정도의 현금(자산의 7.5퍼센트)을 확보해둔 상태였다. 또한 그동안 상당한 수익을 거둔 분야에 덧붙여 리스크가 적고 안정적인 분야를 새로이 모색했다.

CBS와 유니언 카바이드, 세이프웨이 스토어즈 등 기존 성공 종목에서의 수익은 여전했다. 그리고 비인기 종목뿐 아니라 걸프＋웨스턴과 월터 키드Walter Kidde, 화이트 컨솔리데이티드White Consolidated와 같은 복합기업도 우리의 투자 대상에 포함되었다.

그 가운데 리스크가 상당히 높으면서도 뛰어난 수익을 안겨다 준 종목으로는 단연 짐 월터 코퍼레이션Jim Walter Corp.을 들 수 있다. 윈저에서 주택건설업체인 짐 월터의 주식을 매수하기 시작한 때는 1972년 여름부터였고 이듬해 봄까지 지속적으로 매수 비율을 높여나갔다. 그동안 이 업체의 주가는 50퍼센트 상승하여 같은 시기의 시장 평균상승률보다 거의 두 배에 달했다. 이후 투자자들이 건축경기 회복세와 짐 월터의 석탄산업에 관심을 가지고 투자를 늘릴 때, 우리는 그동안 혜안을 가지고 확보해 둔 이 업체의 주식을 내다 팔기 시작했다. 늘 그랬듯이, 이번에도 윈저는 탁월한 예측 능력과 시장의 열정을 적극 활용하여 성공투자의 발판을 마련한 것이다.

우리는 항상 시장과 경쟁업체보다 한 발 앞선 투자를 통해 화려한 결과를 만끽하곤 했다. 그러나 이턴 코퍼레이션Eaton Corporation의 경험만큼은 그리 만족스럽지 못했다. 물론 재앙이라고 부를 정도는 아니었지만…. 이턴 코퍼레이션은 실적 측면에서 1973년 중반 이후 윈저에서 투자한 다른 기업보다 그리 못한 사례는 아니었다. 그러나 이턴의 주력 부문인 트럭용 트랜스미션과 차축 생산 부문뿐 아니라 다른 사업 부문에서 올린 실적 역시 윈저에서 예측한 1973~1974년 수익 목표를 지지하기에는 역부족이었다. 이후 1975년 중반까지는 그럭저럭 버텼지만 그 이후부터 1976년까지는 그야말로 혹독한 시련의 시기였다. 트럭 산업의 침체에다 지게차 부문까지 위축되면서 이턴의 수익성은 1974년에 비해 오히려 뒤처졌다. 우리는 이턴이 시험의 시기를 통과하는 과정을 방관자 입장에서 묵묵히 지켜보았다. 그리고 항상 그랬던 것처럼 6개월에서 1년 정도의 시간을 두고 다시 주식을 매수할 시점을 모색했다.

에너지 관련 비인기 종목에 대한 윈저의 관심이 텍사스 이스턴 트랜스미션Texas Eastern Transmission이란 기업에 머물렀다. 당시 텍사스 이스턴은 파이프라인 원유수송업체로 북해의 유전개발에 참여한 주요 기업 가운데 하나였다. 1972년과 1973년 사이 이 업체의 주식은 60달러가 넘는 높은 가격에 거래되고 있었고 그 후에도 연평균 7퍼센트의 수익성장률을 유지했다—연방공정거래위원회FTC에서 원유 수송량 감소에도 불구하고 수송업체에 적정 수준의 수익을 허용한 것도 한 가지 이유였다. 게다가 북해의 유전개발이 현실화되면서 이 업체의 1976년 수익성 개선이 확실했다.

당시에는 수익성이 상대적으로 뛰어난 동시에 수익성장률이 10퍼센트 이상에 이를 것으로 예견되는 기업이 무척 드물었다. 더욱이 현행 6퍼센트의 배당수익률이 연말에는 더 향상되리라는 기대와 더불어 PER이 7배 정도에 불과했던 텍사스 이스턴은, 모든 오일주에 긍정적인 파급효과를 미쳤던 북해산 원유와 마찬가지로 윈저의 입장에서는 대단히 매혹적인 존재가 아닐 수 없었다. 우리가 이 업체에 투자해서 거둔 수익률은 시장평균을 한참 웃돌았다. 1977년 11월에 매도한 주식의 수익률은 무려 58퍼센트에 육박했고 비슷한 시기에 다우지수는 15퍼센트나 폭락하여 850선 아래로 떨어졌다.

시장이 서서히 회복되며 그동안 고전을 면치 못했던 기업들이 어려움을 조금씩 극복해나가는 상황에서 윈저의 경쟁력은 더욱 빛을 발했다. 이 시기에는 다른 투자자들도 대형 성장주들을 시장 속에서 하나의 집단이 아닌 종목 각각의 장단점을 기초로 분석하려는 경향을 보이기 시작했다. 이런 현실적인 시장 분위기는 그동안 윈저에서 추구해온 방식이 옳았음을 다시 한 번 입증해주었다.

현금화

윈저의 매도세가 계속되어 매도 물량이 신규 매수 물량보다 두 배에 달했다. 시장의 미래를 암울하게 보아서가 아니라 앞으로의 동향을 면밀하게 고려하여 매도 물량을 늘린 것뿐이었다. 아울러 우리는 기존의 성공적인 투자에서 수익을 계속 실현하는 동시에 또 다른 기회를 모색하기 위해서도 노력을 기울였다.

시장이 다시 하락세로 돌아선 상황에서도 매도를 통한 윈저의 수익 실현은 계속되었다―짐 월터 40퍼센트, CBS 35퍼센트, 몬샌토 60퍼센트, 콜로니얼 펜 그룹 100퍼센트, 세이프웨이 스토어즈 40퍼센트. 뿐 아니라 탠디(150퍼센트)와 암스테드 인더스트리즈(74퍼센트)에서도 높은 수익을 올리기 시작했다. 특히 탠디는 단일종목으로는 최대 규모의 투자대상이었고 수익률 역시 최고를 기록했다. 1973년 여름부터 이듬해 말까지 우리는 평균 16달러에 탠디의 주식 30만 주를 사들였다. 그리고 주가가 우리의 추정치(평균 매수가의 세 배, 1994년 최저 매수가의 다섯 배)에 근접했을 때 매도를 시작하여 현금으로 전환했다.

1995년 중반, 시장의 평균수익률이 15~20퍼센트 정도 하락한 데 반해 윈저 포트폴리오의 평균수익률 추정치는 10퍼센트를 웃돌았고, 1976년에는 20퍼센트 이상의 상승이 예측되는 상황에서 보유 주식을 매도하기란 결코 쉬운 결정이 아니었다. 그러나 당시의 소비자가격지

수CPI를 기준으로 6퍼센트 정도의 인플레이션은 충분히 가능한 수준이었다―실제 인플레이션은 모두의 예상을 뒤엎고 두 자릿수를 기록했다. 게다가 1975년 8월에 윈저 펀드의 주식이 1975년 수익을 기준으로 불과 7배, 1976년 초의 예상수익을 기준으로 하면 6배 수준에서 판매되고 있었다는 사실도 윈저의 매도세에 적잖은 영향을 미쳤다.

1975년의 배당수익률 또한 윈저를 살찌우는 데 한 몫을 했다. 윈저의 보유종목 가운데 40퍼센트 이상이 배당수익률을 과거보다 높였고 내린 종목은 불과 한 곳뿐이었다.

1976 : 조이 오브 스톡The Joy of Stocks

90여 개에 이르는 경쟁업체들을 모두 따돌린 윈저는 순풍에 돛을 단 채 1976년으로 들어섰다. 이때 윈저의 실적은 1억 달러 규모 이상의 경쟁 펀드들보다 수익률이 평균 54.5퍼센트 높았고, 실적 2위 펀드와는 5퍼센트, S&P 500과는 17.4퍼센트의 격차를 보였다.

탁월한 실적은 윈저의 위상을 한층 높였을 뿐 아니라 성장주가 주도하던 시절의 시장에서 입은 손실을 충분히 보상해주었다. 그리고 5년 단위 실적으로 따져보더라도 경쟁 펀드들이나 S&P 500에 비해 거의 뒤처지지 않았다. 5년 단위 실적 비교로는 확연히 드러나지 않았지만, 그동안 윈저는 독자적인 방식으로 투자를 이끌어왔고 그 결과 1976년의 시작은 그 어느 때보다 순탄했다. 게다가 5년 단위보다 훨씬 중요한 의미를 지닌 10년 단위 실적으로 보면 윈저에 필적할 만한 펀드는 아예 없었다. 이 기간 동안 윈저는 80.3퍼센트라는 경이적인 수익률을 기록하여 2위 펀드를 5퍼센트 이상 앞질렀고, 3위 펀드와는 무려 20퍼센트 이상의 격차를 보였다. 뿐 아니라 경쟁 펀드의 평균수익률과 비교할 때 윈저의 수익률은 두 배에 달했다.

논란의 시대

시장이 활황세를 보이던 1976년 1월, 나는 난생 처음으로 '배런스 Barron's'에서 주최한 연례 토론회에 참석했다. 1월 한 달간 다우지수는 858포인트에서 975포인트로 무려 14퍼센트나 급상승했다. 시장이 점차 호전되는 상황에서 그 추세가 곧 꺾일 것으로 예측하는 사람은 찾아보기 어려웠다. 1월과 2월 초의 '성급한 파티' 이후의 시장에 대해서도 우리는 특별히 우려하지는 않았으며, 특히 1976년 수익을 기준으로 PER 7.5배 수준에서 거래되던 윈저의 주식에 대해 이렇다 할 불만도 없었다. 오히려 우리는 지나치게 앞서 나갔을 때의 위험을 더 경계했다─유동성 선호주의자들이 보통주에 새로운 관심을 갖게 된 것도 윈저의 수익성을 높인 주요 요인의 하나였다. 그리고 강세시장의 추진력이 사라졌을 때를 대비해야 했다.

당시 우리는 과거에 성공적으로 진행해왔던 방식, 즉 '시장에 잘 알려지지 않은' 저평가된 보통주를 찾아 투자하여 수익을 실현하는 (물론 실수도 감안하여) 과정을 되풀이한다는 전략을 가지고 있었다. 1976년 초, 우리가 보기에 고배당율과 저PER로 대표적인 종목은 국내 오일주였다. 에너지와 관련된 새로운 법안이 상정되어 원유의 가격 상승을 사실상 보장하면서 높은 투자 수익을 약속했기 때문이다. 일부 투자자들은 국내 원유와 천연가스의 가격을 정책적으로 다룬다는 사실에 회의적인 시각을 보이기도 했다. 그러나 우리에게(전체 S&P 500의 15퍼센트를 점유하고 있던) 오일주는 지난 4년간 높은 수익의 원천이었고 따라서 가격 보장은 분명한 호재였다. 아울러 시장의 열기가 계속된다면 그동안 보유하고 있던 오일주를 현금으로 전환하여 윈저의 주주들에게 그만한 대가를 돌려줄 계획이었다. 그로부터 불과 2개월 만에 오일주 주가는 예상대로 상승했고 우리는 저비용으로 높은 수익을 실현하였다.

한편, 윈저의 선호 종목에 대한 시장의 관심도 지속적으로 높아졌고 우리는 시장의 이런 관심을 기꺼이 받아들였다. 그 당시 윈저의 대표주자는 물론 탠디였다—윈저의 가치 포트폴리오에 포함된 종목 중에서 시장의 관심을 가장 많이 끈 기업이었다. 우리는 남보다 '우수한 종목'을 발굴하기 위해 상상력과 창의력, 효과적 전략을 총동원했다. 그 결과 탠디 외에도 디어Deere & Co., 제너럴 텔레폰 & 일렉트릭General Telephone & Electric, 화이트 컨솔리데이티드, U.S. 슈 코퍼레이션U.S. Shoe Corp.과 같이 수익성 높은 기업들을 다수 찾아냈다.

반면에 RCA는 인수 문제 이후 영업이익이 15퍼센트나 감소되어 윈저의 포트폴리오에서 제외된 사례다. 우리가 RCA를 제외한 이유는 두 가지 단기적 요인 때문이었다. 첫째, 많은 전문가들의 긍정적인 예상에도 불구하고 컬러TV 수상기 시장은 소비자 구매력이 점차 높아지고 있던 다른 부문들과는 달리 회복세를 타지 못했다. 둘째, 더 중요한 이유로, 네트워크 산업의 리더격인 CBS의 뒤를 이어 확고한 지위를 구축했던 NBC의 영향력이 급격히 약화되고 있었기 때문이다. 물론 이런 문제들이 당장 몇 분기의 실적에는 별 영향을 미치지 않을 수도 있지만, 궁극적으로는 윈저의 투자수익을 약화시킬 뿐 아니라 기존의 포트폴리오에도 악영향을 미칠 수 있다고 우리는 판단했다. 그런데, 아쉽게도 윈저의 포트폴리오에서 제외된 이후 RCA는 시장의 호의적인 반응으로 주가가 급등했다. 어쩔 수 없는 노릇이었다. 우리 나름대로는 예측 모델을 충실히 이행했기 때문에 그 결과에 대해서는 담담히 받아들일 수밖에 없었다.

조정

늘 '조정'의 필요성을 염두에 두고 있던 우리로서는 RCA로 인해 크게 실망할 이유가 없었다. 우리는 한편으로는 현금을 확보하고 다른 한편으로는 고배당과 적정 성장, 적정 PER을 가진 종목을 발굴함으로써 시장의 움직임을 최대한 이용하기 위해 노력했다. 윈저 포트폴리오의 무려 10퍼센트를 국내 오일주로 채운 것도 이와 같은 전략의 결과였다—오일과 천연가스 시추, 탐사 관련 종목 등 천연가스 다각화 부문까지 포함하면 14퍼센트에 달했다.

5월 오일시장의 매출 감소와 더불어 우려의 목소리도 없진 않았지만 우리는 이 분야의 앞날이 적어도 단기적으로는 희망적이라고 판단했다. 그래서 매출 감소를 일시적인 이상현상 정도로 간주했다. 오일시장의 향방을 분석하는 데 익숙지는 않았지만, 그럼에도 불구하고 우리는 오일시장이 전반적으로는 위를 지향하고 있다고 보았던 것이다.

아마도 그동안 추구해온 가치 포트폴리오가 그 빛을 발하는 듯했다. 어수선한 분위기 속에서도 우리는 평균적으로 7배를 약간 넘는 PER 위주의 투자에 큰 희망을 걸고 있었다.

어떻든 윈저의 투자 실적은 다시 높아져 106개에 달하는 경쟁 펀드 가운데 2위를 기록했다. 어려움에 처한 펀드업계에서 우리가 거둔 실적은 내게 특별한 의미를 부여했다. 게다가 한 해의 강자가 다음해에도 같은 지위를 유지하기는 어렵다는 통념을 비웃기라도 하듯이 연속해서 좋은 결과를 얻었다는 점에서 특히 만족스러웠다.

국내 주식시장이 '굴뚝산업'에 집착할 때 우리는 순환 성장주를 통해 이윤을 챙겼다. 일례로 알루미늄과 화학 부문의 주가가 상승할 때는 이 분야의 종목들을 주로 공략했다—윈저 포트폴리오의 38퍼센트를 이 부문의 종목으로 배치했다(회계연도 1975년 말의 45퍼센트, 8월의 48퍼센트와 비교하면 약간 줄어든 수치였다). 다른 투자자들의 눈에는 이런 식의 포트폴리오 구성이 의아하게 생각될 수도 있었지만, 우리는 기초상품 부문의 미미한 하락세에도 불구하고 이 부문에 투자함으로써 생산재와 자본지출 영역에서 상당한 지분을 확보했다. 1977년을 내다볼 때 이 부문은 대단히 가능성이 높은 비옥한 토양이라는 게 우리의 판단이었다. 그리고 이런 추세는 윈저의 포트폴리오를 구성하고 있던 스투드베이커-워싱턴Studebaker-Worthington과 걸프＋웨스턴, 월터 키드, 화이트 컨솔리데이티드 등과 같은 복합기업에도 그대로 반영되었다.

영광은 계속된다

　투자에 관한 한 윈저는 누구에게도 머리를 조아리지 않았다. 1970년부터 1976년 사이 윈저에서는 83.2퍼센트라는 높은 수익률을 기록하여 S&P 500의 57퍼센트와 큰 격차를 보였다. 1976년 한 해만 보더라도 윈저는 46.4퍼센트로 S&P 500보다 26.8퍼센트 높은 실적을 올렸다. 그러나 불확실성은 여전히 사라지지 않았으며 1976년에도 일정 범위 이내의 유동성은 계속해서 존재했다.

　다우지수가 932포인트에 이르면서 우리는 주식시장을 지지하는 3대 축으로 수익률, 배당수익률, 금리 자율화를 꼽았다. 그러나 1976년 초가을의 시장에 실질적인 영향을 미친 양대 요소는 경제 위축에 대한 우려감과 지미 카터의 대통령 당선 가능성이었다. 우리는 장단기 투자 시나리오를 개발하면서 정치적 요소에 의한 영향을 가급적 배제하는 동시에, 기업 활동이 위축되더라도 그 이상의 특별한 의미를 부여하지 않으려고 노력했다. 그리고 주식시장의 성패는 소비자들이 보유현금을 지출할 의지와 기업 경영자들의 자본지출 의지에 달려 있다고 보았다.

　또한 역사적인 관점과 당시의 상황을 모두 고려하더라도 당분간은 시장의 앞날이 호전될 것으로 보였다. 따라서 우리는 1977년 추정 수익을 긍정적으로 설정했고, 기업들의 자본이 활발하게 움직이면서 1978년 역시 좋은 한 해가 될 것으로 예상했다. 또한 이런 낙관적인 평가를 바탕으로 윈저의 위상을 한 단계 더 높일 수 있을 것으로 생각했다.

11 ⟡ JOHN NEFF

짙은 안개 속(1977-1981),
그래도 나는 전진한다

금리, 유가, 계속되는 상품 부
족현상으로 인해 시장은 새로이 다가오는 변곡점에 관심을 갖게 되었
다. 니프티 피프티 시대 이후 얼마간 우리는 비인기 성장주를 통해 쏠
쏠한 재미를 본 반면에, 이 시기에는 투자 대상 기업과 업종의 범위를
과거보다 훨씬 넓게 포진시켰다. 그 결과 은행, 복합기업, 내구재, 종
합 보험회사, 전기 관련 업체 등 포트폴리오에 포함된 모든 종목들이
윈저의 주주들에게 막대한 보상을 가져다주었다.

1977 : 나무랄 데 없는 이력

곧 윈저의 포트폴리오 구성에 급격한 변화가 있었다. 순환주인 자동차주를 확보하기 위해 IBM을 팔아 인기 성장 부문의 비중을 절반으로 줄였고, AT&T의 매도를 통해 적정 성장주의 비중도 대폭 줄였다. 반면에 비인기 성장 부문은 오히려 늘렸다. 그만큼 가격 경쟁력이 있다고 판단했기 때문이다. 이때의 시장은 정상적인 상태로 돌아왔음을 과시하듯 무조건적인 성장보다는 배당수익률에 관심을 가지는 듯했다. 이런 경향은 대단히 뚜렷하고 지속적이었으며, 1970년대 초의 상황과는 지향하는 방향 자체가 달랐다. 이때 우리는 IBM의 주식을 매도하는 한편으로 인기 성장 부문에서 잘 알려지지 않은 기업을 찾아내기 위해 많은 노력을 기울였다.

윈저 포트폴리오의 가장 대표적인 변화라면, IBM과 AT&T를 파는 대신 그만큼을 제너럴 모터스와 포드로 채웠다는 점이었다. 늘 그랬듯이 윈저는 S&P 500의 상위 50개 종목(해당 지수 시가총액의 거의 절반에 해당했다) 가운데 기껏해야 7, 8개 종목만 보유했다. 상위 50개 종목에 특별한 반감이 있어서라기보다, 이들 종목에 대한 투자자들의 과도한 관심 그리고 종목 연구와 지분 소유, 가치평가 등의 측면에서도 정도를 넘어서는 경우가 일상적이다시피 했기 때문이었다. 게다가 우리는 시장의 이런 편견이 머잖아 우리가 보유한 종목으로 옮겨갈 것으로 내다보았다. 이런 시장 환경에서 우리는 비인기 성장 종목의 미래를 대단히 높게 평가했다.

일례로 1975년 후반과 1976년 초에는 국내 오일주를 공격적으로 사들였다—이때 윈저는 쉘 오일과 애틀랜틱 리치필드, 인디애나의 스탠더드 오일 등 S&P 500의 상위 50대 기업에 속하는 석유회사들의 지분을 이미 상당히 확보하고 있었다. 또한 잇따른 수년간 AT&T와 IBM의 지분도 전체 포트폴리오의 6퍼센트 수준까지 늘렸다. '건강한 시민'의 대표주자인 AT&T와 인기 성장 부문의 핵심인 IBM의 가치가 일시적으로 저평가되었다는 판단에 따른 과감한 매수였다. 이 두 종목은 당기실적에서 시장을 크게 앞질렀으며, 특히 IBM은 동종의 다른 어떤 기업보다도 실적이 우수했다.

그러나 우리가 투자했을 무렵의 두 기업은 모두 당기수익에서 뒷걸음질을 쳤다. AT&T는 규제가 느슨해진 상황에서 이미 높은 수익성장을 맛본 뒤였고, IBM은 공격적인 가격 정책을 구사하고 있음에도 어찌된 일인지 렌탈과 서비스 부문의 수익이 정체된 상태였다. 이런 상황에서 우리는 14퍼센트로 책정한 IBM의 추정성장률에 의심을 갖지 않을 수 없었다—같은 시기에 전체 포트폴리오의 평균 추정성장률은 IBM의 14퍼센트보다 거의 두 배에 달했다.

네 바퀴의 피조물

우리가 자동차 산업으로 눈을 돌렸을 때 제너럴 모터스와 포드의 주식은 각각 6배와 4배의 PER 수준에서 거래되고 있었고, 배당수익률은 9배와 7배 이상씩을 기록했다. 당시 시장에서는 1976년과 1977년의 활발한 자동차 판매고를 감안하더라도 이 정도의 수익률과 배당률은 비이성적으로 부풀려진 것이라는 견해가 지배적이었다. 그러나 우리는 시장의 견해에 동의하지 않았다. 연료의 효율을 높인 새로운 시스템이 개발되면서 과거 수십 년간 사용되어 온 시스템은 구시대의 유물로 전락했다. 새로운 시스템은 자동차 시장의 변혁을 예고했다. 에너지 효율 개선과 함께 안락함과 안전성을 추구하는 방향으로 자동차 디자인이 개선되었다. 그러나 우리는 고금리와 불경기의 총체적인 여파로 자동차 구매자들의 구매의욕이 급격히 악화되리란 사실을 예측하지 못했다. 물론 자동차 제조업체들이 장기적으로 멋진 결과를 가져다주리라는 믿음에는 변함이 없었지만, 어떻든 초반의 상황은 생각보다 심각했던 게 사실이었다.

기대 이하의 실적은 2/4분기에 들어서도 계속되었다. 당시 윈저의 수익률은 4.4퍼센트로 S&P 500보다는 약 3퍼센트, 경쟁 펀드들의 평균보다는 3퍼센트 앞선 수준에 머물렀다. 그나마 이 정도의 실적을 유지한 데는 적정 성장주의 역할이 컸다. 특히 비인기 성장주 중에서는 펩시코Pepsico와의 합병을 목전에 두고 있던 피자헛이 실적 유지에 크게 기여했다. 결과적으로 보면 이때의 윈저는 성공적인 몇몇 종목을 통해 전체 포트폴리오의 실적을 유지한 셈이다.

이 사례는 포트폴리오의 조화가 얼마나 중요한지를 다시금 일깨워준다. 리스크가 큰 종목이 때때로 엄청난 결실을 가져다줄 수도 있는 반면에 안정적인 실적의 토대는 논밭을 가는 말과 같은 존재들이다. 따라서 포트폴리오 운용에서 가장 중요한 과제도 자명해진다. 단기 실적의 씨앗에만 집착해서는 안 된다. 포트폴리오를 효과적으로 다각화하는 동시에, 장기뿐 아니라 단기적으로도 저평가된 종목을 발굴할 수 있을 때 비로소 주주들에게 혜택을 안겨줄 수 있다.

이 정도의 실적은 당연히 실망스런 수준이었다. 그러나 긍정적인 측면이 부각되면 실망감은 곧 흡수되는 법이다. 과거에 시장이 침체되고 리스크가 큰 종목이 계속해서 어려움에서 벗어나지 못을 때에도 윈저는 비교적 만족할 만한 결과를 이끌어냈고, 이런 경험은 실망스런 와중에서도 우리의 사기를 진작시켰다. 그리고 조금의 희망만 있더라도 미래를 낙관적으로 바라볼 수 있는 여유를 갖게 되었다.

그러나 저평가 종목에 대한 우리의 희망적인 바람에도 불구하고 주식시장은 한여름에 접어들어서도 무기력증에서 벗어나지 못했다. 우리 또한 당시 시장에 도사리고 있던 악재들을 충분히 인지하고 있었다. 그러나 배당수익률 향상, 경제의 적정 성장, 예측 가능한 정부 정책 등 우리가 예상했던 긍정적인 요소들을 통해 이런 악재들을 충분히 극복할 수 있었다.

가치의 재확인

1978년 수익을 근거로 처음으로 실시한 특별배당은 윈저에서 추구해온 가치 전략의 효용을 다시금 입증시켰다. 당시 윈저의 PER은 1978년 수익 기준 6.1배로, 같은 해 추정수익성장률인 9.5퍼센트와 최근의 배당수익률인 4.9퍼센트, 1978년의 추정 배당수익률 5.5퍼센트와 비교할 때 상당히 낮은 편이었다. 우리는 1977년에만 거의 19퍼센트의 포트폴리오 운용수익률을 기록했고 1978년 말에는 11퍼센트 이상에 이를 것으로 예상했다. 어느 기준에서 보더라도 성공적인 포트폴리오 운용이 아닐 수 없었으며, 특히 저PER 종목 위주로 투자했다는 점을 감안하면 대단히 높은 수준이었다. 따라서 윈저에서는 비인기 성장 종목에 대한 투자를 지속적으로 늘리는 한편, AT&T로 대표되던 적정 성장주에서 탈피하여 자동차 위주의 순환 성장주로 방향을 변경했다. 그렇다고 해서 이른바 굴뚝산업으로의 급진적인 회귀를 시도한 것은 아니다—당시에는 굴뚝산업 중에서도 철강, 화학, 구리, 종이를 비롯하여 기계 부문의 일부 기업들이 고전을 면치 못하고 있었다.

대형 오일주

윈저의 포트폴리오에 새로운 기업이 포함되었다. 세계 최대 규모의 석유회사로서 1977년을 기준으로 S&P 500대 기업 중에 상위 세 번째(비중 3.8퍼센트)에 해당했던 엑슨Exxon의 총 지분 가운데 1퍼센트를 윈저에서 매수했다. 우리는 S&P에 포함된 주요 기업들을 눈여겨 봐왔고, 그 중에서 잠재적 저평가 가능성이 높은 기업을 발굴하기 위해 노력했다. 우리에게 투기는 거리가 먼 이야기였으며 엑슨 역시 투기적인 목적으로 사들인 종목이 아니었다. 당시 S&P에서 상당한 비중을 차지하던 엑슨에 우리가 관심을 가졌던 이유는, 신규 원유 생산의 상당 부분을 차지하고 있던 새로운 유전지대인 알래스칸 노스 슬롭Alaskan North Slope에서 엑슨이 점유하고 있던 이권 때문이었다. 따라서 우리는 엑슨에 대한 연간 투자수익 증가율을 8퍼센트 이상, 배당률을 5.9퍼센트 이상으로 내다보았다. 이 정도면 리스크를 거부하던 시장에서도 결코 그냥 넘길 수 있는 수준이 아니었다. 윈저에서는 포트폴리오의 평균 주가상승률을 116퍼센트로 설정한 데 비해 엑슨의 상승률은 88퍼센트를 목표로 했다. 여기에 두 가지 긍정적인 변수가 등장했다. 첫째로는 리스크 수준이 예상만큼 크지 않았으며, 둘째로는 윈저의 평균보다 낮게 설정했던 엑슨의 수익성장률도 시장평균보다 높았을 뿐 아니라 같은 시기에 우리가 매도하던 종목들보다도 약 20퍼센트 높게 나타난 것이다. 결과적으로 윈저의 포트폴리오 수익률을 극대화하기 위한 또 하나의 토대가 마련된 셈이었다.

그 결과 엑슨은 대형 오일주에 대해 적용했던 윈저의 중기 수익률 추정치를 충족시켰다. 투자수익률이 시장보다 2퍼센트 포인트 앞섰을 뿐 아니라 높은 배당수익을 통해 이윤을 극대화할 수 있었다.

시장이 900포인트 선에서 바닥을 형성하리란 우리의 예측은 빗나갔다─솔직히 우리의 전문성에 흠집을 낼 만큼 잘못된 판단이었다. 1977년 8월에 접어들어 주가는 850선 가까이 추락했고 여전히 바닥을 향해 내달리고 있었다. 다우지수의 1978년 추정수익률이 6퍼센트 정도 하락할 것으로 예측되었듯이 이 시기는 윈저에게 무언가 변화를 요구했다.

어려운 시장 여건을 반영하듯 윈저의 투자 실적도 회계연도 1977년 마지막 3개월간 3.6퍼센트 하락했다. 그러나 윈저의 경쟁력은 1977년에도 예외가 아니었다. 그 해 윈저 펀드는 투자수익 측면에서 경쟁업체들을 따돌리고 선두에 나섰다. 특히 분위기 반전을 위해 비인기 성장주의 비중을 늘렸음에도 불구하고 어려운 상황에서 상대적으로 높은 성과를 거두었다는 사실에 우리는 무척 고무되었다.

윈저에서는 1977년 마지막 분기에 접어들어서도 비인기 성장주의 비중을 점차적으로 늘렸다. 거래량이 많지 않음에도 상대적으로 높은 실적을 올릴 수 있다는 게 가장 큰 이유였다. 같은 시기에 윈저 포트폴리오의 또 다른 중요한 특징으로는 순환 성장주의 비중 확대를 들 수 있다. 침체기란 게 그렇듯이 이번에도 시장은 거대한 빗자루로 거의 모든 종목을 밑바닥으로 쓸어내렸다. 우리는 이런 무차별적인 하락세를 역이용하여, 탄탄한 기반을 근간으로 1978년의 수익성 제고에 주력하고 있던 기초산업주의 비중을 늘렸다. 가치를 추구하는 윈저의 발걸음은 여기서 멈추지 않았다. 한 손으로는 비료 생산업체들을 붙잡는 동시에 다른 한 손으로는 알루미늄과 유리용기 제조업체들을 끌어들였다. 이들 업체의 실적 개선을 염두에 둔 포석이었다.

한편 피자헛은 우리에게 훌륭한 만찬을 제공해주었다. 피자헛이 펩시코에 매각되며 우리가 거둔 투자수익은 100퍼센트에 달했다. 피자헛처럼 탁월한 가치를 보유한 기업을 발굴할 수 있다면, 전문 투자자들이 침체기라며 우려하는 상황에서도 얼마든지 기대한 수익을 향유할 수 있다.

1978 : 낙천주의자 클럽

주식시장이 1978년으로 접어들었지만 대부분의 종목들은 여전히 실적 부진에서 벗어나지 못했다. 그러나 '폴리애나'Pollyanna(미국 여류 작가 엘리노 포터의 소설 「폴리애나」에 등장하는 여주인공의 이름으로 극단적 낙천주의자를 상징한다―옮긴이)처럼 비칠지도 모르는 위험까지 무릅

쓰면서 우리는 시장의 긍정적인 측면을 찾기 시작했다—당시 상황에서 수익과 배당률을 증대하고, 합리적 수준에서 주가를 유지하며, 현실과의 지속적인 교류를 위한 최선은 바로 인수합병처럼 여겨졌다. 기관 투자자들의 비난 속에 기업들은 다른 기업의 자산을 헐값에 도입함으로써, 침체된 시장에 신물이 난 투자자들을 구원하기 위해 안간힘을 썼다.

이때 윈저의 PER은 5.6배, 이익수익률earnings yield은 17.9퍼센트였다(이익수익률은 p/e와 비교되는 개념으로, 주가를 수익으로 나눈 게 아니라 수익을 주가로 나눈 것이다). 윈저의 주주들에게는 추정수익성장률 9.7퍼센트에 최근 배당수익률 5.5퍼센트까지 더해 총 15퍼센트 이상의 수익이 보장되었다. 다시 말해 윈저에서는 PER이 하락하더라도 미래에 주주들에게 연간 최저 15퍼센트의 수익을 안겨줄 능력을 보유하고 있었다. 또한 내 예상대로 PER이 확대될 경우에는 시장의 일반 주주들이 생각하는 수준을 훨씬 뛰어넘는 막대한 보상도 가능하다는 뜻이기도 했다. 어려운 와중에서도 윈저는 5년, 10년, 15년 단위로 자사주를 매입하여 같은 기간에 각각 7.7퍼센트, 7.4퍼센트, 10.4퍼센트의 연간 수익률을 기록했다—이 기간 동안 아무런 대책도 세우지 못한 시장보다는 적극적으로 움직인 셈이다.

이 시기에 윈저에서는 인기 성장주와 적정 성장주를 매각하여 얻은 수익으로 비인기 성장주의 비율을 늘렸다. 이 과정에서 우리는 국내 오일주의 가능성을 새롭게 조명했다. 특히 소하이오Sohio와 애틀랜틱 리치필드는 알래스칸 노스 슬롭을 기반으로 단기, 중기, 장기의 모든 기간을 통틀어 가장 잠재력이 높은 석유회사들이었다.

1978년 초의 주식거래에서 두드러진 점은 IBM의 주식 대부분을 내다 팔았다는 점이었다. 그동안은 IBM을 우리 편의에 따라 활용해왔지만, 이번처럼 주식 대부분을 매도하기는 내가 윈저 펀드의 운용을 책임진 이후로 처음이었다. 하지만 1978년 이전까지 IBM은 동종의 다른 종목, 이른바 인기 성장 종목들과 비교하여 신뢰성과 수익성, 예측 가능성 모두에서 훌륭한 투자 대상이었다는 점은 부인할 여지가 없었다.

과거 IBM은 과대평가가 난무하는 인기 성장 부문에서 극심한 저평가 종목으로 머물러 있다가 차츰 진화를 거듭하여 당시에는 다른 인기 종목들보다 오히려 약간 높은 평가를 받고 있었다. 니프티 피프티의 붕괴 이후 4년간 윈저의 여과기를 통과한 인기 성장 종목은 아예 없었고, 기껏해야 케이마트와 맥도널드 정도가 윈저의 기준에 근접했을 뿐이었다. 하지만 이 시기에 내가 바라보던 IBM은 인기 성장주가 아니라 렌탈과 서비스 부문에서 한 자릿수 성장률을 보유한 적정 성장 종목의 하나였다. 렌탈과 서비스 부문의 한 자릿수 성장률은 IBM의 궁극적인 미래를 단적으로 보여주는 지표였다. 다시 말해 IBM은 몇 년간 제품 판매에서 발생된 적자를 렌탈과 서비스 부문의 흑자로 메우는, 이른바 '제 살 깎아먹기'식 경영을 해왔다는 반증이었다.

아무튼 윈저의 투자 실적은 절대적으로나 상대적으로나 양호한 편이었다. 이때 윈저의 수익률은 12.8퍼센트 향상되어 가장 근접한 경쟁업체보다 거의 4퍼센트, S&P보다는 약간 높은 수준을 기록했다. 이 시기에 가장 큰 역할을 한 종목으로는 포드, 대형 은행, 방송사, 일부 복합기업, 보험, 알루미늄, 특화상품 판매업체와 몇몇 비인기 성장 종목들이 있었다.

아드레날린의 폭발

오랜 지루함 끝에 1978년 4월 하순부터 시장에 불이 붙기 시작했다. 사실 변곡점이 도래하는 정확한 시점이야 누구도 예측할 수 없었다. 4월 중순경, 나는 유럽을 여러 번 방문하여 런던과 취리히, 프랑크푸르트의 투자단과 접촉했다. 이때 만난 투자 관계자들 대부분은 달러화만 안정된다면 미국 주식시장의 가능성이 매우 높다는 데 의견을 같이 했다. 그리고 곧바로 반등하기 시작한 주식시장의 근본 동인이 유럽에서 비롯된 것인지 아니면 다른 무언가에 기인한 것인지 나는 지금까지도 알지 못한다. 어쨌든 도화선에 불이 붙기 시작하자, 그동안 시장 참여를 저울질하고 있던 기관투자가들이 앞다투어 시장으로 몰려들었다. 실제로 4월 13일 목요일부터 14일 금요일, 17일 월요일까지 사흘간 쇄도한 투자자들의 거래로 다우지수는 거의 6퍼센트나 폭등했다. 그러자 시장에서는 피할 수 없는 의문이 증폭되었다. 흔들추의 방향이 바뀌었을 때는 시장이 또 얼마나 요동칠 것인가? 사실 재정이나 금융 등 전반적인 경제 여건은 과거나 당시나 크게 달라진 게 없었다. 다만 연방준비제도이사회 의장 G. 윌리엄 밀러G. William Miller가 언급한 증시부양책과 주식시장에 대한 카터 행정부의 관심이 투자심리를 호전시켰다는 점에서는 과거와 분명한 차이가 있었다.

우리는 달라진 시장환경 속에서 매수 수위를 조절하며 시장의 성장세가 앞으로도 지속될지 면밀히 관찰했다. 물론 이런 상황에서는 그동안 올린 수익을 재투자하여 저평가 종목을 사들이는 게 당연했지만 섣불리 나서기에는 아직 위험했다. 우리는 매수와 관찰을 병행하며 적정 주가의 종목 지분을 점차 늘려나갔다. 아울러 몇 주에 걸쳐 더욱 탄탄해진 현금흐름을 기반으로 '시장의 대세'를 놓치지 않고 뒤따랐다. 별다른 악재는 없었다. 바야흐로 봄날의 해빙기가 도래한 것이다.

새로운 지평

우리는 원저의 지평을 확장할 기회를 기꺼이 받아들였다. 전통적 투자 종목 외에 새로운 이름의 기업들이 원저의 포트폴리오에 추가되었다. 동시에, 비인기 성장주에 대한 일부의 회의적인 시각에 불구하고 우리는 시장의 성장과 더불어 이들 종목에 더 많은 관심을 기울였다.

종합보험회사인 애트나Aetna Life and Casualty에 대한 투자는 기존의 투자와는 방향 자체가 달랐다. 돌이켜보면, 나는 이 분야에서 기반을 마련하기 위해 애트나를 향해 방아쇠를 당기기까지 적잖이 주저했던 게 사실이다. 이때까지만 하더라도 원저에서 투자하고 있던 보험회사로는 틈새보험시장을 전문으로 했던 콜로니얼 펜Colonial Penn이 전부였다. 그런데 애트나에서 채 일 년도 안 되어 배당률을 83퍼센트나 인상하여 기존보다 거의 두 배에 이르면서, 우리는 이 업체의 1977년 수익 역시 새로운 기록을 달성하리라는 확신을 가질 수 있었다. 이후 우리는 애트나에 투자하여 6.4퍼센트(불과 PER 4배 수준에서 10퍼센트의 배당 성장률을 기록했다)라는 적잖은 배당수익을 올렸고, 이 사실은 경쟁업체들의 주목을 끌기에 충분했다.

당시 우리는 보험업계의 사이클이 주저앉았다고 내세울 만한 아무런 근거도 발견하지 못했으며, 따라서 1978년의 실적이 1977년에 비해 뒤처질 이유도 없었다. 애트나와 또 다른 보험회사인 트래블러스 Travelers 모두 상해보험과 생명보험 부문에서 막대한 수익을 올리고 있었고, 결과적으로 투자수익률도 두 자릿수로 늘어나리란 게 우리의 예상이었다. 게다가 적정 수준의 PER에서 주식을 매수한 만큼 수익률이 예상을 초과할 수도 있었으며, 1977년이 사이클의 정점이었음을 감안하면 배당수익률 역시 두 자릿수 이상으로 늘어날 가능성이 높았다. 그 결과 1982년 초에 윈저의 주주들에게 71퍼센트라는 만족스런 투자 수익을 돌려주었다.

팬텀 메네즈Phantom Menace

4월 중순의 저점에서 출발한 시장의 급속한 회복세는 일부의 우려와는 달리 견고하게 진행된 반면에 약간의 기복은 없지 않았다. 상황이 호전되면서 4년간 긴 잠에 빠졌던 인기 성장주들이 다시 부활했고 투기적 성향이 다분한 종목을 향한 관심도 폭발적으로 늘어났다. 이런 종목에 대한 시장의 관심을 주도한 세력은 지나치게 많은 현금을 보유하고 있던 기관투자가들이었다. 기관투자가들은 이미 친숙한 기존의 고성장주와 규모는 작지만 투기적 성격이 강한 중소기업에까지 범위를 넓혔다.

그렇다면, 언제 어떤 상황에서든 끊임없이 투자 기회를 모색한다고 스스로 주장해온 윈저는 성장주들의 주도로 시장이 폭등하고 있는 상황에서 과연 무얼 하고 있었을까? 이 시기에 내가 주주들에게 유일하게 미안했던 점은 보잉에 투자하여 불과(?) 129퍼센트의 수익률밖에 올리지 못한 사실이었다.* 윈저의 전문가들이 적극적이고 기민하게 움직였던 만큼 더 많은 수익을 올렸어야만 했다. 또 한 가지, 우리 뒷마당이나 다름없는 필라델피아 외곽에 위치했던 스미스클라인SmithK-line Corp.을 놓친 것도 후회되는 대목이다. 변명이긴 하지만 당시에 나는 스미스클라인에서 단 한 가지 약품으로 1979년 수익의 거의 절반을 올렸다는 사실을 그리 탐탁지 않게 생각했었다.

아무튼 이 시기에 윈저는 '계산된 참여'를 기반으로 적정 성장 종목에 투자하여 높은 수익을 올렸다. 그리고 일부 종목의 두 자릿수 수익률을 발판으로 비인기 성장 종목의 비율을 더 늘렸다. 한편 적정 수준 이상의 성장률을 보인 기업들도 윈저의 포트폴리오에 대거 포함되었다—애틀랜틱 리치필드, 오웬스 코닝, U.S. 슈 이외에 성장률은 약간 낮았지만 애트나와 트래블러스 등도 포함시켰다. 윈저에서는 분석을 토대로 시장의 상승세가 유효하다는 결론을 내렸다. 이때 개인투자자들 사이에서는 투기 종목으로 몰리는 현상이 뚜렷하게 나타났다.

1978년 3/4분기는 한마디로 윈저의 편이었다. 윈저의 전통적이고 보수적인 투자 방식으로는 모두 수용하기 어려울 만큼 유망 종목들이 많았다. 1970년대 말에 접어들어 활황기에 윈저의 투자관행이 변화를 겪게 된 것은 우리 스스로가 변화를 시도해서라기보다는 시장, 특히 비인기 성장종목들의 가능성이 그만큼 높았기 때문이었다. 이들 종목은 대부분(오웬스 코닝만 제외하고) PER이 낮았을 뿐 아니라 투자수익률이 매우 높았다.

---

* 10년 뒤에도 보잉에 투자하여 이와 비슷한 수익을 올렸다.

빈약한 경쟁우위

회계연도 1978년 마지막 분기에는 희비가 교차했다. 윈저의 4/4분기 실적은 2.7퍼센트 하락한 S&P 500에 약간 못 미쳤다. 연초부터 당시까지의 실적이나 12개월 추격수익을 비교하면 상대적으로 높은 편이었지만 어쨌든 윈저의 '경쟁우위'가 많이 허물어졌음은 부인할 수 없는 사실이었다.

실의에 젖게 된 가장 큰 이유는 우리가 내세웠던 희망 종목들이 뜻대로 움직여주지 않은 탓이었다. 미래의 실적을 위해, 특히 비인기 성장 종목을 대상으로 연구에 연구를 거듭한 우리는 결국 고배당과 저 PER로 대표되는 적정 성장주로 방향을 선회했다. 이렇게 해서 1978년 11월의 마지막 2주 동안 시장은 우리에게 약간의 수익을 허락하는 듯했다. 그러나 5~7퍼센트에 달했던 수익률도 잠시, 시장은 그 곱절에 이르는 손실을 가져다주고 말았다. 같은 기간에 다우지수는 110포인트나 떨어진 792포인트를 기록했다.

치밀한 계획에도 불구하고 우리는 얻은 것보다 잃은 게 더 많았다. 물론 경쟁업체들보다는 나은 편이었지만 S&P와의 비교에서는 이렇다 할 우위를 점하지 못했다. 잔인했던 2주 동안 우리는 S&P보다 4퍼센트 앞섰던 것마저 모두 까먹고 말았다. 혼돈의 시장 속에서 우리의 행보가 어리석었음을 다시금 확인하는 순간이었다— '급하게 불을 꺼야 하는 시기'에 느긋하게 상황을 주시하다가 화를 입은 것이다.

1979 : 쉴 틈 없는 한 해

결과, 특히 단기간의 결과를 두고 이러쿵저러쿵 단언하는 것은 바람직하지 않다. 경제 현실, 통화 공급, 금리, 달러, 국제 개발 등 주식시장은 이런 여러 가지 희망적 또는 암울한 소식으로 인해 지속적으로 영향을 받는다. 그리고 상황을 어떻게 해석하느냐에 따라 짧은 기간에 폭등하거나 폭락하기도 한다. 이처럼 급박한 상황에서 기관투자가들은 우리가 찾는 비인기 종목에 신경을 쓸 여유가 없었다. 다시 말해 대부분의 투자자들은 눈앞에 닥친 급한 불을 끄거나 시장의 변화를 예의 주시함으로써 '시장 타이밍'을 포착하는 데 혈안이 되어 있었다.

우리가 투자했던 기업의 상당수는 자사의 가치를 극대화하기 위한 시간적 여유를 원했지만 대부분 그렇지 못했다. 물론 국내 오일주와 같은 일부 업종은 꽤 높은 실적을 향유했다. 반면에 경제적 사이클에 민감하거나 심리적으로 압박을 받곤 했던 기업들은 시장의 과잉대응으로 인해 쓰라린 고통을 맛보았다.

우리는 시장의 건설적 가치를 추구하는 한편으로 인플레이션이나 금리와 같은 사안에 대해 다른 기관의 투자 매니저들보다 훨씬 낙관적인 시각을 가지고 있었다. 우리는 저평가된 분야를 찾아내는 능력이야말로 우리가 보유한 가장 큰 장점이라고 믿었다. 따라서 대부분의 시간을 저평가 종목을 찾는 데 할애했다. 바꾸어 말하면, 상대적으로 가능성이 높은 종목을 발굴하고 이런 종목들을 기반으로 윈저의 위상을 확고히 수립하는 것이 바로 우리의 방식이었다.

비행기와 열차

우리의 시선이 대중교통 관련 종목에 미쳤다. 먼저 항공운송 부문에서는 델타 항공의 주식을 꽤 많이 사들였다. 델타는 펀드 규모가 훨씬 작았던 1967년에 윈저 펀드가 보유했던 주요 종목의 하나였으며, 같은 해 델타의 주식을 매도한 이후로 이 업체의 주가는 거의 변화가 없었다. 반면에 수익과 배당, 장부 가격은 약 3~6배까지 늘어났고, 보수적인 회계 방식과 건실한 자산, 노동조합이 없는 점 등을 내세워 경쟁업체들보다 유리한 지위를 유지해왔다. 델타는 한마디로 올라운드 플레이어였다. 규제 철폐로 항공업계가 불확실성에 빠져들었을 때에도 델타는 탄탄한 재정을 통해 경쟁에서 우위를 점했고, 수요와 공급 서비스의 균형을 유지함으로써 다른 항공사들의 모범이 되었다. 따라서 모든 측면에서 성장세가 뚜렷했고, 유독 인색했던 배당도 20~25퍼센트 정도로 높아질 것으로 우리는 예측했다. 결국 1981년 2월에 델타의 주식은 55퍼센트 수익 고지에 안착했다.

아무리 좋은 것도 지나치면 물릴 수 있다는 말을 반박이라도 하듯 우리는 대중교통 부문에 더 많은 칩을 던졌다. 산타페 인더스트리즈 Santa Fe Industries는 매우 건실한 철도업체였다. 게다가 산타페는 유니언 퍼시픽과는 달리 서부의 방대한 천연자원 기지를 보유하고 있어 원유와 삼림자원에서 석탄과 우라늄 사용권에 이르기까지 다양한 천연자원을 확보한 상태였다. 석탄 사용권의 증대, GM의 오클라호마 조립공장 신축, 천연 작물, 특히 곡류 수출이 늘어나면서 산타페의 운송수익은 급속히 늘어났다. 여기에 천연자원(특히 유가)의 가격까지 상승하면서 우리는 산타페의 성장률을 8.5퍼센트 내외로 추정했다. 또한 배당수익률이 7퍼센트 이상으로 향상될 가능성이 높았고 PER이 5배 수준임을 감안하면 산타페야말로 엄청난 수익의 원천인 셈이었다. 해가 저물기도 전에 산타페 주식은 우리의 투자비용보다 61퍼센트 많은 수익을 가져다주었다.

대형 성장주에 대한 새로운 시각

순환 성장 부문을 줄이고 오랫동안 경시해왔던 인기 성장 종목들의 비중을 늘렸다. 한동안 윈저에서는 비인기 성장 종목을 통해 높은 성장의 기회를 모색해왔지만, 이번에는 인기 성장주 중에서 케이마트와 맥도널드가 시야에 포착되었다.

우리는 시장의 가치를 여전히 긍정적으로 바라보고 있었다. 물론 바닥권에서의 상승폭이 어느 정도 선에서 멈출 것인지에 대해서도 경계의 끈을 놓지 않았다. 이때 우리의 관심을 끈 종목은 시가총액 규모 1억 달러에서 4억 달러 사이의 대기업들이었다. 이런 기업들이야말로 당시 시장에서 유행하던 '염가' 인수합병 복권의 일차적인 후보자들이었기 때문이다.

당시 우리는 33퍼센트의 시세차익을 챙기고 국내 오일주를 되팔아 큰 이득을 맛보았다. 물론 아주 높은 수준은 아니었지만 전년도에 대규모로 배팅했던 종목 중에서는 꽤 높은 편이었다. 또한 인터내셔널 미네랄스의 주식을 통해 17퍼센트를, 그리고 에디슨 브라더스와 마틴

마리에타, 화이트 컨솔리데이티드 등을 통해 적잖은 수익을 올렸다. 그 밖에 미미한 수익 또는 '원금을 돌려받는 수준'에 머문 종목이 있었는가 하면, 샘보스Sambo's에 대한 투자는 쓰라린 실패로 귀결되었고 고전을 면치 못하던 존스-맨빌Johns-Manville의 주식을 일부 팔고 이와 유사한 종목인 오웬스 코닝의 지분을 확대했던 것 역시 판단착오로 판명되었다.

이런 상황에서 보그 워너Borg Warner의 지분을 대폭 늘리는 바람에 윈저의 주주들로부터 항의가 쇄도하기도 했다. "도대체 왜 자동차 관련 종목을 또 사들이는 거요?"

다행히 이때는 시장이 보그 워너에 관심을 가지고 있었고, 무엇보다 이 업체의 주식을 사들인 가장 큰 이유는 1979년 수익 기준 4.4배의 PER에 거래되고 있었기 때문이다. 이 업체의 승용차 부품 관련 매출의 비중은 총매출의 1/4 수준으로 몇 년 전보다 현저히 줄어든 대신, 에어 컨디셔닝 장치, 강화 플라스틱, 에너지 부문에서 널리 사용되는 펌프와 운송업계에서 사용하는 다양한 제품들이 나머지 부분을 메우고 있었다. 잉거솔Ingersoll 일가에서 전문 경영진의 손으로 경영권이 넘어가면서 보그 워너의 경쟁력은 한층 강화되었다. 경쟁력 강화를 입증하는 대표적인 예로는 자기자본수익률이 13퍼센트 이상을 기록했다는 사실을 꼽을 수 있었다(과거에는 8~9퍼센트 수준에 그쳤다). 따라서 이 업체의 높은 배당수익률은 두말할 필요도 없었다. 보그 워너는 수익의 거의 1/3을 배당으로 지출하고도 여전히 유동성이 풍부했을 뿐 아니라 잠재적 차입 능력도 우수했기 때문에 대차대조표가 다른 어떤 기업보다도 탄탄했다.

1978년, 보그 워너는 탄탄한 자금력을 바탕으로 베이커 인더스트리즈Baker Industries를 사들였다. 또한 이를 계기로 보그 워너보다 매출이 세 배에 육박하던 파이어스톤Firestone과의 인수계약을 적극적으로 추진했다. 그러나 이 거래는 실패로 돌아갔다. 보그 워너 측의 설명에 따르면, 파이어스톤의 수익 증가분까지 반영하여 인수가격을 결정할 수는 없다는 게 그 이유였다.

우리는 1980년 3/4분기 시장의 입맛에 편승하여 보그 워너를 통해 시장평균보다 5퍼센트 높은 37퍼센트의 수익을 올렸다.

순환주의 부활

1979년 중반 무렵, 윈저의 특징적인 변화로는 방대한 포트폴리오 속에서 순환 성장주의 비중이 늘어난 점을 꼽을 수 있었다. 순환주의 비율이 2퍼센트 늘어나면서 우리가 보유하고 있던 알루미늄 관련 지분은 약 4.5퍼센트나 증가했다. 순환주의 비중을 늘린 것은 우리가 당시의 경기를 바닥권으로 보고 4/4분기에는 회복세를 탈 것이라는 확신이 있었기 때문이다. 그리고 우리의 시나리오가 옳다면 1980년 한 해는 완만한 경기회복과 더불어 기업활동도 점차적으로 활발해지리라고 우리는 예상했다.

1979년 6월, 소비 부문이 큰 위기에 직면했다. 특히 휘발유 '파동'으로 인해 자동차 산업이 침체되면서 전체 소비 부문까지 부정적인 영향을 미치고 있었다. 이런 상황에서도 우리는 소비자들이 심리적으로 위축되어 앞다투어 방공호를 찾을 것이라는 세간의 통념을 수용하지 않았다. 오히려 소비자들은 과거보다 합리적인 소비 행태를 추구할 것이며, 어느 정도의 낙관적인 행위를 기대할 수도 있다는 것이 우리의 판단이었다. 자동차 부문의 재고 과잉은 3/4분기 생산량을 급격히 위축시켰고, 정도의 차이는 있지만 4/4분기에도 영향을 미치며 그 해 후반기의 전체 GNP를 심각하게 훼손할 것으로 예상되었다. 그러나 윈저의 입장에서 2/4분기에 발생했던 3.3퍼센트의 손실을 만회하기 위해서는 경기침체가 3/4분기에서 끝나야지 그 이상까지 이어져서는 곤란한 실정이었다.

이런 시나리오를 바탕으로 우리는 1980년의 물질적 성과가 1979년과 동일하거나 좀더 나을 것으로 예상했다. 그리고 앞으로의 회복세를 감안할 때 경기에 민감한 기초산업 관련 종목에 관심이 집중되는 건 당연했다. 우리는 기존에 보유하고 있던 카이저 알루미늄Kaiser Aluminum의 지분을 늘리는 동시에 레이놀즈 메탈스Reynolds Metals와 알코아Alcoa의 신규 지분을 대량으로 매수했다. 이들 기업의 주식은 1979년 수익 기준(1980년의 추정수익을 기준으로 보더라도) 4배 수준에서 거래되고 있었고, 6퍼센트에 이르는 배당수익률과 뛰어난 현금흐름, 향상되는 시가총액 등이 투자매력을 한층 높여주었다.

오일주 매각을 통해 오일 부문 지분의 비중을 대폭 축소했음에도 불구하고 걸프 오일Gulf Oil만큼은 예외였다. 걸프 오일은 주가(수익의 5배 미만)가 저렴하고 배당률(거의 8퍼센트)이 높다는 장점 외에도 대중적 인지도가 그리 높지 않아 앞으로의 상승 가능성이 매우 높은 국내 석유회사였다. 또한 이 시기에 걸프 오일은 각고의 노력 끝에 자사의 총 천연가스 공급량의 40퍼센트에 달하는 계약을 막 따낸 상태였다—

이 계약 덕분에 1985년과 1986년 사이 걸프 오일의 주당순수익은 최소 1달러 이상 급증했다. 아무튼 당시의 걸프 오일은 뛰어난 성장성을 통해 불어오는 역풍을 저지할 훌륭한 '닻'과 같은 역할을 했다.

아니나 다를까, 우리의 판단이 정확하게 맞아떨어짐으로써 걸프 오일에 투자한 윈저는 전체적인 시장 상황 악화에도 불구하고 88퍼센트라는 놀라운 수익률을 올렸다.

혼돈의 와중에서

1979년 10월에 발생했던 유동성 부족 현상에 대해서는 명쾌한 분석이 쉽지 않았다. 당시 우리는 미래에 대한 전망을 토대로 '행운' 종목들 중에서도 상위 종목들을 매도하여, 9월 말에는 자산의 9퍼센트에 달하는 유동성을 확보하고 있었다. 그리고 이 정도의 유동성이면 10월 7일 일요일에 연방준비제도이사회FRB에서 발표한 강력한 긴축 정책에도 불구하고 일반적 수준 이상의 실적을 올릴 수 있을 것으로 생각했다.

준비를 철저히 했음에도 10월에 접어들어 윈저의 실적은 하향곡선을 그렸다. 당황스럽고 혼란스러운 순간이었다. 특히 남다른 결과를 얻어내기 위해 유동성을 대폭 늘린 상황에서 일어난 일이라 더더욱 우리를 난처하게 만들었다. S&L(저축대부조합)에서 단기금리를 신속하게 올려 경기하강을 유도한 것은 물론 이해가 가는 대목이다. 그러나 적어도 우리가 지분을 가지고 있던 은행들은 이런 추세에 대항해야 했다. 하지만 연방준비제도이사회의 움직임에 따라 그 방향을 설정하던

S&L 은행들이 가장 우려했던 것은 바로 영업이익이었다. 이런 분위기에서 은행주에 대한 시장의 기호는 급격히 줄어들었다. 뿐 아니라 과거에 높은 실적을 향유했던 일부 다른 업종들 역시 10월의 시련기에서 예외일 수 없었다. 다만 우리가 S&P에 비해 의도적으로 가치를 평가절하했던 오일주는 이 시기에도 상대적으로 뛰어난 실적을 올렸다.

1979년 10월, 경기하락을 치유하기 위한 FRB의 행보는 이미 그 방향을 상실하고 있었다. 문제는 경기가 연착륙할 것이냐 아니면 전후의 공황기처럼 극심한 침체상태에 빠질 것이냐 하는 점이었다. 나는 당시의 상황이 과거에 비해 결코 나쁘지 않다는 전제 아래 경기 하락세가 완만하게 진행될 것으로 보았다. 그러나 다른 전문가들 중에는 전후의 어떤 침체기보다 깊고 오래 지속될 것으로 보는 사람들도 많았다.

이 두 가지 예측 중에 어느 것이 옳다고 장담할 수는 없었다. 그만큼 금리 수준의 변동 가능성이 높았기 때문이다.* 주식시장에서 발생한 대학살은 채권시장에서도 예외가 아니었다. 살로몬 브라더스 채권지수Salomon Brothers Bond Index는 10월 한 달에만 8.9퍼센트나 폭락했다. 덕분에 달러화와 관련된 국제시장이 크게 부각되고, 동시에 상품시장의 투기적 거품이 제거되는 긍정적인 효과도 낳았다. 상품시장은 방향을 잃은 채 쉼 없이 몰락의 길로 내달렸다. 그러자 금과 은에 대한 투기수요가 봇물처럼 일어났고 이런 현상은 다른 상품시장으로도 확대되었다. 물론 이런 상황은 농산물과 공산품 시장의 형편이 과

---

* 재무부에서 발행한 30년 만기 국채의 이자율은 1979년 말에 12.5퍼센트를 약간 넘었고, 1981년 10월 26일에는 15.2퍼센트로 최고를 기록했다.

거 1973~1974년보다는 나아 경기 연착륙이 가능할 것이란 내 예상과 정면으로 대치되는 것이었다. 게다가 상품시장이 제자리를 찾는다 하더라도 여전히 국제유가라는 문제가 남아 있었다. 유가가 배럴당 40달러 선에 육박하면서 석유수출국기구OPEC의 가격인상 정책도 한계에 이르렀다. 이때 나는 이란의 미국 대사관에서 발생했던 인질극과 같은 위기상황만 재발하지 않는다면 앞으로 유가가 점진적으로 하락할 것이며, OPEC 회원국들에 의해 촉발된 유가인상으로부터 오히려 긍정적인 기회를 얻을 수 있을 것으로 보았다.

원저에서는 오일과 오일 관련 종목을 향한 투자자들의 늘어나는 수요를 적절히 이용했다. 우리가 오일 관련 종목으로 거둬들인 수익은 1979년의 수익 상승률 약 20퍼센트 가운데 1/3 이상을 차지했다. 남들 모두가 사들일 때 지체 없이 팔아 거둔 결과였다. 한때 원저의 포트폴리오 중에 오일주의 비중은 19퍼센트나 되었지만, 1979년 10월 31일에는 5퍼센트 미만으로 떨어졌다. 그러나 너무 서두른 감도 없지 않았다. 나중에야 밝혀진 것이지만, 우리가 보유했던 다른 어떤 종목들보다도 오일주의 가야 할 길이 멀었기 때문이다. 아무튼 1979년은 느긋하게 종목 선정을 위해 노력한 한 해였다.

1980 : 바람에 맞서며 얻은 교훈

역년歷年(회계연도와는 다르다-옮긴이) 1980년은 오일 관련 종목들의 활황으로부터 강한 영향을 받은 조직적 집단사고의 시기였다. 슐럼

버거, 할리버튼, 인디애나 스탠더드 오일, 쉘, 유니언 오일, 유니언 패시픽 등의 주가는 평균 두 배로 뛰어올랐다. 이 중에 슐럼버거와 할리버튼은 원래부터 성장종목이었고, 나머지 업체들은 일반인들의 기준에 따르면 평범한 기업들이었음에도 불구하고 주가가 급상승한 사례였다. 물론 1979년에 주가가 급등한 기업은 그 밖에도 많았다. 하지만 그 중에서도 이 여섯 개 기업이 유독 시장의 주목을 끌었으며, 이들 기업이 S&P 500에서 차지하는 비중만 하더라도 10퍼센트를 넘었다.

그러나 우리처럼 기본에 충실한 '노력파들'로서는 이런 경향에 함부로 동조하기가 쉽지 않았다. 게다가 은행과 보험, 금융, 식품 등을 비롯한 이른바 금리민감interest-sensitive 종목에 주로 투자했던 윈저로서는 이런 상반된 동향에 당황하지 않을 수 없었다.

결국 윈저의 선택은 S&P뿐 아니라 동종 경쟁업체들보다도 못했다. 당시의 해답은 분명 '에너지'였다. 그러나 우리는 이 부문의 가치를 가볍게 여겼고 결과적으로는 엑슨과 걸프 오일의 지분을 늘리는 수준에서 그치고 말았다. 그리고 우리가 국내 오일과 관련 부문의 현실에 대해 파악하고 있었던 유일한 사실은, 오일 운송업체였던 미주리 패시픽Missouri Pacific과 또 하나의 '에너지 혼혈아' 기업인 유니언 패시픽이 서로 교감을 가지고 움직이고 있었다는 정도뿐이었다.

또 한 번의 시련

1980년의 시장은 오일을 통해 막대한 자산을 축적한 기업들이 주도했고, 그 밖의 부문들은 금리 때문에 또 한 번의 시련에 휩싸이고 있었다. 불행히도 이 시기에 윈저는 득보다 실이 훨씬 컸다. 윈저의 전통적인 역행투자 스타일을 고려하면 이처럼 불행한 결과가 그리 놀라운 일만은 아니었다. 당시 우리는 시장의 대세(오일주 등)에 편승하여 큰 돈을 벌겠다는 생각보다는 저평가 또는 적정평가 종목을 발굴하는 데 주력했다. 따라서 다른 투자자들의 눈에 우리가 '위대한 바보'처럼 보이는 것도 무리가 아니었다.

기업들의 전반적인 영업이익이 5~10퍼센트 가량 하락할 것으로 예측한 우리는 다시 한 번 추정수익이 높은 기업들을 향해 투자를 집중했다. 다시 말해 고배당률과 저PER로 대표되는 적정 성장주를 공략한 것이다. 아울러 예측성이 떨어지는 순환 성장주 중에서는 당장 수익 실현이 가능한 종목을 제외하고 그 비중을 줄여나갔다. 반면에 풍부한 자산을 보유한 데다 인플레이션의 영향과는 무관한 순환 성장종목인 오일주에 대한 시장의 관심은 여전했다.

은행, 소매업, 의류, 교통, 자동차 등 시장에서 경시하는 종목에서 남다른 지위를 확보하고 있었던 윈저의 투자 스타일에 대해서는 새삼 다시 거론할 필요도 없었다. 결과적으로 우리는 오일과 알루미늄으로 대표되던 순환종목의 비중을 줄이는 동시에 다른 분야에서 기회를 찾아야 했다.

2/4분기에 접어들며 단기와 장기 금리가 대폭 하락하면서 주가도 우리가 생각한대로 움직이기 시작했다. 사실 과거에 금리가 큰 폭으로 상승한 이후로 우리는 다시 그만큼의 하락세가 뒤따를 것으로 생각했다. 하지만 섣부른 자축은 자제했다. 금리가 너무 빨리 그리고 너무 급하게 하락했다는 점 때문이었다. 다만 금리가 더 이상 오르지는 않으

리란 예상에는 의심의 여지가 없었다.

원저는 은행과 금융기관, 보험회사 등 금리민감 종목에서 상당한 지분을 보유하고 있었기 때문에 이런 시장의 변화로부터 일차적인 수혜자가 되었다. 또한 식품과 소매업, 건설, 나아가 의류 등 금리로부터 간접적인 영향을 받는 종목들로부터도 적잖은 이득을 얻었다. 결국 시장은 수익성과 지속성, 저PER, 고배당, 금리민감성 등에 초점을 맞춘 원저의 전략이 옳았음을 입증해 보이기 시작했다. 이런 추세가 얼마나 지속될는지는 누구도 알 수 없었다. 하지만 원저의 작은 과수원에서 과일을 수확하기 시작했다는 사실에 이의를 제기할 사람은 아무도 없었다.

완급 조절

3월부터 8월 중반 사이 다우지수는 200포인트가 상승하여 966포인트를 기록했다. 장단기 금리 하락, 각 기관들의 전례 없이 풍부한 유동성, 경기가 어둡고 긴 터널을 벗어날 것이란 데 대한 기대감이 복합적으로 작용한 결과였다. 우리는 오랫동안 주식시장에서 저평가된 종목을 추구해왔지만 환경의 변화로 인해 결과 여부를 떠나 더욱 경계하지 않을 수 없었다. 아울러 시장에서 우리의 판단이 과연 옳았는지에 대해서도 다시금 생각하게 되었다. 우리는 약 8퍼센트의 현금을 축적할 때까지 투자 가속도를 늦췄다. 또한 원저 펀드의 포트폴리오 중에서 리스크가 높은 종목의 비중을 단계적으로 줄여나갔다.

현금을 확보하는 과정에서는 무엇보다 원저 포트폴리오를 가장 이상적으로 구성하는 데 초점을 맞췄다. 그러나 이 과정에서 앞서 두 번의 실수는 우리에게 적잖은 실망을 안겨주기도 했다. 우리는 종목의 종류를 다양화함으로써 시장의 기류가 바뀌었을 때를 대비하는 한편, 전체 포트폴리오의 약 28퍼센트를 차지하는 적정 성장주와 함께 현금을 확보함으로써 미래에 있을지도 모를 위험에 대비했다.

새로운 것도 곧 낡은 것이 된다

이른바 금리민감 종목들이 시간이 갈수록 '퇴물'이 되고 에너지와 기술 관련 종목들이 큰 물결을 이루던 1980년의 시장상황을 감안하면, 어떻게 해서 윈저 펀드가 마지막 분기에 들어서도 재앙을 피할 수 있었는지 의아하게 생각하는 이들도 있을 것이다. 그 해답은 이상적인 포트폴리오 구성에서 찾을 수 있었다. 교통, 소매, 의류, 알루미늄 등 다양한 분야를 포괄한 포트폴리오 덕분에 경쟁력을 유지할 수 있었던 것이다.

혹자들은 윈저의 포트폴리오에 금리민감 종목은 말할 것도 없고 에너지와 기술 관련주도 없다며 의문을 제기하기도 했다. 이때 나는 사자死者들이 다시 일어나기 전에 재빨리 원하는 결과를 얻어야 한다고 생각했다. 또한 우리가 기술주를 유보한 것은 다음의 세 가지 이유 때문이었다. 첫째, 우리에게 기술주는 구조적으로 리스크가 너무 컸다. 둘째, 주가 대비 추정수익률이 우리의 기준에 부합하지 않았다. 셋째, 시장의 다른 경쟁업체들에 비해 이런 종목을 판별하는 능력이 그리 뛰어나지 못했다. 다시 말해 복잡한 기술 부문과 관련하여 윈저를 차별화하는 전문성을 가지고 있는 것처럼 너스레를 떠는 일은 없었다.

또한 오일 부문에 대해서는 이 자산기반산업, 특히 국내 오일산업이 시간이 흐를수록 매력이 떨어질 것이라며 여러 차례 그 이유를 설명한 바 있었다. 실제로 이란과 이라크의 전쟁* 이 발발할 무렵까지 거의 모든 부문에서 축적하고 있던 재고는 국제유가에 상당한 영향을 미쳤다. 아무튼 축적된 원유와 대체에너지 활용으로 인해 연료유 사용량은 대폭 줄어들었다. 여기에 OPEC 회원국 가운데 두 번째 규모의 원유생산국인 이란과 3위 이라크 사이에 전쟁이 발발했고, 두 국가는 마치 갈 데까지 가자는 듯 치열한 전투를 벌였다. 물론 전쟁이 끝나면 두 국가는 그에 합당한 대가를 치르게 될 것이고, 결과적으로 원유 공급량이 늘어날 게 자명했기 때문에 우리로서는 오일주에 매달릴 이유가 없었다. 우리의 판단은 옳았다. 잠시 치솟은 유가는 그 이후 지속적인 하락세에 빠져들었다.

거친 톱니바퀴

장기 고정금리의 3퍼센트 포인트 상승은 금리민감 종목에 큰 타격을 미쳤다. 이때 윈저의 포트폴리오에는 은행과 금융기관, 저축과 대부업체들이 포함되어 있었다. 전화와 전기업체들도 적잖은 타격을 받았다. 고금리 때문에 수익성이 위축되었고 그 여파로 인해 배당까지 줄어들었기 때문이다. 물론 다른 고배당주 역시 마찬가지였다. 우리는

------

* 이란과 이라크 사이에 발발한 장기전의 시작은 1980년 9월이었다.

올 봄에 있었던 장기금리 하락 현상이 생각보다 오래 진행되었다고 여기면서도, 이 톱니바퀴가 우리를 3월의 금리 수준으로 데려다 주리라고는 기대하지 않았다.

불행히도 금리가 인상된 첫 얼마간, 주식시장에서는 고정수익 시장의 사정에 따라 배당률이 등락하는 종목들이 일차적인 타격을 받았다. 그 밖의 다른 종목들은 일단 한숨을 돌렸지만, 고정수익증권들의 수익률이 약 14퍼센트로 확정되면서 보통주뿐 아니라 고배당주보다도 매력적인 투자 상품으로 등장했다. 덕분에 윈저에서 보유했던 경기민감주와 고배당주의 수익률은 8~11퍼센트 수준에 그쳤다. 하지만 이정도의 수익률이면 고정수익증권과 큰 차이가 없었으며, 최근에 윈저펀드보다 높은 실적을 올린 다른 상품들보다도 오히려 높은 편이었다.

우리는 맥도널드의 지분을 더 늘리면서 저평가된 대표적 인기 성장주의 비중을 전체 포트폴리오의 4퍼센트까지 확대했다. 맥도널드의 경우에는 최근 2년간 패스트푸드 가격 상승으로 실질 성장률에 부정적인 영향을 미쳤음에도 불구하고 우리는 수익 가능성이 여전히 유효할 것으로 보았다. 반면에 우려되는 점도 없지 않았다. 맥도널드의 총수익 가운데 절반 이상이 가맹점들에 부과하는 임대수입에서 발생된다는 사실이었다. 게다가 당시 이 업체의 성장률은 18퍼센트에 불과했고 배당률도 평범한 수준이었으며, 특히 PER은 시장평균보다 약 25퍼센트 정도 낮아 인기 성장종목치고는 헐값에 거래되고 있었다. 맥도널드의 역사를 뒤져봐도 이 정도로 상황이 어려웠던 적은 흔치 않았고, 따라서 많은 투자자들이 우리의 생각에 반대를 표시했다. 그러나 남다른 시각을 바탕으로 돈을 만드는 방식은 우리만의 전매특허였다.

결국 1981년에 S&P 500은 거의 5퍼센트나 하락했지만 맥도널드 주식은 우리에게 43퍼센트의 수익을 안겨주었다. 이듬해인 1982년에도 S&P의 평균수익률이 21퍼센트에 그친 데 비해 우리는 최고 50퍼센트를 기록하며 매도를 이어나갔다.

비슷한 시기에 또 하나의 주요 매도 종목으로는 케이마트가 있었다. 맥도널드를 제외하면 윈저에서 보유했던 유일한 인기 성장주였던 케이마트를 팔게 된 것은, 매도를 통해 확보한 자금으로 케이마트에 비해 성장 가능성도 높고 시험대를 무난히 통과한 맥도널드의 주식을 더 많이 사들이기 위해서였다. 물론 포트폴리오를 분산해서 운용해야 한다는 우리만의 철학이 바뀐 건 아니다. 맥도널드에 주력한 가장 큰 이유는, 포트폴리오가 한 곳에 집중되더라도 충분한 잠재력을 가진 종목을 놓쳐서는 안 된다는 심리가 작용한 결과였다.

1981 : 윈저의 길이 곧 대세다

1980년 한 해 동안 집단사고를 끈질기게 거부한 끝에 1981년에 접어들어 반가운 소식을 접할 수 있었다. 우울했던 1980년의 실적과는 달리 1981년 첫 수개월간의 실적은 상대적으로 양호했다. 경쟁 투자기관들보다는 3퍼센트 이상 앞질렀고 최근 12개월간 S&P에 비해 뒤처졌던 부분도 거의 회복했다. 시장이 얼마나 변덕스러운 존재인지, 그리고 비이성적으로 급등하는 신출귀몰 종목을 무작정 따라가는 것보다 미래의 시장을 분석하여 포트폴리오를 운용하는 것이 얼마나 중요한지 여실히 보여주는 대목이었다.

대형 성장주가 주도했던 1970년대 초와는 달리 1980년대 초는 에너지와 기술주가 자업자득의 결과를 안은 시기였다. 또한 정상적 사고를 가진 투자자들로서는 기대하기 어려운 수준의 주가 상승을 꿈꾸며 너나없이 특정 종목에 매달린 조직적 집단사고의 폐해가 드러난 시기이기도 했다. 여전히 인기 종목을 추종하는 투자자들이 적지 않았지만, 1981년은 보편적 통념으로부터 힘을 얻는 일부 인기 종목들이 언제까지나 유효할 수는 없다는 사실을 다시금 확인시켜 주었다. 따라서 가격에 주로 의존하는 자산 기반 산업인 오일 부문뿐 아니라 인기가 영원히 유지될 것처럼 보이던 기술 부문 역시 경기순환에 따라 그 상황이 달라진다는 사실을 새삼 확인했다.

어려운 한 해를 넘긴 윈저는 역행적 시각을 토대로 과거에 주로 매수했던 은행과 소매업, 레스토랑, 교통 부문의 비중을 늘렸다.

방향감각만 유지한다면 좋든 싫든 성공이 성공을 낳는 법이다. 윈저에서는 시장의 동향 변화를 적극적으로 활용하는 한편 첫째로는 매도 시점을 놓치지 않고, 둘째로는 각 종목들로부터 '손쉬운 돈벌이'를 위해 많은 노력을 기울였다. 먼저 우리는 은행주 가운데 매도 시기가 약간 이르더라도 보유 규모가 지나친 몇몇 종목을 내다 팔았다. 일반적인 경우보다는 조금 일찍 행동에 나선 것이다. 아울러 이미 인기 종목으로 부각한 은행의 주식을 매도하는 대신 그만큼의 경쟁력이 있으면서도 주가가 상대적으로 낮은 은행들을 공략했다.

은행 이외에 윈저에서 투자했던 특징적인 사례로는 델타 항공을 꼽을 수 있었다―업종 또는 환경이 여의치 않을 때 우량기업의 주식을 매수했다가 시장이 그 기업의 가치를 인지하여 주가가 상승할 때 내다 파는 식이었다. 변화에 민감할 뿐 아니라 그로 인해 재정적으로 큰 타격을 받을 수 있는 대표적 업종의 하나가 바로 항공업계이다. 그러나 델타 항공은 우수한 경영진과 자금력, 재무 능력을 토대로 규제가 사라진 어려운 환경에서도 남다른 성공을 일구어냈다. 그리고 그 혜택은 윈저의 주주들에게 고스란히 전달되었다. 델타 항공을 통해 막대한 실익을 챙긴 두 번째 사례였다. 같은 해, 하늘 높이 치솟은 델타 항공의 주가 덕분에 우리는 75퍼센트가 넘는 수익을 올렸다.

뛰어난 실적은 2/4분기에도 계속되었다. 1981년 2/4분기는 전년도 2/4분기와도 유사했다. 소매, 레스토랑, 교통 부문 등에서 큰 이득을 올렸고, 정도는 덜하지만 은행과 식료품, 보험 등에서도 그럭저럭 괜찮은 결과를 얻었다. 뿐 아니라 이때는 윈저의 독특한 투자 방식이 시장의 이목을 끌기도 했다. 대표적인 사례로는 유전장비 제조업체 노스웨스트 인더스트리즈Northwest Industries와 주택건설 붐에 참여했던 월풀Whirlpool에 대한 지분 확대를 들 수 있다. 또한 당시 시장의 거의 절반을 차지하다시피했던 기술주와 에너지 관련주가 없었다는 사실도 우리에게는 유리하게 작용했다.

방향을 급선회하다

한동안 뜨거운 인기를 누렸던 오일주들이 무자비하게 추락하기 시작했다. 이처럼 오일시장이 급선회한 이유는 유가가 급등하면서 사우디아라비아에서 원유 생산을 대량으로 늘린 탓이었다. 원유 공급량이 폭증하면서 유가는 배럴당 5달러나 떨어졌다. 이런 상황에다 국내유가에 대한 규제가 사라지면서 오일주를 바라보는 주식시장의 시각자체도 달라졌다. 갑자기 환경이 변하면서 석유회사들의 치솟던 인기는 한순간에 수그러들었다. 게다가 경제활동이 위축되면서 기술 부문역시 고전을 면치 못했다.

윈저의 저가매수 전략을 다시 한 번 과시하듯 우리는 지체 없이 행동에 돌입했다. 오일 부문의 주가가 전년도 12월의 최고가에 비해 35퍼센트에서 많게는 50퍼센트까지 폭락하면서 저가주에 민감한 우리의기호를 자극했다. 게다가 오일주의 PER 또한 평소 윈저에서 추구하던5, 6배 수준에 근접했다. 우리는 기존의 레스토랑, 소매, 교통 관련주를 일부 매각하여 수익을 실현한 후 오일주를 거의 8000만 달러나 매수했다. 이 수치는 1981년 2/4분기에 윈저에서 매수한 전체 규모의 절반에 해당했다. 이런 윈저의 공격적인 매수 전략에 오일주의 반등까지맞물리며 우리는 S&P에 뒤졌던 실적을 상당 부분 회복했다. 시장의 환경, 특히 주가가 급격하게 변동하여 많은 투자자들이 우려를 금치 못하는 상황에서도 리스크를 안고 신속하게 뛰어들 수 있었기 때문에 가능한 일이었다. 또한 1981년의 총수익이 전년도의 그것보다 결코 높지않을 것이라는 우려도 우리의 신속한 행보를 자극하는 계기가 되었다.

윈저에서는 1981년 중반에 이르러 기존에 보유하고 있던 오일주를매각하는 한편 대형 석유 회사 중에서도 가장 큰 어려움에 처해 있던텍사코Texaco의 지분을 사들이기 시작했다. 당시 원유 비축량 규모에서 루이지애나 주 석유회사들 가운데 네 번째로 밀려난 텍사코를 투자자들은 외면하고 있었다. 우리 역시 텍사코의 경영이 순조롭지 못하다는 점은 알고 있었다. 하지만 첫째로는 상황이 조금씩 호전되고 있었고, 둘째로는 그동안 시장에서 차별화를 위해 노력해왔다는 점을 높이 평가하여 주식을 매수하게 된 것이다. 우리는 당해연도 수익 기준 약 4배 수준에서 텍사코의 주식을 매수했고 늘어난 배당금 덕분에 약 8퍼센트의 수익을 거두었다. 그러나 텍사코의 우수한 대차대조표와 국내 탄화수소 수요를 충당하기 위해 연간 20억 달러를 투자할 수 있는 자금력을 감안할 때 이 정도의 수익률이 그리 높다고는 할 수 없었다.

색다른 도전에 나서다

물론 윈저에서 폭넓은 기술 부문에 관심이 전혀 없었던 건 아니다. 기술 부문이 S&P 500 전체에서 차지하는 비중은 다른 업종들과 비교할 때 상당히 큰 편이었으며, 우리가 이 분야와 관련하여 보유한 분석 능력은 남들보다 특별히 나을 게 없었다. 이런 상황에서 우리의 구미를 당긴 것은 무엇보다 적정 수준의 주가였다. 따라서 우리는 내셔널 캐시 레지스터National Cash Register라는 이름으로 잘 알려진 NCR의 주식을 새로이 매수했다.

NCR은 1970년대 이후로 구조개혁과 재무개선을 통해 활로를 모색해온 기업이었다. 그리고 윈저에서 주식을 매수할 무렵에는, 가중되는 시장의 압력 속에서 기존의 전자기계업체로부터 20세기형 전자식 데이터 프로세싱 리더로 거듭나기 위해 첫 걸음을 내디딘 상태였다.

이후 이 업체는 많은 노력을 전개했지만 결과적으로 시장으로부터 많은 관심을 끌지는 못했다. 우리는 1981년의 수익을 기준으로 약 5.7배 수준에서 NCR의 주식을 매수하여 3.8퍼센트라는 평범한 배당수익을 올렸다. 솔직히 말해 이 업체의 1981년 수익률은 전년도에 비해 썩 나은 편이 아니었지만, 적어도 수익의 질은 이전과 달랐으며 특히 NCR의 기술개발 노력과 건전한 대차대조표를 우리는 높이 평가했다. 여기에 추정수익률이 12.5퍼센트에 이를 것으로 예견된 만큼 NCR은 우리에게 좋은 기회로 다가왔다.

일 년 남짓 지난 후에 우리는 NCR의 주식을 팔아 40퍼센트의 수익을 올렸고, 이 수치는 같은 기간의 다우 평균보다 두 배 가량 높은 수준이었다.

주식시장에 비해 채권시장의 수익성이 뒤처진다고 판단한 우리는 일정 비율의 현금을 확보하여 다음 투자기회를 모색했다. 그러나 이 계획은 적어도 단기적으로는 먹혀들지 않았다. 채권의 장기 수익률이 13.6퍼센트까지 상승하여 채권 가격이 그만큼 떨어졌기 때문이다. 게다가 인플레이션의 우려를 희석시키는 여러 가지 정황에도 불구하고 많은 전문가들이 채권시장보다 주식시장과 달러화 시장을 오히려 더 긍정적으로 바라보았다는 점도 내게는 의문이었다. 그러나 여전히 두 자릿수 인플레이션에 대한 불안감을 떨치지 못한 주식 투자자들은 이 견해를 곧이곧대로 받아들이지 않았다. 고정수익에 대한 전통적 통념에서 벗어나지 못하는 바람에 한 세대에 한 번 있을까말까 한 기회를 놓쳐버린 것이다. 1982년 11월의 채권 수익률은 10.5퍼센트였다.

차트 밖에서 금맥을 캐다

3/4분기까지의 실적은 대체로 만족스러웠다. 1981년 첫 9개월 동안 윈저는 S&P 500에 비해 18퍼센트, 경쟁업체들보다는 14퍼센트 높은 실적을 올렸다. 9개월이라는 짧은 기간 동안, 더욱이 여러 가지 의문이 존재했던 점을 감안하면 꽤 괜찮은 결과였다.

당시 윈저에서 보유했던 종목으로는 오일, 전기장치, 컨테이너, 미국계 대형 제화업체 등이 대표적이었다. 물론 오일이나 전기장치 부문의 지분을 엄청나게 많이 확보한 건 아니었지만, 여느 때와는 달리 S&P에 필적할 수준의 비중을 보유했던 건 사실이다. 이처럼 S&P와 동등한 수준의 오일주를 보유하게 된 것은 물론 단기차익을 노린 일시적인 전략이었다. 게다가 약간의 운이 따라주어 적절한 매수 타이밍을 잡을 수 있었다. 이때 우리는 윈저의 기준에 의거하여 당시 유행하던 경영권 인수 전쟁의 대표기업이던 코노코Conoco의 지분을 사들였고, 이 업체의 주식은 즉각적인 효력을 발휘하기 시작했다.

윈저에서 코노코의 주식을 처음 매수하기 시작한 때는 1981년 3월이었다. 얼마 뒤인 5월 말에는 주당 평균 52달러에 보유 주식 규모를 거의 50만 주로 늘렸다. 그리고 같은 달에 캐나다의 석유회사인 돔 페트롤륨Dome Petroleum의 공개매수에 대한 대응으로 윈저에서 보유하고 있던 지분의 40퍼센트를 주당 65달러에 매도했다. 이 무렵 코노코의 주가가 52달러 선으로 다시 주저앉은 상황에서도 여전히 펀더멘털이 건전하다고 판단한 우리는 이 업체의 지분을 조금씩 늘려나갔다. 얼마 뒤 듀퐁과 시그램의 경영권 확보 전쟁 틈바구니에서 우리는 다시 81달러에 주식을 매도했다. 시그램의 최종주가인 92달러나 듀퐁의 98달러보다는 낮은 수준이었지만 거래의 전반적인 측면을 감안하면 주주들에게 꽤 만족스러운 결과를 안겨준 셈이었다. 아울러 윈저 역시 이 짧은 기간에 1400만 달러라는 거래차익을 올렸다.

월스트리트의 선호 종목이 빠르게 변하면서 코노코뿐 아니라 윈저에서 보유하고 있던 다른 종목들도 덩달아 활짝 꽃을 피우기 시작했다. 일례로 펜조일Pennzoil의 주식을 매수한 지 불과 두 달 만에 우리는 50퍼센트라는 막대한 수익을 챙겼다.

1981년이 경과하면서 투자자들의 관심이 비인기 성장 종목으로부터 멀어지고 있음을 감지한 우리는 이 부분의 지분을 줄였다. 대신, 별로 사랑받지 못하던 순환 성장주의 지분을 남들보다 앞서 늘리기 시작했다. 이 무렵에는 1982년의 추정수익에 대한 긍정적인 예측이 쏟아지면서 많은 투자자들이 앞다투어 순환주에 몰려들었다. 그러나 우리의 시각은 그리 낙관적이지 않았다. 이후 미래의 수익성에 대한 낙관적 시각이 퇴색하면서 순환주의 주가가 하락하기 시작했고, 특히 알루미늄 관련 종목의 하락세가 두드러졌다. 순환주의 주가가 윈저의 매수 기준 가까이 떨어진 것이다.

얼마 후 다우존스 산업평균지수가 약 100포인트(11퍼센트)나 급락했다. 고정수익 증권시장의 암울한 상황에 맞물려 주식시장 역시 약간의 하향조정을 거친 결과였다. 이때 나는 인플레이션의 억제 덕분에 장단기 채권시장의 매력이 한층 커질 것으로 보았다. 게다가 레이건 대통령의 감세정책은 경제 활성화에 더욱 힘을 실어 주었다. 주식시장의 주기적인 침체현상과는 달리 당시에는 채권시장의 사이클에 대해

회의적인 시각이 적지 않았다. 그러나 이 문제는 FRB(연방준비제도이사회)의 경기부양책을 시장이 긍정적으로 받아들이면서 곧 해결될 터였고, 당시 고정수익 증권의 실질 수익률은 약 6퍼센트였다. 이 정도의 수익률은 인플레이션을 감안할 때 내 투자 인생에서 가장 높은 수준이었다.

이 무렵 윈저에서는 오일뿐 아니라 은행과 소매업, 교통 부문 등 기존의 선호 종목을 통해 수익을 실현하기 시작했다. "안개 속에서의 짧은 전진"이란 윈저의 기준에 따라 단기적으로 가능성이 높은 종목에 투자하여 거두어낸 결실이었다. 이때의 수익률은 53퍼센트로 여느 때보다 훨씬 높은 편이었다.

53퍼센트의 수익률은 당시로서는 매우 높은 수준이었다. 주식을 매도하여 손실을 기록한 적도 있었고 때로는 매매차익이 전혀 없는 경우도 있었기 때문이다. 다만 1981년 3/4분기에는 이런 적이 드물었다. 가능한 희망적인 종목들로 포트폴리오를 구성함으로써 손실을 최소화하고, 손실의 발생 가능성을 사전에 발견하여 대처한다는 부단한 노력 덕분이었다. 그리고 이런 높은 실적에도 불구하고 윈저의 가치기준을 유지한다는 의지만큼은 조금도 변함이 없었다.

12 JOHN NEFF

훌륭한 재료(1982-1988), 결단과 타이밍이 중요하다

　　　　　　　　　　오일주의 몰락과 금리 하락, 레이건 행정부의 감세정책 속에서 다음 변곡점이 그 모습을 드러냈다. 이때부터 주식시장에는 뜨거운 붐이 형성되었지만 1987년 10월에 빚어진, 하루 규모로는 주식시장 역사상 가장 큰 규모의 대폭락이 일어나면서 시장은 냉기류에 휩싸였다. 이때는 내가 포트폴리오 매니저로서 이미 20년이란 시간을 보낸 시점이었다. 그리고 S&P보다 경쟁우위에 서기 위한 또 다른 10년의 시작은 이처럼 자욱한 안개 속에서 시작되었다.

1982 : 새로운 차원

레이건이 촉발시킨 강세시장의 시작인 1982년에 접어들어 윈저의 운용자산 규모는 10억 달러를 넘어섰다. 그러나 규모가 커졌다고 해도 윈저의 역행투자 방식에는 전혀 달라진 게 없었다. 이해 부족으로 남들이 간과하는 비인기 종목을 선호하는 윈저의 독특한 투자방식은 변함없이 유지되었다. 또한 '바람에 맞서는' 역행투자와 더불어 저PER 종목에 대한 일관된 관심 역시 여전했다.

1982년을 바라보는 윈저의 거시경제학적 관점은 분명했다. 은행주와 AT&T를 비롯하여 식품, 레스토랑, 슈퍼마켓, 전기장치, 금융, 보험, 의류와 기타 소매업 등 다양한 영역에 투자한 것만 보더라도 윈저에서 경기를 어떻게 바라보았는지 이해할 수 있었다. 이들 기업의 총수익은 PER 수준과 비교할 때 대단히 높았을 뿐 아니라, 어려운 경제여건 속에서도 건실한 수익성장을 통해 시장의 관심을 끌고 있었다. 아무튼 이런 상향식 접근은 우리만의 '틈새기업'을 발굴하는 데 기여했다— '틈새기업'이란 각 투자기관의 일반적인 투자범위에서 벗어난 기업들을 말한다. 그러나 이런 '틈새기업'의 가치에 대해 시장의 평가는 냉혹했다.

1982년 1월, 틈새에 속하는 은행과 알루미늄 종목들이 고전을 면치 못했다. 그 중에서도 알루미늄 종목은 업계의 전반적인 경영악화와 실적부진으로 큰 어려움에 처해 있었다. 월스트리트에서도 이 분야에 대한 투자매력이 사실상 없다며 선언한 상태였고, 공황상태에 빠진 투자자들은 앞다투어 보유 주식을 처분하기에 여념이 없었다.

숨겨진 강자는 불경기 속에서 빛난다

알루미늄은 그렇다 치고 은행주까지 동반 하락한 건 설명이 쉽지 않았다. 은행들의 상황은 긴 불경기의 여파에도 불구하고 그렇게까지 나쁘지는 않았다. 1981년 마지막 4분기의 수익도 꽤 만족스런 편이어서 주주들에게 부여하는 배당금도 높아졌다. 그동안 은행들은 불경기에 따른 통화역류 현상과 대출 부문의 손실 가능성 때문에 타격을 받아온 게 사실이었다. 하지만 1981년의 수익개선으로 어느 정도 숨을 쉴 수 있게 되었다. 각 은행의 이런 어두운 그림자는 윈저의 포트폴리오에도 그대로 반영되었다. 시장이 진화하는 과정에서 불가피하게 특정 종목들이 희생양이 되게 마련이며 이때는 은행주들이 그 대상이 된 것이다.

윈저에서는 줄곧 고수해온 원칙에 따라 투자에 임했다. 동시에 리스크를 철저히 분석함으로써 리스크의 규모가 투자효과의 규모를 넘지 않는 범위에서 신중하게 접근했다.

이때 우리의 시선에 포착된 기업이 바로 PPG 인더스트리즈였다. PPG는 한때 윈저에서 투자하여 두 배의 수익을 올렸음에도 시장으로부터 별다른 관심을 끌지는 못한 기업이었다. 윈저에서 매수할 당시 PPG의 주가는 1981년의 최고가에 비해 45퍼센트나 하락한 상태였고, PER도 1982년 추정수익 대비 5배 미만이었으며, 배당률은 7.4퍼센트였다. 시장으로부터 철저히 외면당한 PPG였지만 도료(페인트)와 유리시장, 특히 상업용 건물과 산업용 건물의 건축용 유리 시장에서 확고한 지위를 구축하고 있었다. 또한 유기화학과 일반화학 분야뿐 아니라 섬유유리 부문에도 진출한 상태였다. PPG는 자동차와 건축산업의 불경기로부터 적잖은 악영향을 받았음에도 불구하고 1981년의 수익성은 상당히 양호한 편이었다. 따라서 악조건 속에서도 이 정도의 수익을 창출할 정도라면, 자동차와 건축 부문의 경기가 되살아날 경우에는 PPG의 수익성이 크게 개선되리라는 예상도 가능했다. 실제로 PPG의 추정 성장률은 10.5퍼센트였으며, 탄탄한 재무상태와 보수적인 경영을 바탕으로 대단히 매력적인 결과를 만들어냈다. 그 결과 우리가 1983년 한 해 동안 PPG에 투자하여 거둔 수익은 시장평균을 상회했다.

변덕스러운 시장 때문에 우리가 선호하던 적정 성장주 발굴 노력이 방해받기도 했다. 이때 우리는 침체상태에서 허덕이던 에너지와 순환주에 집중했다. 물론 경영난으로 인해 배당 자체를 아예 없앤 기업도 적지 않았기 때문에 그만큼 신중한 선별이 필요했다. 따라서 우리는 천연가스와 오일 서비스, 은행 등 손실 가능성이 가장 적은 종목만을 골라 투자했다.

적당히 챙겼을 때 빠져나와라

경쟁 펀드들과 비교하여 특별히 나을 게 없었던 윈저의 경쟁력은 1981년이라는 힘든 한 해를 넘기며 더욱 취약해졌다. 우리는 매년 남보다 나은 실적을 거두기 위해 노력했지만 항상 원하던 결과를 이루어낸 건 아니었다. 그러나 좋은 선물이라고 해서 너무 오랫동안 붙들고만 있지는 않았다. 남들이 무심코 지나치는 곳에서 그들보다 일찍 기회를 포착하여 의미 있는 결과를 만들어내는 것이 바로 윈저의 방식이었다.

1982년 2/4분기는 상대적으로 결과가 좋은 시기였다. 천대받던 종목들이 지금까지와는 다른 특별한 모습을 드러내기 시작한 덕분이었다. 2/4분기에 뛰어난 실적을 거둘 수 있었던 것은 모두가 무시하는 종목의 가능성을 타진하여 집중적으로 투자한 결과였다.

1982년 한 해는 '떨어지는 칼날들'을 붙잡기 위해 많은 어려움을 겪었던 시기였다. 이 시기에 우리는 오일 서비스와 천연가스 수송업, 국내 오일주 등에 투자했지만 결과는 기대에 못 미쳤다. 이처럼 실망스런 결과가 윈저의 투자역량 결여에서 비롯된 것인지 아니면 시장의 과잉대응 때문인지는 당시로서는 정확히 가늠하기 어려웠다.

1983년에 접어들어 S&P의 평균수익률이 22퍼센트 이상을 기록하면서 '떨어지는 칼날들'도 무사히 안착했다. 이 시기에 유전장비와 서비스 관련 종목의 평균수익률은 26.5퍼센트였다. 반면에 우리는 전체 포트폴리오 중에서 가장 큰 비중을 차지했던 할리버튼에서 32퍼센트를, 로열 더치(비중 2위)와 엑슨(3위), 걸프 오일(4위)에서 각각 28퍼센트, 30퍼센트, 70퍼센트의 수익을 올렸다. 상대적 실적우위는 이듬해인 1984년에도 계속되었다. S&P의 평균수익률이 1.6퍼센트에 불과했던 데 반해, 윈저에서 투자한 로열 더치(1984년의 비중 1위)와 애틀랜틱 리치필드(2위), 엑슨(3위)의 수익률은 각각 14퍼센트, 11퍼센트, 14퍼센트를 기록했다.

궤도에서 이탈하여 달리다

8월 중순을 지나면서 시장이 급격한 상승세로 돌아서며 투자자들을 놀라게 했다. 8월 12일에 777포인트에 불과했던 다우존스 산업평균지수가 10월 11일에는 1000포인트를 돌파하며 불과 2개월 만에 44퍼센트나 폭등했다. 다우지수가 사상 처음으로 1000을 돌파했던(잠시이긴 하지만) 1966년 1월 이후 16년 만에 다시 기록을 갈아치운 것이다— 이번에는 그때처럼 곧바로 떨어지지 않았다.

다행히 이런 상승세에서 윈저도 예외는 아니었다. 윈저의 회계연도 기준으로 10월 31일로 끝나는 4/4분기 실적에서 S&P보다 1.5퍼센트 앞질렀고 경쟁 펀드보다는 3퍼센트 이상의 격차를 보였다. 특히 첫째로는 윈저에서 대대적인 현금 확보에 치중했다는 점, 둘째로는 경쟁 펀드에 비해 오일주에 상대적으로 많은 투자를 했다는 점, 셋째로는 시장이 활황일 때 오히려 뒷걸음질쳤던 그동안의 경향에 비추어볼 때 이 정도의 수익이면 대단히 성공적인 결과였다.

차익을 실현하기 위한 매물이 급속도로 늘어나면서 우리의 목표주가도 어느 정도 조정을 받았다. 이런 상황에서 포괄적이고 신중한 분석을 통한 재투자라는 윈저의 특징적인 역량도 적잖이 위축된 게 사실이었다. 그러나 우리는 과거에도 늘 그랬듯이 기회가 발생할 때를 대비하여 상당한 현금을 투입할 준비가 되어 있었다. 시장의 하락세는 이런 우리에게 오히려 도움을 주었다. 10월 말의 단 하루 동안 다우지수가 무려 4퍼센트나 하락하여 두 번째로 1000포인트 아래로 추락했고, 때를 같이 하여 우리는 상당한 규모의 현금을 투입했다.

시장 부문과 개별종목의 관점에서 보면 8월의 랠리는 약간 짓눌린 측면이 없지 않았다. 이 시기에 두각을 나타낸 것은 이른바 '연軟순환주soft cyclicals'들이었다. 1981년이 시작된 이래로 이들 소비주/적정 성장주/방어주들이 남다른 실적을 올렸다. 이처럼 시장의 포용에 의한 수익개선은 일부 비인기 적정 성장주의 주가를 획기적으로 끌어올렸다. 게다가 대규모의 현금유입과 개인들의 추격매수는 이런 분위기에 기름을 끼얹는 역할을 했다.

이런 분위기에서 투자자들은 (단기적으로는) 실적이 떨어지는 종목을 회피하는 한편 이미 검증되고 실적이 우수한 종목으로 몰리는 경향이 있다. 그 대표적인 종목이 바로 윈저 포트폴리오의 거의 1/3을 구성하던 에너지 관련주였다.

이때 우리는 시장에서 상대적으로 뒤처져 있던 오일주에서 새로운 가능성을 모색했다. 말하자면 희생양을 볼모로 생존을 추구한 셈이었다. 그리고 과거 은행주를 가지고 비슷한 방식으로 운용했던 경험을 되살리기도 했다. 우리는 실적도 낮고 PER 프리미엄도 없는 거대은행보다 작지만 재무상태가 우수한 지역은행에 투자하여 재미를 본 적이 종종 있었다. 1982년이 막바지로 치달으면서 우리의 이런 전략은 과거에 은행에 투자했을 때보다 훨씬 좋은 결실을 맺기 시작했다. 그리고 1983년에 접어들어서도 이런 상승세가 지속되리라 예상했다.

1983 : 회전, 회전, 회전…

윈저의 창업 25주년은 화기애애한 분위기에서 시작하였다. 저PER 전략을 통해 일부 부문에서 다시 한 번 매혹적인 결과를 일구어냈을 뿐 아니라 시장에서 고전을 면치 못한 분야에서도 무난히 벗어날 수 있었다. 특히 남동부 지역 거점 은행들을 중심으로 높은 수익을 올렸고, 동시에 텍사스 뱅크처럼 어려움에서 벗어나지 못하던 은행들과는 과감히 관계를 청산했다. 또한 한때 인기주였지만 당시에는 대학살의 원흉으로 지목되던 워너 커뮤니케이션즈, 이스트먼 코닥, 펩시코, 텍사스 인스트루먼트, 디지털 이큅먼트 등에서도 발을 뺐다.

1983년이 시작되면서 시장은 전문가들의 표현대로 '회전' 중에 있었다. 시장은 상승추세 속에서도 탐색을 거듭하며 실적에 비해 뒤처진 종목, 시장의 관심을 끌 만한 종목을 발굴하느라 여념이 없었다. 우리 역시 이런 분위기 편승하여 시장에서 사랑과 관심을 끌지 못하는 우량 종목을 찾아내는 데 초점을 맞췄고, 투자하는 종목마다 주가가 평균 두 배씩 뛰어올랐다.

당시 시장에서 가장 특징적인 종목으로는 기술과 기타 관련주, 소매·내구재·비내구재 모두를 포괄하는 소비재 관련주, 투기성향을 보이던 항공주 등이 대표적이었다. 이들 종목에 대한 투자자들의 선호도는 거의 무조건적이었고 이런 경향은 주가 상승과 거래량 증가로 직결되었다. 하루가 멀다 하고 새로운 이슈가 네다섯 가지씩 발표되었다. 게다가 일부 종목의 경우에는 수요가 폭증하는 바람에 주식을 추가로 발행하기까지 했다. 물론 이처럼 투기적인 시장상황은 윈저에서 선호하던 그것과는 거리가 있었다. 하지만 시장의 동향은 좀처럼 꺾일 줄을 몰랐다.

이런 분위기에서 윈저는 여전히 보수적이고 때로는 방어적인 자세를 취했다. 시장은 공격적이고 역동적인 투자를 요구했지만 우리가 이런 요구를 수용하기 위해서는 엄청난 용기가 필요했다. 그래서 우리는 S&P를 모방한 포트폴리오를 구성하여 안전지대를 확보하는 방법을 거부하는 동시에, 목숨을 걸고 무모하게 투자에 나서는 것보다 우리의 주주들이 안전하게 수익을 올릴 수 있는 방법을 찾는 데 골몰했다. 또한 늘 그래왔듯이 고PER 종목에 대해서는 별다른 관심을 갖지 않았다. 이 전략은 한편으로는 유익했지만 또 다른 한편으로는 그만한 대가를 요구하기도 했다.

우리는 현재의 종목들이 6개월 전에는 어떠했는지에 대해 면밀히 관찰했다. 그래서 많은 종목의 금융자산이 과거에 비해 크게 늘어나지 않았음에도 주가는 과도하게 상승한 사실을 발견했다. 이때 우리는 미래의 가능성을 토대로 포트폴리오를 구성했다. 말하자면 변곡점이 형성되어 시장이 급격한 변화에 직면했을 때 인기를 끌게 될 종목들을 위주로 하여 주주들의 돈을 투여한 것이다. 하지만 윈저의 방어적인 신중함 이면에는 이미 진행중인 경제회복 추세가 향후 3년간 지속되리라는 낙관적인 전망도 깔려 있었다.

가벼운 아픔을 겪다

우리를 구제한 것 (그리고 거품이 가득한 시장에 우리 주주들이 참여할 수 있도록 해준 것)은 업종군의 총체적 회전현상이었다. 우리는 인기 없고 저평가된 종목을 적극적으로, 때로는 기회주의자처럼 찾아다녔다. 이렇게 해서 우리가 발견한 종목에 대해 시장이 관심을 갖기 시작했을 때 비로소 우리의 '행동에 앞선 치밀한 검토' 방식을 주주들에게 떳떳하게 내세울 수 있었다. 물론 이로 인해 가벼운 아픔을 느낄 때도 종종 있었다. 하지만 우리가 선별한 영역뿐 아니라 시장 전체를 대상으로 한 기회의 모색은 쉼 없이 이어졌다.

현금 비중을 늘리지 않기 위해 많은 노력을 기울였음에도 당시 윈저의 현금 보유량은 약간 많은 편이었다. 우리는 시장 전반의 상승세가 계속되더라도 현금비중을 20퍼센트 이상 높이지 않기로 했었다. 그것이 주주들의 이익에 부합하는 길이라고 생각했기 때문이다. 따라서 당시 주주들이 윈저 펀드에 가입할 때의 포트폴리오에는 다양한 종목들이 포함되어 있었다. 뿐 아니라 우리는 주식시장 전문가들의 말에 현혹되는 일도 없었다.

우리는 우리만의 기다림 전략을 고수했다. 당연히 많은 투자자들은 윈저의 실적에 큰 변화가 없는 것을 보고 우리의 전략을 오해하기도 했다. 하지만 우리로서는 상승하는 시장에 투자자들을 참여시켜야 한다는 의무감 못지않게, 이런 추세가 거품으로 귀결되었을 때 돌아올 위험으로부터 투자자들을 보호해야 한다는 책임감도 컸다.

이런 전략은 과거 시장이 상승세였을 때뿐 아니라 급격하게 하락했을 때 우리가 취했던 전략과는 상당한 차이가 있었다. 1975년부터 1982년까지 낙관론이 팽배했던 이른바 '후기 니프티 피프티 시대'에 윈저의 전략은 다분히 공격적이었다. 그러나 우리는, 특히 1980년 이후로 금융자산이 심각하게 저평가되고 있다고 보았다. 그래서 주주들에게도 이런 점을 납득시키기 위해 노력했다. 그러다가 8월부터 시작된 상승추세는 분위기를 완전히 바꿔놓았고 우리의 전략 역시 과거보다 수구적으로 돌아섰다. 이런 관점에 기초하여 윈저의 2/4분기 매수 분야는 전기설비, 오일, 천연가스, 보험, 은행 등에 집중되었다.

변덕스러운 장세를 헤쳐나오다

1983년 3/4분기의 활황세에도 불구하고 윈저에서는 여전히 느긋한 자세로 투자 종목의 주가를 저울질했다. 말하자면 소용돌이치는 시장 분위기를 쫓아가기보다 개별 종목의 주가가 우리가 원하는 적정 수준에 도달하도록 기다린 것이다.

다음에 소개하는 예에서도 알 수 있듯이 윈저의 3/4분기 매수가격은 강세시장 속에서의 최고가보다 상당히 낮은 수준이었다.

상대적으로 정체상태에 접어든 1983년 4/4분기에도 시장평균을

1983년 3/4분기	평균 매수가격	1983년 최고가
Manufacturers Hanover	$38.9	$51.00
Federal	24.6	30.25
Dart & Kraft	64.0	77.25
Aetna Life & Casualty	39.0	43.50
Cigna	41.3	51.50
Travelers	30.1	34.25
Amerada Hess	25.7	30.00
AT&T	64.5	70.25
Norfolk Southern	55.0	60.25

상회하는 윈저의 실적은 계속 확대되었다. 결과적으로 역년 1983년 한 해 동안 윈저의 최종 성적은 30.1퍼센트 증가로 나타나 S&P 500의 22.5퍼센트보다 훨씬 높았다.

1983년 한 해를 결산하면, 시장 전체의 성장은 예상보다 낮은 편이었고 일부 기업 중에는 폭등한 주가에 비해 수익성은 월스트리트의 추정치에 못 미치는 경우도 있었다. 다시 말해 기술 부문 안팎에서 지나친 기대심리 때문에 아드레날린 종목들이 만들어졌고, 결국은 시장이 그 대가를 고스란히 떠안은 셈이다. 따라서 혼돈에서 한 걸음 물러서 있었던 윈저에게는 상대적으로 유리한 상황이기도 했다. 다만 우리가 보유했던 비인기 종목에 시장이 관심을 보였더라면 훨씬 나은 한 해를 보낼 수도 있었다는 아쉬움은 남았다.

이전 최고치보다 약 6퍼센트가 떨어지면서 시장 전반이 하락세로 접어들었지만 윈저의 유동성에는 별다른 문제가 발생하지 않았다. 마지막 4분기에 윈저의 매수 물량은 매도 물량보다 약간 많은 수준이었다. 그리고 우리가 예측한 합리적인 수준까지 주가가 움직일 때까지 기꺼이 기다렸다. 채권시장의 매력, 특히 정부에서 발행한 중기 국채의 확정 수익률이 거의 12퍼센트 수준이었다는 점도 우리의 이런 기다림에 힘을 실어주었다. 뿐 아니라 의회에서 연방 정부의 채무한도액을 높이려는 움직임이 지지부진했던 점도 윈저의 유동성 자산 증대에 긍정적인 영향을 미칠 것으로 보았다.

물론 이런 소식이 주식형 펀드 입장에서는 결코 희소식이라 할 수는 없었지만, 그렇다고 주주들에게 돌아갈 몫에 큰 변화를 주지는 않았다. 당시 나는 향후 수년간 주식시장의 총수익률이 채권수익률 12퍼센트보다 과연 얼마나 높을는지 의문을 갖지 않을 수 없었다. 이론적으로 따지면, 주식시장의 상대적 리스크를 감안할 때 채권시장의 고정 수익률 12퍼센트와 비슷한 수준의 경쟁력을 가지려면 적어도 이보다 2, 3퍼센트 정도는 높아야 했기 때문이다.

대형은행으로

윈저에서 보유한 은행 종목들 중에서도 대형은행 중심으로 새로운 가능성이 엿보이기 시작했다. 그동안 지역을 기반으로 하는 소매금융 전문은행들을 중심으로 했던 전략에서 서서히 벗어나고 있음을 의미했다. 1983년의 은행 부문 전략은 꽤 훌륭했다. 당시 우리는 오일과 관련 문제로 부담을 안고 있던 텍사스 주의 은행들과 라틴 아메리카에 대한 과도한 대출로 골머리를 앓던 뉴욕의 은행들과는 의도적으로 거리를 두고 있었다. 윈저의 포트폴리오는 그저 우연으로 만들어진 게 아니었다. 이 두 지역의 은행들은 최근의 수익성이 심각하게 위축된 상태였다(1982년의 은행지수는 약 7퍼센트 하락했다). 그럼에도 불구하고 윈저에서는 버지니아 내셔널Virginia National, 센트럴 뱅크쉐어즈 오브 더 사우스Central Bancshares of the South, 퍼스트 유니언First Union, 앰사우스Amsouth, 사우스 캐롤라이나 내셔널South Carolina National 등의 지분을 사들였다. 이 다섯 개 은행의 1982년 수익성은 최고 62퍼센트에서 최저 38퍼센트 향상되었다. 이들 소규모 은행 각각의 지분은 그리 많지 않았지만 모두 합치면 윈저의 총 자산 가운데 3.5퍼센트를 차지했다.

당시 윈저의 최대 규모 매수 대상은 JP 모건이었다. JP 모건과 뱅크 오브 보스턴Bank of Boston의 주식을 모두 합치면 1983년 마지막 4분기 전체 매수 물량의 3/4을 차지할 정도였다. JP 모건은 은행 중에서도 손꼽히는 머니센터 은행money-center bank(주로 뉴욕에 본사를 둔 거대은행을 말한다—옮긴이)이었다. 강력한 통화와 거래 기능을 보유할 뿐 아니라 자산에 있어서도 뉴욕의 은행들 가운데 단연 으뜸이었다. 뿐 아니라 JP 모건은 곧 현실화될지도 모르는 '국제적 사고'에 대비하여 1983년의 수익으로 충분한 수준의 적립금을 마련해둔 상태였다. 반면에 뉴욕의 다른 은행들은 이런 사전 예방책을 갖추지 못했다.

하나가 터지면 다른 은행들도 잇따라 연쇄 폭발할 가능성이 높았음에도 불구하고 우리는 최악의 상황만큼은 일어나지 않을 것으로 예측했다. 각 은행들이 어떻게서든 어려움을 헤쳐나갈 것으로 보았기 때문이다. 그러나 설령 최악의 상황이 발생한다 하더라도 JP 모건의 수익성과 대차대조표에 미칠 영향은 극히 미미했다. 이것이 JP 모건과 다른 은행들의 차이였다.

이처럼 시장의 특정 영역이 위기에 처했을 경우 투자자들은 특별한 프리미엄이 없더라도 최선의 종목으로 몰리는 게 일반적이다. JP 모건의 1983년 수익성(p/e 측면에서)은 사실 큰 진전이 없었지만 우리는 이 은행의 수익성 산정 방식이 매우 보수적이라고 판단했다. 반면에 다른 은행들이 난관에 봉착하더라도 JP 모건만큼은 그로 인해 별다른 영향을 받지 않는다는 점이 가장 매력적인 부분이었다. 원저에서 매수할 당시 JP 모건의 PER은 1984년 추정수익 대비 5.3배 수준이었고 1983년의 수익과 비교하면 6배 수준에 불과했다. 아울러 5.5퍼센트 수준의 배당수익률도 6퍼센트까지 높아질 것으로 판단했다.

1984 : 약진 앞으로

원저의 투자 실적 비교우위는 이듬해에도 이어졌다. 1984년 한 해 동안 원저의 수익증가율은 약 20퍼센트에 머물렀지만 S&P 500의 6.2 퍼센트와 비교하면 상당히 높은 편이었다. 또한 원저의 평판이 더욱 개선되면서 새로운 자본이 속속 유입되었고, 이것은 원저의 또 다른 약진을 지지하는 버팀목으로 활용되었다. 원저의 실적은 그 자체로서 커다란 홍보 효과를 발휘했다. 내가 포트폴리오 매니저로 부임한 이래 원저의 투자 실적은 1904퍼센트나 향상되었다. 연 평균 8.8퍼센트에 달했던 S&P 500의 성장률도 원저의 12.2퍼센트와 비교하면 그저 빈약할 뿐이었다.

1984년은 실적 성장은 AT&T와 그 분리 회사를 비롯하여 몇몇 기업에 대한 발빠른 투자에서 비롯되었다. 대다수 투자자들이 마벨Ma Bell(AT&T의 애칭—옮긴이)의 미래를 저울질하고 있을 때 우리는 이 업체뿐 아니라 새로이 분리된 업체들의 주식을 대량으로 매수했다. 그리하여 다른 투자자들이 AT&T의 가능성에 눈을 뜰 무렵에 이미 원저의 주주들은 그 결과를 맛보기 시작했다. 에너지 부문도 커다란 수익의 원천이었고 은행 또한 마찬가지였다. 특히 은행들은 그 존립 여부를 시험하는 어려운 환경에서도 수익성과 배당을 늘려 원저의 실적에 기여한 대표적 업종으로 자리했다. 아울러 내구재, 특히 자동차 부문에서도 수요 증가와 맞물려 수익을 실현하기 시작했다.

2/4분기에 들어서도 투자 실적은 호전되었고 중기 국채 역시 원저의 주요 투자 대상 가운데 하나였다. 특히 주가가 과거의 최고 수준에

비해 급격히 하락한 유망 종목들에 대거 투자함으로써 가치투자를 실현했다.

우리는 GM의 지분을 대폭 줄이는 대신 포드의 주식을 저가에 대량으로 비축했다. 당시 포드의 주가는 어느 기준에서 보더라도 헐값이나 다름없었으며, 1984년 수익 대비 PER 2.5배 수준에서 매수하여 전체 포트폴리오의 2퍼센트까지 늘렸다. 둘 중에서는 GM보다 포드가 훨씬 매력적이었다. 포드의 수익성이 GM보다 뛰어났을 뿐 아니라 대차대조표도 훨씬 양호했기 때문이다. 해외시장, 특히 유럽에서 포드의 경쟁력은 GM을 능가했다. 게다가 포드에서 생산한 자동차의 성능도 획기적으로 개선되어 시장에서 높은 인기를 누렸다.

기호란 개인에 따라 다를 수밖에 없으며, 모든 소비자들이 포드의 스타일에 호평을 보낼 수는 없었다. 그러나 포드는 차별화된 상품을 통해 시장의 호응을 이끌어냈다. 특히 포드의 상대적 강점은 전체 자동차 내수시장의 40퍼센트를 점유하던 트럭 시장에 있었다. 우리가 포드의 주식을 매수할 당시의 배당률은 5퍼센트 수준에 불과했다. 그러나 노동조합과의 협상이 마무리되고 수익력earning power의 근거가 분명해지면 배당을 획기적으로 늘릴 수 있는 역량을 보유하고 있었다.

우리는 이듬해의 자동차 판매량이 예년과 비교하여 큰 차이가 없을 것으로 판단했다. 하지만 미국인들의 자동차에 대한 사랑은 과거에 비해 약간 수그러들기는 했지만 여전히 유효했다. 이제 남은 문제는 휘발유 가격이 어느 정도냐에 달려 있었다. OPEC의 영향력이 점차 약해지고 미국 경제가 호전된 데다 국내환경이 안정되면서 유가도 안정세를 찾았다. 게다가 미국인들의 가처분소득이 점차 늘어나면서 값비싼 자동차에 대한 수요도 동시에 늘어났다.

아니나 다를까, 포드에 대한 우리는 예측은 멋지게 맞아떨어졌다. 1985년의 시작과 더불어 윈저는 막대한 수익을 창출했다. 그 해 포드의 주가는 85퍼센트나 상승하여 일반 자동차 종목의 평균인 33퍼센트와 S&P 500의 28.5퍼센트보다 훨씬 높은 수준을 기록했다.

신속한 행보

우리는 가전제품과 자동차, 건축, 교통 부문의 보유 주식을 계속해서 늘려나갔다. 아울러 은행과 전기설비 부문을 늘리는 동시에 최근에 주가가 떨어진 보험과 오일 부문도 대폭 늘렸다. 이처럼 여러 분야를 망라한 포트폴리오를 구성하면서도 과거에 그랬던 것처럼 특별히 저평가된 분야에 대한 비중 확대도 잊지 않았다.

보험 영역에 대한 비중 확대는 저평가 수준을 기초로 이루어졌다. 당시 시장에서는 손해보험회사들의 주가가 맥을 못 추고 있었다. 하지만 우리는 이들 보험회사들의 주가 하락세가 그리 오래 가지 않을 것으로 전망했다. 게다가 일부 유명 산업분석 기관에서는 경기가 되살아나면서 보험회사들의 주가도 15~20퍼센트 정도 상승 여력이 있다는 결론을 이미 내놓은 바 있었다. 배가 나아가는 방향을 되돌려놓기 위해서는 언제나 적잖은 시간과 인내가 필요한 법이다. 그렇지만 우리는 손해보험회사들의 반등이 1984년에 이루어질 것이며 이듬해인 1985년에는 그동안의 엄청난 손실을 상당 부분 만회할 것으로 보았다.

이후 이들 종목의 주가는 하늘 높은 줄 모르고 치솟기 시작했다.

덕분에 배당을 포함한 수익률이 획기적으로 개선되었고, 덩달아 다른 종목들도 상승추세에 편승하고 있었다. 손해보험회사에 대한 투자는 미래를 위해 소중한 씨앗을 뿌린 것과 같았다. 반면에 그에 따른 어느 정도의 리스크도 감수해야 했다.

보험 부문에 대한 투자는 1985년을 내다보고 진행한 것이었다. 그 동안 윈저는 평균 40퍼센트의 수익을 올려 같은 기간에 S&P 500의 14.3퍼센트를 크게 앞질렀고, 특히 시그나Cigna의 수익률은 56퍼센트를 웃돌았다.

레이놀즈 메탈스Reynolds Metals에 대한 투자를 늘린 것도 윈저의 주주들에게 매우 유익한 결과를 안겨 주었다. 호황을 이뤘던 1983년과는 달리 알루미늄 제조업체들이 고전을 면치 못했던 1984년에도 레이놀즈의 수익성은 매우 좋았다. 여기에 고객들의 알루미늄 재고가 줄어들고 있다는 사실도 우리에게는 희소식이었다. 실제로 1984년 말의 알루미늄 수요는 14퍼센트나 증가했다. 또한 주택과 자동차 부문 등의 경기호조가 지속되어 알루미늄 수요가 점차 늘어나고 여기에 달러 약세까지 가세해준다면 1985년의 수익성은 더 향상될 것으로 보았다. 윈저의 매수가격은 1985년 추정수익 대비 4.4배 수준이었다.

1983년에 높은 실적을 올린 레이놀즈는 1985년에도 흑자를 기록하여 1986년에 들어 윈저에 좋은 결과를 가져다 주었다. 주가는 47퍼센트 상승하여 S&P 500보다 거의 30퍼센트나 높았다.

1985 : 기대심리 & 펀더멘털

1985년 초에는 확실한 펀더멘털보다 기대심리에 의해 시장이 상승하는 경향이 있었다. 한동안 지속적으로 수익성이 조금씩 하락했고 눈에 띄는 재료도 많이 줄어들었다. 엔진을 다시 가동하기는 어려워 보였고 금리도 1984년 말의 수준에서 떨어지지 않고 있음에도 주식시장은 자기만족적인 기대심리에서 벗어나지 못했다. 게다가 손해를 본 기관들 중에는 기차가 자기들만 내려놓고 떠나 버릴까 염려하며 투자자들의 기대심리를 더욱 부추기는 곳도 있었다.

윈저에서는 새로운 기대를 경계했다. 그러는 사이 윈저의 가치종목들은 극심한 저평가주에서 부분적 저평가주로 탈바꿈하고 있었다. 바꾸어 말하면 윈저에서 보유하고 있던 가치종목 상당수에 대해 시장이 관심을 보이기 시작한 것이다. 그러나 물량의 부족도 문제였지만 추가상승 가능성이 낮다는 더 큰 우려 때문에 우리는 재투자보다는 안전한 방법을 선택했다. 그만큼 시장에 대한 확신이 결여되어 있었던 것이다.

부진했던 에너지 부문도 우리가 투자 가능성을 분석하는 사이에 그 가치가 곧 희석되어 버렸다. 가격 변동이 심한 반도체도 전년 4/4분기와 금년 1/4분기와 2/4분기에 실적부진에서 벗어나지 못했다. 내 짧은 생각으로는 시장이 이처럼 깊은 계곡을 충분히 인식하고 있을 뿐 아니라 그 이후에 이어질 가파른 상승세를 염두에 두고 있는 것처럼 보였다.

어떻든 윈저 펀드에는 새로운 자금이 대거 유입되었다. 그러나 최근 수년간은 성공적인 자산운용을 통해 따뜻한 시절을 보낼 수 있었지만 이번에 추가로 유입된 자금은 우리에게 커다란 도전을 의미했다. 일부에서는 우리가 지나치게 경직된 태도로 투자에 임한다며 불평을 늘어놓았을는지도 모른다. 그러나 우리에게는 성공적인 주식투자를 통해 투자자들을 만족시켜야 하는 의무가 있었다. 따라서 윈저에서는 다른 기관투자가들보다 상대적 우위에 있었던 종목 선별과 주가 분석 프로세스를 동시에 가동했다.

과거에도 이와 유사한 상황에 직면했던 적이 있었다. 불과 2년 전 여름에도 우리는 지금과 유사한 상황에서 적극적인 투자를 통해 악순환의 고리를 끊었다.

그로부터 여덟 번의 4분기가 지날 동안 S&P 500과 경쟁기관들보다 우수했던 윈저의 실적은 1985년 3/4분기에 접어들어 그 막을 내렸다. 다른 무엇보다도 현금이 대량으로 유입된 것이 큰 걸림돌이었으며, 상승세의 시장에서 수익을 올렸더라도 수많은 주주들의 요구를 모두 충족시킬 수는 없었다. 하지만 윈저의 포트폴리오에 포함된 종목들은 대부분 S&P 500의 상승종목들이었다.

두드러진 변화

이런 분위기에서는 윈저의 두드러진 변화는 은행 부문에서 비롯되었다—당시에는 은행 부문의 정체된 수익성이 윈저의 전반적인 위상에 악영향을 미치고 있었다. 그동안 우리는 전체 포트폴리오 중에서 은행의 비중을 절반으로 줄였다. 그러나 1985년 3/4분기에 접어들어서는 매수 물량이 매도를 능가했다. 수익성 있는 지역은행들의 주식을 매도하는 대신 뉴욕에 기반을 둔 머니센터 은행money-center bank들의 주식을 대거 사들인 것이다. 지역은행의 경우에는 상대적으로 뛰어난 채산성과 재무 건전성, 예측성, 외국에 대한 대출 비중이 낮다는 등의 이유로 비교적 주가가 높은 편이었다. 반면에 머니센터 은행들의 주가는 라틴 아메리카에 빌려준 돈 때문에 고전을 면치 못하고 있었다. 그러나 일부 머니센터 은행들은 대차대조표가 매우 양호했을 뿐 아니라 해외에 빌려준 자본의 위험성에 대비하여 충분한 준비금을 확보해두었다는 사실을 많은 투자자들은 간과하고 있었다. 실제로 일부 머니센터 은행들은 회수 불가능한 빚에 대비하여 준비금을 적립한 상황에서도 높은 수준의 수익을 실현하고 있었다. 뿐 아니라 시장에서 생각하는 것보다 훨씬 높은 수준의 수익을 달성할 가능성도 충분했다.

우리는 이 전략을 행동으로 옮기기 위해 시티뱅크Citibank와 뱅커스 트러스트Bankers Trust를 그 대상으로 지목했다. 8년에 걸친 시티콥 Citicorp의 무용담은 실질적으로 이때부터 시작되었으며, 그 과정에서 절망에 휩싸였던 적도 있었지만 승리의 영광은 결국 우리 편이었다. 시티콥과 뱅커스 트러스트 모두 원저에서 공격적으로 틈새를 공략한 끝에 얻어낸 성과물이었다. 시티콥의 경우 다른 머니센터 은행들과의 차이점이라면 조직 내부의 다이너스 클럽Diners Club과 비자Visa, 마스터카드MasterCard와 연계한 신용카드 사업 부문의 확장을 들 수 있었다. 시티콥은 약관을 개정하여 1000만 명의 회원을 보유한 거대 신용카드 사업자로 부상했다. 그리고 이처럼 방대한 기반을 통해 일년 남짓 또는 가까운 미래에 소매금융의 수익성장률을 30퍼센트 가량 향상시킬 수 있을 것으로 예상되었다. 뿐 아니라 합병에 따른 막대한 비용 부담 없이 비즈니스의 범위를 확장할 수 있는 발판을 마련했다.

다시 부상하는 오일주

1985년 말에 접어들며 주식시장은 급반등은 아니지만 비교적 낙관적인 장세를 보였다. 특히 그동안 소외되어왔던 기업들의 수익성이 두드러지게 개선되었고 금리도 약간 떨어지면서 주식시장에 더욱 활기를 불어넣었다.

이 무렵 윈저에서는 시티콥의 주식을 전체 자산의 3퍼센트 수준까지 끌어올리며 새로운 기회를 모색했다. 그러나 시티의 3/4분기 실적이 예상보다 뒤처지자(13퍼센트 성장에 그쳤다) 시장은 실망감을 감추지 않았다. 해외 불량대출 때문에 확보해둔 준비금을 감안하면 시티의 실제 실적은 결코 낮은 편이 아니었지만 시장에서 이런 부분까지 고려하지는 않았다. 시티의 가장 큰 강점은 윈저에서 추정한 1986년 수익대비 6배 미만에서 주가가 형성되어 있었다는 점이었다. 이 정도면 시장의 평균 PER과 비교하여 절반 수준에 불과했다. 할인된 절반 속에 라틴 아메리카의 불량대출에 대한 리스크가 포함되어 있었던 셈이다. 특히 유가가 하락세로 소용돌이치면서 멕시코와 같은 국가의 대출 리스크는 더욱 가중되었다. 시장에서는 시티의 1985년과 1986년의 추정 영업이익 중에서 1984년보다 배로 늘어난 대출손실 준비금의 비중이 매우 크다는 사실을 간과했다. 다시 말해 시티의 수익성이 매우 짜게 산정된 것이었다.

1985년, 윈저에서는 새로운 현금 유입을 차단하기 위해 신규 투자자들의 투자를 일시적으로 금지했다. 자산을 지붕 아래에 최대한 긁어모으려는 이쪽 업계의 일반적인 경향과는 달리 우리는 새로운 자본의 유입이 오히려 실적을 저해하는 결과를 낳지는 않을까 우려했던 것이다. 게다가 뛰어난 실적을 추구하는 윈저의 특성상 시장의 동향에 반하는 행동을 하는 것이 그리 생소한 일도 아니었다.

1986 : 실속 없는 질주

1986년의 첫 4분기 동안 윈저의 실적은 그리 좋지는 못했지만 그렇다고 아주 나쁜 편도 아니었다. 상승추세의 주식시장은 현금을 대량으로 보유한 투자기관들에게 그만한 손실을 가져다 주었다. 이때도 우리는 '경계의 끈'을 놓지 않았고, 실제로 시장은 도저히 지속되기 어려운 수준의 가파른 상승세를 이어 나갔다. 따라서 이 추세가 꺾이기 시작했을 때는 그 바닥이 또 어디가 될는지 누구도 짐작하기 어려운 상황이었다. 아무튼 이 무렵 우리는 총 자산의 20퍼센트 정도를 현금으로 전환하는 작업을 하고 있었다.

시장은 마치 스스로의 삶을 지닌 생명체처럼 보였다. 꽤 나쁜 소식을 접하고서도 잠시 흔들리는 기색을 보였을 뿐 곧 정상을 회복했고, 평균 지수가 하루 사이에 2.5퍼센트씩 떨어졌다가 회복되는 일도 비일비재했다. 또한 S&P 500에 의한 이른바 '프로그램 매매'는 이런 변덕스러운 행태를 더욱 부추겼고 때로는 경제지표로 인해 시장이 요동치기도 했다.

시장의 강세기조는 부분적으로 유가 급락에 기인하는 듯했다. 또한 경제 전문가들의 예측대로 인플레이션에 대한 우려는 시간이 흐를수록 잦아들었다. 금리가 급격히 하락하면서 인플레이션 걱정은 사라졌고 경제성장의 기반이 마련되면서 결과적으로는 주식시장에도 유리한 분위기가 형성되었다. 이처럼 낙관적인 상황에서 유일한 걸림돌은 유가의 변동에 있었다. 유가의 변동은 결국 주식시장의 변동으로 이어지는 게 당연하기 때문이다.

기대 이상의 수익

회계연도 1986년의 첫 4분기 동안 윈저의 실적은 S&P에 비해 근소한 차이로, 경쟁 펀드들보다는 평균 1퍼센트 포인트 정도 뒤처졌다. 실적이 부진하다며 탓할지도 모르지만, 윈저의 시각(변곡점이 눈앞에 도달했다고 보았다)과 시장의 유동적인 형편을 고려할 때 크게 나무랄 만한 수준은 아니었다. 게다가 당시 윈저에서는 총자산의 22퍼센트에 이르는 막대한 현금을 보유하고 있었을 뿐 아니라 열악한 오일 부문에 대한 투자 규모도 매우 큰 편이었다.

이런 상황에서 일부 종목, 특히 은행주의 실적이 꽤 양호했다. 특히 최근에 매수한 시티콥을 비롯하여 일부 신규 매수 종목들은 S&P 500보다 두 배나 높은 실적을 창출했다. 또한 전체 포트폴리오의 5퍼센트 수준에서 8퍼센트로 지분을 늘린 포드의 강세도 두드러졌다. 그밖에도 포트폴리오 대비 10퍼센트의 비중을 9퍼센트 수준으로 낮추는 과정에 있었던 양대 오일주도 믿든 안 믿든 윈저의 실적에 긍정적으로 작용했다. 로열 더치와 쉘 트랜스포트의 양대 오일주는 그 해 1월 한 달 동안 S&P 500에 비해 거의 두 배에 가까운 수익을 낳았다.

1986년의 시작을 평점으로 따지면 B+ 수준이라 할 수 있었다. 그리고 시장 전체에 대한 우리의 예측이 정확하다면 앞으로 더 나은 평점을 얻으리라 자신했다.

7월 4일 이후 업종 전반에 걸쳐 새로운 매수 기회가 형성되기 시작했다. 7월 7일 단 하루 동안 발생한 시장의 급락(약 3퍼센트 하락했다)에도 불구하고, 7월 한 달을 통틀어 S&P 전체 지수의 최저치는 이전 최고치에 비해 큰 차이가 없었다. 그렇다고 무조건적인 매수는 경계해야 했다. 다수 개별 종목, 특히 시장에서 인기를 누리던 종목들의 상당수가 시장의 평가보다 훨씬 낮은 수준으로 떨어지는 경우가 있었기 때문이다. 대표적인 사례로는 시그나 코퍼레이션이 25퍼센트, 시티콥 18퍼센트, 알코아Alcoa 23퍼센트, 트래블러스 코퍼레이션이 23퍼센트나 하락했다.

S&P 500의 거의 1/3을 차지했던 소비주 부문을 살펴보면서 우리는 식품과 음료, 소매, 비누, 사진, 미디어 등의 종목들이 지나치게 고평가되었다는 사실을 발견했다. 반면에 우리가 보기에 적정 수준을 유지하고 있는 업종은 S&P의 4퍼센트를 차지했던 자동차 단 하나뿐이었다. 다른 바람직한 대안이 없는 상황에서 우리는 크라이슬러의 지분을 적절한 시기에 추가 매수함으로써 자동차의 비중을 기존의 12퍼센트에서 13퍼센트로 늘렸다. 일 년 뒤, 월스트리트의 증권 분석가들 역시 우리와 같은 이유로 크라이슬러를 '매수 추천 종목'에 올려놓았다. 그

리고 신규 투자자들이 크라이슬러로 몰리는 모습을 우리는 느긋하게 바라보았다.

윈저에서 보유했던 양대 알루미늄 종목인 알코아Alcoa와 알칸Alcan 의 비중 역시 수익성 개선을 이유로 더욱 늘어났다. 두 업체의 비중은 단계적으로 포트폴리오의 4퍼센트 수준까지 늘렸다. 경제 전망은 불투명했지만 앞으로 증대될 수요와 한정된 알루미늄 공급 능력에 비추어볼 때 두 업체의 주가가 상승할 여력은 충분해 보였다. 게다가 생산비 절감까지 더해져 1987년에는 시장을 놀라게 할 만큼 뛰어난 수익을 올리리란 게 우리의 예상이었다.

결국 우리의 예상은 현실로 나타났다. 1987년 초, 윈저에서는 알루미늄 종목을 통해 50퍼센트가 넘는 수익을 올렸다.

썰물과 밀물

1986년 마지막 분기에 접어들어 윈저의 실적은 S&P 500과 경쟁 펀드들에 비해 약간 나은 편이었다. 10월은 그야말로 혹독한 한 달이었다. 이때의 실적 하락은 펀더멘털의 문제가 아니었다. 우리가 집중적으로 매수한 종목에 대한 시장의 반응이 썰물과 밀물처럼 주기적으로 교차하면서 전체 실적에도 악영향을 미친 결과였다. 물론 우리는 우리가 그 가치를 높게 평가하여 매수한 종목들에 대해 시장이 인정을 해 주고, 그 결과 1986년 말에는 예상한 대로의 실적을 올릴 수 있기를 바랐다. 그러나 우리의 힘으로 그 결과를 좌지우지할 수는 없는 노릇이었다.

당시 주식시장에서 자주 나타나던 불안 요인의 하나는 '1주 만의 합병'과 같은 급작스런 자금조달 현상이었다. 물론 이런 현상에 대해, 경영자 입장에서 주주가치를 개선하기 위한 노력으로 해석할 수도 있지만 어떻든 내게는 골치 아픈 일이었다. 이런 현상은 원저의 시스템을 혼란스럽게 만들었을 뿐 아니라, 무책임한 경영자들이 자신의 안위를 유지하기 위해 기업을 볼모로 많은 부채를 떠안는 결과를 초래할 수도 있었다. 게다가 경기가 나빠질 경우에는 이런 비정상적인 활동이 더욱 큰 위험에 처할 가능성이 높았다.

내 직업 인생의 실질적인 출발점이었던 클리블랜드의 내셔널 시티뱅크에 대한 원저의 사상 세 번째 공략도 이 무렵에 이루어졌다. 120억 달러의 자산에 오하이오 주를 기반으로 했던 이 은행은 약 25년 전에 내가 웰링턴으로 자리를 옮긴 이후 꾸준한 성장을 유지해왔다. 또한 내셔널 시티뱅크는 값비싼 대가를 지불하고 다른 은행을 인수함으로써 주주들에게 손해를 입히는 일을 자제하는 등 여러 가지 측면에서 다른 은행들과는 차별화된 위상을 확립해왔다.

1987 : 부활의 해

1987년 초에 이르러서도 시장은 변곡점의 도래를 허용하지 않았다. 연초의 성장세는 실로 눈부실 지경이었다. 거래가 시작된 지 불과 5일 만에 지수 2,000을 넘어섰다. "주식시장의 신년 랠리에 힘입어 다우존스 산업평균지수가 어제, 사상 처음으로 2000을 돌파했다." 1월

9일자 『월스트리트 저널』에서는 이 소식을 대대적으로 보도했다.*
이 소식을 접하며 우리는 마치 현실에서 동떨어져 구름 위에 떠 있는
기분이었다.

홍분에 사로잡힌 주식시장과는 달리 경기는 여전히 소강상태에서
벗어나지 못했다. 그리고 원저의 성장 전망치 역시 이런 동향 때문에
크게 나아질 게 없었다. 달러화가 수개월간 자유낙하를 거듭하면서 연
방준비제도이사회에서는 단기금리 관리에 나설 수밖에 없었고, 특히
일본이나 독일과 같은 국가의 통화와도 협의를 거쳐야 했다. 이 무렵
이반 보에스키Ivan Boesky(미국의 유명 투자자이며 적대적 합병의 대부, 이
른바 기업 사냥꾼-옮긴이) 사건이 불거졌고 시장의 관심은 월스트리트
투자은행들의 불법적인 내부자 거래에 집중되었다. 『월스트리트 저
널』에서도 이 사건에 대한 취재기사를 연일 1면에서 다루었다. 게다가
이란과의 사이에서 발생한 문제는** 레이건 행정부를 곤혹스럽게
만들었다. 이 내용을 묻어 두기도, 그렇다고 동맹국인 온건 아랍 국가
들에게 설명하기도 곤란한 지경에 처했다. 상세한 내용이 공개되면서
레이건 행정부는 마치 이빨 빠진 호랑이 꼴로 전락하고 말았고, 그동
안 의회에서는 연방정부의 결손금 충당을 위한 노력에 소극적인 대응
으로 일관했다. 아무튼 이런 상황이 주식시장에 결코 유리할 게 없었
지만, 그럼에도 불구하고 주가는 떨어질 줄을 몰랐다.

---

* 존 크루들John Crudele, "다우지수, 사상 처음으로 2000포인트를 돌파하다," 『월스트리
트 저널』, 1987년 1월 9일자, 1쪽.
** 억류된 인질들을 귀환하기 위해 무리수를 두는 바람에 레이건 행정부의 잔여 임기가 큰
위험에 부딪쳤다.

방어적인 전략을 취하다

1987년 초, 윈저에서는 약간 방어적인 전략을 취했다. 따라서 1/4분기에는 매도 물량이 매수 물량을 거의 두 배나 앞질렀다. 시장의 미래에 대한 우려가 전혀 없었던 건 아니지만, 어쨌든 주식에 대한 윈저 주주들의 투자비율을 80퍼센트로 유지하기 위해 노력했다. 1/4분기가 끝나갈 무렵 이 목표를 거의 달성했다. 윈저의 상대적인 위상이 그만큼 높아졌을 뿐 아니라 주주들이 다른 상품보다 주식을 선호한 결과였다.

이런 주위의 기대를 충족시키고 윈저의 기준을 유지해나가기 위해서는 무언가 발빠른 움직임이 필요했다. 이때 우리는 평소보다 약간 많은 리스크를 안고 뱅크 아메리카에 뛰어들었다. 한때 유망한 은행이었던 뱅크 아메리카는 한동안 심각한 곤경에 처했다가 이 무렵부터 방향을 급선회하는 중이었다. 뱅크 아메리카 한 종목으로부터 매수한 주식은 1/4분기 전체 매수 물량의 거의 1/4에 육박할 정도였다. 윈저에서 이처럼 한 종목의 주식을, 그것도 평소보다 큰 리스크를 감안하여 대거 매수한 것은 그만큼 방향전환에 대한 욕구가 강했기 때문이다.

적극적으로 활로를 모색하던 뱅크 아메리카는 자체 지분의 상당량을 시장에 매각했고, 이 지분 매각에 따라 찰스 스왑Charles Schwab & Co.과 뱅크 드 이탈리아Bank d'Italia가 관심을 표명했다. 당시 이 은행은 불량대출 때문에 심각한 손실을 입었을 뿐 아니라 기존의 불량대출에 대비해 충분한 준비금까지 마련해야 했다. 그 결과 이자소득의 거의 절반에 가까운 20억 달러를 준비금으로 적립하는 바람에 수익성이 크게 훼손될 수밖에 없었다(다른 은행의 경우 준비금 규모가 보통 3억~4억 달러 정도였다). 우리는 뱅크 아메리카의 손실 규모가 빠르게 줄어들 것으로 예상했고 그만한 근거도 확보한 상태였다. 또한 불필요한 인력을 정리하고 상황이 점차 호전되면서 1989~1990년에는 주당 4달러의 수익을 올릴 수 있을 것으로 내다보았다.

그 결과 1989년에 뱅크 아메리카의 주가는 63퍼센트 급등하여 S&P의 22퍼센트와 은행 평균 17퍼센트보다 훨씬 높았다. 나아가 1990년에는 은행 평균이 19퍼센트 상승하고 S&P는 11퍼센트의 손실을 기록한 것과 대조적으로 뱅크 아메리카는 무려 122.5퍼센트나 폭등했다.

뱅크 아메리카 외에도 방어적 전략을 통해 비중을 늘린 다른 종목들로는 IBM, 알루미늄, GM, 보험, S&L(저축대부조합) 등이 있었다. 그리고 매도는 수익 실현을 위주로 했다. 특히 국내 오일주가 고전을 면치 못했던 몇 년 전에 대량으로 사들였던 오일 관련 종목들을 중심으로 매도가 이루어졌다. 잘 알려진 대로, 이때는 OPEC 회원국들의 협의 아래 유가가 안정세를 유지했다. 이런 상황에서 우리는 누구보다도 높은 실적을 올렸다.

음陰이 있으면 양陽이 있다

1987년 2/4분기만큼 우량 종목과 부실 종목 모두에 투자했던 적도 없었던 것 같다. 역년 1987년의 첫 4개월간 업종별 수익률 편차는 두드러졌다. 집중적으로 매수했던 자동차(포드, 61퍼센트 증가), 알루미늄, IBM, 오일주 등의 수익률은 꽤 괜찮았지만, 이른바 금리민감 종목인 S&L, 은행, 유틸리티 등은 제자리걸음을 하거나 오히려 현금을 보유하는 것만 못한 결과를 낳았다. 다행히 자동차 부문의 비중이 전체 포트폴리오에서 18퍼센트나 차지했고, 달러 약세로부터 오히려 수혜를 입었던 알루미늄(기초 종목이자 순환주였다) 역시 그 비중이 매우 컸다.

반면에 그동안 막대한 수익의 원천이었던 오일주의 비중은 전보다 많이 줄어들었지만 여전히 경쟁 펀드들과 비교하면 두 배 정도를 차지했다. IBM은 매우 만족스런 결과를 낸 종목의 하나였다. 하락세에서 하루하루 IBM의 주식을 매수하던 우리의 모습이 한편으로는 불을 들고 기름 속으로 뛰어드는 것처럼 보였을는지도 모른다. 그러나 우리의 판단은 옳았다. 1월 중순에 116달러에서 바닥을 친 IBM의 주가는 곧장 167달러까지 내달렸기 때문이다.

4월부터 5월 초 사이에는 대단히 공격적으로 매수에 나섰다. 이때 우리는 고점에 비해 9퍼센트나 하락한 약세시장의 이점을 다시 한 번 만끽했다. 늘 그랬듯이 추락하는 시장은 부가적인 가격 기회를 낳게 마련이다. 우리는 시장의 하향세가 '갈 때까지 갔다'고 판단했고, 이 과정에서 특히 금융 중개기관과 포드의 약진이 두드러졌다.

수익 실현을 위한 매도는 주로 오일과 알루미늄, 최근에 매수한 크라이슬러를 중심으로 이루어졌다. 이들 종목은 모두 높은 수익을 창출했고, 특히 오일주는 대다수 투자자들이 미래를 어둡게 전망한 지 불과 일 년 만에 가장 빼어난 수익률을 기록했다. 이 무렵 많은 사람들은 OPEC 회원국들의 협조 체제가 사실상 어렵다고 전망했다. 그러나 국내 오일주의 주가는 7월의 바닥권에서 점점 상승하여 거의 두 배까지 이르렀고, 월스트리트 증권 분석가들의 상당수가 이들 종목을 적극적으로 추천하기 시작했다. 이때 윈저에서는 시장과 다른 방향으로 걷고 있었다. 우리는 1986년에 오일주의 비중을 28퍼센트까지 늘렸다가 1987년 중반을 거치며 주가가 상승할 때 10퍼센트 수준까지 낮췄다. 알루미늄과 크라이슬러 역시 주가가 한참 떨어졌던 1986년 여름 7월과 8월에 매수했다. 그리고 일 년 남짓한 기간 동안에 이들 종목의 주가는 평균 60퍼센트나 상승했다. 따라서 우리는 매도를 통해 수익 목표를 달성하는 한편 이 두 부문의 비중을 점차 줄여나갔다.

그러나 1987년 여름의 총수익률은 그다지 만족스럽지 못했다. 보험과 저축대부조합, 유틸리티 등 애초에 낙관적으로 전망했던 종목들의 수익률이 S&P 500보다 10.5퍼센트나 뒤졌기 때문이다. 따라서 수익의 극단적인 양극화 현상이 나타났다. 이때는 기초 순환 종목을 비롯한 일부 성장 종목들이 시장을 이끌었다.

무언가 터질 것만 같은…

주식투자를 하는 사람이라면 앞으로 발생할 사건에 대비해 준비를 해야 한다. 정확한 시기를 알 수는 없었지만 나는 주식시장이 머잖아 변곡점에 이르러 상황이 크게 바뀔 것으로 보았다. 그리고 1987년 여름만 하더라도 우리는 무언가 좋은 사건이 발생한 것만 같은 예감만 있었을 뿐, 그 사건이 무엇이며 시기가 언제일지는 아무도 장담할 수 없었다. 세상일이란 게 다 그런 법이니까 말이다.

어떤 일에서든 결과를 단호하게 말하는 것만큼 어리석은 것도 없다. 주식시장에서도 마찬가지다. 감성이 지배하는 주식시장이 어떤 방향으로 흘러갈지 정확히 예측할 수 있는 사람은 없다. 따라서 양다리를 걸칠 필요가 있다. 윈저의 포트폴리오에 포함된 일부 종목, 특히 금융 관련 종목들은 금리로 인해 시험대에 올라 조정을 겪었지만 나머지 종목들은 이 시험대와는 무관했다. 하지만 당시 우리는 모든 보통주가 금리로부터 영향을 받을 것으로 생각했으며, 고성장 종목일수록 그 영향이 더 클 것으로 예측하는 사람들도 있었다.

비평가들 중에는 윈저의 포트폴리오에 평균 이하의 실적 부진 기업들만 가득하다고 말하는 이들도 있었다. 그러나 우리 생각은 달랐다. 어떤 근거로? 윈저에서는 일부에서 혹평한 포트폴리오를 통해 1987년에 21퍼센트, 1988년에는 15퍼센트의 추가 성장을 이루어냈다. 수익에 따라 움직이는 시장환경에서 누구보다도 알찬 결과를 일구어낸 것이다.

머크Merck와 코카콜라처럼 주가가 적정선일 때 자사주를 다시 매입하는 경우도 많았다. 자사주 재매입은 주당순수익EPS을 향상시킬 뿐 아니라 자본을 흡수함으로써 일부 비평가들의 우려를 희석시키는 효과를 낳았다.

블랙 먼데이 Black Monday

4/4분기에 이르러 시장은 결국 벽에 부딪쳤고 누구도 예상치 못했던 짧지만 혹독한 복수가 시작되었다. 시장의 발작 현상은 점점 도를

더해 10월 19일 '블랙 먼데이Black Monday'에 절정을 이뤘다. 주식시장은 S&P 500을 기준으로 20.5퍼센트나 폭락했고 다우지수는 이보다 더 많이 떨어졌다. 이처럼 전례가 없는 폭락세는 자동거래 시스템(손실을 예방하기 위해 만든 일종의 '포트폴리오 보험기법') 때문에 더욱 가속화되었다. 바야흐로 변곡점이 그 모습을 드러낸 것이었다. 그리고 대폭락이 유발된 원인으로는 인상적인 금리조정, '모멘텀 투자자'들의 과민반응, 적자예산에 대한 레이건 행정부의 미온적 대처에서 유발된 불안심리, 로버트 보크Robert Bork(레이건 행정부가 대법관 후보자로 지명했으나 그의 보수적인 법 철학과 정치적 처신 때문에 상원에서 인준이 거부되었다—옮긴이)의 인준 실패, 각 부문의 비효율성 등을 들 수 있었다.

윈저에서는 이런 상황을 사전에 예측하고 방어적인 자세로 돌아섰다. 윈저의 자산가치는 시장의 평균 수준인 69퍼센트나 하락했다. 그러나 보유하고 있던 대규모 현금을 감안하면 그리 심각한 수준은 아니었다. 반면에 윈저에서 보유한 보통주들의 실적은 시장평균보다 약간 나은 편이었고, 따라서 미래에는 더 높은 수익을 올릴 수 있다는 희망도 가능했다.

대폭락 이후 윈저의 전략은 단순했다. 한마디로 말해 가장 가능성이 높은 분야에 실탄을 쏟아 붓는 전략이었다. 10월의 마지막 영업일 13일간 우리는 보통주, 특히 블랙 먼데이와 그 다음 날까지의 하락율을 감안하여 반등 가능성이 가장 높은 종목들을 대상으로 7억 5100만 달러(자산의 15퍼센트)의 순매수를 단행했다. 그리고 20~25퍼센트 정도 회복되면 지체 없이 현금화했다—10월 19일 폐장 이후 S&P 500의 회복률은 약 31퍼센트였다. 또한 보유현금과 채권의 일부까지 주식에 쏟아 부어 손실 만회에 총력을 기울였다.

이 순간 우리를 따라다녔던 중대한 의문이 한 가지 있었다. '블랙먼데이의 여파로 1988년의 시장까지 얼어붙지는 않을까?' 하는 점이었다. 그러나 내 생각은 달랐다. 윈저에서 추정한 1988년 경제성장률 2퍼센트는 결코 윈저만의 속단이 아니었고 추가 상승의 여력도 얼마든지 있었다. 물론 이 전망치에 대한 일부의 우려도 없지는 않았지만 나는 결코 의견을 굽히지 않았다. 길거리를 활보하는 남성 또는 여성들, 즉 소비자들이 투자 비즈니스에 종사하는 사람들에게 중요한 사건이 터졌다고 해서 자신들의 소비 행태를 조정하지는 않는다는 확신이 있었기 때문이다. 그리고 주식시장의 음모가 잠시 신문과 방송의 첫머리에 등장할 수는 있어도 결국에는 많은 사람들의 관심을 끌지 못한 채 사라져버리게 마련이며, 따라서 소비자들의 삶에도 큰 변화가 없을 것이라고 생각했다. 이런 우리의 판단이 옳음을 암시라도 하듯 10월 하순(19일 이후)의 자동차 판매량은 대폭 증가했다.

이때 경기회복을 기대하는 윈저의 포트폴리오에 대거 추가된 대표적인 종목은 항공사들이었다. 윈저에서는 1979년과 1980년에 델타항공의 주식을 소량 보유했던 것 외에는 지난 18년간 다른 항공사들의 주식에 전혀 관심이 없었다. 하지만 이번에는 이들 '유망 종목'들을 전략적으로 폭넓게 사들였다. 당시 미국인들 중에서 항공업계의 장기 고객으로 새롭게 흡수될 자원은 매우 풍부했으며, 다만 이 수요를 충당하기 위해서는 항공사의 수송 능력 확충이 전제되어야 했다. 델타는 서비스의 질적 측면에서 업계 2위를 달렸지만 여름철의 잦은 잔고장으로 인해 이미지에 먹칠을 하곤 했다. 이에 비해 미니애폴리스에서 독점적 지위를 유지하던 노스웨스트 항공은 디트로이트 발發 노선 고객의 거의 2/3를 점유하고 있었다. 반면에 노스웨스트는 서비스 부문이 상대적으로 취약했고 1986년에 있었던 리퍼블릭 항공과의 합병도 원만하게 진행되지 못했다. 그러나 우리는 노스웨스트의 경영진과 노동조합이 협력하여 문제 해결을 위해 노력하고 있다는 사실을 높이 평가했다. 비중은 적었지만 유에스에어USAir도 윈저의 매수 대상이었다. 이 항공사는 동부와 서부 해안의 소규모 지역 항공사들을 인수함으로써 지역적 기반을 확장하는 동시에, 유력 항공사로 거듭나기 위한 토대를 마련했다.

이들 항공사는 항공업계의 기준에서 볼 때 재무구조가 매우 탄탄했을 뿐 아니라 하나같이 '품질로 살아남은 회사들'이었다. 그리고 주가가 비교적 저렴한 데 반해(1988년 추정수익 대비 4배 수준) 배당이 그리 많지 않았기 때문에 우리는 윈저의 배당률을 조정하여 이 부분을 흡수하기로 했다. 그러나 늘 그래왔듯이 주가의 상승 여력만 충분하다면 평소보다 리스크가 웬만큼 크더라도 기꺼이 수용할 준비가 되어 있었다. 이들 종목의 주가는 10월 19일 이전에 심각하게 추락한 바 있었다. 따라서 우리는 1987년 최고가보다 37퍼센트나 낮은 가격에 주식을 매수했다. 게다가 1987년의 최고가 자체도 시장의 다른 업종들과 비교하면 비교적 낮은 편이었다.

1988 : 대폭락의 여파

대폭락 직후부터 이렇다 할 실적을 올리지 못한 윈저는 마침내 1988년 1월에 접어들어 만족스러운 결과를 낳기 시작했다. 1월 한 달 간 윈저는 S&P 500에 비해 7퍼센트, 경쟁 펀드들보다는 평균 8.5퍼센트 높은 실적을 올렸다. 그 해 1월은 반등의 시기였고, 특히 전년에 윈저를 곤혹스럽게 했던 금융 중개기관들의 실적이 남달랐다. 시장이 전반적으로 상승추세로 전환된 1월에 이들 종목의 주가 성장률은 약 13퍼센트를 기록했다. 그 밖에도 자동차, 동면중이던 항공사들(보잉을 포함), 전기설비 등 윈저의 포트폴리오를 구성했던 많은 종목들이 건실한 성장을 이루어냈다. 이를테면 최전방에 포진된 거의 모든 종목들이 승리를 거둔 셈이었다.

다시 소매업으로

거의 6년 만에 처음으로 특화상품 소매업에 다시 관심을 갖게 되었다—그동안은 주가가 너무 높다는 단순한 이유로 이 분야에 투자하지 않았다. 윈저에서는 과거 1979년에도 전체 투자자본의 13.7퍼센트를 이들 특화상품 소매업에 쏟아 부은 적이 있었다. 이후 한동안은 이 분야를 멀리하고 있다가 이 무렵에 이르러 시장의 여건 덕분에 다시 관심을 갖게 된 것이다. 무엇보다 소매업 전반의 인기가 되살아나고 있었던 데다 시장의 분위기도 대단히 역동적이었다. 게다가 블랙 먼데이 이후 그린치Grinch(론 하워드 감독의 영화 「*How The Grinch Stole*

Christmas」, 2000, 한국 개봉명 「그린치」의 주인공—옮긴이)가 1987년 크리스마스를 훔칠지도 모른다는 우려가 확산되면서 주가가 50퍼센트 이상 떨어진 것도 우리가 이 업계에 뛰어든 중요한 이유였다. 투자 매니저들이 실의에 젖어 있다고 해서 소비자들마저 지출 계획을 포기하리라고는 생각지 않았다. 1987년의 크리스마스가 아무리 어려운 시기라고 해도 상대적으로 분발하는 종목이 있게 마련이며, 일 년 후인 1988년에는 새로운 크리스마스가 다시 돌아오리라는 게 우리의 생각이었다. 또한 투자 영역을 확장하는 동시에 윈저의 주주들에게 더욱 넓은 포트폴리오에 참여할 기회를 제공하자는 것도 소매업에 진출한 또 다른 이유였다.

소매업 진출은 세 개의 특화상품 판매업체를 중심으로 이루어졌다. 먼저 서킷 시티 스토어즈Circuit City Stores는 우리가 보기에 소비가전 판매업계의 대부 격이었다. 피어 원 임포츠Pier One Imports는 독특하고 이국적인 가구 생산업체로, 주로 개발도상국에서 가구를 생산하여 국내에 들여와 저렴하게 판매하는 장점을 가지고 있었다. 또한 거의 전국에 매장을 포진시킨 벌링턴 코트 팩토리Burlington Coat Factory는 다양한 코트와 기타 의류를 판매하는 곳으로, 전국 규모의 의류 소매업체로서는 거의 유일했다. 우리는 이들 기업의 주식을 사들이기 전까지 한동안 이 분야를 주의 깊게 살펴보았다. 그리고 다른 투자자들이 10월 말의 여파에서 아직 헤어나지 못하고 있을 때, 우리는 나와 윈저의 동료들은 가장 가능성이 높은 소매업 분야로 과감히 뛰어들었다. 물론 결과는 대성공이었다.

서킷 시티는 1988년 한 해를 통틀어 최고의 실적을 낳았다. 이 업체의 주가는 무려 115퍼센트나 폭등하여 S&P 500의 11퍼센트와는 비교조차 되지 않았다. 그리고 피어 원과 벌링턴 코트는 비록 서킷 시티보다는 덜했지만 동종 업계의 평균을 무려 28퍼센트나 앞지르는 높은 성과를 올렸다.

1월의 실적 호전, 특히 금융 부문의 뚜렷한 회복세에도 불구하고 시장은 다시 약간의 침체기로 접어들었다. 우리는 이런 현상을 기꺼이 환영했다. 썰물과 밀물이 교차하는 것이 주식시장의 특징이기 때문이다. 하지만 만족할 수는 없었다. 금융, 특히 시티콥과 뱅커스 트러스트의 경우에는 4배를 약간 넘는 PER과 각기 7.2퍼센트, 6.1퍼센트의 배당률에도 불구하고 시장의 저평가가 지속되었기 때문이다.

종합보험업계의 1/4분기 실적도 여전히 어려움에서 벗어나지 못했다. 다만 1987년 말에 바닥을 친 트래블러스 정도가 예외일 뿐이었다. 따라서 당시 금리가 30~40퍼센트 정도 인상되고 있음을 감안할 때 이 부문의 성장은 당연한 것처럼 보였다. 그러나 즉각적인 수익 실현이란 측면에서 볼 때 종합보험업계는 예상보다 '굼뜬 사례'에 해당했다. 오히려 우리의 예측을 뛰어넘은 분야는 자동차 산업이었다. 항공업계 역시 운임이 상향되었음에도 수요가 지속적으로 증가했고, 보잉의 주문 잔고도 꾸준히 늘어났다.

더 나은 미래를 위한 방향전환

3/4분기 윈저 펀드의 실적은 9퍼센트 향상되어 S&P에 비해 2퍼센

트, 경쟁 펀드들보다는 약간의 우위를 달성했다. 하지만 좀더 장기적인 측면에서 보면 S&P보다 12퍼센트 이상, 경쟁 펀드보다는 거의 13퍼센트나 높은 실적이었다. 이때까지 윈저의 총수익성장률은 22퍼센트로 1987년의 실망스러웠던 수준에서 상당히 회복되었다. 특히 윈저 포트폴리오의 거의 절반을 차지했던 은행과 자동차, 항공, 보잉의 상승세가 두드러졌다.

기 업	주가 상승률(87. 12. 31~88. 8. 15)
Bank America	100%
Circuit City Stores	97.3
Boeing	61.9
Ford	40.4
Delta	36.0
First Interstate	34.2
Citicorp	33.3
General Motors	30.8
AMR	30.1

더욱 고무적인 점은 1987년에 들어 새롭게 초점을 맞춘 종목들이 수익 개선에 크게 기여한 사실이었다. 이 시기에 가장 뒤처진 업종은 종합보험업계였다. 그러나 2/4분기의 실적을 검토한 결과 이 분야의 건전성이 되살아나기 시작했고, 특히 시그나의 성장세가 눈의 띄게 호전되었다. 따라서 단기간의 실적을 강조하는 월스트리트의 성향을 감안하여 우리는 종합보험업계의 주가 상승이 앞으로도 계속될 것으로 전망했다.

더욱 다양한 종목을 찾아서

원저의 기준을 준수하면서도 투자 분야를 넓히려는 노력은 변함없이 유지되었다. 우리는 전체 포트폴리오의 평균수익률보다 약간 낮더라도 새로운 종목을 기꺼이 흡수할 준비가 되어 있었던 반면에, PER 대비 총 수익의 비율을 가급적 훼손하지 않으려 노력했다. 우리에게 행운이 찾아온 때는 8월 중순, 주가가 곤두박질치면서부터였다. 이때만 하더라도 원저의 포트폴리오는 그 범위가 비교적 좁은 편이었고, 따라서 원저의 주주들에게도 더 넓은 기회의 폭을 보장하지 못하고 있었다. 물론 주주들도 개인적인 재정계획이나 리스크 수용 여부를 감안할 때 원저의 이런 포트폴리오 확대 정책을 기꺼이 받아들이리라 생각했다.

시장 전반을 정확하게 꿰뚫기란 언제나 어려운 법이다. 나는 1988년의 침체기에서도 금리와 인플레이션, 경기에 대한 긍정적인 관심만 유지된다면, 다우지수가 1900~2000 포인트 사이에서 유동적으로 움직일 것으로 보았다. 이런 예측이 가능했던 것은, 경제가 꾸준히 성장하는 과정에서도 금리가 더 이상 오르지 않고 인플레이션도 4~5퍼센트 수준에서 유지되고 있었기 때문이다. 따라서 당분간은 경기침체가 없을 것으로 보았지만 모두가 이런 시각에 동의한 건 아니었다. 심지어 웰링턴에서조차도 인플레이션과 금리의 추가 상승을 우려하는 이들이 없지 않았다.

내 판단이 옳다면 주식시장은 전반적으로 조금씩 상승하여 수익률과 배당률 모두 개선될 터였다. 또한 경제성장이 주춤한다 해도

1989년에는 5퍼센트 정도의 적정수익이 가능할 것으로 보았다.

1988년 3/4분기에 윈저에서 가장 대량으로 매도한 종목은 보잉이었다. 보잉의 주식을 매수하기 시작한 때는 주로 1987년 10월 19일 이후였으며 윈저의 전체 포트폴리오 중에 4.5퍼센트까지 비중을 늘렸다. 그리고 월스트리트의 항공우주산업 부분 분석가들이 이 분야의 대형주들을 적극 추천할 때 약 40퍼센트의 시세차익을 남기고 매도한 것이다. 아울러 보잉 외에도 전년도에 매수한 같은 업종의 다른 종목들도 꽤 괜찮은 결과를 낳았다.

투자에서 성공을 거두기 위해 반드시 성공적인 대형 종목들을 다량으로 보유해야 하는 건 아니다. 우리처럼 목표 수익률을 4퍼센트 정도 또는 연간 시장평균보다 약간만 높게 잡고 약삭빠르게 움직인다면 얼마든지 괜찮은 수익을 올릴 수 있다. 단적인 예로, 우리가 보유했던 보잉의 지분 4.5퍼센트는 결과적으로 윈저의 총 실적을 1.8퍼센트 높여 주었다.* 게다가 우리에게는 추가로 수익을 가져다 줄 95.5퍼센트의 다른 지분이 버티고 있었다. 중요한 것은 전체 포트폴리오에서 손실 가능성이 높은 종목의 비중을 최소화함으로써 사전 예상이 빗나가더라도 큰 손실을 입지 않도록 하는 일이다.

다시 상품으로

1988년 4/4분기에는 경기에 민감한 상품 관련 종목들을 신규 매수하여 전보다 더 나은 결과를 얻었다. 1987년에 알루미늄 관련 주식을 대량으로 매도하여 짭짤한 재미를 본 후 한동안 이 분야를 멀리했다가 이 시기에 다시 매수를 강화한 것이다. 대표적인 신규 투자종목으로는 다우 케미컬Dow Chemical, 그레이트 노던 네쿠사Great Northern Nekoosa(종이와 목재 상품), 펠프스 다지Phelps Dodge(금속), 포트라치Pot-latch(종이 및 목재 상품) 및 석유회사인 아메라다 헤스Amerada Hess와 USX(마라톤 오일의 지분과 관련하여) 등이 있었다. 이들 종목이 거의 2년간 이렇다 할 수익을 내지 못하자 시장에서는 이 분야의 수익력이 견고하지 못하다는 의견이 지배적이었다. 그러나 우리 생각은 달랐다. 적어도 이들 기초 순환주의 급격한 주가하락 가능성은 매우 낮다는 게 당시 우리의 판단이었다.

다른 투자기관들과는 달리 윈저에서는 당시에 성행하던 인수합병 기업들의 주식을 사들이기 위해 특별한 노력을 기울이지는 않았다. 늘 그래왔듯이 윈저의 투자는 수익과 배당, 성장률 평가를 통해 이루어졌다. 그리고 현금흐름과 자산가치에 크게 연연하지도 않았다. 단기적으로 여전히 우리는 저PER 전략을 고수했다. 물론 '덤'을 얻을 수 있는 기회도 놓치지 않으려 노력했다.

순환주 중에서는 그레이트 노던 네쿠사가 가장 좋은 실적을 낳았다. 종이와 목재 상품 생산업체인 네쿠사는 상품 구성도 다양했을 뿐 아니라 재무제표도 날로 개선되고 있었다. 1987년의 수익성은 전년도에 비해 두 배나 향상되었고, 1988년에는 추가로 74퍼센트, 1989년에는 15퍼센트 이상의 수익 성장이 가능하다고 우리는 판단했다—예상 대로라면 4년 만에 수익성이 거의 다섯 배 향상되는 셈이었다. 이 정도의 수익성이면 경제성장률과 비교할 수조차 없을 만큼 높은 것이지만 윈저에서 그 이익을 공유하기 위해서는 주가상승이란 전제가 뒤따라야 했다. 이때 우리는 신문용지를 제외하더라도 나머지 종이 상품의 수요와 공급이 향후 몇 개월간 비등하게 진행될 것으로 판단했다. 네쿠사의 총 주식 중에 거의 8퍼센트에 해당하는 440만 달러어치의 주식을 사들인 것도 이런 확신이 있었기 때문이다.

1989년에 조지아 패시픽George Pacific이 네쿠사를 인수하면서 윈저의 수익률은 63퍼센트에 이르렀고, 이 수치는 S&P 500보다 세 배, S&P의 종이와 목재 상품 부문의 평균수익률보다 네 배나 높았다.

기초산업 상품 부문의 또 다른 강자는 펠프스 다지였다. 이 업체는 여전히 구리를 통해 막대한 수익을 창출하는 한편 카본블랙과 트럭 림 등 다른 업종의 기업들을 대거 인수하여 수익성을 더욱 보강했다. 펠프스의 수익성이 뛰어난 가장 큰 이유는 구리 채굴 비용을 30~40퍼센트 정도 절감한 데서 비롯되었다. 따라서 다른 어떤 경쟁업체보다도 가격 경쟁력이 우수했다. 반면에 당시의 구리 가격은 파운드당 1.5달러로 다른 상품과 비교할 때 지나치게 높은 편이었다. 그러나 우리는 구리 가격이 적정선까지 떨어져 파운드당 1달러만 유지되더라도 펠프스의 주당순수익이 10달러에 이를 것으로 예상했다. 우리는 최고 30달러에, 그리고 배당률이 두 배로 늘어난 직후에 펠프스의 주식을 매수하여 시장의 주목을 끌 정도의 수익을 올렸다.

실제로 인내는 미덕이었다. 1990년에 접어들어 펠프스의 주가 상승률은 동종 업계와 S&P 500을 한참 따돌렸다. 이때 펠프스의 주가는 57퍼센트 상승하여 S&P 500의 30퍼센트와 동종 업계의 13퍼센트와는 비교가 되지 않았다.

역년 1988년에 윈저의 수익성장률은 28.7퍼센트로 S&P 500보다 12퍼센트를 앞질렀다. 우리는 1987년의 변곡점을 끈기 있게 버텨냈다. 결과적으로 1982년부터 1988년까지 윈저 주주들의 수익성장률은 S&P 평균보다 29퍼센트나 높았다. 그리고 내가 윈저의 고삐를 잡은 이래로 투자 규모는 41배나 성장하여 시장평균 16배를 훨씬 앞질렀다. 이처럼 뛰어난 결과의 저변에는 저PER 투자 전략이 자리하고 있었으며 그 밖의 다른 요인들은 굳이 언급할 필요도 없다.

13 ⚬ JOHN NEFF

가치로 고른 유망 종목(1989-1993),
결국 그 진가를 발휘하다

우리는 흥미와 확신을 가지고 1987년 이후의 시장에 뛰어들었다. 윈저의 창립 30주년인 역년 1988년에는 28.6퍼센트의 수익성장률을 달성하여 세간의 이목을 끌었고, 이 수치는 시장평균보다 12.2퍼센트나 높은 수준이었다. 뱅가드Vanguard의 회장 존 보글John Bogle은 그 해 연례보고서를 통해 윈저에 대한 찬사를 아끼지 않았다―"윈저의 우수한 실적은 육감이나 과도한 리스크를 수용한 데서 비롯된 것이 아니라 종목과 투자 펀드멘털을 치밀하게 분석한 결과이다."

존 보글의 이런 확신은 어찌 보면 당연한 것이었다. 그러나 이후 수년간 윈저에서는 시티뱅크를 필두로 한 금융업종에 치중하며 힘든 시기를 보냈다. 시장의 예측성이 얼마나 어려운지를 단적으로 보여준 시기였다. 때문에 그동안 윈저와 함께 해온 오랜 친구들을 가차 없이 버리는 일도 있었다. 그러나 혹독한 시험을 통과하고 저PER 투자의 장점이 본격적으로 부각되면서 윈저는 시장과는 도저히 비교할 수 없을 만큼 뛰어난 실적을 올리기 시작했다. 새로운 변곡점이 도래하면서 오랜 시간 윈저를 버리지 않은 현명한 투자자들에게 그만큼의 대가를 가져다줄 수 있게 된 것이다. 역년 1992년과 1993년에 윈저는 49.8퍼센트의 수익성장률을 기록하여 S&P 500의 18.5퍼센트를 가볍게 뛰어넘었다. 여기서 중요한 것은 단순한 수치가 아니라 시련의 시기에도 굴하지 않고 방향을 유지했다는 사실이었다. 아울러 치밀하게 펀더멘털을 분석하여 확신을 가지고 투자에 임했다는 점도 변곡점 못지않게 중요한 역할을 했다.

1989 : 퇴보의 시기

한 달 성장률을 연간으로 환산했을 때 무려 86퍼센트에 이를 만큼 활황세였던 1989년 1월의 아드레날린 시장에서 윈저 역시 꽤 괜찮은 실적을 올렸다. 다른 투자자들이 윈저에서 보유했던 항공사들과 다른 여러 종목에 적극적인 관심을 보일 때 우리는 이들 종목을 매도하는 방식으로 대응했다. 그리고 시장의 관심권 밖에 있는 저평가 종목을 발굴하는 한편 매수보다 매도 물량을 대폭 늘렸다. 또한 1985년 이후 처음으로 개인 투자자들을 다시 받아들이면서 이들로부터 받아들인 투자원금만 해도 당초의 예상보다 2.5배나 많았다. 그 결과 주식 매도와 신규 주주 확보에 따른 윈저의 현금 보유량은 순식간에 전체 펀드의 11퍼센트까지 늘어났다.

현금 보유량이 급속히 늘어났다고 해서 큰 문제가 발생했던 건 아니다. 당시 윈저의 현금 보유량은 일 년 전체를 따져볼 때 필요한 현금을 미리 가지고 있었던 것에 지나지 않았다. 다시 말해 1989년의 총수익률이 10~12퍼센트 정도라고 예상했을 때 시장은 그 나머지 기간을 이른바 서서 헤엄치기 식으로 보낼 것으로 생각했다.

이 무렵 새로이 사들인 인텔은 혁신적 반도체, 즉 마이크로프로세서 기술 부문의 대표적인 기업이었다. 한동안 우리는 인텔을 면밀히 살피면서도 윈저의 '투자 기준'에 부합하는 기업으로는 결코 생각지 않았다. 그러나 언제 어디로 튈지 모르는 주식시장에서 '결코'라는 단어는 결코 사용해서는 안 된다. 1988년 11월에 접어들어 286과 386 마이크로프로세서 패밀리의 공급이 넘쳐나기 시작했다. 그 해 내내 물량을 비축해온 탓이었다. 결과적으로 인텔의 4/4분기 수익도 심각하게 훼손될 수밖에 없었고, 주가는 불과 얼마 전의 최고가인 37.5달러에서 23.5달러까지 추락했다. 게다가 짧은 시간이지만 20달러 이하까지 떨어진 적도 있었다.

상황이 이렇게 되자 모든 전문가들이 인텔의 1989년 전망을 어둡게 발표했다. 그러나 우리는 PC와 워크스테이션 등의 제품에 대한 수요가 곧 되살아날 것이며, 따라서 월스트리트와 인텔 모두 기존의 전망을 고쳐 쓰게 되리라고 예상했다. 이때 우리에게 인텔은 16퍼센트의 성장 잠재력을 보유한 저PER 종목의 하나였다. 아니나 다를까, 이윽고 시장의 관심이 인텔에 쏠리면서 윈저는 인텔을 통해 70퍼센트라는 수익률을 만끽했다.

인텔에 이어 GM에서도 수익을 올리기 시작했으며 수익의 규모는 절대치로 환산할 때 약 60퍼센트, 상대평가로는 약 35~40퍼센트에 달했다. 우리는 이 수익의 일부를 자동차주 매수에 동원했지만, 포드와 크라이슬러를 포함하여 총자산의 22퍼센트를 차지했던 자동차 부문에서 단연 최고의 종목은 GM이었다. 우리는 이 부문의 수익률이 70퍼센트에 이른 시점에서 매도에 나섰다. 그럼에도 불구하고 자동차 종목이 윈저 펀드에서 차지하는 비율은 여전히 20퍼센트에 육박했다.

늦봄에 접어들면서 경기의 발목을 잡던 요소들은 조금씩 잦아들었지만 반대로 인플레이션에 대한 압력이 가중되었다. 노동 공급과 기초상품 가격에서도 마찬가지였다. 끈끈한 습기가 대기를 감싸면서 흉작을 우려하는 목소리들이 높아졌지만, 그래도 겨울 작물을 재배할 수 있다는 희망만은 여전했다. 그동안 고평가되었던 일부 종목들, 특히 원유와 구리 부문의 주가가 제자리를 찾아가기 시작했고, 플라스틱과 화학 부문도 이전의 최고가에서 한 걸음 물러섰다.

판단착오

3/4분기에 이르러 경기와 인플레이션은 우리가 예상했던 대로 전개되기 시작했다. 게다가 장기금리는 1퍼센트 이상 하락했다. 이 무렵 연방준비제도이사회는 대응능력과 관계없이 예측능력이 우수하다는 이유로 일부 언론과 월스트리트로부터 찬사를 받기도 했다. 그러나 일

부의 견해와는 달리 윈저에서는 경기가 조금씩 나아질 것이며 불경기가 엄습하는 일은 없을 것이라고 예상했다. 적어도 우리의 판단은 그랬다.

그러나 회계연도 1989년 4/4분기에 접어들어 윈저의 실적은 하강곡선을 그리고 있었다. 가장 큰 원인으로는 다음의 네 가지를 꼽을 수 있었다.

1. 대량으로 보유했던 자동차 부분의 실적 악화

2. 현금 보유량 증가

3. 일 년 내내 치중해온 상품 순환주 가운데 한두 종목을 제외한 대부분의 주가가 매수 가격보다 크게 오르지 않음

4. 아드레날린 형태의 주식시장에 비해 윈저의 포트폴리오는 지극히 일상적임

그럼에도 불구하고 윈저에서는 항공과 은행, 저축대부 업종 등의 지분을 늘리며 대응했다. 자동차 부문은 물론이고 다른 종목들의 하락 가능성도 매우 낮다고 예측했기 때문이다. 우리는 시장의 판단이 잘못되었다고 생각했다. 그리고 승용차와 소형 트럭 시장의 매출이 1989년에도 떨어지지 않는다는 전제 아래 3대 자동차 생산업체의 1990년 수익성이 크게 호전될 것으로 보았다.

1989년에는 안전성과 예측성이 높은 영역, 특히 비내구성 소비재의 수익성이 높았다. 그러나 우리는 이 종목의 주가가 지나치게 높다고 판단했다. 그래서 마치 오물을 대하듯 이들 종목을 회피했다. 비내

구재를 회피한 것도 윈저의 수익성 악화에 한몫을 했지만, 반대로 우리의 예측이 옳았다면 상당한 규모의 성과를 손에 넣었을지도 모른다. 순환주의 가장 큰 아이러니는 이들 종목의 낮은 실적이 1990년의 경기 침체가 아닌 '연착륙'에 대한 공통적인 견해를 토대로 발생했다는 점이었다. 우리 역시 이 견해에 동의했을 뿐 아니라 확신을 가지고 있었기 때문에 순환주의 비중을 전체 자산의 1/3까지 늘렸다. 그러면서도 이런 견해가 1990년에 현실로 나타날 것인지, 그리고 이들 업종의 가격정책이 과연 짭짤한 수익을 보장할 수 있을지에 대한 의문은 사라지지 않았다.

1989년 4/4분기에는 얼마 되지 않는 수익에도 불구하고 매수보다 매도 물량을 약간 늘렸다. 이런 윈저의 투자 방식에 대해 일부에서는 이렇게 의문을 제기했을는지도 모른다―"적정주가의 주식을 통해 투자 범위를 확대한다고 해놓고선 왜 그처럼 매도에 치중하는 거요?" 그러나 우리로서는 이후에 벌어질 상황을 고려하지 않을 수 없었다. 실제로 AMR과 디지털 이큅먼트, 펠프스 다지, 델타 항공, IBM과 몇몇 저축대부조합의 주식을 매도한 후 이들 종목의 주가는 윈저의 매수 가격보다 15~30퍼센트까지 떨어졌다.

이후 우리는 부동산과 건축 관련 대출이 문제로 불거지고 있음에도 불구하고 은행주를 더 많이 사들였다. 이미 16퍼센트나 은행주를 보유한 상황에서 추가로 이들 종목을 매수한 것에 대해 세간의 비난도 적지 않았을 것이다. 물론 은행들이 지뢰를 안고 있었던 건 사실이지만, 기업들의 실적이 저조한 상황에서 은행들의 수익성이 상대적으로 부각될 것이라고 우리는 판단했다. 또한 은행들의 적정 PER과 양호한 배당률을 감안할 때 미래를 위해 충분한 투자가치가 있었다. 그러나 이런 우리의 생각은 부분적으로만 옳았을 뿐이었다. 적어도 단기적으로는 상황이 호전되기는커녕 더 나빠졌기 때문이다.

이런 상황에서 우리는 최근에 버리다시피 했던 델타 항공의 주식을 다시 매수함으로써 미래수익을 위한 토대를 마련했다. 이때의 매수 가격은 같은 4분기의 이전 매수 가격보다 17퍼센트 낮은 금액이었다.

1990 : 반격에 나서다

1990년 초의 비교적 정체된 시장환경에서 우리가 더 나은 결과를 거두지 못한 이유를 한마디로 설명하기는 쉽지 않다. 시장의 행태를 정확히 예측하기가 그만큼 어려운 탓이다. 당시 금융 중개기관들은 광범위한 건축과 상업용 부동산 담보대출로 인해 한계상황에 직면했다. 윈저의 주요 보유 종목이었던 시티콥과 뱅커스 트러스트, 뱅크 아메리카는 이 부문에서 9퍼센트를 점유하여 약 20~30퍼센트에 이르렀던 지역은행들보다는 비교적 사정이 나았다. 또한 윈저에서 주식을 보유했던 양대 저축대부조합인 H.F. 아만슨H.F. Ahmanson과 골든 웨스트 파이낸셜Golden West Financial은 캘리포니아 지역 가계대출의 거의 1/4을 점유하고 있었다. 그리고 우리 역시 여러 경제전문지들의 예상처럼 부실 가계대출의 규모가 20퍼센트를 넘지 않을 것으로 보았다.

주가가 높은 유럽의 제약회사들이 쇄도하는 가운에 윈저에서는 저렴한 진입로로 악조Akzo란 기업을 선택했다. 악조는 네덜란드에 본사를 두고 있으며 합성섬유와 제약업계에 진출한 화학업체였다. 악조는 우리가 외국으로 시야를 돌리면서 발견한 저렴하면서도 유망한 기업의 하나였다. 악조를 비롯하여 스페인의 텔레포니카Telefonica, 영국계 은행인 내셔널 웨스트민스터National Westminster와 바클레이즈Barclays, 브리티시 스틸British Steel 등 외국계 주식에 투자한 규모는 총 5퍼센트에 달했다—알칸Alcan에 투자한 약 5퍼센트의 지분은 제외했다. 알칸은 캐나다 기업이지만 다국적 비즈니스에 주로 치중했으므로 윈저에서 보유한 국내 기업 종목들과 큰 차이가 없었기 때문이다.

우리는 1993년 말까지 악조에 투자하여 63퍼센트의 수익률을 달성했다. 같은 해 브리티시 스틸의 주가는 151퍼센트 상승하여 다른 철강주에 비해 세 배 이상의 수익을 올렸고 S&P 500보다는 무려 14배의 격차를 보였다.

반등의 조짐

1990년의 양호한 실적은 주로 자동차(크라이슬러 제외)와 항공주에서 비롯되었다. 그리고 알루미늄과 구리 부문도 상승세에 편승했지만 유독 금융 중개기관만큼은 윈저의 머리를 아프게 했다. 뿐 아니라 언제 어디까지 떨어질지 누구도 장담할 수 없었다. 우리는 실적이 양호했던 뱅크 아메리카와 뱅커스 트러스트, 일부 우량 저축대부조합들을 토대로 이 부문의 반등 가능성을 타진했다. 그리고 주가가 지나치게 떨어졌다는 판단에 따라 반등의 조짐을 발견할 수 있었다.

은행의 위기처럼 쉽게 잊혀지는 것도 없다. 이를 입증이라도 하듯 우리가 보유했던 4대 우량 저축대부조합들(캘리포니아 주에 위치한 대형 금융기관들로 윈저의 전체 S&L, 즉 저축대부 부문 중에 3/4을 차지했다)이 1990년 1/4분기에 들어 일제히 수익을 창출하기 시작했다. 1989년과 비교하여 평균 33퍼센트의 상승률을 기록한 것이다. 금융기관의 수익성이 저하된 가운데 윈저에서 이 정도의 수익 모멘텀을 형성하자 시장에서도 발빠른 대응에 돌입했다. 어느 유명 투자기관의 분석가(S&L 부문 수석 분석가이자 기관투자가들에게 막대한 영향력을 행사하는 사람)는 개인적인 유명세에도 불구하고 자신의 매수 추천 종목들을 대거 수정했다. 그리고 그의 선배격인 시장 전문가들과 기술 전략가들도 앞다투어 추천 종목 재검토에 돌입했다.

물론 이런 현상이 전문가들의 위상을 떨어뜨릴 수도 있지만 그만큼 상황이 복잡했다는 사실만큼은 의심의 여지가 없었다. 사실 지배적 지위에 있던 증권 분석가들의 견해는 캘리포니아 지역의 주거용 부동산 시장뿐 아니라 향후의 부동산 가격과 관련된 다양한 잠재 구매자들의 생각을 기초로 했다. 따라서 나는 이들의 전망을 역으로 이용했다. 기회란 늘 모호한 상황에서 생겨나게 마련이며 이런 상황을 효과적으로 이용하는 것이 바로 윈저의 방식이었다. 저축대부조합의 사례에서도 우리는 주위에 만연되어 있는 부정적인 견해 또는 논란에도 불구하고 '유망 종목'의 가능성을 믿고 투자한 끝에 좋은 결실을 일구어낸 것이다.

우리는 경제환경에 대한 관심과 윈저 펀드의 투자 방식을 변함없이 유지했다. 윈저의 의사결정 이면에는 경기 연착륙에 대한 예상이 깔려 있었다. 그리고 민감한 소비자들이 저렴한 가격만을 찾아다닌다는 근거도 충분히 확보한 상태였다. 물론 이런 현상이 수익성에 긍정적이라고 할 수는 없지만(저렴한 가격은 대체로 낮은 이윤의 원인이 된다) 그 와중에도 윈저의 시스템은 우리가 의도한 대로 운영되었다. 그리고 경기를 대변하는 자동차 생산량은 1월의 실질적인 바닥권에서 벗어나 달이 지날수록 늘어났다.

일부 기초상품 순환 업종도 가격 측면에서 안정 또는 조금씩 호전되었다. 1/4분기 수익성은 비교적 양호한 편이었고 2/4분기와 3/4분기에는 조금씩 더 개선되었다. 윈저의 긍정적인 수익 전망과 월스트리트의 비관적인 전망이 비교되는 순간이었다.

우리는 1990년 하반기도 밝게 전망했다. 물론 예측이 잘못된 경우에는 돈을 잃을 수도 있다. 하지만 우리는 최근의 최저가로부터 완만한 상승세에 있던 몇몇 산업 대표주들을 기반으로 경기에 대해 낙관적인 전망을 했다. 뿐 아니라 연방준비제도이사회에서 발표한 산업생산지수에 따른 경제 활동도 1월의 저점에서 탈출하여 몇 퍼센트 상승했고 조업도와 경기 전체가 회복 추세에 있었다. 물론 공장 가동률도 거의 최고 수준에 이르고 있었다.

방향을 유지하다

이런 낙관론과 함께 잘 알려지지 않은 리스크도 없지 않았다. 특히 일부 기업의 신용구조와 일부 경제 부문이 극한에 다다르고 있었다. 이런 요소들은 블랙홀과 같은 작용으로 경제 전반에 부정적인 영향을 초래했다. 미국 내 사무용 건물의 19퍼센트가 임대되지 못한 채 비어 있는 등 상업용 부동산 시장이 침체된 상황이었고, 이 분야에 대한 은행의 심사 프로세스도 제대로 이루어지지 않았다. 실제로 신용문제가 불거지면서 심사원들의 의견이 통화정책에 일부 반영되기도 했다.

고수익을 내세우던 정크본드junk bonds(도산 위험이 높은 기업이 자금 조달 목적으로 발행하는 채권으로 리스크가 높은 대신 기대수익률이 높다－옮긴이)도 급격한 조정을 받았다. 흥미로운 점은, 이 분야에서 대학살이 일어났음에도 미국 경제와 주식시장은 그 충격을 소리 없이 흡수해 냈다는 사실이다. 이 사실은 미국 금융 시스템의 자정 능력이 어느 정도인지 단적으로 보여주는 사례였다. 시장에서 과잉된 부문은 정부에서 개입하기 전에 그 자체의 무게로 인해 무너져 내렸다. 대학살이 물론 유쾌한 일은 아니지만, 정상적인 투자가 아닌 무분별한 투기에 치중하는 투자자들에게 그 죄를 물었다는 점에서 그리 부정적인 것만도 아니었다.

이때 윈저에서는 그레이트 노던의 잔여 주식을 통해 인상적인 수익을 올렸다. 우리는 그레이트 노던의 주식 1억 1800만 달러어치를 매도하여 58퍼센트의 수익률을 기록했다. 보유한 지 불과 일 년도 지나지 않아 거둔 성과였다. 그리고 어려운 시기에도 이러한 성공을 거둠으로써 윈저에서 추구해온 가치투자와 저PER 투자의 타당성이 다시 한 번 부각되었다.

전체적인 실적이 그리 뛰어나지는 못했지만 그렇다고 실망하지는 않았다. 과거에도 우리는 '험한 세상'에서 꿋꿋이 명맥을 유지했다. 그리고 저PER 철학에 대한 확신이 있었기 때문에 남들이 손실을 우려하는 순간에도 방향을 유지할 수 있었다.

분별력이 사라진 시장을 역이용하다

시장과의 차별화는 계속되었다. 윈저에서 보유했던 종목들은 어려운 환경 속에서도 비교적 괜찮은 성적을 올리고 있었다. 은행 중에서는 뱅크 아메리카와 뱅커스 트러스트가 막강한 수익성을 과시했고 시티콥의 소비금융 부문의 수익률도 20퍼센트를 초과했다.

불확실성이 난무하는 시기에도 윈저의 전략은 변하지 않았다. 그리고 경기는 일부 분야를 제외하고 우리의 예상대로 점차 호전되고 있었다.

그런데 이라크에서 쿠웨이트를 침공하면서 상황은 급반전했다. 전쟁이 장기화될 경우에는 하루 약 400만 배럴의 원유가 호전적인 독재자의 통제 아래 놓일 상황이었다. 게다가 유가가 배럴당 28달러 이상이 되면 미국 경제가 타격을 받을 뿐 아니라 4퍼센트 수준의 인플레이션이 5퍼센트 이상으로 뛰어오를 가능성이 높았다.

이때 윈저의 매도 물량은 신규 매수 물량보다 거의 두 배 수준이었지만 수익을 훼손하면서까지 무작정 매도에 나서지는 않았다. 다시 말해 펀더멘털 자체보다 모멘텀에 의존하는 장세가 형성된 것이다. 경제와 기업 이윤의 상승 여력 부족, 줄어든 기업 합병 사례, 좀처럼 떨어지지 않는 금리 등 여러 가지 근본적인 문제에도 불구하고 다우지수가 3000포인트에 육박했다는 점은 특이한 현상이었다. 이런 분위기에서 우리는 매수보다 매도에서 기회를 찾았고, 특히 과거에 공격적인 매수를 통해 많은 지분을 확보했던 종목들을 중심으로 매도에 나섰다. 그리고 늘 그래왔듯이, 시장의 분별력 부족으로 인해 지나치게 위축된 부문을 역이용함으로써 패배자도 승리자가 될 수 있음을 다시 한 번 보여주었다.

윈저의 공략 대상

윈저의 기준에 따르면 당시 뱅크 아메리카는 최근 수익 대비 다섯 배의 주가로 상당히 건실했으며, 어려운 1990년뿐 아니라 1991년과 1992년에도 상당히 높은 성장을 거듭할 것으로 예견되었다. 시티콥과 달리 뱅크 아메리카는 경영 현황 전체를 소비자들에게 공개하기도 했다. 이 두 은행은 신용카드와 할부금융과 같은 전통적인 영역에서 강점이 있었을 뿐 아니라 저축대부조합들의 영세화로 인해 주택담보대출이 어려웠던 캘리포니아 지역에도 적극적으로 진출했다. 우리는 1993년 2/4분기에 뱅크 아메리카의 주식을 처분하여 무려 159퍼센트의 수익을 올렸다.

시티콥 역시 윈저의 주된 공략 대상 가운데 하나였다. 우리는 비록 단기적으로 실적이 악화되긴 했지만 소비금융 부문에서 주도적인 위치에 있었던 시티콥의 주식을 5퍼센트 수준으로 유지했다. 라틴 아메리카와 미국 내 부동산 개발업체들과 관련된 불량대출 때문에 많은 투자자들이 시티콥을 외면했던 것도 사실이다. 그러나 우리는 소비금융 부문의 성장세만큼은 변함없이 유지될 것으로 보았다. 게다가 불량대출에 대한 준비금도 충분히 확보된 상태였다. 어려운 대외 여건을 극복하고 소비금융을 더욱 활성화시키기 위해서는 적잖은 자금이 더 필요했지만, 시티콥의 구조개선 노력에다 침체되었던 일부 부문이 되살아나고 있는 점을 감안하면 머잖아 전체 수익성이 개선될 것이라는 게 우리의 판단이었다. 아울러 시티콥의 낮은 주가는 우리에게 희망의 씨앗이나 마찬가지였다.

두 은행의 주식을 추가로 매수하는 데 필요한 자금은 다른 종목들을 헐값에 팔아서 마련한 게 아니라, 힘든 상황 속에서도 믿음을 버리지 않고 보유하고 있던 다른 두 은행의 주식을 적정 가격에 팔아서 마련했다. 윈저에서 보유했던 대표적 영국계 은행인 내셔널 웨스트민스터 뱅크와 바클레이즈 뱅크가 바로 그들이며, 이 두 은행을 통해 우리는 25퍼센트 이상의 수익과 높은 배당을 이끌어냈다. 또한 두 은행에서 벌어들인 수익을 상대적으로 저평가된 뱅크 아메리카와 시티콥에 투여하는 과정에서 영국 파운드화와 달러화의 환율 변동으로 뜻밖의 행운을 거머쥐기도 했다. 애초에 윈저에서 영국계 두 은행의 주식을 사들일 때만 해도 환율이 떨어지리라는 예상이 지배적이었다. 그러나 우리는 이런 예상에 동의하지 않았는데, 주식을 팔 무렵에는 실제로 파운드화의 강세 덕분에 반사이익을 얻게 된 것이다.

이 무렵에 투자수익이 가장 높았던 종목으로는 GM도 빼놓을 수 없다. GM에 투자한 기간은 일 년 이상이었으며 1987년 10월 19일 이후로 집중적으로 매수에 나섰다. 그리고 주가가 만족할 만한 수준이 이르렀을 때 매도하여 높은 차익을 실현했고, 더불어 자동차주에 대한 지나친 의존도에서 탈피할 수 있었다. 한때 자동차 부문의 비중은 전체 포트폴리오에서 20퍼센트나 되었지만 GM(4퍼센트)을 매도하는 한편 상대적인 수익성은 낮았지만 포드와 크라이슬러의 일부도 매도하여 12퍼센트까지 낮췄다.

또 다른 이윤의 원천은 알루미늄주였다. 레이놀즈 메탈스를 통해서는 24퍼센트의 차익에 평균 수준의 배당까지 얻었다. 윈저에서 보유했던 기초 순환주 중에서는 가장 높은 실적이었다. 반면에 알칸의 수익률은 9퍼센트로 상대적으로 낮았다. 자동차와 마찬가지로 비중이 지나치게 컸던 알루미늄 종목들을 그리 많지 않은 수익을 남기고 팔아치운 것은 우리 나름대로의 계산에 따라서였다. 당시 알루미늄업계의 수익성은 은행이나 자동차에 비해 열악했다. 따라서 포트폴리오의 8.6퍼센트를 차지했던 이 부문 주식을 주가가 10퍼센트 상승했을 때 팔아 차익을 실현했다. 이번 사례 역시 펀더멘털에 기초한 투자였다.

그러나 성공은 여전히 멀어 보였고 윈저의 보유 종목들은 마라톤 선수의 고독감과도 같은 분위기에 휩싸여 있었다. 이 시기는 과거 1971~1973년과는 비교할 수 없을 만큼 혹독한 시험대였다. 주식시장, 특히 우리가 보유했던 종목들과 관련된 시장은 마치 펀더멘털과는 무관하게 움직이는 듯했고, 학계 전문가들이나 ABC 방송의 '나이트라인Nightline'에 출연한 증권 분석가들의 주장에 따라 월스트리트 전체가 요동을 쳤다. 주식시장이 정확히 언제 돌아설지 우리로서도 예측할 수는 없었지만, 그렇다 하더라도 우리마저 이들의 희생양이 되도록 방치할 수는 없었다. 그래서 주주들에게 윈저의 탁월한 투자 역량과 전문성을 끊임없이 강조하여 시류에 흔들리지 않도록 독려했다.

유망 종목은 쉽게 꺾이지 않는다

약간의 우려도 없지는 않았다. 우리가 보기에 시장은 은행과 저축 대부조합, 종합보험회사들의 가치를 제대로 인식하지 못하고 있었다. 이때 우리는 이들 영역, 특히 상업용 부동산과 건축융자 부문을 강조하는 한편 어려움을 버텨내고 있는 '유망 종목'에 관심을 집중했다. 이들 기업이야말로 경제를 부흥시키기 위해 윤활유를 제공하며, 궁극적으로는 따뜻한 햇살을 받을 자격을 갖춘 존재들이었다. 충분한 자본을 갖춘 기업, 역경 속에서도 더 많은 자본을 유치할 수 있는 기업, 첨단 기술을 보유한 기업 등… 그러나 시장은 이런 우량 종목들을 너무도 쉽게 간과했다. 이들이야말로 생존 가능성이 가장 높은 기업임에도 말이다.

이 시기에 펀더멘털이 가장 두드러진 은행은 시티콥이었다. 시티콥 역시 생존 자체를 걱정하던 다른 기업들과 마찬가지로 여러 가지 문제에 직면해 있었다. 물론 한동안은 어려움을 각오해야겠지만, 우리의 판단이 옳다면 윈저의 주주들은 머잖아 만족스러운 결과를 손에 넣을 수 있으리라 확신했다.

1991 : 마침내 전세가 역전되다

1991년 초에는 8.5퍼센트의 유동성이 17퍼센트로 제법 늘어났음에도 불구하고 실적이 비교적 괜찮은 편이었다. 실적 호전은 주로 금융기관 중에서도 '유망 종목' — 뱅크 아메리카(수익률 57퍼센트)와 골든 웨스트 파이낸셜(수익률 55퍼센트), 그레이트 웨스턴 파이낸셜(수익률 52퍼센트), 애트나(수익률 43퍼센트), 뱅커스 트러스트(수익률 40퍼센트)를 중심으로 이루어졌다. 그동안 윈저에서 최후의 승리자로 지목해온 종목들에 대해 시장이 관심을 표명하기 시작한 덕분이었다. 그리고 기초 화학주의 반등도 눈에 띄는 대목이었다. 물론 '유망종목'처럼 높은 수준을 기록하지는 못했지만 S&P 500보다는 훨씬 나았다.

그러나 우리가 비교적 높은 실적을 유지하는 데 기여했던 변곡점의 존재를 구체적인 사례까지 들어 설명하기란 쉽지 않다. 다만 눈앞에 임박한 경기침체를 저지하기 위해서는 은행들을 그대로 방치해서는 안 된다는 도의적 책임의식이 부각되며, 부시 행정부 일각의 경계심리와 은행 심사관들의 태도 변화가 종합적으로 작용한 듯하다. 게다가 월스트리트와 주식시장의 '집단사고'로 인해 실제 가치보다 지나친 저평가 또는 고평가 현상이 발생하기도 했다. 개별 종목 또는 업종의 주가 동향은 그 자체적인 삶을 가지고 있지만 그렇다고 영원히 유지되는 건 아니다.

연초부터 우리는 GM의 주식을 내다 팔았고 2월 초에 이르러서는 거의 모든 주식을 청산했다. 이 시기에 GM을 통해 큰 수익을 올리지는 못했지만 이 업체의 펀더멘털과 그동안 주식을 보유하며 받은 배당을 감안하면 그리 나쁜 편도 아니었다. 오히려 수익은 이전에 매도했던 90퍼센트를 통해 올렸다. 반면에 연초의 GM은 그리 만족스럽지 못했다. 과거에 GM은 독특한 디자인으로 다른 업체의 자동차와 차별화를 이루어왔지만 최근에는 이런 장점이 많이 희석되었다. 또한 특별한 유인책에도 불구하고 시장 점유율을 뚜렷하게 회복하기 어렵다는 점도 GM의 장기적인 미래에 먹구름을 드리웠다. 결과적으로 GM은 어려운 업계 여건을 극복하기 위해 규모의 감축이라는 불가피한 압력에 봉착했다.

1991년에 접어들면서 주식시장이 생각보다 활발하게 돌아가고 있다는 사실도 우리에겐 약간 의외였다. 특히 다른 대다수의 전문가들보다 경기를 낙관적으로 전망해온 건 사실이지만 그렇더라도 이해가 가지 않는 부분은 여전히 남아 있었다. 어쨌든 윈저에서는 긍정적인 쪽으로 방향을 잡았다. 물론 경기침체의 확대와 그로 인한 주가 하락을 점쳐온 수많은 투자자들까지 덩달아 경기회복으로 시선을 전환한 대목이 의문스러웠지만 말이다. 다우지수는 3000포인트를 눈앞에 두고 있었다. 그러나 1990년 7월 16일과 17일에 지수 2999.75에 도달한 지 6개월이나 지난 후에도 여전히 3000포인트라는 벽을 깨트리지는 못한 상태였다.

당시 주식시장에서는 일부 금융주들이 매우 저평가된 상태였다. 따라서 5월에는 지역은행과 소규모 저축대부조합의 매도에 따른 윈저의 금융주 지분 축소를 보강하기 위해 시티콥의 주식을 조금 늘렸다. 윈저의 '유망 종목' 가운데 하나였던 시티콥은 수익 측면과 자본충실도 모두에서 실망스러운 결과를 낳은 게 사실이었다. 이런 와중에 주식을 더 늘린 것은 실적 개선이 이미 가시화되고 있다는 판단에 따라서였다. 1/4분기 수익률은 실망스러웠지만 경기회복과 더불어 점차 호전될 것으로 보았다. 그리고 신용카드 수수료 규모와 저당권 개시, 신용손실 등 모든 측면에서 1/4분기 최악의 상황보다는 점차 나아지리라 생각했다. 4월에 들어서는 시티콥의 대출체납 분야에서 긍정적인 조짐이 보이기 시작했고 1/4분기의 비용 규모도 낙관적이었다. 엄격한 규정 아래서 가장 중요하게 대두된 기본자본비율Tier 1 capital ratio * 에서도 암백Ambac의 기업공개가 성공적으로 진행되면서 기준치를 초과했다─암백은 고정수익증권용 보험상품을 판매하는 시티콥의 자회사다. 1994년, 우리는 시티콥의 주식을 통해 주당 4달러가 넘는 수익을 올렸고 이 무렵의 주가는 16달러였다.

이 시기에 기초상품주의 비중은 이전 최고치인 25퍼센트에서 18 퍼센트를 약간 넘는 수준까지 축소했다. 브리티스 스틸과 페더럴 페이퍼 보드, 펠프스 다지의 지분을 성공적으로 매도했을 뿐 아니라, 전망이 불투명했던 알칸을 지속적으로 매도함으로써 비중을 낮춘 것이다─악조건에도 불구하고 다행히 알칸의 주식을 매수가격에 내다 팔수 있었다. 이때는 우리가 예상했던 것보다 경기가 위축되었기 때문에 기초상품주를 매도한 것이 오히려 적절했다. 그러면서도 소비자들의 행태를 유심히 관찰하는 일에 소홀하지 않았다. 경기회복의 조짐은 복잡하면서도 조용하게 그 모습을 드러내고 있었다. 주택 판매, 항공 수요, 비내구재 부문의 완만한 회복세가 대표적인 신호였지만 자동차 판매량은 전혀 개선의 여지가 보이지 않았다. 자동차 시장의 불황은 알루미늄과 금속 관련 업체들, 특히 알칸과 같이 경쟁력이 취약한 기업

---

* 1990년부터 1991년 사이에 발생한 금융위기 때문에 규제기관에서는 은행들의 자본구조를 향상시키도록 요구했다.

에게는 단기적으로 매우 어두운 소식이었다.

그러나 우리는 자동차의 평균 보유 기간이 역사적으로 볼 때 가장 높은 수준인 7.5년 정도라는 점을 감안하여, 승용차와 소형 트럭의 매출이 4월 매출보다 약 25퍼센트 늘어난 700만 대와 400만 대를 각각 기록할 것으로 예상했다. 그리고 미래의 경기를 낙관하는 소비자들이 기대심리가 현실로 나타날 경우에는 우리 역시 이 분야에 다시 뛰어들어야 할 것으로 생각했다. 실업률이 바닥을 치고 해고에 대한 불안감이 점차 잦아드는 현상은 소비자 지출에 대한 낙관적인 전망을 더욱 공고히 해주었다. 실제로 4월에는 그동안 줄어들던 임금 노동자들의 수치가 시나브로 늘어나고 있었다. 뿐 아니라 승용차와 트럭의 판매량이 감소할수록 수요의 팽창 가능성이 높게 마련이며, 따라서 자동차 부문의 경기회복 가능성은 다른 어떤 분야보다도 높았다. 경기침체가 그리 심각한 수준이 아니고 오래 지속되지도 않을 것으로 예상했다면, 이젠 이런 전망을 토대로 행동에 나설 때였다. 아울러 이런 낙관적인 전망은 알코아와 리온델, 펠프스 다지 등 윈저 포트폴리오에서 여전히 18퍼센트를 차지하고 있던 기초상품 종목들에게도 매우 유익한 소식이었다.

다우지수 3000포인트를 돌파하다

1991년 4월 17일, 다우지수가 마침내 3000포인트의 장벽을 무너뜨렸다. "낮은 금리와 경기침체가 곧 끝날 것이란 예측이 맞물리며, 다우지수가 거래량 2억 4690만 주를 등에 업고 17.58포인트 상승한

3004.46포인트에 도달했다. 지난 10월 11일 이후 무려 27퍼센트나 상승했다." 『월스트리트 저널』에서는 다우지수의 3000포인트 돌파를 이처럼 대대적으로 다루었다. 그러나 뜨거운 열기가 오래 가지는 못했다. 2/4분기에 들어 다시 3000포인트 이하로 떨어졌기 때문이다.

윈저에서 낙관적으로 보았던 1/4분기에 다우지수는 4퍼센트 이상 상승했다. 이 기간에 윈저의 보유 종목 가운데 무려 71퍼센트가 예상한 수준에 못 미쳤지만, 우리가 수립한 기준을 바탕으로 투자를 지속할 경우 궁극적으로 윈저의 주주들이 막대한 대가를 얻게 되리란 확신에는 변함이 없었다.

이 시기에 윈저에서 주로 매수한 종목은 다음과 같다.

1. 시티콥의 주식을 추가로 소량 매수

2. 주가 하락 기회를 이용하여 애트나와 텔레포니아의 지분 확대

3. 에너지 부문 유망 종목을 추가로 매수

4. 수익성이 높으면서도 미국계 동종 기업에 비해 주가가 낮았던 바이엘Bayer AG의 주식을 1억 달러 이상 추가 매수. 주가 편차는 투자 비즈니스의 다국화로 인해 곧 회복될 것으로 예상

방어 자세

윈저의 포트폴리오 전략은 여전히 약간 방어적이었다. 주식시장이 이미 꽤 많이 상승했다는 우리의 확신에는 재론의 여지가 없었다(적어도 우리가 보기에는 그랬다). 특히 1992년의 S&P 추정수익을 16배

수준으로 하향 조정한 것도 이런 판단에 한몫을 했다. 이 정도의 수익성에 3.1퍼센트의 배당률을 합치더라도 단기 활황시장의 그것과는 견줄 수 없었다. 장기금리는 0.5퍼센트 떨어졌고 우리가 보기에 더 이상의 급격한 하락은 불가능했다. 더군다나 경제 전반의 침체된 분위기에서 적정 수준의 성장은 어려워 보였다. 아니 더 정확히 말하자면 회복 자체가 불가능해 보였다.

이때 윈저에서는 시티콥 주식의 매수와 매도를 동시에 진행했다. 평소와 다른 점이라면 매수한 주식을 매수 가격보다 더 낮은 가격에 매도했다는 사실이었다. 설명을 하자면 이렇다. 우리가 시티콥의 주식을 거래하는 동안 이 은행은 배당을 아예 없애버렸다. 덕분에 윈저의 역사상 최악의 거래가 이 시기에 이루어졌다. 매도가는 매수가의 약 50퍼센트 수준에 불과했다. 시티콥과의 거래에서 완전히 패배한 것이다. 일차적인 문제는 우리가 시티콥의 상업용 부동산 담보대출에서 비롯된 손실을 잘못 계산한 데서 비롯되었다. 1991년의 경기침체의 여파로 소비자 대출 부문의 압력이 가중되면서 손실이 두 배로 늘어난 탓이었다. 그런데 이보다 더 큰 문제는 비용 측면에 있었다. 세계 상업금융시장의 성장 여력은 한정된 반면에 인건비가 지나치게 많이 늘어났기 때문이다.

그러나 이 모든 출혈에도 불구하고 우리는 시티콥의 소비금융과 기업금융 모두가 여전히 건실하다고 생각했다. 인건비를 거의 20억 달러까지 절감할 수 있고 불량대출에 대한 준비금도 줄어든다면 미래의 수익성은 개선될 수밖에 없었다.

우리는 시티콥의 주당순수익이 1992년과 1993년, 1994년, 1995년에 각각 2, 3, 4, 5달러로 늘어날 것으로 보았다. 그리고 1993년 말까지 윈저의 시티콥 투자 비중을 전체 자산의 5퍼센트까지 늘릴 계획이었다. 또한 배당을 없앤 그만큼 시티콥의 수익성이 개선되어 자본충실도가 향상될 터였다. 이런 상황에서 시기적절한 매도를 택하는 기관도 없지 않을 것이다. 그러나 우리는 이론의 함정, 특히 최근의 저조한 실적에 따른 위기감에 빠지지 않으려 노력했다. 사실 우리에게 시티콥은 1987년의 뱅크 아메리카와 흡사했다—위기 이후 이 은행의 주가는 8배나 치솟았다. 물론 시티콥의 주가가 산술적으로 '8배'나 뛰어오르기는 어려웠다. 그러나 1994~1995년에 4~5달러의 수익력만 확보된다면 적어도 서너 배 이상의 상승은 가능했다.

우리는 매도를 통해 시티콥 지분의 일부를 전환우선주(우선주 가운데 보통주 등의 다른 주식으로 전환할 수 있는 권리가 붙은 주식. 우선주는 보통주에 우선하여 소정의 배당이나 분배를 받을 수 있는 주식을 말하는데, 대개 주주권 행사보다는 배당 등의 자산소득에만 관심이 있는 투자자를 대상으로 발행된다.—편집자)로 교체했다. 이렇게 함으로써 윈저의 총수익 중에 7퍼센트에 이르는 배당을 안전하게 보호할 수 있다는 생각에서였다. 전환우선주는 상당한 프리미엄이 얹혀 판매되었지만(등가물의 약 48퍼센트), 수익률이 11.7퍼센트임을 감안할 때 2년 7개월이면 프리미엄을 충분히 만회할 수 있었다. 물론 이 방법은 상당한 용기를 요구했고, 우리로서는 변화하는 환경에 무작정 순응하기보다는 대담한 접근을 통해 그동안의 부진을 만회할 필요가 있었다.

포드와 GM의 비중을 축소한 것도 같은 맥락이었다. 투자에서는 상황을 넓게 바라보는 시야가 필요하며 자기만의 아집에 사로잡혀서는 안 된다. 그리고 리스크를 안고 투자에 뛰어들었다면 그만한 대가를 주주들에게 돌려주어야 한다는 것이 윈저의 지론이었다. 물론 이 과정에서 펀더멘털을 우선적으로 고려해야 한다.

시티콥과의 경험에서 기억해야 할 두 가지가 있다. 첫째, 윈저에서 시티콥의 주식을 아무리 많이 보유했다 하더라도 그 비중은 기껏해야 전체 자산의 4퍼센트 수준이었다. 다시 말해 윈저에서는 96퍼센트 이상의 자산을 다른 종목들에 투자하고 있었다. 둘째, 최근까지 시티콥의 수익성이 아무리 낮더라도 뱅커스 트러스트와 뱅크 아메리카에서 거둔 수익으로 충분히 만회할 수 있었다. 윈저 펀드는 집중과 분산을 모두 이용하는 일종의 '포트폴리오'였다. 그리고 윈저의 '유망 종목' 여덟 개 가운데 일곱 개는 비록 목표수익을 완벽하게 달성하지는 못했지만 주주들에게 이익을 돌려주기에는 부족함이 없었다.

1991년 초에 비중을 대량으로 늘린 종목으로는 USX-마라톤 그룹 USX-Marathon Group을 꼽을 수 있었다―윈저의 포트폴리오 가운데 단일 종목으로는 최대 규모로 늘어났다. 우리는 이 종목을 통해 무기력한 시장 환경에도 불구하고 6개월 남짓한 기간 동안에 약 23퍼센트의 수익을 올렸다. 그 비결을 한마디로 설명하기는 어렵다. 다만 한 가지 분명한 사실은, 시장의 여건이 열악해서 높은 목표 주가를 기대하기 어려운 상황에서도 단기적으로 괜찮은 실적을 올릴 수 있는 기회는 얼마든지 있다는 사실이다. 같은 시기에 펠프스 다지와 USX-US 스틸 그룹 USX-US Steel Group을 통해 거둔 높은 수익도 이와 동일한 사례에 해당했다. 그리고 몇몇 정크본드 역시 높은 실적을 낳았다.

회계연도 1991년 말의 실적은 S&P 500에 비해 약간 높았지만 역년을 기준으로 하면 얘기가 달랐다. 역년 1991년에 윈저는 28.6퍼센트의 수익률을 달성했지만 S&P의 30.4퍼센트에는 미치지 못했다. 그러나 투자자들이 안전주를 선호했던 시기였다는 점을 감안하면 그리 나쁜 수준은 아니었다. 성공했다고 내세우기는 어려웠지만 그래도 우리는 대체로 만족했다. 우리는 공황심리가 확산된 와중에도 원칙을 고수하고 안정을 유지하면서 윈저의 지위를 유지했다. 특히 오랫동안 고전을 면치 못했던 금융주들이 마침내 부활하여 거의 70퍼센트에 가까운 연간 수익률을 올렸다는 점도 주목할 만했다. 금융주 덕분에 윈저의 전체 수익률도 적잖이 상승했으며, 그동안 고수해온 저PER 전략이 여전히 유효함을 확인했다.

1992 : 반등

시티콥이 43퍼센트, 크라이슬러의 주가가 22퍼센트나 급상승하며 윈저는 큰 탄력을 받았다. 우리가 오랫동안 강조해온 종목들의 가치를 드디어 시장이 인정해주기 시작한 것이다. 남들이 어떻게 생각하든 우리는 상승추세에 있는 종목들뿐 아니라 이런 종목으로 몰리는 단기 투자자들을 보며 흐뭇한 미소를 지었다. 단기 투자자들은 어쩔 수 없이 이들 종목으로 몰리면서 상승 모멘텀의 또 다른 축을 형성했다.

1992년, 특히 1월 한 달은 변곡점 통과 여부를 두고 격론이 벌어진 시기였다. 과거 수년 간 대세를 이끌었던 성장주들이 퇴색하는 반면에 순환주들이 서서히 관심을 끌고 있었다. 그러나 경기침체의 가능성에 대비하여 지나친 환호는 경계해야 했다. 실제로 당시의 주식시장 분위기는 시시각각으로 변했다. 이때 우리는 기초상품 순환주의 가치를 비교적 긍정적으로 평가했다. 또한 금융 중개기관 역시 우리가 가능성을 높게 판단한 분야였다. 금융 중개기관은 경기에 대한 의존도가 지나치게 높지 않으면서도 시장의 기본 욕구를 충족시키는 종목이었다. 다시 말해 이들 금융주는 주가가 저렴하면서도 수익성이 높았을 뿐 아니라 (자본력이 우수한 '유망 종목'이었다) 배당수익률도 상대적으로 높은 편이었다. 상업용 부동산(특히 사무용 건물)의 망령이 여전히 금융주를 억누르고 있었기 때문이며, 특히 보험과 은행업종이 가장 큰 영향을 받았다. 우리는 이런 상황적 요소를 무시하지는 않았지만 손실의 상당 부분을 이미 금융업계에서 흡수했다고 판단했다. 하지만 상황이 상황인 만큼 누구도 분명한 해답을 던질 수는 없었다.

긍정적인 방향으로

경기회복 속도는 예상했던 것보다 느리게 진행되었고 우리의 예측 역시 한 단계 낮게 수정했다. 그러나 연방준비제도이사회의 정책 방향과 부시 대통령의 신년사를 고려할 때 앞으로의 방향을 긍정적으로 예견할 수 있었다. 물론 의회라는 변수도 있었다. 당시의 의회는 예산 적자가 이미 GNP의 7퍼센트 수준에 이르렀음에도 뒷짐만 진 채 방관하는 집단이었기 때문이다. 이런 상황에서 연방정부가 주거용 주택을 대량으로 공급하겠다고 한 발표는 대단히 이례적이었다. 그리고 한 언론의 발표대로, 7퍼센트의 실업률을 뒤집어 생각하면 취업률이 93퍼센트에 이른다는 사실도 무시할 수 없는 대목이었다. 미국이라는 나라에서는 넓은 주택을 소유하기가 결코 쉽지 않으며 대다수 미국인들은 자기만의 정원을 소유하고 싶은 욕구를 지닌 채 살아간다. 1991년에는 주택 100만 가구를 건설하기 위한 프로젝트가 시작되었다. 그리고 1986년에 180만 가구, 1970년대 초에 200만 가구를 이미 건설한 바 있으며, 1992년에는 125만~130만 가구 정도를 추가로 건설한다는 예측이 지배적이었다. 따라서 이 예측이 현실화된다면 일부 원자재 생산 업종을 부양하는 효과를 낳아 결과적으로 전체 경기에도 긍정적으로 작용할 전망이었다.

한동안 소외되어 성장 가능성이 점쳐지는 분야로는 자동차 업계를 들 수 있었다. 600만 대의 국내 자동차 판매량에 국외 수출량도 200만 대 가량으로 늘어났고 자동차 폐기량(교체 수)은 약 100만 대에 달했다. 장기적인 관점에서 볼 때 전체 자동차 사용 인구는 점진적으로 늘어났다. 반면에 당시에는 한동안 억제되어온 수요의 빗장이 풀리면서 과거 어느 때보다 빠른 속도로 수요가 증가했다. 뿐 아니라 소비자들의 자금이 이 분야로 투입되면서 자동차 할부금 규모는 2년 사이에 거의 8퍼센트가 감소했다. 이처럼 자동차 부문의 회복세는 다양한 기초상품 순환 업종에 긍정적인 파급효과를 미쳤으며, 특히 금속과 화학, 종이, 알루미늄 등의 가동률은 이전보다 획기적으로 개선되었다. 업종 전반의 상승세에 힘입어 이 부문의 주가 상승세는 예상을 훨씬 웃돌 것으로 전망되었다. 따라서 윈저에서는 금융 중개업과 기초상품 순환 업종의 비중을 전체 자산의 54퍼센트까지 늘렸다.

이후 우리는 차익 실현을 위해 S&L과 EDP, 소매, 전화, 주택건설

등 여러 부문에서 매도를 단행했고, 그 중에서도 수익률이 단연 두드러졌던 종목은 항공업계의 아메리칸 항공과 뱅커스 트러스트였다. 또한 적잖은 주주들의 법정 다툼으로 한동안 시끄러웠던 S&L 부문의 수익성이 꽤 높았다는 점도 흥미로웠다. 이 시기에 윈저에서는 한두 종목을 제외한 거의 전 종목에서 수익을 실현했고 1/4분기 총수익률은 123퍼센트를 기록했다.

시장에 윈저의 찬가가 메아리치다

마침내 시장은 우리를 위한 노래를 부르기 시작했다. 자동차로 대표되는 소비자 순환주뿐 아니라 기초상품 순환주들의 인기도 급속히 상승했다. 이런 종목에 대한 투자수익이 지속되려면 경기회복이 가시화되고 기업의 수익성이 탄탄해야 한다는 전제가 뒤따랐다. 지금까지는 꽤 괜찮은 편이었다. 1991년에 이미 주가가 상당히 뛰어오른 금융 중개업종의 일부 종목들도 여전히 상승세를 유지하고 있었다. 양호한 실적에 합리적인 PER, 높은 배당률까지 갖춘 이들 '유망 종목'에 대한 시장의 관심은 나날이 높아졌다. 당연히 이윤을 노리는 경쟁자들이 속속 등장했고 금융 부문은 치열한 경쟁환경으로 변모하고 있었다. 상황이 이렇다보니 자본을 가진 자가 왕으로 군림하게 되었고 일부 대형 투자기관에서는 유보이익까지 동원하여 자본을 확충했다. 게다가 경기회복이 가시화되면서 대출 수요가 크게 늘어났고 손실 규모도 점차 줄어들었다.

가치를 기반으로 선행투자를 고수해온 윈저에서 이번에는 천연가스 생산업체들로 시선을 돌렸다. 이 분야는 한동안 시장의 외면을 받아오다가 현물 가격이 지난 늦겨울의 최저점보다 30~35퍼센트 가량 상승하면서 시장의 관심을 조금씩 얻기 시작했다. 천연가스업계가 이처럼 상승세로 돌아선 것은 미국 동부지역의 3, 4월 기온이 예년보다 낮았다는 게 가장 큰 이유였으며, 천연가스 가격이 원유에 비해 경쟁력이 있었다는 사실도 중요하게 작용했다. 사실 지난 2~4년간 우리는 '환상'에 사로잡혀 있었다. 천연가스 가격이 두 배로 상승하여 주가도 크게 뛰어오르리라 생각했던 것이다. 그러나 평소와 다른 이런 접근으로 좋은 결과를 기대하기는 무리였다. 당기 수익성이 지지부진했을 뿐 아니라 PER도 결코 낮은 수준이 아니었기 때문이다. 반면에 최근에 들어서는 천연가스 생산업체의 주가가 시장가치 대비 50퍼센트 수준에 불과했고 PER도 1995년 추정수익을 감안하면 매우 낮은 편이었다.

6월에 접어들어 고용 수치가 실망스러운 국면으로 전환되면서 시장의 관심은 순환주에서 다시 성장주로 옮아갔고 1992년의 장세도 점차 방향을 바꾸었다. 그러나 우리는 지속적이고 점진적인 경기회복에 대한 기대를 버리지 않았고 늘어나는 주택과 자동차 수요에서 이를 확신했다. 6월의 주택 구입을 위한 신규 담보대출 신청 건수의 증가는 곧 주택 수요의 증가를 의미했다. 물론 담보대출 금리가 낮았다는 점도 여기에 긍정적인 영향을 미쳤다. 7월에 들어서는 승용차와 트럭 매출이 이전 4개월간 최고치를 기록하며 언론의 주목을 끌며 다음 4분기의 전망을 밝게 했다.

윈저에서 이 두 업종을 경기회복의 신호탄으로 간주한 것에 대해 너무 단순하다고 말하는 사람도 있었을 것이다. 그러나 두 업종은 경기와 직결될 뿐 아니라 특히 파급효과도 매우 큰 분야이다. 승용차와 트럭 매출이 늘어나고 있었지만, 1991년 초의 평균 추세선(예년보다 매출이 많은 편도 아니었다)과 비교하더라도 15퍼센트 정도 적다고 우리는 판단했다. 그리고 억눌린 수요가 미래의 특정 시점에서 폭발하기 시작하면서 매출이 급격히 늘어나는 동시에 경기도 급속히 회복될 것으로 보았다. 주택 부문 역시 정도의 차이는 있었지만 미래 전망은 마찬가지였다. 아울러 매출이 '평균' 수준에 그치더라도 과거의 '짓눌렸던 수준'에 비해서는 많이 '회복'된 것이므로 크게 우려할 건 없었다. 특히 자동차가 그랬다.

　그렇다고 해서 6월의 고용수치를 전혀 고려하지 않은 건 아니다. 당시의 고용수치는 경기회복이 서서히 진행될 것을 암시하는 일종의 징조였다. 치열한 국제 경쟁환경에서 미국의 경제는 점진적인 성장으로의 전환을 꾀하고 있었지만, 피고용자 수가 조금씩 감소하고 있다는 점이 경제 성장의 걸림돌이 되었다. 실업자들이 늘어나고 언론에서 이 사실을 다루면서 소비자들의 지출 성향도 위축되었다. 또한 조금씩 개선되곤 있었지만 개인 부채가 여전히 사상 최고 수준이라는 사실도 적잖은 부담이었다. 따라서 경기의 회복을 전망하면서도 그 속도가 느리고 완만하게 진행될 것으로 보았던 것이다.

　알루미늄과 화학, 금속 등 기초상품 순환주에 치중한 윈저의 포트폴리오를 감안할 때 경기회복이 더뎌질 것이라는 사실은 결코 달갑지 않은 소식이었다. 그리고 시티콥과 같은 다른 순환주들의 수익률도 이전 수준보다 약간 떨어졌다. 반면에 크라이슬러만큼은 여전히 성장을 거듭하여 그 해 131퍼센트의 수익을 올렸다. 크라이슬러를 통한 뛰어난 매도 전략과 수익성은 순환주들이 고전하는 상황에서 하나의 모범으로 자리했다.

불필요한 잡음에 발목을 잡히다

우리가 볼 때 미국 경제는 순환주 부문의 우려를 해소하며 완만한 반등을 시도하고 있었다. 그러나 윈저에서 대량으로 보유하고 있던 종목들의 상당수는, 불필요한 잡음으로 인해 최악은 아니지만 적잖은 어려움에 처해 있었다. 일반적으로 우리가 보유했던 종목들은 시장에서 그 가치를 인정해주기를 기다리는 상황이었지만, 이 무렵에는 세간에 떠도는 풍문이 오히려 이들 종목에 대한 오해를 불러 일으켜 일시적으로 가치를 떨어뜨리는 역할을 했다. 구체적으로 보면 텔레포니카Telefonica, 커먼웰스 에디슨Commonwealth Edison, USX-마라톤, 애트나, 시그나, 시티콥 등의 하락세가 두드러졌다. 그럼에도 불구하고 우리는 이들 종목의 종합적인 미래 전망을 여전히 밝게 보았다.

그러나 이런 우리의 전망이 실효를 거두기 위해서는 각 종목의 가치를 시장에 인식시킬 필요가 있었다. 그리고 과거에는 손실을 만회하기 위한 안전장치를 갖추고 있었지만 이번에는 상황이 조금 달랐다. 성공적인 종목들로부터 거둔 수익으로 변곡점에 대비해 보유했던 취약 종목들의 손실을 만회했던 과거와 달리, 1992년 3/4분기까지는 이런 식의 투자가 이루어지지 못했다.

다행히 일부 보통주의 주가가 변동하며 우리도 약간의 이득을 보았다. 당시에는 시장의 하락세가 그리 심각하지 않았음에도 불구하고 일부 개별주의 주가가 큰 폭으로 떨어졌고 『월스트리트 저널』에서는 이 소식을 연일 보도했다. 이처럼 '블랙홀'이 등장하게 된 것은 시장에서 순환주의 가치를 비교적 높게 평가했다가 환상에서 깨어나면서부터였다. 이런 분위기에서 우리는 상대적으로 저렴한 가격에 주식을 매수할 수 있었다. 예컨대 윈저의 분기 매수 프로그램을 통해 사들인 주식의 평균 주가는 1992년 최고가보다 약 27퍼센트나 낮았다. 물론 기업의 가치 자체가 27퍼센트나 떨어진 건 아니었지만 '누군가'가 이 가격에 주식을 매도했기에 가능한 일이었으며, 상승 잠재력을 가진 시장에서 27퍼센트는 꽤 높은 비율이었다.

　　네덜란드에 위치한 다국적 전자업체인 필립스 NV도 주가가 많이 떨어진 종목의 하나였다. 우리가 매수한 이 업체의 평균 주가는 약 13달러로 같은 해 최고가인 22달러보다 매우 낮은 수준이었다. 이 시기에 필립스는 일본과 대치해 있는 유럽시장에서 소비 가전 사업팀의 경쟁력을 강화하기 위해 많은 노력을 기울이고 있었다. 우리는 필립스가 신상품 개발과 생산설비의 합리화를 통해 이 지역에서 경쟁력을 확충할 것으로 보았다. 또한 일본은 과거에 비해 유럽시장에서 가격을 통한 경쟁력 확보가 어려웠기 때문에 필립스로서는 가격 측면에서 그만큼 유리한 고지에 있었다. 필립스에는 조명과 반도체를 비롯하여 경쟁력이 우수한 사업팀이 매우 다양했다. 특히 지분의 80퍼센트를 자체 소유하고 있으며 레코드 뮤직과 관련 엔터테인먼트 부문에서 세계적 리더로 군림하고 있는 폴리그램Polygram의 주가는 그야말로 '거저'나 다름이 없었다. 폴리그램의 일상적인 수익증가율은 약 15퍼센트였고 시장가치도 추정수익 대비 13배 수준이었다. 또한 폴리그램의 수익성에서 비롯된 시장가치가 필립스 전체 자본가치의 거의 전부에 해당한다고 해도 과언이 아니었으며 다른 부문의 가치는 이와 비교하기조차 어려웠다. 이 무렵 우리는 1994년과 1995년 필립스의 주당순수익이 약 3.75달러에 이를 것으로 추정했다. 따라서 필립스의 당시 주가는 대단히 '매력적'이었다. 그리고 1992년에는 필립스의 리스트럭처링 여부에 따라 영업이익이 근소하게 늘어나거나 약간의 손실을 기록할 것으로 보았으며, 이듬해인 1993년에는 최소한 주당 1.5달러 정도의 수익을 올릴 것으로 기대했다.

결과는 우리의 예상을 훨씬 뛰어넘었다. 1993년에 접어들어 필립스의 주가는 90퍼센트나 폭등했다. 다른 대기업 집단의 상승률보다 거의 두 배였을 뿐 아니라 S&P 500의 상승률보다는 무려 8배나 높았다.

최대 규모의 디스크 드라이버 장치 생산업체이며 PC업계의 일차적 공급업체인 시게이트 테크놀로지Seagate Technology의 성장률은 PC, 랩탑, 워크스테이션 업계의 전체 성장률보다도 훨씬 높았다. 부품 공급업체인 시게이트의 고속 성장 역시 어려운 시기를 현명하게 넘긴 결과였다. 이 업체는 회계연도 1989년에 수익도 손실도 기록하지 못한 이후 수년간 이렇다 할 실적을 올리지 못했다. 그러나 우리는 시게이트의 재무 건전성과 경영상태가 1992년에 들어 대폭 개선되었고, 1993년 6월로 예정된 회계연도 말에는 매우 인상적인 수익을 기록할 것으로 판단했다. 이런 전망의 이면에는 시게이트의 향상된 경영역량과 통제력, 생산능력 증대와 과거에 비해 늘어난 수요 등이 버팀목 역할을 했다. 또한 업계 전체의 생산능력이 과거와 비교해 축소된 것도 눈여겨 볼 대목이었다. 윈저에서는 수익 대비 4배를 약간 웃도는 수준에서 투자하여 시게이트의 지분을 대량으로 확보했다.

예측은 보기좋게 맞아떨어졌다. 1993년에 경쟁업체들의 주가가 20퍼센트 이상 하락한 반면에 시게이트는 오히려 50퍼센트나 상승했다. 같은 시기에 S&P 500은 12퍼센트 상승하는 데 그쳤다.

1993 : 최고의 투자기관으로 우뚝 서다

1992년 4/4분기 윈저 펀드의 실적은 S&P보다 8퍼센트를 앞섰고, 12개월간의 추격수익으로 따지면 편차는 거의 10퍼센트에 육박했다. 그리고 같은 시기에 경쟁 펀드들의 수익률 역시 S&P를 근소한 차이로 따돌렸다. 풀이하자면 우리가 강조해온 '가치(저PER)'에 대한 시장의 인식이 조금씩 변한 결과였다. 이처럼 시장의 태도변화 뒤에는 제약주와 IBM의 실적 악화가 큰 몫을 차지했다. 사실 1992년에는 단순히 제약주와 IBM의 주식을 보유하지 않는 것만으로도 S&P보다 적어도 3퍼센트의 경쟁우위를 누릴 수 있었다. 때로는 '보유하지 않는 것'이 수익의 지름길이 될 수도 있다는 뜻이다.

아무튼 이 시기에는 비내구재와 관련된 '강력한 모멘텀'이 실종되었다. 펀더멘털 자체가 빈약해진 게 가장 큰 원인이었다. 따라서 투자자들이 이 부문을 회피하리란 우리의 예상대로 비내구재 부문은 시간이 갈수록 상황이 나빠졌다.

이런 와중에도 우리는 미래를 비교적 낙관적으로 보았다. 물론

'경솔한 판단'을 하지 않도록 주의를 기울이면서도, 한편으로는 시장의 동향이 하룻밤 만에 뒤집어질 수도 있다는 사실을 간과하지 않았다. 1992년 중반에도 일부 상품 순환주와 금융주를 잘못 판단하는 바람에 어려움에 처한 적이 있었기 때문이다.

이 시기에 윈저의 가장 핵심적인 전략은 투자 유지였다. 당시 윈저의 현금등가물은 총자산의 약 21퍼센트로, 목표한 최고치보다도 1퍼센트 정도가 많았다. 그만큼 현금의 유동성이 다른 어느 때보다 높았기 때문이다. 1992년 6월에도 거의 7억 5000만 달러의 현금을 보유하며 국채의 만기를 3년간 연장한 적이 있었다. 이 전략을 통해 일반적인 단기수익에 비해 2퍼센트 가량 높은 수익을 놀렸다. 당시 우리는 수익률 곡선*의 움직임을 감안하여 가급적 원금 리스크를 피하려고 노력했다. 그 결과 우리가 가둔 자본수익은 거의 3.5퍼센트에 달했다. 물론 국채는 윈저의 기준에서 볼 때 현금에 포함되었다.

▓ * 채권수익률은 투자자들이 취득하는 고정수익의 흐름을 의미한다. 신규 발행된 채권의 액면가격을 투자자들이 모두 지불한 경우에는 수익률 계산이 간단할 수도 있지만 실제로는 그리 쉽지 않다. 채권가격과 수익률은 시소의 양끝처럼 오르락내리락한다. 가격이 오를 때는 수익률이 떨어지고 가격이 내리면 수익률이 오르는 식이다. 공시이율 또는 6퍼센트 이자표coupon의 채권을 1000달러를 주고 매입했을 때 이율이 올라가면 어떤 현상이 빚어질까? 이 경우에 다른 투자자는 1000달러를 주고 7퍼센트의 이율을 손에 넣을 수 있다. 그런데 7퍼센트의 이율에 맞춰 초기 투자자의 채권수익을 보장하려면 채권가격이 떨어져야 한다. 따라서 초기 투자자가 채권을 팔 경우에는 가격이 857.14달러로 조정된다(매도하지 않을 때는 원래의 이율을 조정하면 된다).
채권은 상환과 만기 여부에 따라 신용등급 자체가 달라진다. 그리고 신용등급이 우수한 채권도 상환까지의 기간에 따라 이율이 다르다. 일반적으로 차용자가 기다리는 시간이 길어질수록 이율도 높아진다. 그리고 시점에 따라 채권 이율을 다르게 설정하면서 하나의 곡선이 형성된다. 이것이 바로 수익률 곡선이다. 그러나 이것만으로 미래를 예측할 수는 없다. 수익률 곡선은 GM이나 정부와 같이 채권을 발행한 기관이 1년, 30년 등 특정 기간 동안 시장에서 자본을 빌리기 위해 얼마만큼의 대가를 지불하는지를 보여줄 뿐이다.

주식시장의 이런 전반적인 고평가 현상에도 불구하고 우리는 매수에 비교적 적극적으로 나섰다. 그런데 이때부터 시장은 우리가 보유했던 무관심 종목들에 눈을 뜨기 시작했다. 따라서 우리는 일부 종목들의 매도를 통해 시세차익을 올리는 한편, 5퍼센트 가량 줄어든 투자 규모를 매수를 통해 다시 늘리기 위해 노력했다.

경기는 조금씩 나아지고 있었고 소매업계의 회복세가 이를 뒷받침했다. 경기의 점진적인 호전 전망은 산업 활동에도 긍정적인 영향을 미쳤다. 또한 우리는 생산성이 점차 향상되고 있는 데다 『포춘』 선정 1000대 기업에 포함된 대기업들이 중간 관리자들을 지속적으로 감원하면서 기업의 이윤도 상승할 것으로 보았다.

시장 분위기는 우리에게 고무적이었다. 대형 비내구재 부문은 여전히 어려웠지만, S&P가 맥을 못 추던(1퍼센트 상승에 그쳤다) 1993년 첫 4개월 동안 윈저에서는 다음과 같은 종목들을 중심으로 뛰어난 수익을 기록했다.

이때 윈저의 가장 큰 숙제는 투자 비중을 자산의 80퍼센트로 유지하는 일이었다. 투자 비중을 이 수준에서 유지하려면 상승세의 시장

투자 종목	수익률(%)
Citicorp	24.7
Philips NV	38.4
Aetna	13.7
Burlington Resources	22.5
Enserch	32.7
Pennzoil	25.0
Bethlehem Steel	24.6
British Steel	66.7

환경에서도 윈저의 투자 스타일에 부합하는 종목들을 발굴할 수 있어야 했다. 그리고 우리가 보유해온 저평가 종목들에 대한 시장의 뜨거운 관심도 저버리기 어려운 대목이었다. 늘 그랬듯이 우리는 비인기종목들을 상당수 보유하고 있었다. 따라서 시장이 이들 종목을 받아들이기 시작한 만큼 우리로서도 이런 관심을 적극적으로 이용할 필요가 있었다.

좋은 질문

비평가들 중에는 이렇게 묻는 사람도 있었을 것이다. "도대체 언제쯤이면 윈저에서 매수의 폭을 더 늘릴 건가요?" 이 질문에 대한 우리의 대답은 "시장의 소화불량 현상이 가시화될 때"였다. 이때만 하더라도 윈저의 투자 비중은 78퍼센트 수준이었다. 시장의 미래가 불확실할 때는 투자 비중을 줄이는 것도 한 가지 방법이다. 다시 말해 시장의 성장성이 더딘 상황에서는 개별주에 투자하여 이익보다 손실을 입을 확률이 더 높으며, 따라서 우리는 추락 가능성이 높은 주식보다 현금을 더 선호했던 것이다.

경기의 회복 속도는 무척 더뎠다. 혹독했던 겨울도 한 원인이었지만 더 큰 문제는 소비자들이 업종 전반에 걸쳐 상품 소비를 꺼렸기 때문이었다. 나는 이런 현상이 새로 들어선 클린턴 행정부에 대한 신뢰 부족을 반영한다고 보았다. 클린턴 행정부의 조세 개혁안은 소비 여력을 지닌 사람들의 지출을 억제하는 효과를 낳았다. 또한 많은 문제를 단번에 해결하려 덤볐을 뿐 아니라 새로운 정책을 의회, 특히 야당인

공화당 의원들에게 설명하려는 노력이 부족했다.

우리는 지난 18개월간의 무미건조한 시장환경에서도 조금씩 나은 성과를 거두어왔다. 그동안 주식시장의 침체를 주도한 분야는 비내구재였다. 시장이 제자리에서 계속 멀어지면서 괜찮은 종목에 대한 월스트리트의 집착은 오히려 더 강해졌다. 특히 1989년과 1990년은 우리에게 시련의 시기였다. 윈저의 '중대한 실수'에도 문제가 있었지만 무엇보다 실적 방어가 어려웠다는 점이 가장 큰 어려움이었다. 그러나 우리는 원칙을 고수했다. 자포자기하는 일은 없었으며 주주들에게 장기적인 수익을 안겨주기 위해 이성과 기술을 총동원했다. 1989년과 1990년의 경험에서는 '중대한 실수'를 범하지 말아야 한다는 소중한 교훈은 얻었다. 그러나 실수를 피할 구체적인 방법에 대해서는 여전히 확신이 없었던 것도 사실이다.

부진한 한 해를 보내고 1990년의 연례보고서를 살펴보던 나는 그해의 실적이 생각처럼 나쁘지만은 않았다는 사실을 발견했다. 이처럼 투자 분야에서는 한해의 실적을 어느 정도 시간이 흐른 뒤에 되짚어봄으로써 흥미로운 사실을 발견하는 경우가 종종 있다.

여기서 나는 또 하나의 교훈을 얻었다. 펀더멘털이 긍정적이고 시장의 관심만 있다면 가치투자, 즉 저PER 투자는 반드시 승리한다는 사실이다. 또한 저PER 투자는 1980년대 말에 유행하던 인수합병 열풍이 아니더라도 즉각적인 만족을 낳을 수 있다. 이 시기에도 윈저는 가치투자를 통해 자산을 2.5퍼센트 가까이 늘렸다.

경기는 우리의 예측대로 천천히 개선되었다. 특히 다방면에서 소비가 살아나면서 점진적 성장에 대한 우리의 예상을 지지했다. 승용차와 트럭 판매량은 여름과 9월의 침체기에서 벗어나 10월에는 급격히 상승하여 1993년 최고치를 기록했고 전년보다는 14퍼센트나 늘어났다. 신규 주택 판매량도 9월부터 늘어나기 시작하여 1993년의 평균치보다 약 17퍼센트, 전년보다는 14퍼센트 증가했다. 또한 총괄적인 상품 판매량 역시 10월 말에는 약간 감소했지만 9월과 10월 중순까지는 인상적인 증가세를 보였다. 우리는 경기회복이 앞으로도 유효하다고 보았다. 승용차와 트럭, 주택 수요가 그동안 억제되어 왔으며 비내구재 부문의 소비도 전반적으로 증가하리라는 판단이 그 근거였다.

차익 실현을 위한 매도 역시 지속되었다. 특히 강세기조에서 갑작스럽게 하락세로 반전된 벌링턴 노던Burlington Northern이 일차적인 매도 대상이었고, 시티콥 지분도 매우 유리한 가격에 시장에 내다 팔았다. 흥미로운 점은, 당시 윈저 펀드의 거의 9퍼센트에 육박했던 외국계 종목 8가지 가운데 6가지가 매도 대상이었다는 사실이다. 과거 윈저에서 바이엘과 같은 외국 기업의 주식을 매수할 때 혹자는 이렇게 비난했을 것이다―"참, 더럽게 싸군. 하긴 예전부터 죽 그랬으니. 도대체 주가가 얼마 변하지도 않는 주식을 왜 사는 거요?" 굳이 우리가 대답을 한다면 이랬을 것이다―"우리와 같은 미국의 기관투자가들이 훗날 외국계 종목의 가치를 발견하여 미국 기업에 비해 주가가 훨씬 저렴하다는 사실을 인식할 때까지 기다리자는 것이지요." 덧붙여 윈저 펀드가 미국 투자업계의 다국화에 앞장서겠다는 포부도 깔려 있었다. 1993년의 주식시장에서 외국계 기업, 특히 유럽 기업들의 주가가 강세를 보인 것도 이런 이유에서였다.

물론 우리는 높은 주가에서 이들 종목을 매도하여 시세차익을 남졌다. 바이엘 주식의 최초 매도에서만 50퍼센트의 수익을 올렸고, 그 후에는 주주들의 돈을 두 배로 만들어 주었다.

요약

주식시장의 사이클이 새롭게 변하면서 윈저에서 내 마지막 2년은 그다지 화려하지 못했다. 역년 1994년과 1995년의 실적이 시장평균보다 거의 6퍼센트 뒤처졌다고 하면, 당시 내가 받았을 실망감이 어느 정도였을지 짐작할 수 있을 것이다. 마지막 장章에서는 윈저에서의 마지막 2년과 그 이후의 변곡점까지 포함하여 설명하고자 한다. 나는 독자 여러분이 마지막 장까지 꼼꼼히 읽어주었으면 한다. 저PER 투자와 관련된 새로운 해석이 그 속에 담겨 있기 때문이다.

14

JOHN NEFF

예지력,
거저 얻어지는 게 아니다

오늘의 결과를 알고서 어제 투자할 수 있었다면 얼마나 좋을까? 그러나 투자자에게 이런 선택은 주어지지 않는다. 시스코의 주가가 10배나 오른 뒤에야 사지 않은 것을 후회하는 투자자가 있는가 하면, 미래의 수익을 위해 지금 당장 열심히 준비하는 투자자도 있다. 준비야말로 투자의 토대다. 어제의 투자는 있을 수 없다. 투자는 오늘만 가능할 뿐이다. 그렇다면 어떻게 해야 기회를 내 것으로 만들 수 있을까?

주식과 관련된 비밀 정보 같은 것은 이 책에 없다. 그러나 모든 투자 프로세스는 투자 아이디어를 유발할 수 있어야 하며 오늘날의 주식시장은 과거 어느 때보다 열심히 연구하는 투자자에게 은혜를 베푼다는 점에서, 1999년의 주식시장은 '계산된 참여'라는 원칙 아래 추구해온 저PER 전략이 어떤 결과를 낳는지 단적으로 보여주었다. 과거에 나는 위험을 자초한 적이 여러 번 있었다. 물론 앞으로도 마찬가지일 것이다. 이것이 바로 투자의 지평을 내 나름대로 개척하는 과정이기 때문이다. 물론 시장이 변하면 내 견해도 그에 맞춰 진화할 것이다.

평균 PER 28배와 평균 배당수익률 1.1퍼센트의 1999년 시장은 그동안 내가 경험한 최고의 주식시장이다. 1986년과 1987년 사이 그리고 1971년부터 1973년 사이에도 시장의 평균 PER이 20배를 초과했지만 얼마 지나지 않아 주저앉고 말았다. 그러나 1999년의 높은 PER은 세계 어느 나라보다도 강력한 미국의 경제력을 입증하고 있다. 무려 100개월 만에 다시 찾아왔으며 지속 기간도 2차대전 이후 최장 기간보다 두 배에 이르는 장기호황을 나라고 해서 마다할 이유는 없다.

자본지출, 재고, 가계부채 등 그동안 도를 지나쳤던 부문들이 내가 보기에는 눈에 띄게 안정되고 있다. 물론 가계부채의 문제를 지적하는 사람들이 여전히 많지만 내 생각은 다르다. 경기가 강하게 반등하면서 소비자들이 감당할 수 있는 부채 여력도 소폭 상승했다. 게다가 소비자들은 결코 어리석은 사람들이 아니다. 정부 통계자료에 따르면, 담보비율의 하락이 소비자들의 가처분소득을 늘리는 효과를 낳았음에도 실제 부채는 별로 늘어나지 않았다. 신용카드 발급이 줄어든 것도 가계부채를 억제하는 데 기여했다. 과거 신용카드를 남발하면서 문제가 된 적도 있었지만 그 후부터는 사용자들이 신용카드 사용에 더욱 신중해졌기 때문이다.

이 모든 영역이 안정을 찾고 있는 상황에서 경기침체가 지속되기는 어려울 것으로 보인다. 그러나 향후의 전망과 관련하여 정확히 측정이 어려운 다른 요소들의 과열현상에 대해서도 주의를 기울일 필요가 있다. 사실 과열의 온상은 주식시장 그 자체이다. 이른바 '부富의 효과'(자산의 가치가 늘어날 경우 그 영향으로 소비가 늘어나는 효과를 의미한다. 예컨대 주가가 오르면 주식 보유자의 씀씀이도 늘어난다-옮긴이)가 그 주범이다. 상승세의 주식시장이 소비자의 지출에 얼마만큼의 영향을 미치는지를 정확히는 알 수 없지만 어떻든 저축이 많이 줄어든 것은 사실이다. 유동성을 충분히 확보한 미국의 기업들에게 저축은 경영 측면에서 더 이상 위협이 아니다. 그러나 시장이 하락하거나 평범한 수준에서는 소비자들이 지출을 줄일 수밖에 없고 결과적으로 기업의 유동성을 옥죄어 파급효과를 양산하게 된다.

여기서 경제 전망이 투자 전략에 얼마나 영향을 미치는지 살펴보자. 평균 PER이 28배에 근접했다는 것은 그만큼 수익 전망이 뛰어나다는 걸 의미한다. 그러나 나는 비즈니스 사이클을 감안하여 경제성장률이 그리 높지 않을 것으로 판단한다. 전체 경제 성장이 하이테크 상품과 서비스에서 비롯될 경우 이 부문의 급성장이 언제까지나 이어질 것으로 생각한다면 큰 오산이다. 생산성이 높아지면 최근의 추세처럼 임금 역시 상승 압력을 받게 된다. 그리고 치열한 경쟁환경에서 임금 상승은 곧바로 상품 가격 상승으로 이어진다. 따라서 이 모든 상황을 감안하면 수익 성장이 급속하게 이루어지기보다 점진적으로 향상될 것으로 보는 게 옳다.

그렇다면 불과 3~4퍼센트의 성장을 위해 PER 28배의 주식에 투자하는 것이 과연 옳을까? 급등세의 나스닥 종목들이야말로 신중을 기하고 또 기해야 할 분야이다. 특히 나스닥 100의 경우 전체 시가총액의 거의 40퍼센트를 불과 5개 기업이 지배하고 있으며, 이들 5개 종목 가운데 4종목의 성장률이 무려 140퍼센트를 넘었다. 이 정도의 성장률이 지속되기는 매우 어렵다. 뿐 아니라 140퍼센트를 밑도는 성장률이라 하더라도 대단히 높은 수치임에 틀림없다. 여기서 내가 강조하는 점은, 이들 종목이 최근 수년간 연속해서 높은 성장률을 만끽했다는 사실이다. 그렇다면, 과연 시장은 향후 5년간 이들 종목이 추가로 30퍼센트 이상 성장하도록 허용할 것인가? 그렇지 않다. 델Dell의 사례에서도 알 수 있듯이 매출 성장이 수익 성장을 앞지를 때는 필연적으로 이윤이 줄어들게 마련이다.

'상황의 역전!' 시장을 지배하는 불변의 진리 가운데 하나다. 상황은 머잖아 바뀌게 마련이고 승승장구하던 성장도 언젠가는 뒤집히게 된다. 이들 종목이 높은 성장률을 기록했다는 사실은 머잖아 성장률이 제자리로 돌아왔을 때 주식시장이 받게 될 타격이 그만큼 커졌다는 의미이다. 물론 다른 종목도 예외는 아니다. 현재 미국의 주식시장에서는 여전히 인터넷 주식이 턱없이 높은 대우를 받고 있으며 전체 시가총액의 약 8퍼센트를 점유하고 있다.

그러나 인터넷 주식과 관련하여 다음의 두 가지를 반드시 고려해야 한다. 첫째, 인터넷은 인터넷 기업만의 독점적 영역이 아니다. 『포춘』 선정 1000대 기업에 포함된 기업들도 인터넷을 통해 미래를 개척하고 있다. 그만큼 인터넷을 통한 성장 가능성이 높기 때문이다. 1999년 5월, IBM의 CEO 루 거스너Lou Gestner는 자사의 상품 5개 가운데 1개 비율로 인터넷을 통해 매출을 올리고 있으며 나머지 2, 3개도 인터넷으로 활로를 개척하고 있다고 밝혔다. 물론 그의 이런 발언에는 다분히 IBM의 주가를 끌어올리려는 의도도 숨어 있지만, 한편으로는 인터넷 맹신자들에 대한 경고의 메시지이기도 하다. 또한 다른 니프티 피프티 종목들도 인터넷 주식 못잖은 수익을 올리고 있다는 사실을 잊어서는 안 된다.

주식시장을 빠져나가기 위한 전략도 인터넷 경주를 위협하는 한 가지 요인이다. 인터넷 주식을 보유한 주주들은 가급적 빠른 시일 내에 주식을 팔아치우려는 경향을 보인다. 특히 단기차익을 노리는 벤처 투자업체, 그 창업자와 직원들이 대표적이다. 또한 일반 기업 중에서도 언제든 현금으로 전환할 목적으로 인터넷 기업의 지분을 대량으로 보유한 경우가 많다. 일례로 델타 항공은 약 20억 달러 상당의 프라이스라인닷컴Priceline.com 주식을 보유하고 있다.* 이 지분은 델타 항공의 운임에도 영향을 미친다. 이처럼 많은 사람들이 단기차익을 위해 인터넷으로 몰리고 있으며 인터넷 기업들의 기업공개도 봇물을 이루고 있다. 그러나 인터넷 주식이 정상적인 효과를 발휘하려면 주주들이 주식을 일정 기간 동안 보유할 필요가 있다.

많은 주주들이 매도 시점을 탐색하는 상황에서 과연 어떤 사람들이 이 주식을 새로이 매수할까? 그 대부분은 인터넷 데이트레이더inter-net daytrader들이다. 그러나 이들도 인터넷 주식의 주가가 24시간 내내 올라갈 수만은 없음을 잊어서는 안 된다.** 이미 인터넷 주식은 어려

---

* 1999년 6월 기준이며, 불과 2개월 뒤에는 이 지분의 시가총액이 13억 달러로 줄어들었다. 그만큼 인터넷 주식의 변동성은 크다.
** 모든 데이트레이더들이 실제로 매일 장 마감 무렵에 주식을 팔아치운다면 그 주식은 도대체 누구의 손으로 흘러 들어가는 것일까? 나는 지금도 이 의문에 해답을 얻지 못했다.

움에 직면해 있으며 모멘텀을 상실하기 시작했다. 정확한 해답은 시간만이 알고 있다. 아무튼 데이트레이딩이 판을 치는 오늘날의 현상은 투자자들이 주식시장으로 대거 유입되었던 1929년의 상황을 다시 연출하는 듯하다. 분위기에 현혹된 당시의 대중은 투자가 마냥 쉬우며 주가도 오르기만 할 것으로 착각한 채 너나없이 시장으로 몰려들었다.

인기 성장주 후보

최근에는 후보업체가 없다

이런 분위기에서 '계산된 참여'를 통해 투자 포트폴리오를 구성하기가 쉽지 않지만 그렇다고 불가능한 것만은 아니다. 인기 성장 종목들이 다음 변곡점 이후에 막대한 수익을 실현할는지는 모르지만 지금 상황에서 내가 눈여겨보는 기업은 없다.

적정 성장주 후보

REIT(부동산 투자신탁회사)

아드레날린 시장의 마지막 단계인 지금으로서는 적정 성장 종목으로 분류할 만한 '건강한 시민'을 찾기가 쉽지 않다. 그러나 REIT, 즉 부동산 투자신탁회사들은 이 범주에 포함시킬 만하다. 이 분야는 그동안 시장의 관심을 얻지 못한 채 제대로 평가받지 못했다. 특히 나는 사무용 건물과 임대주택 부문을 선호하는 반면에 소매자산 부문은 그다지 추천하고 싶지 않다. 사무용 건물과 임대주택 부문은 수급관계가 매우 양호한 편이며 특히 수요가 강하게 형성되고 있다는 점이 긍정적이다.

나는 이 부분의 단위별 기본수익 성장률을 4~5퍼센트 정도로 추정한다. 비용 측면이 원활한 것 외에도 부동산 판매자들이 상업용 건물의 사무기기와 주거용 건물의 케이블 TV 등 임대료를 상승시키는 다양한 부대 서비스를 확충한 것도 한 가지 이유다. REIT의 수익에 대해 흔히들 FFO(income 'From Financial Operation')란 용어를 사용한다. 이 개념은 수익에 감가상각(공장, 장비 등의 연간 가치 하락분을 감안하여 원장에 포함시키는 금액)을 포함시킨 것이다. 뉴욕 시의 플랫 아이언 빌딩Flat Iron Building은 지은 지 한 세기가 넘은 지금도 입주자들로 가득차 있다. 클리블랜드 퍼브릭 스퀘어의 오래된 12층 건물인 소사이어티 뱅크 빌딩Society Bank Building은 19세기에 철골 지지 구조 없이 지은 건물이다. 돌을 쌓아 건축한 이 건물 역시 지금도 사람들이 입주해 있다. 건물의 감가상각 개념은 전통적 산업체와는 차이가 있다. 시간이 흐를수록 기계는 마모되고 기술도 낡은 것으로 전락하지만 관리를 잘한 건물은 예상보다 오래 사용할 수 있다.

이들 종목은 꽤 높은 배당수익률에 앞으로의 성장세까지 감안하여 총수익률이 16퍼센트에 이를 것으로 예상되어, 15퍼센트 성장에 배당률은 1퍼센트에 불과하며 PER은 40배, 50배에 이르는 수많은 종목들보다 낫다는 게 내 생각이다. 실제로 나는 많은 사람들이 하이테크 업종에서 헤어나지 못하는 상황에서도 남다른 실적을 올리고 있다. 그리고 수익성 개선이 PER과 직결된다는 점을 감안하여 이들 종목의 가능성을 앞으로도 높게 평가한다.

금융 중개기관

내가 보기에 적정 성장 종목에 포함되는 또 하나의 분야는 금융 중개기관들이다. 여기에는 주로 은행과 S&L(저축대부기관)이 포함된다. 이 중 많은 기관들의 주식이 내년 추정수익 대비 10~16배 사이에서 거래되고 있고, 일부 기관의 배당률은 최근의 시장 평균인 1.1퍼센트보다 두세 배에 달한다. 2, 3, 4퍼센트의 배당률에 성장률 10퍼센트를 감안하면 총수익률은 12~13퍼센트에 이르러 PER은 14배 정도로 향상된다. 그동안 적용해온 원저의 기준을 고려하면 그리 높은 수치는 아니지만 최근의 상황을 고려하면 꽤 괜찮은 편이다. 일부에서는 1980년대 초에 제3세계에 제공한 대출금과 1980년 말의 불량 가계부동산 대출 등의 블랙홀을 감안하여 금융기관의 PER을 시장보다 낮게 평가하는 게 옳다고 주장하기도 한다. 그러나 내 입장에는 변함이 없다. 최근의 무분별한 신용카드 남발로 인해 금융기관들이 어려움에 처했듯이 과거의 경험에서도 소중한 교훈을 얻었으리라 생각하기 때문이다.

금융 중개기관의 펀드멘털은 기본적으로 자산 성장률과 자산의 성장에 따른 수입에서 비롯된다. 그러나 그 밖에도 몇 가지 새로운 요소를 고려할 필요가 있다. 순영업이익net operation income은 이자수입

interest income에서 이자비용interest cost을 차감하여 산출한다. 최근의 은행들은 새로운 서비스와 수수료를 개발하여 비非이자수입을 늘리는 방법을 고안했다. 여기서 말하는 서비스와 수수료에는 뮤추얼펀드 운용자들에게 제공하는 우량 당좌계좌와 골드 신용카드, 고수익 고객들에게 제공하는 각종 우대 서비스 등이 해당된다. 4~6퍼센트로 추정되는 자산 성장에 따른 순영업이익은 금융자산과 관련된 치열한 경쟁으로 인해 앞으로도 조금씩 늘어날 것으로 예상된다. 여기에 수수료 수입을 더하고, 비용까지 효과적으로 통제하는 은행의 수익 성장률은 약 10퍼센트에 달할 것이다. 시장에서 주목하는 또 한 가지 요소는 수입 대비 비용의 백분율이다—최근에는 주로 55퍼센트 정도를 목표로 한다. 비용의 효과적인 통제야말로 줄곧 내가 제기해온 의문에 대한 해답이다. "생산성을 높이기 위해 전자식 데이터 처리 솔루션에 대규모로 투자한 상태에서 도대체 언제쯤이면 그 결과를 손에 쥘 수 있을 것인가?" 많은 은행들은 생산성 향상을 위해 IBM으로부터 시스템을 도입했다. 그리고 예금을 유치하기 위해, 특히 이자율과 관련이 없는 기업 당좌계좌로 자금을 유치하기 위해 서비스를 무료로 제공하기도 했다. 그러나 최근에는 수익 잠재력이 높은 유망고객을 확보하기 위해 은행의 가격정책도 점차 교묘하게 바뀌고 있다.

비인기 성장주 후보

주택건설업체

비인기 성장 부문의 저평가 현상은 아직도 완전히 사라지지 않았다. 많은 주택건설업체 주식의 PER은 시장평균보다 75퍼센트 이상 낮은 편이며, 내가 보유한 다섯 개 종목의 PER은 1999년 추정수익 대비 5.3~7.7배 수준이다. 이 가운데 세 개 종목의 회계연도 2000년(9월 또는 10월 결산) 추정 PER은 수익 대비 약 4.9~6.8배에 이를 것으로 예상된다. 따라서 이런 의문을 가질 법하다. 이들 종목은 순환 성장주일까, 아니면 비인기 성장주일까? 나는 경제가 건전한 상태에서 과열 현상만 보이지 않는다면 주식시장의 추진력도 계속될 것으로 본다. 그리고 담보대출 금리가 급격히 상승하지만 않으면 주택 수요는 여전히 늘어날 것이다. 처음으로 주택을 장만하든 좀더 근사한 주택으로 이사를 하든, 자기만의 정원을 소유하고픈 욕구는 여전히 미국인들의 가슴속에 자리하고 있다.

지역과 전국 규모의 대형 주택건설업체들 덕분에 주택건설업은 경기의 영향을 비교적 덜 받게 되었으며 수익 증대와 더불어 PER도 높아질 것이다. 그리고 주식회사 형태의 주택건설업체는 개인 또는 가족 소유의 소규모 건설업체에 비해 세 가지 장점을 누린다. 첫째, 신용정책이 엄격한 상황에서도 상대적으로 높은 신용도를 가진다. 둘째, 협력업체들과의 가격 조정 능력이 뛰어나다. 셋째, 고비용 기술을 적용할 수 있는 충분한 자원을 보유하고 있다. 주택을 판매할 때는 컴퓨터의 도움을 빌어 소비자들에게 멋진 주택의 모습과 부가설비를 가상으로 보여줄 수 있다. 또한 대형 주택건설업체들은 배관공과 목수, 전기 기사 등 치열한 경쟁환경에 있는 인력들에게 로열티를 요구할 수 있는 능력도 지니고 있다.

이 모든 정황과 최근의 PER이 80퍼센트 가량 할인되어 있음을 감안할 때 주택건설업종은 순환주가 아닌 비인기 성장주로 보는 게 타당하다. 일부에서는 이 분야의 할인이 곧 전체 주식시장의 과열을 반영한 것으로 보는 견해도 있다. 내가 판단할 때 이들 종목을 매수할 경우 적정 PER은 5~7배 수준이다. 앞서 밝혔듯이 나는 주택건설업을 순환주가 아닌 비인기 성장주로 분류하는 소수에 포함된다. 물론 모두가 내 의견에 동의하는 건 아니다. 기회는 지금이다. 내 생각이 틀렸으면 어떻게 하느냐고? PER이 28배에 이르는 종목 중에 상당수는 경기순환의 절대적인 영향 아래 있다. 그러므로 언젠가는 경기의 영향으로 주가가 폭락할 가능성이 매우 높다. 반면에 주택건설업체들의 주식은 장부가치 수준에서 거래되고 있으며, 시장과 장부의 배수도 PER과 비슷한 5, 6배 수준이다.

순환 성장주 후보(선과 악 그리고 추함)

항공사

항공사들이야말로 이런 분위기에 적합한 업종이다. 항공 업종은 경기에 민감하다. 현재 대다수 항공사들의 PER은 한 자릿수이며 두 자릿수로 도약하고 있는 항공사는 불과 몇 곳 되지 않는다. 두 자릿수 PER을 보유한 항공사는 재정적으로 어려웠던 시기를 효과적으로 넘긴 경우다. 치열했던 수년 전의 가격경쟁도 지금은 많아 잦아들었고 저렴한 운임 덕분에 레저를 목적으로 하는 여행자들이 앞으로도 많이 증가할 것이다. 이런 분위기 덕분에 여행자들은 저렴한 비용으로 여행을 즐길 수 있고 항공사로서는 빈 자리에 한 사람이라도 더 고객을 채울 수 있다. 항공사 입장에서는 빈 좌석이야말로 최악의 문젯거리다. 비행기가 탑승구를 빠져나갈 때 빈 좌석은 그대로 항공사의 부담이 된다. 빈 좌석을 채우는 데는 인터넷이 한몫 거들었다. 예컨대 프라이스라인닷컴은 여행자들이 운임을 흥정할 수 있도록 한다. 따라서 델타항공이 이 업체의 지분 10퍼센트를 보유하고 있는 것도 전혀 놀랄 일이 아니다.

순환주 중에서도 항공업은 성장 산업에 해당한다. 항공업의 성장은 소비자들의 여행 의지에 달려 있다. 그리고 경기가 호전되면 생산성도 그만큼 늘어나며, 신형 비행기를 도입함으로써 연료소비뿐 아니라 유지관리 인력도 줄일 수 있다. 또한 항공사마다 특정 부류의 고객들을 전략적 표적으로 삼아 경기가 어려울 때에도 경쟁업체에 비해 우위를 점할 수 있다.

석유 마케팅 및 정유업체

기초상품 순환주에 해당하는 오일 부문의 수익은 두 가지에서 비롯된다. 하나는 생산이며 다른 하나는 정유와 마케팅이다. 최근 수개월간 원유가격은 거의 두 배로 뛰어 올랐다. 따라서 원유에서 비롯되는 수익의 증가는 당연한 것이지만, 실제 시장 가격은 이처럼 높은 수익 증가분을 이미 앞지르고 있는 듯하다. 텍사코에서 쉐브론과의 합병을 앞두고 있을 때만 하더라도 합병은 수익성을 더욱 끌어올리는 효과를 낳을 것으로 보였다. 그러나 실제로는 한계이익 수준에 머물 것으로 추정된다.

오일 부문 중에서도 내가 고심 끝에 선택한 종목은 정유업체와 휘발유, 난방유 생산업체들이었다. 이들 업체는 최근 치솟는 원유가격과 낮은 상품가격의 중간에서 어려움을 겪어왔다. 경영 효율이 우수함에도 불구하고 상품 가격이 낮아 정상적인 이윤을 얻지 못하기 때문이다. 기초상품 순환주 중에서도 눈여겨볼 대상이 바로 정유업체들이다. 물론 현재의 수익성은 매우 낮다. 게다가 생산 용량도 충분치 않다. 실제로 미시간 주 중부의 어느 작은 정유업체는 최근 들어 아예 문을 내렸다. 작은 정유업체의 몰락이 업계 전체의 생산성에 지대한 영향을 미치지는 않겠지만, 그렇다고 해서 완전히 무시할 정도도 아니다. 현재 이들 종목의 주가는 매우 낮은 편이다. 그러나 여러 가지 여건을 감안할 때 앞으로의 수익 개선이 자명해 보이는 것도 사실이다.

시장은
흐르는 강물이다

"같은 강물을 두 번 밟을 수는 없다."
— 헤라클리투스(고대 그리스 철학자)

윈저에서 은퇴를 4개월 앞두고 있을 무렵 나는 아들 스티븐과 함께 콜로라도 강 하류로 향하는 래프팅에 참여했다. 강 하류를 탐사하면서 나는 수십만 년간 이어져온 지리적 역사를 살펴보는 한편 그동안의 내 직업 인생에 대해서도 되짚어볼 기회를 가졌다.

둘 사이에는 몇 가지 공통점이 있었다. 유유히 흐르는 콜로라도 강물처럼 주식시장 역시 스스로의 의지에 따라 움직인다. 그리고 둘 모두 위험(리스크)를 가지고 있으며, 관리를 통해 어느 정도까지는 위험을 줄일 수 있지만 아예 없앨 수는 없다. 그때 우리는 네 개의 커다란 튜브를 단단히 묶은 소시지 모양의 보트를 타고 있었다. 효과적으로 구성한 포트폴리오처럼, 이 보트는 18명의 구성원 각자에게 필요 공간을 제공하는 동시에 거친 물살 속에서도 안전하게 이동할 수 있는 수단이 되어 주었다. 1980년대 중반까지는 보트의 결함으로 인해 사고가 빈발했지만 이후 보트의 디자인이 향상되면서 사고도 급격히 줄었다. 그래서 보트가 전복되는 일은 거의 사라졌지만 차가운 강물이 얼굴을 때리거나 보트 밖으로 떨어지는 경우, 심할 때는 급류에 휘말려 보트의 양끝이 위로 치솟아 보트가 반으로 접히는 등 위험 요소는 곳곳에 도사리고 있다. 두 발도 위험에 노출되어 있기는 마찬가지였다. 물 속의 바위가 눈앞에 드러났을 때 보트 안내인은 "발을 위로!" 하고 소리를 쳤고 우리는 재빨리 두 발을 치켜들어 바위를 피했다.

급류는 그 정도에 따라 1단계부터 10단계로 구분된다. 10단계는 유속이 가장 빠르다는 뜻으로 래프팅 자체가 불가능하다. 콜로라도 강은 8단계 또는 9단계 수준의 급류가 몇 곳 있어 적잖이 위험하지만 그만큼 사람들의 호기심을 자극하기도 한다. 특히 9단계에 해당하는 '허밋Hermit'은 1987년에 있었던 주식시장의 폭락현상처럼 구간이 짧으면서도 대단히 험한 급류의 이름이다. 반면에 같은 9단계인 '월튼버그'Waltenberg는 비교적 덜 험하지만 구간이 길어 1980~1981년 주식시장의 특징과 유사하다. 우리가 래프팅을 할 때는 수시로 장애물과 맞닥뜨렸다. 특히 '라바 폭포' 주변에는 용암이 식으면서 생겨난 덩어리가 군데군데 있었다. 이 덩어리들은 용암이 흐르다 그랜드 캐넌에 막히면서 형성된 자연 댐이 부서지면서 만들어진 것들이다. 이 덩어리들을 만나면 죽을힘을 다해 노을 저어 피해가거나 아니면 보트에서 당장 내리는 방법밖에 없었다.

이처럼 장엄한 자연경관에서는 누구나 자연주의자가 될 수밖에 없다. 급류만 빼면 강물은 더없이 고요하고 고즈넉하며 숭고하기까지 하다. 그랜드 캐년은 천 년 전의 첫 밀레니엄 때나 지금이나 변함없이 웅장한 자태를 자랑한다. 1869년에 존 웨슬리 파월(감리교 창시자—옮긴이)이 원정대를 이끌고 이곳을 지나갔다는 사실을 우리는 잘 알고 있었다. 그 역시 나처럼 물소리와 새들이 지저귀는 소리, 절벽 위에서 양들이 뿔을 부딪치는 소리에 빠져들었을 것이다.

파월의 지휘 아래 콜로라도 강을 여행하던 사람들이 겪었을 두려움이 어느 정도였을지 능히 짐작할 법했다. 강의 굴곡부를 지났을 때 눈앞에 나타날 광경이 단순한 급류일지 아니면 150미터 높이의 무시무시한 폭포일지 그와 동료들은 전혀 짐작하지 못했을 것이다. 게다가 남북전쟁에서 한쪽 팔을 잃은 파월은 누구보다 불안한 눈빛으로 급류를 바라보았을 것이다. 파월은 갑판에 올라 동료들에게 어떤 위험에도 꿋꿋이 맞서도록 독려했다. 그러나 하늘 높이 치솟은 대협곡과 맞서던 그들의 모습과 함성은 사라졌고 이제 더 이상 찾아볼 수 없게 되었다.

우리의 모험은 가시적인 여러 가지 이점 외에도 잘못된 규정이 어떤 부작용을 초래하는지를 배우는 계기가 되었다. 자연(또는 자유시장)의 균형을 인위적으로 어지럽히다가는 뜻하지 않은 결과를 초래할 수 있다. 파월 호Lake Powell의 수위와 유속을 조절하기 위해 글렌 캐년 댐Glen Canyon Dam을 만들었다. 그러나 수위와 유속을 관리하겠다는 목적으로 지어진 댐 때문에 많은 사람들이 상륙지로 이용하던 모래사장과 바위들이 사라져버렸다. 게다가 이 댐은 호수 밑바닥의 물을 방류하여 강의 수온을 떨어뜨렸고, 낮아진 수온 때문에 이곳에서 서식하던 많은 어종이 자취를 감추고 말았다. 그러자 관련 기관에서는 상륙지와 사라진 어종을 다시 복원하기 위해 많은 노력을 기울였지만 본래의 모습은 쉽사리 돌아오지 않았다.

급류를 타고 모험을 즐기는 동안 나는 그동안의 직업 인생을 되짚어보았다. 은퇴를 앞두고 있다고 해서 심리적 동요를 받지는 않았다. 그동안 나는 윈저를 위해 모든 것을 바쳤다. 그리고 31년이란 시간을 보내고서도 여전히 윈저의 상황이 순조롭고 내 자신의 기여도 역시 크게 퇴색되지 않았을 때 물러서는 것이, 그동안 힘들게 쌓아온 평판을 유지하고 주주들에게도 선물을 제공하는 길이라 생각했다.

돌이켜보면 내 직업 인생에서 큰 성과를 올렸던 적도 여러 번 있었다. 그 중에서도 윈저 펀드의 포트폴리오 운용자로서 최선을 다해왔다는 점과 주주들에 대한 의무를 충실히 이행해왔다는 점 두 가지를 가장 뿌듯하게 생각한다.

나는 하루하루 주주들에게 빚을 지며 살아왔다. 최근의 포트폴리오 운용자 중에는 이 펀드에서 저 펀드로 수시로 자리를 옮기는 사람들이 적지 않다. 그러나 나는 이런 사람들을 달갑게 여기지 않는다. 윈저 펀드의 투자 주체는 펀드 운용진이다. 나는 이 운용진의 중요 인사 가운데 한 사람이었기 때문에 늘 투자에 신중을 기했다. 가벼운 마음으로 주식에 투자하는 개인투자자 중에는 내게 이렇게 질문을 던질 사람들도 있을 것이다. "윈저와 어울리지 않는 종목에 대해서도 그처럼 많은 시간을 들여 분석할 필요가 있을까요?"

어쩌면 주식시장에 대한 나의 관심이 지나쳤을지도 모른다. 하지만 내 생각은 다르다. 언젠가 나는 필라델피아에서 온 몇몇 사람들과 함께 이스라엘로 여행을 간 적이 있었다. 마사다 요새에 들러 한두 시간을 둘러보고 잠시 틈이 났을 때, 나는 늘 들고 다니던 『월스트리트 저널』을 펴고 마사다 요새에 대해 게재된 기사를 읽고 있었다. 그러자 같은 투자업계에 종사하던 다른 두 명의 동료들도 요새와 관련된 기사가 실린 신문을 펼쳤다. 이때 다른 관광객 가운데 한 사람이 우리의 이야기를 듣고는 내게로 다가와 윈저의 존 네프가 아니냐고 물었다. 내가 그렇다고 하자 그는 이런 말을 했다. "맞군요. 저는 윈저 펀드에 수백만 달러를 투자한 사람입니다. 『월스트리트 저널』을 보고 계시군요. 그럼 계속해서 보세요."

과거에는 주주들에 대한 형평성이 거래와 투자관리 수수료를 낮추고 높은 실적에 대해서는 인센티브를, 저조한 실적에 대해서는 그 부담을 물리는 것을 의미했다. 우리 역시 윈저에서 이런 장애물과 마주쳤다. 관리 자산의 규모에 따라 연간 확정비율의 수수료를 받는 펀드들과는 달리 윈저 펀드의 수익 기반은 실적이었다. 그리고 대다수 운용자들이 실적에 대한 확신이 부족했기 때문에 인센티브나 부담 같은 건 찾아보기 어려웠다.

투자비용이 가볍다는 것은 경마에서 기수의 몸무게가 가벼운 것과 같다. 윈저 펀드에서는 1970년대 하반기 이후로 관리비용을 높인 적이 없다. 투자자로부터 획득한 모든 자본은 오로지 그들의 이익을 위해 사용했을 뿐이다. 또한 실적에 따라 떼어내는 연간 수수료 규모도 시장평균과 비슷한 수준이었다.

윈저의 기본 투자비용은 16베이시스 포인트였다(100베이시스 포인트는 1퍼센트 포인트와 같다). 예컨대 윈저의 연간 실적이 S&P보다 4퍼센트 포인트 앞선 채로 3년간 유지되었을 경우, 우리가 투자자로부터 추가로 받은 비용은 10베이시스 포인트로 총비용은 26베이스 포인트 (0.26퍼센트 포인트)가 되는 셈이었다. 그리고 같은 비율로 실적이 하락 했을 때는 10베이시스 포인트를 투자자들에게 돌려주었다. 따라서 실 적이 좋을 때는 26베이시스 포인트를, 실적이 나쁠 때는 6베이시스 포인트를 수수료로 받았다. 실적과 상관없이 매년 정해진 비율을 수 수료로 받는 뮤추얼펀드와는 달리 우리는 투자자를 향한 책임의식을 잊지 않았다. 100억 달러의 자산을 운용하는 펀드에서 높은 실적과 낮은 실적의 차이는 최고 2600만 달러에서 최저 600만 달러에 이른 다. 이 차이(S&P 500보다 315베이시스 포인트 높은 수준)는 윈저의 투자 건전성과 주주들의 입장에서 볼 때 대단히 큰 금액이었다.

주주를 무시하는 투자기관이라면 주주에 대한 형평성을 강변하 는 윈저의 입장에 대해 이의를 제기할지도 모른다. 나는 1979년 『인 스티튜셔널 인베스터Institutional Investor』를 통해, 대형 투자기관이라면 실적이 떨어지더라도 주주들에 대한 책임을 회피하지 말아야 한다고 주장한 바 있다. 주州 또는 여러 기관에서 운용하는 공적연금 펀드 시 스템(자체적인 운용 프로세스를 시도하고 있다)처럼 기관투자가 역시 공 익을 저해해서는 안 된다. 예컨대 '캘리포니아 은퇴 근로자 공공기금 California Public Employee Retirement System'은 1000억 달러 이상의 자산을 운영하고 있으며, 다른 주의 여러 펀드들 역시 자체적 운용을 시도하 고 있다.

우리는 그동안 쌓아온 전문성과 식견을 필요한 분야에 기꺼이 제 공해왔다. 일례로 윈저에서 추구해온 배당 지향적 성향은 기업의 배당정책을 변화시키는 데에도 영향을 미쳤다. 1991년 1월, 우리는 2200만 주의 보유주식을 무기로 시티콥의 핵심 경영자 두 명을 해고했다. 경영자 개인의 능력이 아무리 뛰어나더라도 배당을 삭감하는 행위는 잘못된 것일 뿐 아니라 기업의 신뢰도에 악영향을 미친다는 이유였다. 이후 시티콥에서는 의사결정 과정에서 배당과 같이 주주에게 영향을 미치는 사안에 대해서는 한층 신중을 기하게 되었다. 석유회사 USX-마라톤의 회장 찰스 A. 코리Charles A. Corry 역시 1992년 11월에 배당을 삭감한 이후 윈저로부터 비슷한 내용의 항의 메시지를 받았다. "이 일로 인해 당신에게도 득이 될 게 없을 뿐 아니라 USX-마라톤의 주주들은 삭감된 배당 이상의 심각한 피해와 불공평을 경험했을 것입니다. 정말로 혼란스럽고 실망스러우며 이해하기 어려운 처사가 아닐 수 없습니다…."

윈저에서는 투자기업의 경영진을 굳이 교체하려 노력한 건 아니지만 때로는 선택의 여지가 없을 때도 있었다. 퍼스트 인터스테이트First Interstate의 전직 최고경영자는 남은 임기 동안 재직할 의사가 있었음에도 불구하고 잦은 불평 때문에 은퇴를 자초한 경우다. 그는 시간이 갈수록 자격이 의심스러워 보이는 사람이었다. 우리와 20분 가량 대화를 나누는 동안에도 온갖 변명을 앞세워 스스로를 방어하기에 여념이 없었고, 결국에는 정해진 임기를 채우지 못하고 쫓겨나고 말았다.

최고경영자를 교체하기 위해 우리가 로비를 벌인 또 다른 기업으로는 크라이슬러가 있었다. 1980년 중반, 크라이슬러의 CEO 리 아이아코카Lee Iacocca는 회사가 처한 어려움은 아랑곳없이 겉만 번지르르하고 실속은 없는 활동에만 전념하는 것처럼 보였다. 크라이슬러가

위기에서 벗어나려면 진정으로 헌신할 수 있는 CEO가 필요했다. 그래서 우리는 최고경영자 집무실로 찾아가 CEO의 교체를 요구했고 결국 그 자리는 밥 이턴Bob Eaton으로 바뀌었다. 훗날 MGM 그랜드MGM Grand, Inc.의 최대 주주인 커크 커코리언Kerk Kerkorian이 크라이슬러의 적대적 인수를 한창 추진하고 있을 때, 밥 이턴과 이사진은 나더러 크라이슬러의 이사회에 참여해달라고 부탁했다. 그리하여 나는 다임러 벤츠에서 크라이슬러를 인수했던 1998년까지 이 회사의 이사회에 몸담았다.

나는 사회 환원이라는 대의에 따라 1980년부터 펜실베이니아 대학의 기부금을 운용해주기 시작했다. 내게 운용을 부탁한 사람은 당시 기부금 관리자였던 폴 밀러 교수님이었다. 그래서 운용진에 참여하여 지위를 높여 가는 일반적인 방식과는 달리 나는 처음부터 기부금 운용을 단독으로 책임지게 되었다. 단독 운용에 대해 이의를 제기하던 사람들도 저PER 투자에 대해 충분히 설명을 듣고 나서는 적극적인 후원을 아끼지 않았다. 첫 운용자산은 아이비리그 평균보다는 적은 1억 7000만 달러였다. 이후 저PER 원리를 적용한 16년간 대학 측의 인출액을 제외한 순유입액은 1억 2500만 달러였으며, 전체 자산은 거의 8배에 달하는 18억 달러로 불어났다.

이 인연으로 인해 나는 필라델피아에서 학생들을 가르치기도 했다. 오늘날 필라델피아의 일부 지역은 도시의 다양한 혜택을 받지 못하는 근린지역으로 남아 있다. 반면에 필라델피아 지역의 학생들 중에 미국 전역의 대학으로 입학하는 비율은 점차 늘어나고 있다. 여기서 나는 이른바 '라스트 달러last dollar' 프로그램의 필요성을 절감했다. 이

프로그램은 필라델피아의 고등학교 졸업생들에게 최대 2000달러의 학자금을 지원하여 교재비를 비롯한 각종 비용을 충당토록 하는 것으로 일반 장학금이나 학자금 융자와는 다른 개념이다. 그리고 지원 대상 학생들의 상당수는 편모 가정의 자녀들이어서 공익적인 측면에서도 매우 바람직한 프로그램이다. 또한 민주적인 프로그램이기 때문에 고등학교를 졸업하여 대학에 입학할 모든 학생들이 자격을 얻게 된다. 3개 고등학교를 대상으로 시작한 이 프로그램은 현재 9개 학교의 대학 입학 예정자로 그 범위가 늘어났다.

래프팅을 시작한 지 5일 만에 목적지에 도달했다. 그리고 헬리콥터를 빌려 타고 대협곡을 벗어났다. 헬리콥터를 타고 하늘에서 바라본 콜로라도 강의 모습은 물위에서 보던 그것과는 확연한 차이가 있었다. 콜로라도 강과 함께 해온 장구한 시간과 비교하면 내가 윈저에서 보낸 30년은 극히 보잘것없었다. 하지만 31년 6개월이란 시간은 윈저 펀드와 함께 한 전부일 뿐 아니라 내 인생의 절반이며 직업 인생의 거의 전부다. 그동안 나는 투자실적에서 뿐 아니라 모든 측면에서 행운아였다. 내가 거둔 성공은 천재적인 재능과 통찰력보다는 소박한 본성과 주위에서 듣고 배운 교훈의 결과였다. 덧붙여 나만의 변함없는 원칙, 즉 저PER 투자도 그 과정에서 뚜렷한 흔적을 남겼다.

윈저 펀드가 남긴 업적

31년 6개월에 걸친 내 임기 동안 윈저 펀드는 시장을 22배나 앞질렀다. 1964년에 투자한 1달러는 내가 은퇴할 무렵에 이르러 거의 56배로 성장했다. 또한 윈저의 총수익률은 5546.4퍼센트로 S&P 500보다 두 배 이상을 기록했다.

1981년은 우수한 한 해였음에도 불구하고 일부 영역은 평균에 미달했다. 그러나 실적 우수 분야에서 올린 성과가 그렇지 못한 분야의 손실을 상쇄하고도 남을 정도였다. 오일과 오일 관련 기술주 부문에 대한 대규모 투자 이외에 윈저 펀드의 수익률 견인에 기여한 세 가지 요소를 구분하면 다음과 같다.

1. 그다지 인기가 없으면서도 적정 성장주, 고배당주, 금리민감주로 꼽히는 은행과 식품, 보험, 전화, 전기설비 부문에 대규모로 투자하여 높은 수익을 거두었다.

2. 첫 단계에서 신중한 통찰이 필요한 분야에 투자하여 기대 이상의 성과를 올렸다. 대표적인 기업으로는 맥도널드, 데니스, 노스웨스트 인더스트리즈, U.S. 슈, 월풀, 브라운 그룹, 컨솔리데이티드 프라이트웨이즈, 레비츠 퍼니처, 오버나이트 트랜스포테이션, 델타 항공, 워싱턴 포스트 등이 있다.

3. 운 좋게 코노코의 지분을 대량으로 매수하여 차익을 남겼다. 또한 듀퐁에서 올린 실적은 윈저 주주들에게 막대한 이익을 가져다주기에 충분했다.

윈저 펀드의 1981년 포트폴리오는 '계산된 참여' 기법을 통해 걸러낸 종목들을 중심으로 했다. 포트폴리오에 포함된 모든 종목은 4대 범주, 즉 순환 성장주, 적정 성장주, 비인기 성장주, 인기 성장주로 구분된다. 일반적으로 윈저 펀드에서는 대다수 투자자들의 호기심을 자극하던 인기 성장주의 비중이 극히 낮았다. 인기 성장주에 포함된 4개 종목의 비중은 윈저 펀드 전체의 1/10에도 미치지 못했다. 게다가 윈저 펀드의 총자산이 10억 달러에 육박했음에도 전체 보유 종목의 수는 100가지 정도에 불과했다—하지만 우리에겐 결코 적잖은 수치였다.

독자를 먼저 생각하는 정직한 출판

시대의창이 '좋은 원고'와 '참신한 기획'을 찾습니다

쓰는 사람도 무엇을 쓰는지 모르고 쓰는,
그런 '차원 높은(?)' 원고 말고
여기저기서 한 줌씩 뜯어다가 오려 붙인,
그런 '누더기' 말고

마음의 창을 열고 읽으면
낡은 생각이 오래 묵은 껍질을 벗고 새롭게 열리는,
너와 나, 마침내 우리를 더불어 기쁘게 하는

땀으로 촉촉히 젖은 그런 정직한 원고,
그리고 그런 기획을 찾습니다.

시대의창은 모든 '정직한' 것들을 받들어 모십니다.

WINDOW OF TIMES

분야 | 인문 · 정치 · 사회

서울시 마포구 연희로 19-1 (4층) (우)03985
Tel : 335-6125 Fax : 325-5607